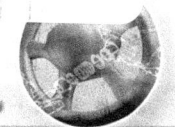

21世纪高职高专汽车技术系列教材

汽车技术服务与营销类

- 主　编　黄本新　万传华
- 副主编　刘志永　黄本建

经济法与汽车法规
（第五版）

华南理工大学出版社
SOUTH CHINA UNIVERSITY OF TECHNOLOGY PRESS
·广州·

内 容 简 介

本书根据经济法、汽车法规的类别,组成了市场主体法篇、市场规制法篇和汽车法规篇三大篇的内容,共计十五章。教材的特点突出案例教学和综合实训,强调经济法律、法规的应用性、实践性。各章的开头一般设计引导案例,并提出思考题,以统领该章的内容。在每章之后,设计了综合实训的内容,以培养学生解决实际问题的能力。

本书提供电子课件、电子教案、教学案例、习题答案等,教学配套资源丰富,既方便教师教学,也方便学生自修。

本书既可作为经济法实务的单独教材,也可作为经济法与汽车法规的合篇教材;既可作为普通高校、成人高等院校汽车营销专业教材,也可作为社会各类人员学习经济法和汽车法规的参考书。

图书在版编目(CIP)数据

经济法与汽车法规/黄本新,万传华主编.—5版.—广州:华南理工大学出版社,2018.8(2021.8重印)

21世纪高职高专汽车技术系列教材.汽车技术服务与营销类

ISBN 978-7-5623-5690-5

Ⅰ.①经… Ⅱ.①黄… ②万… Ⅲ.①经济法-中国-高等职业教育-教材 ②汽车工业-工业法-中国-高等职业教育-教材 ③道路交通安全法-中国-高等职业教育-教材 Ⅳ.①D922.29 ②D922.14

中国版本图书馆CIP数据核字(2018)第162128号

JINGJIFA YU QICHE FAGUI(DI WU BAN)

经济法与汽车法规(第五版)

黄本新 万传华 主编

出 版 人:卢家明
出版发行:华南理工大学出版社
(广州五山华南理工大学17号楼,邮编510640)
http://hg.cb.scut.edu.cn E-mail:scutc13@scut.edu.cn
营销部电话:020-87113487 87111048(传真)
责任编辑:袁 泽
印 刷 者:广东虎彩云印刷有限公司
开 本:787mm×1092mm 1/16 印张:18.5 字数:486千
版 次:2018年8月第5版 2021年8月第14次印刷
定 价:56.00元

版权所有 盗版必究 印装差错 负责调换

第五版前言

本书是"21世纪高职高专汽车技术系列教材·汽车技术服务与营销类"教材之一,是根据高职高专院校教育的总体思路而编写的。"经济法"是高职高专院校经济类、管理类、法学类的必修课,与汽车有关的法规又是高职高专院校汽车专业学生所需要掌握的内容。编写组在多年积累的教学和实践经验的基础上,尝试把经济法与汽车法规合编。

此尝试取得了良好的效果,教材使用量逐年增加。为了跟上法制建设的步伐,出版也是一版再版。第五版教材充分考虑到高职高专院校教学实践性强的特点,编写内容一再精选,并注重内容的实用性。

近年来,由于我国很多的经济法律、汽车法规不断修订,编写组在第四版内容上作了相应的修改,并注重使用最新的法律条文解释内容,如民法典、反不正当竞争法、知识产权法、保险法、道路交通安全法、汽车报废标准,等等。

本书由市场主体法篇、市场规制法篇和汽车法规篇三大板块组成,总共十五章。在编排思路上,使用高等职业教育的理念——任务驱动、项目导向;在编排结构上,以经济法为主、汽车法规为辅,并注意二者之间的交叉融合。汽车法规的主要内容是国家宏观汽车政策、汽车营销办法和汽车消费的有关规定,不含汽车技术法规。教材以ISLI展示网络学习资源,利用它的便利性提升学习的效果,从参考文献的网址中,可以查阅最新的法律文献。

本次修订由黄本新制定修订计划,具体修订分工如下:黄本新修订第一章、第二章、第三章和第四章;万传华修订第十二章、第十三章、第十四章和第十五章;刘志永修订第五章、第六章、第七章和第八章;黄本建修订第九章、第十章和第十一章。初稿完成后,由黄本新总纂、修订和定稿。

广东格林律师事务所律师对本书的出版提供多方面的专业支持和帮助,在此一并感谢。本书难免有不完善之处,敬请广大读者和专家同行继续批评指正。

编　者

2021年8月

目 录

绪论 ………………………………………………………………………………… 1

市场主体法篇

第一章 公司法 ………………………………………………………………… 13
第一节 公司法概述 ………………………………………………………… 14
第二节 有限责任公司 ……………………………………………………… 15
第三节 股份有限公司 ……………………………………………………… 20
第四节 公司债券 …………………………………………………………… 23
第五节 公司的财务管理 …………………………………………………… 24
第六节 公司的合并、分立、破产、解散和清算 ………………………… 25
综合实训 ……………………………………………………………………… 27

第二章 其他企业组织法 ……………………………………………………… 29
第一节 合伙企业法 ………………………………………………………… 30
第二节 个人独资企业法 …………………………………………………… 41
第三节 外商投资企业法 …………………………………………………… 43
综合实训 ……………………………………………………………………… 51

市场规制法篇

第三章 民法典的合同法规 …………………………………………………… 55
第一节 合同与合同法规概述 ……………………………………………… 55
第二节 合同的订立 ………………………………………………………… 57
第三节 合同的效力 ………………………………………………………… 61
第四节 合同的履行 ………………………………………………………… 64
第五节 合同的担保 ………………………………………………………… 67
第六节 合同的变更、转让和终止 ………………………………………… 71
第七节 违约责任 …………………………………………………………… 74
综合实训 ……………………………………………………………………… 75

第四章 财税与金融法 ………………………………………………………… 78
第一节 税法概述 …………………………………………………………… 78
第二节 税收征收管理法律制度 …………………………………………… 87
第三节 商业银行法 ………………………………………………………… 94
综合实训 …………………………………………………………………… 102

第五章 保险法 ………………………………………………………………… 104
第一节 保险和保险法概述 ……………………………………………… 104
第二节 保险合同 ………………………………………………………… 113

第三节	保险机构	125
综合实训		131

第六章　劳动合同法 133
第一节　在校生兼职法律制度 … 133
第二节　劳动基准法律制度 … 135
第三节　劳动合同法律制度 … 141
第四节　劳动争议法律制度 … 149
综合实训 … 153

第七章　消费者权益保护法 154
第一节　消费者权益保护法概述 … 154
第二节　消费者的权利和义务 … 156
第三节　经营者的义务 … 158
第四节　消费者权益保护机构 … 160
第五节　争议的解决和法律责任的确定 … 161
综合实训 … 164

第八章　产品质量法 166
第一节　产品质量法概述 … 166
第二节　生产者和销售者的产品质量义务 … 168
第三节　违反产品质量义务的法律责任 … 170
第四节　侵权责任规定的产品责任 … 173
综合实训 … 177

第九章　反不正当竞争法 179
第一节　反不正当竞争法概述 … 179
第二节　不正当竞争行为 … 181
第三节　不正当竞争行为的法律责任 … 183
综合实训 … 185

第十章　知识产权法 188
第一节　知识产权概述 … 188
第二节　专利法 … 190
第三节　商标法 … 196
第四节　著作权法 … 200
综合实训 … 207

第十一章　经济纠纷的解决程序 209
第一节　概述 … 209
第二节　经济仲裁 … 210
第三节　经济诉讼 … 215
综合实训 … 232

汽车法规篇

第十二章　道路交通安全法 … 237

第一节　概述 ………………………………………………………………… 237
第二节　驾驶人的责任 ……………………………………………………… 239
第三节　道路交通执法监督 ………………………………………………… 240
第四节　交通违章、交通事故及其责任 …………………………………… 241
第五节　驾考制度改革、驾照考试新规定 ………………………………… 246
综合实训 ……………………………………………………………………… 248

第十三章　汽车品牌销售 …………………………………………………… 250
第一节　汽车销售管理实施办法解读 ……………………………………… 251
第二节　经销和代理 ………………………………………………………… 253
第三节　汽车销售渠道 ……………………………………………………… 255
第四节　汽车销售模式——品牌专卖制（4S店） ………………………… 256
综合实训 ……………………………………………………………………… 258

第十四章　汽车维修、报废和回收 ………………………………………… 260
第一节　汽车维修 …………………………………………………………… 260
第二节　汽车报废与回收 …………………………………………………… 263
综合实训 ……………………………………………………………………… 267

第十五章　其他汽车政策 …………………………………………………… 269
第一节　中国强制性产品认证 ……………………………………………… 270
第二节　汽车贸易政策 ……………………………………………………… 275
第三节　汽车金融公司管理办法 …………………………………………… 277
第四节　相关汽车政策 ……………………………………………………… 280
综合实训 ……………………………………………………………………… 284

参考文献 ……………………………………………………………………… 286

绪　论

【知识目标】
1. 了解经济法的产生、发展以及在我国的历程。
2. 掌握经济法的概念、调整对象和经济法律关系，理解经济法的基本原则。

【技能目标】
以法律的思维与视角审视社会生活。

一、经济法的产生和发展

（一）经济法的产生

原始社会没有法，法是人类社会发展到一定历史阶段的产物。

生产力水平非常低下的原始社会，人们为了生存和发展，必须集体劳动，彼此之间处于原始的平等的状态，并逐步形成了氏族的习惯。这些习惯成为全体氏族成员共同遵守的行为准则。随着生产力的发展，个体劳动逐渐取代了集体劳动，个体家庭也逐渐取代了氏族公社，私有制从此产生，社会开始分裂为两大对立的阶级，即奴隶主阶级和奴隶阶级，代表统治阶级意志的奴隶制国家开始出现。统治阶级为了维护其统治秩序，于是制定了一系列反映奴隶主阶级意志和利益的行为准则，迫使全体社会成员一起遵守，法由此而产生。

由此可见，法是随着私有制、阶级和国家的产生而产生的，它是社会生产力和生产关系发展的必然结果。

而"经济法"这一概念，是法国著名的空想社会主义者摩莱里在1755年出版的《自然法典》一书中首次提出的。在这部法典里，摩莱里设计了一个包括根本法、经济法、行政法、婚姻法、教育法和刑法等在内的较为完整的法制蓝本。但是在这部法典里所指的经济法的调整范围，只限于社会经济生活的分配领域，与现代意义上的经济法并不是同一概念。在摩莱里看来，社会产品分配上的弊端，是私有制度产生的直接原因，他从分配上确立社会经济生活的主要原则。

1843年，另一位法国著名空想社会主义者德萨米继承了摩莱里的经济法律思想，在其《公有法典》一书中将"分配法和经济法"作为专章加以论述，主张建立一种"自由的、慷慨的、合理的"平等分配方式。

后来法国资产阶级激进派代表人物蒲鲁东认识到，社会现实中出现了一种传统的民法和政治法所调整不了的经济关系，并在其《工人阶级的政治能力》一书中说："经济法是政治法和民法的补充和必然产物。"蒲鲁东对经济法的理解，更接近现代经济法的主张。但是，蒲鲁东作为一个无政府主义者，极力主张"打倒政权"，所以他对经济法的认识并不完全具备我们现在所说的经济法的范围。

上述内容是经济法概念发展的初期，都是以设想的公有制为基础提出来的。经济法是随着社会经济和制度的不断变化而逐步产生和发展的。经济法是一个历史概念，它是在自由资本主义进入垄断资本主义后才出现的一种法律现象。

19世纪末20世纪初，一些主要的资本主义国家已经完成了从自由资本主义向垄断资本主义的过渡。德国学者首先使用了区别于民法的经济法概念，并出版了许多以经济法为主题的著作，1916年，德国法学家海德曼在其《经济学字典》中使用了经济法概念，认为经济法是经济规律在法律上的反映，并将经济法制和保护、监督卡特尔的法律称为经济法。海德曼进一步深入揭示了经济法产生的客观必然性。

第二次世界大战后，德、英、美、法、日等国家，为了避免垄断资本主义在国内市场上过分集中，也为了恢复和发展经济，先后制定了反不正当竞争法和反垄断法。这一时期，国家为了保障社会经济秩序的正常发展，以经济法律手段直接干预社会经济活动。这种国家干预理论与自由资本主义时期亚当·斯密提出的"自由放任"的主张，认为政府不要轻易干预社会经济生活的理论正好相反。这种经济法律既保留着一定程度的契约自由，又有很大程度上的国家行政干预。这个时候的经济法概念才有了较为完整的含义。

（二）经济法在我国的发展历程

从1927年到中华人民共和国成立，中国共产党为了夺取革命战争的伟大胜利，在革命根据地先后制定了一系列的经济法律，如土地法、劳动法等。

至十一届三中全会，我国经济法经历了发展、削弱、取消的历程。1949年到1957年，是中华人民共和国成立后的经济恢复时期，经济立法有很大的发展。在中华人民共和国成立后的三年里，废除了地主阶级封建剥削的土地所有权，制定了《中华人民共和国土地改革法令》；没收官僚资本主义的财产，统一国家财政经济工作，巩固国家币值和稳定金融，制定了《管制美国在华财产 冻结美国在华存款的命令》等经济法律、法规。后四年又接着颁布了许多关于社会主义工业化，促进对农业、手工业和商业、基本建设、交通运输、贸易、工商管理、物资管理等方面一系列的法律、法规，如《关于劳动就业问题的决定》《私营企业暂行条例》《对外贸易管理暂行条例》等。在1957年之后的十多年社会主义建设中，我国经济立法有了新的发展，国家在计划、自然资源、工业企业、农村集体经济、物价、对外贸易等方面制定了许多行政法规。但由于在这十年中工作指导思想受到左倾机会主义的影响，社会主义法制受到削弱。紧接着的十年"文化大革命"，使我国经济领域内多年来行之有效的经济法律、法规遭到了严重的破坏，大多颁布的法律、法规都被否定。

十一届三中全会以后，党和国家以经济建设为工作的重点，这时经济领域内的法制建设也重新受到重视，我国的经济立法工作进入了一个前所未有的新阶段。针对经济体制改革和对外开放，我国先后共制定了1000多部经济法律、法规，涉及国民经济各个部门，涉及各种经济形式，涉及国内经济关系和对外贸易关系，使我国的经济法律体系进一步完善、健全。

二、经济法的概念和调整对象

（一）经济法的概念

现代经济法的产生，是经济发展的结果，是由商品经济发展到市场经济。由于生产社会化和垄断的出现，传统的私法调整失灵，产生了宏观调控和市场规制的需要，国家介入经济生活而出现和发展的。

在我国，经济法作为一门独立的法律存在已经没有太多的异议。但是如何对经济法给出一个确定的概念，在我国法学理论界至今仍存在争议和分歧。主要有：①经济行政法论，认为经济行政法是国家行政权力深入经济领域，对国民经济实行组织、管理、监督和调节的法律规范的总称；②纵向经济法论，认为经济法是从上而下的宏观调控；③纵横经济法论，认为经济法既要调整一定范围内的纵向经济管理关系，也要调整一定范围内的横向经济关系。

经济法作为市场经济的产物，与市场经济紧密相连，而经济法调整的经济关系的内容是国家对经济进行管理和协调的结果，因此经济法调整特定的经济关系，可表述为国家在管理和协调市场经济活动过程中产生的经济关系。经济法是调整由国家干预的经济活动过程中产生的经济关系的法律规范的总称。

这一概念包括以下几个方面的含义：

第一，这里的"干预"包括了介入、调节、协调、调控和管理等全部内容，干预体现着经济法的权力属性。

第二，经济法调整的是一定范围的经济关系。经济法并不调整所有的经济关系，经济法调整的经济关系的范围与国家管理和协调市场经济活动有关，是国家干预市场经济活动的结果。

第三，经济法与国家的经济行政法是不同的，后者主要与行政管理活动相联系；经济法与民法也不同，在经济法规制的范围和领域，经济活动主体的意思表示是不能自主的。

第四，经济法是经济法律规范的总称。经济法是由众多经济法律法规构成的体系，它是法的体系中的一个部门法。经济法的含义与经济法律的含义是不同的，前者的范围比后者要窄一些。

(二) 经济法的调整对象

经济法的调整对象，是指国家在对经济活动进行管理过程中所发生的法律关系，也就是国家用经济法的形式干预社会经济关系的范围。这就把经济法的调整对象与民法和行政法的调整对象区别开来。民法的调整对象是平等主体之间的民事关系（包括人身关系和财产关系）。行政法的调整对象是行政关系和监督行政关系，行政关系也包括一定范围的经济关系，但是因国家行政机关行使其职权而发生一定范围的经济关系。

经济法的调整对象是需要由国家干预的经济关系。具体范围包括以下四个部分。

1. 市场经济主体的调控关系

市场经济主体是指市场活动的参加者，具体来说包括企业、个人、政府或国家等。对于规范市场主体的法律规范是应该纳入经济法调整的范围，还是应该属于民商法的范畴，目前尚存在一定的争论。在市场经济条件下，各类市场主体的法律地位是平等的，但这并不代表着市场的经济主体可以为所欲为，国家可不对他们进行任何调控。每个市场经济主体都有追求自己利益的权利，但前提是要在追求自己利益的同时不妨碍他人追求利益的自由。也就是说，这些主体可以正当地追求自己的利益，但是当他们追求自己的利益妨碍了他人的利益或者是社会公共性利益时，国家就必须对他进行必要的、适度的调控。国家对经济主体的干预实际上是给每个经济主体的发展创造了一个良好的外部环境，使每个经济主体都处于平等地位。

2. 市场规制的法律关系

市场规制的法律关系主要是指国家为维护国家、生产经营者和消费者的合法权益而从微观领域来规制市场秩序，对市场主体的市场行为进行必要干预而发生的社会关系。主要包括：①市场竞争规制关系，主要是反不正当竞争关系、反垄断关系；②产品质量规制关系；③价格规制关系；④消费者权益保护关系。这些关系并不能依靠民法而获得救济，必须运用国家权力进行干预才不会导致市场秩序的混乱。单靠民法、行政法的力量难以形成良好的市场秩序。适应市场经济体制需要的市场体系必须是统一、开放、竞争和有序的。由经济法调整市场规制关系，有助于完善市场规则、维护市场秩序、实现市场的功能和保护消费者权益。

3. 宏观经济调控关系

宏观经济调控关系是因政府实施宏观调控手段协调经济运行而产生的经济关系。在市场经济机制中，市场的自发调节是十分必要的，但不是万能的，有些问题靠市场的自发调节是不能得到解决的，如国民收入的平衡，金融制度，公共物品的基础建设、提供，资源的合理配置，生态平衡和环境保护等问题。这些问题既不能单一运用行政法的命令去解决，也不能运用民法的方式让当事人之间建立契约关系去解决，最好的办法就是通过国家干预的经济政策和经济法律、法规去解决。国家之所以进行宏观调控，是因为国家必须承担起促进经济增长和稳定经济秩序的职能。由于不完全竞争、信息滞后及信息不对称等原因引起市场失灵，任何一种形式的市场经济都不可避免地受到通货膨胀和高失业率的周期困扰。这时国家就要通过制定宏观经济政策来影响或调控社会的总开支水平、增长率与产量水平、就业率与失业率、物价水平与通货膨胀率，从而促进总体经济的增长和稳定。但国家职能只限于国家公权力对市场进行管理和宏观经济调控。

4. 社会分配关系

社会分配关系的依据是经济学的初次分配和再分配理论。国家对国民收入的分配是通过初次分配和再分配而实现的。国家经常需要通过税收等手段干预分配，形成收入的再分配，特别是进入社会化大生产阶段，收入分配差距加大是国家经济发展面临的重要问题。这一问题的解决必须有国家力量的介入，如社会分配法、劳动法律制度、社会保障法律制度等。

三、经济法的基本原则

经济法的基本原则是指贯穿全部经济法规范，能全面、充分反映经济法基本精神及其所调整的经济关系的各方面的客观要求，对经济立法、经济司法和经济守法具有指导意义的根本思想或准则。在干预社会经济关系中，经济法有其自身独特的原则，概括为以下几个方面。

（一）国家适度干预原则

适度干预，是国家授权政府在法律规定的范围内对社会经济生活进行干预而得以产生的一种法律形式。这种干预应当是积极主动的，但又不能过多或过少。在不同的国家、不同的时期，国家干预经济的情况是不一样的。一般存在三种情况：第一种是"过少干预"，基本上是经济处于自由放任状态；第二种是"过多干预"，即国家无微不至地关怀着社会经济的各个层面和角落；第三种情况就是"适度干预"。

适度干预原则是体现经济法本质特征的原则，这是因为经济法调整对象的范围决定了适度干预原则应当成为经济法的一项基本原则。经济法主要是调整国家对社会经济生活进行干预而产生的社会关系的法，适度干预原则恰好回应和反映了经济法各项规则的本质特征。我们所主张的国家适度干预，只能是一种在充分尊重私权基础上的，干预适度的范围，使用适度干预的手段。这种适度的范围要求干预者做到干预必须有法律依据，并且必须符合法律规定的程序，而适度的干预手段是要求执法者在享有自由裁量权的同时要对执法者进行相应的控权，只有这样才能避免干预的任意性。

（二）维护公平竞争原则

维护公平竞争原则的具体表现是通过国家的行政干预来纠正市场上完全自由的经济所导致的弊端，同时又力求使后者在最大范围内、最高程度上发挥作用。维护公平竞争是经济法反映社会化市场经济的内在要求的一项重要原则。其要求不仅直接体现在反不正当竞争法、反垄断法、反限制竞争法中，而且在经济的各项制度如发展计划、产业政策、财政税收、金融外汇、企业组织等制度中都有体现。维护公平竞争原则的主要内容表现在两个方面：

（1）维护公平竞争。在市场经济条件下必须营造并维护一个平等、公平、统一、有序的外部竞争环境，使各市场经济主体处于同一起跑线上。公平竞争的环境主要通过税法制度和产业政策法律制度等来实现。

（2）维护正当竞争。公平的竞争必须是正当的竞争。市场竞争的实质是各种商品内在要素的比试，如价格的竞争、质量的竞争、服务的竞争等。这些竞争的规则是相同的，但是如果有一方经济主体为了获得更多利润而采取了非正当的手段排挤其他主体，那么他就破坏了这种竞争规则，扰乱了社会经济秩序，这种非正当竞争手段是应该被禁止的。在经济法中想促使竞争具有正当性，首先，要防范各种不正当竞争行为，抑制各种非市场因素对市场经济主体的竞争活动的介入和渗透，确保竞争合理、正当和适度。其次，国家在宏观调控政策的制定和实施中，应当时刻从有利于正当竞争的角度出发，努力使各竞争主体处于平等地位，以确保竞争的正当性。

（三）经济效益原则

经济效益是我国经济工作的重点和归宿，也是国家干预经济运行和经济立法的最终目标。要想提高经济效益首先要正确处理好政府的有效干预权与市场主体的充分自主权的关系，其次要有一个能够保证市场主体实现其利益价值的企业运行机制。具体就是建立一个宏观调控法律体系，指导和促进企业提高经济效益。宏观调控就是指国家为了维护社会整体利益，弥补因"市场失灵"而导致的缺陷，从而实现宏观经济总量的基本平衡和经济结构优化，引导国民经济持续、健康、适度地发展，对市场所进行的总体调节和控制。宏观调控原则是由经济法的社会性和公私交融性所决定的一项普遍原则。

（四）维护国家经济安全原则

经济法着眼于整体社会经济安全，由国家对社会经济加以调节。特别是随着经济全球化的发展，国家间的经济技术交往逐步深入，竞争激烈，作为发展中国家的中国在进行国际交往时更应注意维护国家经济安全。如果我们国家在经济上依附于他国，便会丧失自我发展的能力。因此，一国经济立法首先要考虑维护本国经济安全，如在市场准入制度，在反垄断、反不正当竞争方面，在外贸管制中，在金融政策方面，在税收制度中，等等。我们一方面要在国际大环境中积极寻求本国经济的发展，另一方面要从法制上保障国家经济健康、持续地发展。以经济安全为衡量经济法的标准，是必要的基本原则。

四、经济法律关系

（一）经济法律关系概述

法律关系是法律规范调整社会关系形成的权利义务关系，也就是说，法律关系以权利义务为内容作用于社会关系，实现法律从静态到动态的转化。不同的法律规范调整不同的社会关系，从而确立了不同的法律关系。经济法法律关系是指在国家协调经济运行过程中根据经济法的规定所形成的权利义务关系。

经济法律关系的构成要素与其他法律关系一样，都是由主体、客体和内容三方面构成，缺少任何一个要素都不能构成经济法律关系。主体是经济法律关系构成的先决条件；客体是主体所指向的对象，没有客体，主体的活动就无所依托；内容是经济法律关系主体所追求的目的和实质需要。经济法律关系是国家使经济事实得以实现的法律保障。

（二）经济法律关系的主体

1. 经济法律关系主体的概念和特征

（1）经济法法律关系主体的概念。经济法律关系的主体，是指经济法律关系中，在法律上享有经济权利或经济职权，承担经济义务或经济职责的当事人。这里的当事人包括自然人、法人和其他经济组织。

（2）经济法律关系主体的特征。经济法律关系的主体具有以下特征：①参加体现国家干预的经济关系的当事人，这也是和民事法律关系主体区分的主要特征之一；②具有承担经济法律权利义务的资格。

2. 经济法律关系主体资格的取得

（1）法定取得，即依照法律的规定而取得。也就是说只要是国家法律、法规规定，能够对社会经济生活实行干预或者接受干预的社会组织和自然人，都是经济法律关系的主体，如税务局、审计署等。

（2）授权取得，即依据有授权资格的机关的授权，而取得的可以对社会经济生活进行某种干预的资格。例如，我国的承包关系，具有授权资格的政府指定有关部门代表国家作为发包方，这个有关部门由授权而取得主体资格。

（3）经济法律关系主体。经济法律关系主体一般包括法人、非法人、自然人和其他社会组织。也就是说，具有法人资格的国家机关法人、事业单位法人、社会团体法人和企业法人，以及不具备法人资格的企业内部职能科室、生产单位，企业的分支机构，合伙企业，承包经营户，个体工商户这样的其他社会组织和自然人都可以是经济法律关系的主体。

（三）经济法律关系的客体

1. 经济法律关系客体的概念

经济法律关系的客体，是指经济法律关系主体的经济权利和经济义务所共同指向的对象。在经济法律关系中，客体是不可缺少的要素，因为如果在经济法律关系中，只有主体和主体的权利义务，而没有它们所指向的具体事物，那么主体之间所建立的经济法律关系也就失去了意义。

2. 经济法律关系客体的种类

经济法学家认为，一般传统的法律关系的客体为物、行为、智力成果三大类。但是，经济法作为体现国家干预经济的意志的规范体系，其调整对象实质上是人们的行为。经济法律关系客体的范围是与经济法的调整对象相一致的。因此，产生的权利和义务不可能是物品、行为和成果，而是客观存在的社会关系。那么经济法律关系的客体有：

（1）与经济干预行为相联系的物。物只是民事法律关系的客体，但是经济法律关系的客体只有与经济干预行为相联系，产生的社会关系的物才能成为经济法律关系的客体，如因买卖、运输、税收、环境保护等而产生的法律关系所指的物才是经济法律关系的客体。

（2）经济行为。经济行为是经济法律关系的主体为了达到一定的目的而进行的有意识的经济活动，如企业管理行为、买卖行为、保管行为等。

（3）科学技术成果。是指人们通过脑力劳动所创造的精神财富和知识产品，如著作、摄影作品、绘画作品、发明、外观设计、商标等。

（四）经济法律关系的内容

经济法律关系的内容是指经济法律规范所确认的经济法律关系主体的经济权利、经济义务。也就是说经济法律关系的内容包括经济权利与经济义务。经济权利与经济义务是相对应的，即一方的经济权利往往是对方的经济义务。

1. 经济权利

经济权利，是指经济法律关系主体依法可以为或不为、要求他人为或不为一定行为的资格。根据我国现行的法律、法规，经济权利主要有以下几项：

（1）国有资产管理权。国有资产包括所有权属于国家的自然资源和能源，还有所有权属于国家的其他有形和无形资产。国有资产管理权是指国家授权的单位对所有权属于国家的资产进行管理的权利，是国家行使国家所有权的一种形式。这种管理权体现了国家行政权、国家财产所有权与企业经营权相分离的体制。

（2）企业经营管理权。企业经营管理权是指国有企业对国家授权其经营管理的财产享有占有、使用和处分的权利。经营管理权与所有权是国家将国有资产进行两权分离的一种方式。

（3）企业自主经营权。企业自主经营权是指公司、合伙人、个体经营者和其他经济组织对自己的财产依法享有占有、使用、收益和处分的权利。

（4）承包经营权。承包经营权是指农民、农村经营户为完成一定任务对国家或集体的财产行使占有、使用和收益的权利。

（5）经济请求权。经济请求权是指一方当事人可以请求他人为一定行为或不为一定行为的权利，是一种救济性的权利。只有在一方当事人不履行应尽的职责和义务时，另一方当事人才有权向这方当事人提出请求权。

2. 经济义务

经济义务，是指经济法律关系主体一方为了满足另一方的要求必须为一定行为或不为一定行为。经济义务因法律关系不同而不同，但总的来说有以下几方面义务：

（1）义务人必须根据国家法律、法规规定为一定行为或不为一定行为，以便实现权利主体的利益，如纳税。

（2）义务人必须在合法的情况下依据合同的约定为一定行为或不为一定行为，如在租赁关系中承租人必须支付出租人租金，但承租人对于出租人提出的租金以外的其他负担，有权拒绝给付。

（3）经济义务是受到国家强制力约束的一种法律义务。义务人应当自觉履行自己应承担的义务；如果不履行或履行不当，义务人就应该承担相应的经济责任，由专门机关强制其承担责任并履行。

（五）经济法与汽车法规

1. 汽车法规

汽车法规不是一个独立的部门法，而是与汽车行业相关的散见于各个部门法之中的法律法规和国家政策的集合。那么，与汽车行业直接相关的各个部门法律规范能否有机紧密结合在一起成为一个独立的部门法呢？显然是不可能的，因为各个部门法律规范没有共同区别于其他部门法的调整方法。因此，我们使用汽车法规这个概念。

随着科技的进步、经济的发展、人们生活节奏的加快，汽车逐渐进入人们的生活并成了不可缺少的交通工具。但是原有的相关法律法规与汽车行业快速发展已不相协调，主要有如下几个方面：第一，在充分肯定汽车工业对国民经济发展有重要推进作用的同时也应关注汽车工业发展带来的负面效应，如环境污染、能源危机、重复建设、资源浪费、交通堵塞等问题；第二，自从我国加入 WTO 后，汽车进出口不仅在关税、进口配额、许可证等方面的限制进一步放宽或取消，而且还出现了汽车零部件国产化与全球采购、服务贸易领域开放等新情况，需要有新的政策法规与中国加入 WTO 时的承诺相协调；第三，目前我国汽车的需求结构发生了很大变化，特别是用车领域主要是以私人消费为主，如何降低汽车消费门槛、保障广大消费者合法权益成为汽车产业的新课题，需要有新的政策法规予以明确；第四，道路上汽车数量的剧增，新司机队伍的不断壮大，使得交通事故也不断攀升，这又涉及交通事故责任的认定、赔偿、保险的险种等问题。上述情形均须有新的相关法律法规进行规范。

目前，我国与汽车行业相关的主要法律法规和政策有：《汽车贷款管理办法》《报废汽车回收管理办法》《汽车交易市场管理暂行规定》《中华人民共和国道路交通安全法》《中华人民共和国道路交通安全法实施条例》《缺陷汽车产品召回管理规定》《"关于禁止非法拼（组）装的通告"的实施细则》《汽车品牌销售管理实施办法》《汽车贸易政策》《构成整车特征的汽车零部件进口管理办法》《汽车产业发展政策》《汽车行业标准化管理办法》《国家环境保护总局关于进一步加强城市机动车污染排放监督管理的通知》，等等。

2. 经济法与汽车法规

我国汽车市场产销规模的世界排名逐渐上升，2010 年已上升至第一位，汽车行业在国民经济中的地位越来越重要。在社会主义市场经济的大背景下，如何发展汽车行业，如何提高其在世界范围内的竞争力。这些问题是不能单靠汽车产业自生自灭的发展而完成的，而是需要政府运用法律对汽车行业实行有效的宏观调控和适当干预，同时又必须发挥市场配置资源的基础性作用。

汽车法规的出现是社会经济发展行业细化的结果，经济法是汽车法规发展的基础。调整汽车行业相关的法律法规很多都属于经济法的范畴，如《公司法》《民法典》《税法》

《保险法》《消费者权益保护法》《产品质量法》《知识产权法》《劳动合同法》等。与此同时，汽车法规是经济法在汽车行业中的应用，如《道路交通安全法》《汽车品牌销售管理办法》《汽车金融公司管理办法》等。在国家出台的一些法律法规无法跟上汽车行业发展的速度时，经济法中很多与汽车行业相关的部门法对汽车法规起到了很好的补充作用。

五、汽车产业政策

到目前为止，中国已经出台了两部汽车产业发展的政策：1994年版本的《汽车工业产业发展政策》、2004年版本的《汽车产业发展政策》。两部政策出台时间前后相差10年，如果10年是政策进行修订的默认时间跨度的话，那么2014年应是全新的汽车产业政策出台的关键节点，但直至本书出版，新的汽车产业政策没有出台。

从目前中国汽车市场发展的局面来看，中国汽车市场的消费者越来越成为一股不容忽视的力量，目前1亿多的汽车消费者，以及未来数亿的汽车消费者，已成为主导中国汽车产业发展的力量。同时，政府不断强调简政放权，汽车产业作为市场化程度非常高的一个行业，政府管理弱化必然成为趋势。考虑各种因素，全新的汽车产业政策将从以下六个方面布局谋篇：

第一，合资股比政策。在2004年的《汽车产业发展政策》中，合资股比限制是放到了"投资管理"一章。由于中国改革开放已经走到了一个新的阶段，这个阶段的特点是中国需要加深国际经济合作的深度，即在海外扩大投资、生产、贸易等，需要加入到各个区域性的国际合作组织。而中国资本走出去的前提条件之一是中国政府对于海外资本在中国的投资行为进行对等放开。2018年4月10日，国家主席习近平在博鳌论坛2018年年会开幕式上，提出了汽车行业一项重大变革举措：中国将大幅度放宽市场准入，会尽快放宽外贸股比限制，有关部门已经在紧急研究制定出台方案，合资股比放开已经进入倒计时。

第二，对于中国汽车产业发展更为重要的是使政府管理退出。正在实施的汽车产业政策规定了汽车企业投资的两种审核制度：备案制、审核制。从目前中国汽车产业发展的状况来看，以及国际流行的方式，审核制将退出市场，备案制将成为主流。同时，新的汽车产业政策将从投资管理过渡到产品管理，即汽车企业的投资完全放开，但是产品上市管理必须加强。

第三，改革渠道经销政策规定。现有的汽车产业政策授权商务部出台《汽车品牌销售管理办法》，但是却备受市场诟病。该办法暴露出来的问题很多，从形式上看，汽车品牌销售管理办法造成了汽车整车生产企业与汽车经销商之间的权利义务严重不对等，实际上是消费者的权利在这种厂商经销体制中遭到了损害。2017年中国汽车维修协会与中国保险协会所做的一项调查显示，该办法存在致命缺陷。

第四，新能源汽车将成为新的汽车产业政策的重要内容。在现行的《汽车产业发展政策》中，涉及新能源汽车方面的内容融合到"技术政策"一章，而且也只有一条内容。在政府大力治理大气污染以及车联网发展迅猛的今天，新能源汽车与汽车智能化应得到特别关注。新能源汽车与车联网的发展是最需要政策支持的方面，这也包括如何消除地方保护主义，以及"后试点推广时代"的市场发展问题。

第五，"进口管理"将被取消。现行的《汽车产业发展政策》专门开辟一章的内容描述进口汽车产品管理的问题。这在中国刚刚加入世界贸易组织之时有很大的必要性。但是，在目前的形势下，进口管理似乎已经不再是一个行业政策所必须关注的话题。这是因为，汽车产品本身越来越成为一般的市场消费品；各个跨国汽车企业不断加大国产化的市场比重，进口汽车产品数量比重不断缩小；中国加大国际经济合作的需要。特别重要的是，构成整车特征的零部件进口管理办法已经失去了存在的价值，该项政策存在的市场基础已经逐渐失去。

第六，售后服务市场的政策必须加以完善。现行政策中的"汽车消费"一章，更多的是规范汽车厂商以及地方政府、部门在市场中的行为，但是，这种政策中甚少包含对消费者直接的政策内容。汽车召回、汽车三包等汽车售后服务市场中的汽车厂商，以及地方政府的政策、行为必须从消费者权利保护的角度做出更加明确的规定，而汽车互联网销售形式也应该予以关注。

市场主体法篇

第一章 公司法

【知识目标】

1. 掌握公司的概念、特征和种类。
2. 掌握有限责任公司的概念、特征、设立条件、程序、公司的组织机构及其各机构成员的职责。
3. 掌握股份有限公司的概念、特征、设立条件、程序、公司的组织机构及其各机构成员的职责。
4. 掌握股票、债券的概念。
5. 掌握公司的解散和清算。

【技能目标】

1. 能够通过对公司的设立条件、程序的学习,了解公司设立登记流程及需要准备的登记材料。
2. 了解公司股东(大)会、董事会、监事会召开及表决程序,并且能够通过对实际案例的分析,判断公司组织机构所作决议的效力。

【学前案例】

2010年9月28日下午,备受关注的国美临时股东大会在香港铜锣湾富豪香港酒店举行。

股东大会于下午2点30分开始,在正式投票前的问答环节中,数位股东对陈晓颇有指责。一股东问,上千万网民说陈晓获胜后将不再进国美购物,如此如何与苏宁竞争?还有股东向南都财经表示,大股东占国美32%股份,但在董事会中没有一人作为代表,这在企业中极少见到。

下午3点,共有146位股东亲临大会现场投票,整个投票过程仅用了15分钟。经过四五次反复点票,黄光裕仅有一项动议,即否决股东大会对董事会的增发20%一般授权获得通过,其他四项动议均被否决:撤销陈晓作为公司执行董事兼董事会主席职务的动议,以48.12%赞成、51.88%反对遭股东大会否决;撤销孙一丁作为公司执行董事职务、即时委任邹晓春、黄燕虹为公司执行董事的动议均被否决。其中邹晓春支持率为48.13%,反对票51.87%,相差3.7%;而黄光裕之妹黄燕虹遭到更多股东观望,支持率为41.17%,反对票51.83%。此外,重选贝恩提名的三位人士:竺稼、Ian Andrew Reynolds和王励弘为公司非执行董事的动议获得通过。

国美电器9月28日晚间对投票结果发表声明称,对此次股东大会结果深感欣慰。声明中表示本次投票"是股东对现有管理团队过去两年的成绩的明确认可,以及证明股东对现有管理层有能力继续带领本公司实现可持续发展的信任和厚望。""希望可与包括我们的大股东黄光裕先生在内的所有股东保持顺畅、有效的沟通。并且欢迎所有利益相关方提出具有建设性的建议。"

问题：

1. 什么是股份有限公司？什么是股权？
2. 什么是股东大会？股东大会的权利及表决程序有哪些？

第一节　公司法概述

一、公司的概念和种类

（一）公司的概念和特征

公司用英语称为"company"或"corporation"，"company"由拉丁字"com"和"panes"组成，前者是"共同"的意思，后者是"面包"，合起来的意思就是共同分享面包的人。那么，从字面上我们可以看出，公司是渊源于人们为了共同目的而结合起来并共同分享资源的组织。

公司在不同的国家有不同的概念，因为不同国家的公司的种类不同。中国的公司是指由股东（投资者）出资，依法成立的、以营利为目的的法人组织。《中华人民共和国公司法》（下称《公司法》）规定，在中国境内设立的公司分为有限责任公司和股份有限公司。

公司是现代社会经济生活中十分重要的现代企业组织形式，具有如下特征：

（1）公司是具有独立法律地位的法人组织。公司具有法人资格，这是公司与其他经济组织的重要区别。

（2）公司是以营利为目的的企业法人。

（3）公司以其全部资产对公司的债务承担有限责任。

（4）公司是依法定条件和程序设立的法人。

（二）公司的种类

公司的种类繁多，根据不同的标准，可以有不同的分类。

（1）根据公司股东的责任范围不同，可以将公司分为无限责任公司、两合公司、有限责任公司。无限责任公司是指由两个以上股东组成，全体股东对公司债务负无限连带责任。两合公司是指一部分股东负无限连带责任，而另一部分股东承担有限责任的公司。有限责任公司是指股东仅以其出资额为限对公司承担责任，公司以其全部资产对公司债务承担责任的公司。

（2）根据股份转让方式的不同，可以将公司分为封闭式公司与开放式公司。封闭式公司又称不公开公司、不上市公司等，是指公司股本全部由设立公司的股东拥有，且其股份不能在证券市场上自由转让的公司。我国公司法上的有限责任公司属于此类封闭式公司。开放式公司又称公开公司、上市公司等，是指可以按法定程序公开招股，股东人数无法定限制，股份可以在证券市场上公开自由转让的公司。

（3）根据公司之间的控制与依附不同，可以将公司分为总公司与分公司、母公司与子公司。总公司又称本公司，是指依法设立并管辖公司全部组织的具有企业法人资格的总机构，在公司内部处于领导、支配地位。分公司是指在业务、资金、人事等方面受本公司管辖而不具有法人资格的分支机构，分公司不具有法律上和经济上的独立地位。母公司是指拥有其他公司一定数额的股份或根据协议，能够控制、支配其他公司的人事、财务等事项的公司。子公司是指一定数额的股份被另一公司控制、支配的公司，子公司具有独立法人资格，拥有自己所有的财产，有公司名称、章程和董事会，对外独立开展业务和承担责任。

（4）根据公司的国籍不同，可以将公司分为本国公司、外国公司和跨国公司。依照我国法律规定，以公司设立登记地来确定本公司国籍。凡在我国登记设立的公司，为我国公司；不在我国登记设立的公司，为外国公司。跨国公司是指具有一国国籍的母公司和具有他国国籍的子公司组成的公司。

我国公司法调整公司的种类为有限责任公司和股份有限公司。股份有限公司分为上市公司和非上市公司。

二、公司法的概念

公司法是调整公司在其设立、经营、变更、终止过程中发生的经济关系的法律规范的总称。公司法是为了适应建立现代企业制度的需要，规范公司的组织和行为，保护公司、股东和债权人的合法权益，维护社会经济秩序，促进社会主义市场经济的发展而制定的。

《中华人民共和国公司法》于1993年12月29日由第八届全国人民代表大会常务委员会第五次会议通过，自1994年7月1日起实施。1999年12月25日第九届全国人民代表大会常务委员会第十三次会议对公司法进行了第一次修正。根据2004年8月28日第十届全国人民代表大会常务委员会第十一次会议《关于修改〈中华人民共和国公司法〉的决定》（第二次修正），《中华人民共和国公司法》于2005年10月27日第十届全国人民代表大会常务委员会第十八次会议修订通过，自2006年1月1日起施行。2014年3月1日起，施行经第三次修改的《中华人民共和国公司法》。

第二节　有限责任公司

一、有限责任公司的概念和特征

有限责任公司是指股东以其出资额为限对公司承担责任，公司以其全部资产对公司的债务承担责任的公司。

有限责任公司的法律特征有：
①以其全部资产对公司的债务承担有限责任；
②设立程序和组织机构简单；
③生产经营活动及财产状况不必公开；
④股份转让有一定限制。

二、有限责任公司股东的权利和义务

有限责任公司的股东是指有限责任公司的出资人。股东向公司出资，公司成立后向股东签发出资证明书，并由公司在出资证明书上盖章。出资证明书也称为股单，是股东权利与义务的凭证，是一种证据证券，不能流通，并且转让受到严格限制。

（一）股东的权利

（1）表决权。股东有按出资比例确定表决权的权利。

（2）知情权。股东有查阅股东会会议记录和公司财务会计报告、文件、公司情况等的权利。

（3）收益权。股东有按出资比例获得股息和红利的权利。

（二）股东的义务

有限责任公司设立时，股东未缴清股款或出资不实的，应当向已足额缴纳出资的股东承担违约责任。有限责任公司成立后，发现作为出资的实物、工业产权、非专利技术、土地使用权的实际价额显著低于公司章程所定价额的，应当由交付该出资的股东补交其差额，公司设立时的其他股东对其承担连带责任。在公司登记后股东不得抽回出资。

三、有限责任公司的设立条件及程序

（一）有限责任公司的设立条件

（1）股东符合法定人数。除国家授权投资的机构或者国家授权的部门可以单独投资设立国有独资的有限责任公司外，有限责任公司由50个以下股东共同出资设立。

（2）有符合公司章程规定的全体股东认缴的出资额。法律、行政法规以及国务院决定对有限责任公司注册资本实缴、注册资本最低限额另有规定的，从其规定。

（3）股东共同制定公司章程。有限责任公司章程应当载明：①公司名称和住所；②公司经营范围；③公司注册资本；④股东的姓名或者名称；⑤股东的出资方式、出资额和出资时间；⑥公司的机构及其产生办法、职权、议事规则；⑦公司的法定代表人；⑧股东会会议认为需要规定的其他事项。股东应当在公司章程上签名、盖章。

（4）有公司名称，建立符合有限责任公司要求的组织机构。有限责任公司必须在名称中标明"有限责任公司"字样，如北京吉普汽车有限公司、华晨宝马汽车有限公司等。

（5）有固定的生产经营场所。

（二）有限责任公司设立的程序

（1）由全体股东指定的代表或委托的代理人向公司登记机关申请公司名称预核，并在公司筹建期间使用预核批准的公司名称。

（2）全体股东共同制定公司章程，并在章程上签名、盖章。公司章程对公司、股东、董事、监事、高级管理人员具有约束力。

（3）股东可以用货币出资，也可以用实物、知识产权、土地使用权等采用货币估价出资，还可以用依法转让的非货币财产作价出资；但是，法律、行政法规规定不得作为出资的财产除外。

对作为出资的非货币财产应当评估作价，核实财产，不得高估或者低估作价。法律、行政法规对评估作价有规定的，从其规定。

（4）股东认足公司章程规定的出资后，由全体股东指定的代表或者共同委托的代理人向公司登记机关申请设立登记，提交公司登记申请书、公司章程等文件。法律、行政法规规定需要经有关部门审批的，应当在申请设立登记时提交批准文件。公司登记机关对符合本法规定条件的，予以登记，发给公司营业执照；对不符合上述规定条件的，不予登记。公司营业执照签发日期，为有限责任公司成立日期。

四、有限责任公司的组织机构

公司的组织机构是进行经营活动的前提和载体。组织机构之间分权制衡,以一定的方式整体运作,对公司进行治理。

（一）股东会

1. 股东会的性质和职权

有限责任公司的股东会由全体股东组成,是公司的最高权力机构。股东会依法行使下列职权：①决定公司的经营方针和投资计划；②选举和更换非由职工代表担任的董事、监事,决定有关董事、监事的报酬事项；③审议批准董事会的报告；④审议批准监事会或者监事的报告；⑤审议批准公司的年度财务预算方案、决算方案；⑥审议批准公司的利润分配方案和弥补亏损方案；⑦对公司增加或者减少注册资本作出决议；⑧对发行公司债券作出决议；⑨对公司合并、分立、变更公司形式、解散和清算等事项作出决议；⑩修改公司章程；⑪公司章程规定的其他职权。

2. 股东会的议事规则

股东会以举行会议的方式行使其职权：

（1）股东会的召集或召开。股东会依法律规定分为首次会议、定期会议和临时会议。股东会的首次会议由出资最多的股东召集和主持；定期会议应当按照公司章程的规定按时召开；代表 1/10 以上表决权的股东,1/3 以上董事或者监事,可以提议召开临时会议。

（2）股东会的主持。有限责任公司设立董事会的,股东会会议由董事会召集,董事长主持,董事长因特殊原因不能履行职务时,由董事长指定的副董事长或者其他董事主持。召开股东会会议,应当于会议召开 15 日以前通知全体股东。股东会应当对所议事项的决定做成会议记录,出席会议的股东应当在会议记录上签名。

（3）股东会的议事方式和表决程序。除公司法有规定的以外,股东会的议事方式和表决程序由公司章程规定。股东会对公司增加或者减少注册资本,分立、合并、解散或者变更公司形式作出决议,必须经代表 2/3 以上表决权的股东通过。公司可以修改章程。修改公司章程的决议,必须经代表 2/3 以上表决权的股东通过。股东会会议由股东按照出资比例行使表决权。

（4）股东会决议的执行。股东会依法做出的决议,董事会、监事会、经理均必须遵守和执行。

（二）董事会和经理

1. 董事会的性质和设立

董事会是有限责任公司的执行机关,由股东会产生,对股东会负责。有限责任公司设董事会,其成员为 3～13 人。两个以上的国有企业或者两个以上的国有投资主体投资设立的有限责任公司,其董事会成员中应当有公司职工代表。董事会中的职工代表由公司职工民主选举产生。董事会设董事长一人,可以设副董事长 1～2 人。董事长、副董事长的产生办法由公司章程规定。董事任期由公司章程规定,但每届任期不得超过三年。董事任期届满,可以连选连任。董事任期届满未及时改选,或者董事在任期内辞职导致董事会成员低于法定人数的,在改选出的董事就任前,原董事仍应当依照法律、行政法规和公司章程的规定,履行董事职务。有限责任公司,股东人数较少和规模较小的,可以设一名执行董事,不设立董事会。执行董事可以兼任公司经理。

2. 董事会的职权

董事会对股东会负责,行使下列职权:

①负责召集股东会,并向股东会报告工作;②执行股东会的决议;③决定公司的经营计划和投资方案;④制订公司的年度财务预算方案、决算方案;⑤制订公司的利润分配方案和弥补亏损方案;⑥制订公司增加或者减少注册资本的方案;⑦拟订公司合并、分立、变更公司形式、解散的方案;⑧决定公司内部管理机构的设置;⑨聘任或者解聘公司经理及决定其报酬等事项,根据经理的提名,聘任或者解聘公司副经理、财务负责人,决定其报酬事项;⑩制定公司的基本管理制度;⑪公司章程规定的其他职权。

3. 董事会以会议形式行使职权

(1) 董事会会议由董事长召集和主持;董事长因特殊原因不能履行职务时,由副董事长召集和主持,副董事长不能履行职务或者不履行职务的,由半数以上董事共同推举一名董事召集和主持。

(2) 董事会的议事方式和表决程序,除《公司法》特别规定的以外,由公司章程规定。董事会应将会议所议事项的决定做成会议记录,出席会议的董事应当在会议记录上签名。董事会决议,实行一人一票。

4. 经理的产生和职权

有限责任公司设经理,由董事会聘任或者解聘。经理对董事会负责,行使下列职权:

(1) 主持公司的生产经营管理工作,组织实施董事会决议;

(2) 组织实施公司年度经营计划和投资方案;

(3) 拟订公司内部管理机构设置方案;

(4) 拟订公司的基本管理制度;

(5) 制定公司的具体规章;

(6) 提请聘任或者解聘公司副经理、财务负责人;

(7) 决定聘任或者解聘除应由董事会聘任或者解聘以外的负责管理人员;

(8) 董事会授予的其他职权。经理列席董事会会议。

(三) 监事会

有限责任公司经营规模较大的,设立监事会,其成员不得少于3人并在其组成人员中推选一名召集人。股东人数较少和规模较小的有限责任公司可以设1~2名监事,不设监事会。监事会由股东代表和适当比例的公司职工代表组成,其中职工代表的比例不得低于1/3,具体比例由公司章程规定。监事会中的职工代表由公司职工民主选举产生。董事、高级管理人员不得兼任监事。监事的任期每届为3年。监事任期届满,可以连选连任。

监事会或者监事行使下列职权:

(1) 检查公司财务;

(2) 对董事、高级管理人员执行公司职务时违反法律、法规或者公司章程的行为进行监督;

(3) 当董事和高级管理人员的行为损害公司的利益时,要求董事和高级管理人员予以纠正;

(4) 提议召开临时股东会;

(5) 向股东会会议提出提案;

(6) 依照《公司法》第一百五十二条规定,对董事、高级管理人员提出诉讼;

(7) 公司章程规定的其他职权。

(四) 一人有限责任公司的特别规定

公司法所称一人有限责任公司,是指只有一个自然人股东或者一个法人股东的有限责任公司。

一个自然人只能投资设立一个一人有限责任公司。该一人有限责任公司不能投资设立新的一人有限责任公司。一人有限责任公司应当在公司登记中注明自然人独资或者法人独资,并在公司营业执照中载明。一人有限责任公司章程由股东制定。一人有限责任公司不设股东会。

一人有限责任公司应当在每一会计年度终了时编制财务会计报告,并经会计师事务所审计。一人有限责任公司的股东不能证明公司财产独立于股东自己的财产的,应当对公司债务承担连带责任。

五、国有独资公司

公司法所称国有独资公司,是指国家单独出资、由国务院或者地方人民政府授权本级人民政府国有资产监督管理机构履行出资人职责的有限责任公司。

国有独资公司章程由国有资产监督管理机构制定,或者由董事会制订报国有资产监督管理机构批准。

国有独资公司不设股东会,由国有资产监督管理机构行使股东会职权。国有资产监督管理机构可以授权公司董事会行使股东会的部分职权,决定公司的重大事项,但公司的合并、分立、解散、增加或者减少注册资本和发行公司债券,必须由国有资产监督管理机构决定;其中,重要的国有独资公司合并、分立、解散、申请破产的,应当由国有资产监督管理机构审核后,报本级人民政府批准。

国有独资公司设董事会,董事会成员中应当有公司职工代表。董事会成员由国有资产监督管理机构委派;但是,董事会成员中的职工代表由公司职工代表大会选举产生。董事会设董事长一人,可以设副董事长。董事长、副董事长由国有资产监督管理机构从董事会成员中指定。

国有独资公司设经理,由董事会聘任或者解聘。经国有资产监督管理机构同意,董事会成员可以兼任经理。国有独资公司的董事长、副董事长、董事、高级管理人员,未经国有资产监督管理机构同意,不得在其他有限责任公司、股份有限公司或者其他经济组织兼职。

国有独资公司监事会成员不得少于5人,其中职工代表的比例不得低于1/3,具体比例由公司章程规定。

监事会成员由国有资产监督管理机构委派;但是,监事会成员中的职工代表由公司职工代表大会选举产生。监事会主席由国有资产监督管理机构从监事会成员中指定。

第三节　股份有限公司

一、股份有限公司的概念和特征

（一）股份有限公司的概念

股份有限公司，是将其全部资本分为等额股份，股东以其所持股份为限对公司承担责任，公司以其全部资产对公司的债务承担责任的企业法人。

（二）股份有限公司的法律特征

股份有限公司有以下法律特征：

（1）股东承担有限责任。股份有限公司的股东仅以其所持股份对公司承担责任。公司的债权人不能直接向股东提出清偿的要求，更不能要求用股东的个人财产来清偿公司债务。

（2）股份的等额性。公司的资本划分为等额股份，股份是构成全部资本的基本单位，股东权力的大小以持有股份的多少为依据。

（3）资本募集公开性。公司可以通过发行股票向社会公开募集资金。股票是公司签发的证明股东所持股份的凭证。任何人只要愿意支付股金，购买股票，都可以成为股份有限公司的股东。股票可以自由转让。

（4）公司经营状况的公开性。股份有限公司资本募集的公开性，决定公司必须对外公布公司的财务会计状况，以便公司股东和社会公众了解公司的经营状况。

二、股份有限公司股东的权利和义务

（一）股东的权利

（1）表决权。股东享有按一股一票原则确定的出席股东大会并表决的权利。

（2）知情权。股东有权查阅公司章程、股东大会会议记录和财务会计报告，对公司的经营提出建议或者质询。

（3）股票转让权。股东可以依法转让其股份。但公司董事、监事、经理应当向公司申报所持有的本公司股份，并在任职期间内不得转让其股份。

（4）收益权。股东享有获得股息和分红的权利。

（二）股东的义务

股份有限公司股东的主要义务是缴足股款，并不得抽回其股本。

三、股份有限公司的设立条件和程序

（一）股份有限公司的设立条件

（1）发起人符合法定人数。发起人应当在2人以上200人以下，其中须有过半数的发起人在中国境内有住所。

（2）以发起设立方式设立股份有限公司的，发起人应当书面认足公司章程规定其认购的股份，并按照公司章程规定缴纳出资。以非货币财产出资的，应当依法办理其财产权的转移手续。以募集设立方式设立股份公司，发起人认购的股份不得少于公司股份总数的

35%；但是，法律、行政法规另有规定的，从其规定。

（3）股份发行、筹办事项符合相关法律规定。相关法律是指公司法和证券法，以及有关的法规、规定。

（4）发起人制订公司章程，并经创立大会通过。股份有限公司章程应当载明下列事项：

①公司名称和住所；②公司经营范围；③公司设立方式；④公司股份总数、每股金额和注册资本；⑤发起人的姓名或者名称、认购的股份数、出资方式和出资时间；⑥董事会的组成、职权、任期和议事规则；⑦公司法定代表人；⑧监事会的组成、职权、任期和议事规则；⑨公司利润分配办法；⑩公司的解散事由与清算办法；⑪公司的通知和公告办法；⑫股东大会认为需要规定的其他事项。

（5）有公司名称。建立符合股份有限公司要求的组织机构。股份有限公司必须在名称中标明"股份有限公司"字样，如东风汽车股份有限公司、天津一汽夏利股份有限公司。

（6）有固定的生产经营场所和必要的生产经营条件。

（二）股份有限公司设立的方式

股份有限公司的设立，可以采取发起设立或者募集设立的方式。

发起设立，是指由发起人认购公司应发行的全部股份而设立公司。

募集设立，是指由发起人认购公司应发行股份的一部分，其余部分向社会公开募集而设立公司。

四、股份有限公司的组织机构

（一）股东大会

股份有限公司由股东组成股东大会。股东大会是公司的权力机构。

股东大会召集方式。股东大会应当每年召开一次年会。临时股东大会有下列情形之一的，应在两个月内召开：

（1）董事人数不足本法规定的人数或者公司章程所定人数的2/3时；
（2）公司未弥补的亏损达股本总额1/3时；
（3）单独或者合计持有公司股份10%以上的股东请求时；
（4）董事会认为必要时；
（5）监事会提议召开时；
（6）公司章程规定的其他情形。

股东大会会议由董事会召集，董事长主持；董事长不能履行职务或者不履行职务的，由副董事长主持；副董事长不能履行职务或者不履行职务的，由半数以上董事共同推举一名董事主持。

董事会不能履行或者不履行召集股东大会会议职责的，监事会应当及时召集和主持；监事会不召集和主持的，连续90日以上单独或者合计持有公司10%以上股份的股东可以自行召集和主持。

召开股东大会会议，应当将会议召开的时间、地点和审议的事项于会议召开前20日通知各股东；临时股东大会应当于会议召开前15日通知各股东；发行无记名股票的，应当于会议召开前30日公告会议召开的时间、地点和审议事项。

单独或者合计持有公司3%以上股份的股东,可以在股东大会召开前10日提出临时提案并书面提交董事会;董事会应当在收到提案后两日内通知其他股东,并将该临时提案提交股东大会审议。临时提案的内容应当属于股东大会职权范围,并有明确议题和具体决议事项。无记名股票持有人出席股东大会会议的,应当于会议召开前5日至股东大会闭会时将股票交存于公司。

股东出席股东大会,所持每一股份有一表决权。股东大会作出决议,必须经出席会议的股东所持表决权的半数以上通过。股东大会对公司合并、分立或者解散公司作出决议,必须经出席会议的股东所持表决权的2/3以上通过。修改公司章程必须经出席股东大会的股东所持表决权的2/3以上通过。股东可以委托代理人出席股东大会,代理人应当向公司提交股东授权委托书,并在授权范围内行使表决权。股东大会应当对所议事项的决定形成会议记录,由出席会议的董事签名。会议记录应当与出席股东的签名册及代理出席的委托书一并保存。

(二) 董事会、经理

1. 董事会的成员、董事会的决议及董事

股份有限公司设董事会,其成员为5~19人。董事会设董事长一人,可以设副董事长。

董事长和副董事长由董事会以全体董事的过半数选举产生。董事长召集和主持董事会会议,检查董事会决议的实施情况。副董事长协助董事长工作,董事长不能履行职务或者不履行职务的,由副董事长履行职务;副董事长不能履行职务或者不履行职务的,由半数以上董事共同推举一名董事履行职务。

董事会每年度至少召开两次会议,每次会议应当于会议召开前10日通知全体董事和监事。

代表1/10以上表决权的股东、1/3以上董事或者监事会,可以提议召开董事会临时会议。董事长应当自接到提议后10日内,召集和主持董事会会议。

董事会召开临时会议,可以另定召集董事会的通知方式和通知时限。

董事会会议应有过半数的董事出席方可举行。董事会作出决议,必须经全体董事的过半数通过。董事会决议的表决,实行一人一票制。董事会会议,应由董事本人出席;董事因故不能出席,可以书面委托其他董事代为出席,委托书中应载明授权范围。董事会应当对会议所议事项的决定形成会议记录,出席会议的董事应当在会议记录上签名。

董事应当对董事会的决议承担责任。董事会的决议违反法律、行政法规或者公司章程、股东大会决议,致使公司遭受严重损失的,参与决议的董事对公司负赔偿责任。但经证明在表决时曾表明异议并记载于会议记录的,该董事可以免除责任。

2. 经理的职权

股份有限公司设经理,由董事会聘任或者解聘。《公司法》关于有限责任公司经理职权的规定,适合于股份有限公司经理。

公司不得直接或者通过子公司向董事、监事、高级管理人员提供借款。

(三) 监事会

股份有限公司设监事会,其成员不得少于3人。

监事会应当包括股东代表和适当比例的公司职工代表,其中职工代表的比例不得低于1/3,具体比例由公司章程规定。监事会中的职工代表由公司职工通过职工代表大会、职工大会或者其他形式民主选举产生。董事、高级管理人员不得兼任监事。

监事会设主席一人,可以设副主席。监事会主席和副主席由全体监事过半数选举产生。监事会主席召集和主持监事会会议;监事会主席不能履行职务或者不履行职务的,由监事会副主席召集和主持监事会会议;监事会副主席不能履行职务或者不履行职务的,由半数以上监事共同推举一名监事召集和主持监事会会议。

五、上市公司

上市公司是指所发行的股票经国务院或者国务院授权证券管理部门注册、在证券交易所上市交易的股份有限公司。股份有限公司不一定是上市公司,上市公司必定是股份有限公司。国内证券市场汽车板块主要上市公司有江铃汽车、长安汽车、一汽轿车、东风汽车、上海汽车、昌河股份、金杯汽车和厦门汽车等。

上市公司在一年内购买、出售重大资产或者担保金额超过公司资产总额30%的,应当由股东大会作出决议,并经出席会议的股东所持表决权的2/3以上通过。上市公司设立独立董事,具体办法由国务院规定。

上市公司设董事会秘书,负责公司股东大会和董事会会议的筹备、文件保管以及公司股东资料的管理,办理信息披露事务等事宜。上市公司董事与董事会会议决议事项所涉及的企业有关联关系的,不得对该项决议行使表决权,也不得代理其他董事行使表决权。该董事会会议由过半数的无关联关系董事出席即可举行,董事会会议所作决议须经无关联关系董事过半数通过。出席董事会的无关联关系董事人数不足3人的,应将该事项提交上市公司股东大会审议。

第四节 公司债券

一、公司债券的概念

公司债券是指公司依照法定程序发行的、约定在一定期限还本付息的有价证券。公司发行公司债券应当符合《中华人民共和国证券法》规定的发行条件。

二、公司债券募集办法中应当载明的主要事项

(1) 公司名称;
(2) 债券募集资金的用途;
(3) 债券总额和债券的票面金额;
(4) 债券利率的确定方式;
(5) 还本付息的期限和方式;
(6) 债券担保情况;
(7) 债券的发行价格、发行的起止日期;
(8) 公司净资产额;

(9) 已发行的尚未到期的公司债券总额；

(10) 公司债券的承销机构。

三、债券的种类和转让

1. 记名债券和无记名债券

记名债券，由债券持有人以背书方式或者法律、行政法规规定的其他方式转让。记名债券的转让，由公司将受让人的姓名或者名称及住所记载于公司债券存根簿。

无记名债券，由债券持有人在依法设立的证券交易场所将该债券交付给受让人后即发生转让的效力。

公司债券可以转让。公司债券的转让价格由转让人与受让人约定。公司债券在证券交易所上市交易的，按照证券交易所的交易规则转让。

2. 转换为股票的公司债券

上市公司经股东大会决议可以发行可转换为股票的公司债券，并在公司债券募集办法中规定具体的转换办法。发行可转换为股票的公司债券，应当报请国务院证券管理部门批准。公司债券可转换为股票的，除具备发行公司债券的条件外，还应当符合股票发行的条件。发行可转换为股票的公司债券，应当在债券上标明"可转换公司债券"字样，并在公司债券存根簿上载明可转换公司债券的数额。发行可转换为股票的公司债券的，公司应当按照其转换办法向债券持有人换发股票，但债券持有人对是否转换股票有选择权。

第五节 公司的财务管理

一、财务、会计制度

公司应当依照法律、行政法规和国务院财政主管部门的规定建立本公司的财务、会计制度。公司除开设法定会计账册外，不得另立会计账册。对公司资产，不得以任何个人名义开立账户存储。

公司应当在每一会计年度终了时制作财务会计报告，并依法经会计师事务所审计。财务会计报告应当包括下列财务会计报表及附属明细表：①资产负债表；②损益表；③财务状况变动表；④财务情况说明书；⑤利润分配表。

股份有限公司的财务会计报告应当在召开股东大会年会的 20 日前置备于本公司，供股东查阅。公开发行股票的股份有限公司必须公告其财务会计报告。

二、公积金

公积金是指在资本之外所保留的资金金额，用于增加公司财力，扩大营业范围和弥补意外亏损或用于转赠资本。公司分配当年税后利润时，应当提取利润的 10% 列入公司法定公积金。公司法定公积金累计额为公司注册资本的 50% 以上的，可不再提取。公司的法定公积金不足以弥补上一年度公司亏损的，在依照前款规定提取法定公积金和法定公益金之前，应当先用当年利润弥补亏损。公司在从税后利润中提取法定公积金后，经股东会决议，可以提取任意公积金。以超过股票票面金额的发行价格发行股份所得的溢价款以及国务院财政主管部门规定列入资本公积金的其他收入，应当列为公司资本公积金。股份有限公司经股东大会决议将公积金转为资本时，按股东原有股份比例派送新股或者增加每股面值。但法定公积金转为资本时，所留存的该项公积金不得少于注册资本的25%。

三、利润分配

公司上年度亏损，其法定公积金不足以弥补时，应先用当年利润弥补亏损。弥补亏损后公司再从税后利润中提取法定公积金后，经股东会决议，可以提取任意公积金。公司弥补亏损和提取法定公积金之后所剩余利润才可分配。有限责任公司按股东出资比例分配；股份有限公司按股东持有股份比例分配。

第六节 公司的合并、分立、破产、解散和清算

一、公司的合并和分立

公司的合并是指两个或两个以上的公司依照法律程序合并成为一个独立法人的法律行为。公司合并可以采取吸收合并和新设合并两种形式。吸收合并是指一个公司吸收其他公司，被吸收的公司解散，其法人资格消失。汽车企业的合并大部分都是这种吸收合并。新设合并是指两个以上公司合并设立一个新的公司，合并各方解散，原有公司的法人资格均消失。

公司合并，应当由合并各方签订合并协议，并编制资产负债表及财产清单。公司应当自作出合并决议之日起10日内通知债权人，并于30日内在报纸上公告。债权人自接到通知书之日起30日内，未接到通知书的自第一次公告之日起45日内，有权要求公司清偿债务或者提供相应的担保。

公司的分立是指一个独立法人资格的公司分割其资本，成为两个或两个以上的独立公司的法律行为。公司分立有两种形式：一种是分立后两个或两个以上的公司均作为新设立的公司而产生；另一种是一个公司从其财产中分割出一部分成立一个或一个以上的新公司，原公司继续存在。

公司分立时，应当编制资产负债表及财产清单。公司应当自作出分立决议之日起10日内通知债权人，并于30日内在报纸上公告。债权人自接到通知书之日起30日内，未接到通知书的自第一次公告之日起45日内，有权要求公司清偿债务或者提供相应的担保。

公司合并或者分立，登记事项发生变更的，应当依法向公司登记机关办理变更登记；公司解散的，应当依法办理公司注销登记；设立新公司的，应当依法办理公司设立登记。

二、公司破产、解散和清算

（一）公司破产

公司不能清偿到期债务的，可以依法定程序宣告破产。公司被依法宣告破产的，由人民法院依照有关法律的规定，组织股东、有关机关及有关专业人员成立清算组，对公司进行破产清算。

(二) 公司解散

公司因下列原因可以解散:

(1) 公司章程规定的营业期限届满或者公司章程规定的其他解散事由出现;

(2) 股东会或者股东大会决议解散;

(3) 因公司合并或者分立需要解散;

(4) 依法被吊销营业执照、责令关闭或者被撤销;

(5) 公司经营管理发生严重困难,继续存续会使股东利益受到重大损失,通过其他途径不能解决的,持有公司全部股东表决权10%以上的股东,可以请求人民法院解散公司。

(三) 公司清算

公司决定解散的,应当在15日内成立清算组,有限责任公司的清算组由股东组成,股份有限公司的清算组由股东大会确定其人选;逾期不成立清算组进行清算的,债权人可以申请人民法院指定有关人员组成清算组,进行清算。人民法院应当受理该申请,并及时指定清算组成员,进行清算。公司应当解散的由有关主管机关组织股东、有关机关及有关专业人员成立清算组,进行清算。

清算组在清算期间行使下列职权:

(1) 清理公司财产,分别编制资产负债表和财产清单;

(2) 通知或者公告债权人;

(3) 处理与清算有关的公司未了结的业务;

(4) 清缴所欠税款;

(5) 清理债权、债务;

(6) 处理公司清偿债务后的剩余财产;

(7) 代表公司参与民事诉讼活动。

清算组应当自成立之日起10日内通知债权人,并于30日内在报纸上公告。债权人应当自接到通知书之日起30日内,未接到通知书的自第一次公告之日起45日内,向清算组申报其债权。债权人申报其债权,应当说明债权的有关事项,并提供证明材料。清算组应当对债权进行登记。

清算组在清理公司财产、编制资产负债表和财产清单后,应当制订清算方案,并报股东会、股东大会或者人民法院确认。公司财产在分别支付清算费用、职工工资和社会保险费用及法定补偿金,缴纳所欠税款,清偿公司债务之后的剩余财产,有限责任公司按照股东的出资比例分配,股份有限公司按照股东持有的股份比例分配。清算期间,公司不得开展新的经营活动。公司财产在未按规定清偿前,不得分配给股东。

因公司解散而清算,清算组在清理公司财产、编制资产负债表和财产清单后,发现公司财产不足清偿债务的,应当立即向人民法院申请宣告破产。公司经人民法院裁定宣告破产后,清算组应当将清算事务移交给人民法院。

公司清算结束后,清算组应当制作清算报告,报股东会、股东大会或者人民法院确认,并报送公司登记机关,申请注销公司登记,公告公司终止。

清算组成员应当忠于职守,依法履行清算义务。清算组成员不得利用职权收受贿赂或者其他非法收入,不得侵占公司财产。清算组成员因故意或者重大过失给公司或者债权人造成损失的，应当承担赔偿责任。

综合实训

一、单项选择题

1. 有限责任公司的最高权力机构是（　　）。
   A. 董事会　　　　　B. 股东会　　　　　C. 监事会　　　　　D. 公司的工会
2. 王某、李某和张某想投资开一家咨询有限责任公司，那他们最低的注册资本应该（　　）。
   A. 5万元　　　　　B. 3万元　　　　　C. 2万元　　　　　D. 1元
3. 根据公司法律制度的规定，下列有关有限责任公司股东出资的表述中，正确的是（　　）。
   A. 经全体股东同意，股东可以用劳务出资
   B. 不按规定缴纳所认缴出资的股东，应对已足额出资的股东承担违约责任
   C. 股东在认缴出资并经法定验资机构验资后，不得抽回出资
   D. 股东向股东以外的人转让出资，须经全体股东 2/3 以上同意
4. 根据《公司法》规定，规模较小，不设董事会的有限责任公司，其负责人为（　　）。
   A. 总经理　　　　　B. 执行董事　　　　C. 监事　　　　　　D. 财务负责人
5. 下列关于国有独资公司组织机构的表述中，符合《公司法》规定的是（　　）。
   A. 国有独资公司必须设 1 名董事长和 1 名副董事长
   B. 国有独资公司可设股东会
   C. 国有独资公司董事长由董事会选举产生
   D. 国有独资公司监事由董事长任命

二、多项选择题

1. 我国《公司法》规定公司的种类有哪些？（　　）
   A. 合伙企业　　　　B. 有限责任公司　　C. 股份有限公司　　D. 两合公司
2. 下列选项中不得担任有限责任公司的董事、监事、经理的有（　　）
   A. 无民事行为能力或者限制民事行为能力的人
   B. 因犯有贪污罪，被判处刑罚，执行期满未逾 5 年
   C. 曾担任公司董事，自该公司破产清算完结之日起未逾 3 年
   D. 个人负债数额较大的债务到期未清偿
3. 根据公司法律制度的规定，有限责任公司股东会作出的下列决议中，必须经代表 2/3 以上表决权的股东通过的有（　　）。
   A. 对股东转让出资作出决议　　　　　B. 对发行公司债券作出决议
   C. 对变更公司形式作出决议　　　　　D. 对修改公司章程作出决议
4. 甲公司为有限责任公司，根据公司法律制度的规定，下列各项中，属于甲公司解散事由的有（　　）。
   A. 甲公司章程规定的营业期限届满
   B. 甲公司被丁公司吸收合并
   C. 经代表 2/3 以上表决权的股东同意，甲公司股东会通过了解散公司的决议
   D. 公司没钱偿还债务
5. 我国股份有限公司设立可以采取的方式有（　　）。
   A. 批准设立　　　　B. 自由设立　　　　C. 募集设立　　　　D. 发起设立

三、思考题

有限责任公司与股份有限公司的区别。

四、案例分析题

某 A 有限责任公司，其主要业务为：汽车零配件的制造和买卖；总资产 1 200 万元，总负债 200 万元。因生意兴旺，董事会决定实行以下方案：

（1）以 A 公司名义投资 300 万元与 B 公司组成合伙企业；

（2）以 A 公司财产为 C 企业提供担保。

问题：

董事会上述决定是否合法，为什么？

第二章　其他企业组织法

【知识目标】
1. 掌握合伙企业的概念、特征、出资方式及内外事务。
2. 掌握个人独资企业的概念、特征、设立及事务管理。
3. 掌握合资企业、合作企业和外资企业的概念、特征、出资方式、组织结构。

【技能目标】
1. 能运用法律原理和法律规定分析和解决合伙企业设立和经营管理中的具体问题。
2. 熟悉并能够运用合伙企业、个人独资企业、外商投资企业的投资人及事务管理、解散和清算的法律规则，并能对其设立和经营行为的法律效力和后果作出认定。

【学前案例】
　　近年来，世界汽车巨头在中国的合资合作步伐越走越快，中国汽车产业的新格局也逐步形成，国内汽车企业集团与国外产业资本的兼并合作浪潮更是一浪高过一浪。东风、悦达、起亚三方的联姻，上汽入股通用共同重组五菱等以"中中外"合作形式重组的汽车股份有限公司成为我国入世后汽车企业涉外项目重组的成功案例。2005年，中国整车制造业"中外外"合作模式就新鲜出炉，使国际汽车巨头在中国的竞争走向更深层次。
　　2004年10月28日，长安汽车与江铃集团签订协议，决定各出资5000万元人民币在江西南昌设立江西江铃控股有限公司。同年12月，长安汽车以现金4.5亿元、江铃集团以其持有的江铃汽车国有法人股35417.6万股和部分负债合计净值4.5亿元，分别对江铃控股进行增资。增资完成后，长安汽车、江铃集团分别各占江铃控股注册资本的50%，而江铃控股则将持有江铃汽车的41.03%股权，成为江铃汽车第一大股东。而由9名成员组成的江铃控股董事会中，长安汽车提名5名，董事长也由长安汽车提名。
　　在长安汽车和江铃联姻的背后，一股外资力量起着重要作用，这就是两家公司的共同合作伙伴——世界第二大汽车企业福特公司。行业分析人士认为，对于早在十年前就进入中国的福特公司来说，一直没能在中国市场做大做强，现在要通过长安重组江铃来整合其中国资源，发力中国市场。按照我国有关汽车产业政策，"一家外国公司不能在国内建立两家以上生产相同型号产品的合资企业"。
　　而早在1995年，福特即成为江铃汽车的战略投资者，1998年江铃汽车完成B股增发后，福特持有江铃29.96%的股权，江铃成为福特在中国商用车领域的唯一合作伙伴；2001年4月，福特与长安集团合资成立长安福特汽车公司。由此来看，福特在中国的两家合资企业名额已经用光。但是，长安汽车成功重组江铃之后，使江铃成为类似长安福特在南京的分厂，这为福特腾出了一个宝贵的合资名额，可以再继续选择更合适的合作者。福特要在中国翻身，长安要做国内汽车"三大"，双方的手更紧地握在了一起。
　　问题：

1. 什么是合资企业？合资企业的组织结构是什么？
2. 合资企业的出资方式是什么？

第一节　合伙企业法

合伙是一种古老的商业组织形态。欧洲中世纪，随着商品经济的发展，合伙经营日益普遍，合伙形式也得到了新的突破，合伙的团体性质得到了增强。到了近现代，虽有公司这一萌生于合伙的营利性法人组织的出现，但合伙并未因此退出历史舞台。

《中华人民共和国合伙企业法》是1997年2月23日由全国人民代表大会常务委员会第二十四次会议通过，1997年8月1日起实施的，2006年8月27日进行了修改，2007年6月1日起施行。

一、合伙的概念与特征

就法律行为而言，合伙是指两个以上的民事主体共同出资、共同经营、共负盈亏的协议；就组织形态而言，合伙是指两个以上的民事主体共同出资、共同经营、共负盈亏的企业组织形态。我国目前调整合伙关系的法律规范，一是民法通则中有关个人合伙及法人联营的规定，二是合伙企业法。

合伙企业是由自然人、法人或其他组织设立的组织体，包括普通合伙企业和有限合伙企业两种。普通合伙企业的所有合伙人对合伙企业的债务都承担无限连带责任。有限合伙企业则包括普通合伙人和有限合伙人，前者对合伙企业债务承担无限连带责任，后者则只以其认缴的出资额为限对合伙企业债务承担责任。

与单个的自然人和公司法人相比，合伙企业具有以下特征。

（一）合伙协议是合伙得以成立的法律基础

合伙协议是处理合伙人相互之间的权利义务关系的内部法律文件，仅具有对内的效力，即只约束合伙人，合伙人之外的人如欲入伙，须经全体合伙人同意，并在合伙协议上签字。所以，合伙协议是调整合伙关系、规范合伙人相互间的权利义务、处理合伙纠纷的基本法律依据，也是合伙得以成立的法律基础，此即合伙的契约性。根据合伙企业法的规定，合伙企业的合伙协议应当采用书面形式。

（二）合伙须由全体合伙人共同出资、共同经营

出资是合伙人的基本义务，也是其取得合伙人资格的前提。合伙出资的形式丰富多样，只要其他合伙人同意即可。

合伙人共同从事经营活动，以合伙为职业和谋生之本。合伙人之间是风雨同舟、荣辱与共的关系，合伙的一些具体制度如竞业禁止等即是基于此而产生的。当然，有限合伙企业的情形有所不同，有限合伙人可以不参加合伙企业的营业，不执行合伙事务。

合伙从事的行为一般是具有经济利益的营业行为。无论是民事合伙还是商事合伙，合伙人的目的都是为了营利，特别是依据合伙企业法成立的合伙企业，属于商事合伙的性质，从事营利性行为，是一种营利性组织。

（三）合伙人共负盈亏，共担风险，对外承担无限连带责任

合伙人可按合伙的出资比例分享合伙盈利，也可按合伙人约定的其他办法来分配合伙

盈利，当合伙财产不足以清偿合伙债务时，合伙人还需以其他个人财产来清偿债务，即承担无限责任，而且任何一个合伙人都有义务清偿全部合伙债务（不管其出资比例如何），即承担连带责任。

二、普通合伙企业的设立条件

根据《合伙企业法》第十四条的规定，设立普通合伙企业应具备以下条件。

（一）有符合要求的合伙人

（1）关于合伙人的人数。合伙人数应不少于2人。合伙企业法未规定合伙企业的人数的上限，即合伙企业人数没有上限限制。由于合伙的人合性质，合伙人相互之间的信任尤为重要，所以实践中合伙人人数一般不会太多。

（2）关于合伙人的行为能力。合伙人必须具有相应的民事行为能力，即为完全民事行为能力人且能承担无限责任。限制行为能力人不得作为合伙人，无行为能力人当然更不得作为合伙人，所以只有18周岁以上的人和已满16周岁未满18周岁但以自己的劳动收入作为主要生活来源的人，才能作为合伙人。但需注意的是：其一，根据《合伙企业法》第四十八条的规定，普通合伙人被依法认定为无民事行为能力或者限制民事行为能力人的，经其他合伙人一致同意，可以依法转为有限合伙人，此时普通合伙企业转为有限合伙企业；其二，根据《合伙企业法》第五十条的规定，合伙人死亡或被宣告死亡的，其继承人根据合伙协议的约定或经全体合伙人同意，可取得合伙人资格；继承人为无民事行为能力或限制民事行为能力人的，经合伙人一致同意，可以依法成为有限合伙人，普通合伙企业转为有限合伙企业。

（3）关于合伙人的禁止与限制。法律、行政法规禁止从事营利性活动的人，不得成为合伙企业的合伙人，具体包括：国家公务员、法官、检察官及警察；《合伙企业法》第三条明确规定："国有独资公司、国有企业、上市公司以及公益性的事业单位、社会团体不得成为普通合伙人。"依此规定，这些单位不能成为普通合伙企业的合伙人，但法律并未限制其成为有限合伙企业的合伙人，这意味着国有独资公司、国有企业、上市公司、公益性的事业单位和社会团体可以成为有限合伙企业的合伙人。

（4）关于合伙人的种类。根据新修订的《合伙企业法》的规定，除自然人外，法人和其他组织均可以成为合伙企业的合伙人，自然人之间可以设立合伙企业，法人或其他组织之间可以设立合伙企业，自然人和法人或其他组织之间也可以设立合伙企业。法人合伙得到立法的承认，这是新修订的《合伙企业法》的重大修订之一。

（二）有合伙协议

合伙协议是指两个以上的公民为设立合伙企业而签订的合同。合伙协议必须采用书面形式，并载明以下内容：

（1）合伙企业的名称和主要经营场所的地点；

（2）合伙目的和合伙企业的经营范围；

（3）合伙人的姓名或者名称及其住所；

（4）合伙人出资的方式、数额和缴付出资的期限；

（5）利润分配和亏损分担办法；

（6）合伙企业事务的执行；

(7) 入伙与退伙；

(8) 争议解决办法；

(9) 合伙企业的解散与清算；

(10) 违约责任。

合伙协议经全体合伙人签名、盖章后生效。合伙协议的修改或补充应当经过全体合伙人一致同意，但合伙协议另有约定的除外。

（三）有合伙人实际缴付的出资

合伙人必须向合伙组织出资，合伙人出资的形式可以是货币、实物、土地使用权、知识产权或者其他财产权利。经全体合伙人协商一致，合伙人也可以用劳务、技术等出资。合伙人的出资是设立合伙企业的基本物质条件，也是合伙人资格取得的必备条件。合伙人以货币以外的形式出资，一般应进行评估作价，即折价入伙。评估作价由合伙人协商确定，也可以由全体合伙人委托法定评估机构进行评估，以评估报告作为折价的依据。若以劳务出资，其评估办法由合伙人协商确定，并在合伙协议中载明。

合伙人应当按照合伙协议约定的出资方式、数额和缴付出资的期限，履行出资义务。以非货币财产出资的，依照法律、行政法规的规定需要办理财产权转移手续的，合伙人应当依法办理该手续。如果合伙人违反了这一义务，即构成违约，其他合伙人可追究其违约责任。合伙人只能以其实际向合伙缴付的出资作为其出资份额，并据此享有权利和承担义务。合伙企业法没有规定合伙企业的最低注册资本。

（四）有合伙企业的名称

合伙企业作为市场主体之一，应有自己的名称。合伙企业只有拥有自己的名称，才能以自己的名义参与民事法律关系，享有民事权利，承担民事义务并参与诉讼，成为诉讼当事人。根据民法通则的规定，合伙企业享有名称权，即合伙企业对其登记的名称享有专有使用的权利，其他人未经许可，不得使用合伙企业的名称，否则构成民事侵权行为，合伙企业有权要求行为人停止侵害，消除影响，赔礼道歉，并可以要求其赔偿损失。

合伙企业的名称中应当标明"普通合伙"字样。至于合伙企业能否使用"公司"字样，公司法并未规定非公司企业不能使用"公司"字样，且使用"公司"字样并不当然表明企业的责任形式，而且我国事实上也存在除有限责任公司和股份有限公司以外的其他企业采用"公司"字样的现象，所以，合伙企业可以在其企业名称中使用"公司"字样。

（五）有经营场所和从事合伙经营的必要条件

经营场所是指合伙企业从事生产经营活动的处所，合伙企业一般只有一个经营场所，即在企业登记机关登记的营业地点。经营场所的法律意义在于确定债务履行地、诉讼管辖机关、法律文书送达地等。从事经营活动的必要条件是指根据合伙企业的业务性质、规模等因素而需具备的设施、设备、人员等方面的条件。

三、合伙企业的设立程序

（一）申请人与登记机关

设立合伙企业，应由全体合伙人指定的代表或者共同委托的代理人向企业登记机关申请设立登记。登记机关为工商行政管理部门。

(二) 申请时应提交的材料

申请设立合伙企业，应向企业登记机关提交登记申请书、合伙协议书、全体合伙人的身份证明等文件。

(三) 登记

企业登记机关应自收到申请人提交所需的全部文件之日起20日内，作出是否登记的决定。予以登记的，发给营业执照，合伙企业的营业执照签发日期，为合伙企业成立之日。不予登记的，登记机关应当给予书面答复并说明理由。

合伙企业领取营业执照之前，合伙人不得以合伙企业的名义从事合伙业务。

合伙企业可以设立分支机构。合伙企业设立分支机构的，应当向分支机构所在地的企业登记机关申请登记，领取营业执照。

四、合伙财产

合伙财产指合伙存续期间，合伙人的出资和所有以合伙企业名义取得的收益和依法取得的其他财产。

合伙财产包括两部分：一是全体合伙人的出资。合伙人对合伙企业的出资是指各合伙人按照合伙协议实际缴付的出资。二是合伙企业成立后解散前，以合伙企业名义取得的全部收益和依法取得的其他资产。

依据《合伙企业法》第二十条的规定，合伙人的出资和所有以合伙企业名义取得的收益均为合伙企业的财产，由全体合伙人共同管理和使用，具体表现为：

(1) 在合伙企业存续期间，合伙人向合伙人以外的人转让其在合伙企业中的全部或部分财产份额时，须经其他合伙人一致同意，并且，在同等条件下其他合伙人有优先受让的权利。

(2) 在合伙企业存续期间，合伙人之间可以转让在合伙企业中的全部或者部分财产份额，但应通知其他合伙人。

(3) 在合伙企业存续期间，合伙人以其在合伙企业中的财产份额出资的，须经其他合伙人一致同意。否则，出资行为无效，或者作为退伙处理；因此给其他合伙人造成损失的，还应依法承担赔偿责任。

(4) 在合伙企业存续期间，除依法退伙等法律有特别规定的外，合伙人不得请求分割合伙企业财产，也不得私自转移或者处分合伙企业财产。为了保护第三人的利益，如果合伙人私自转移或者处分合伙企业财产的，合伙企业不得以此对抗不知情的善意第三人。

五、普通合伙事务的执行

(一) 合伙人执行合伙事务的平等权利

合伙事务的执行是指为实现合伙目的而进行的业务活动。执行合伙事务是合伙人的权利，每一个合伙人，不管出资额多少，对合伙事务享有同等的权利。《合伙企业法》第二十六条第一款对此有明确的规定："合伙人对执行合伙事务享有同等的权利。"

(二) 合伙事务的执行方式

合伙人的平等权利并不意味着每一个合伙人都必须同样地执行合伙事务。事实上，合伙事务的执行可以采取灵活的方式，只要全体合伙人同意即可。具体方式包括四种：

(1) 由全体合伙人共同执行。这种方式适合于合伙人数较少的合伙。

(2) 由各合伙人分别单独执行合伙事务。

(3) 由一名合伙人执行合伙事务,即一名合伙人受托代表全体合伙人执行合伙事务。这种方式适合于人数较多的合伙。

(4) 由数名合伙人共同执行合伙事务,即由全体合伙人委托数名合伙人执行合伙事务。这种方式同样适合于人数较多的合伙。每一合伙人有权将其对合伙事务的执行权委托其他合伙人代理,而自己不参与合伙事务的执行。

法人或其他组织作为合伙人的,其执行合伙事务由其委派的代表执行。

(三) 合伙事务的执行规则

(1) 如果根据合伙协议的约定或者经过全体合伙人一致同意,由一人或者数个合伙人执行合伙事务的,则其他合伙人不再执行合伙事务。

(2) 不执行合伙事务的合伙人有权监督执行事务合伙人执行合伙事务的情况;执行事务合伙人应当定期向其他合伙人报告事务执行情况以及合伙企业的经营和财务状况。

(3) 所有合伙人为了了解合伙企业的经营状况和财务状况,都有权查阅合伙企业的财务会计账簿等财务资料。

(4) 合伙人分别执行合伙事务的,执行事务合伙人可以对其他合伙人执行的事务提出异议。提出异议时,应当暂停该项事务的执行;如果合伙人之间因此发生争议,应当由合伙人按照合伙企业约定的表决方式进行表决。

(5) 受委托执行合伙事务的合伙人不按照合伙协议或者全体合伙人的决定执行事务的,其他合伙人可以决定撤销该委托。

(四) 合伙企业事务执行后果的承担

执行合伙事务的合伙人,对外代表合伙组织,其执行合伙事务所产生的收益归全体合伙人,所产生的亏损或者民事责任,由全体合伙人承担。

(五) 合伙事务的决议

合伙事务的决议与合伙事务的执行是不同的,先有决议后有执行;合伙事务依法可由一名或数名合伙人代表全体合伙人执行,也可由全体合伙人执行,而合伙企业事务的决议只能由合伙人依法作出,不得委托其他合伙人或合伙人以外的人进行。

1. 合伙企业事务的决议方式

根据《合伙企业法》第三十条的规定:"合伙人对合伙企业有关事项作出决议,按合伙协议约定的表决办法办理。如果合伙企业对表决办法没有约定或者约定不明,则实行一人一票并经全体合伙人过半数通过的表决办法。"依此规定,合伙企业的表决方式可以通过合伙协议加以约定,可以是一人一票,也可以是别的方式而不实行一人一票;可以约定哪些事项需要2/3的合伙人通过,哪些事项过半数通过。在没有约定或者约定不明的情况下,则依一人一票且过半数通过的方式处理。但是,合伙企业法对表决方式另有规定的,则从其规定。

2. 合伙事务全票决的事项

全票决亦称一致决,即需要全体合伙人同意才能作出有效决议。根据《合伙企业法》第三十一条的规定,须经全体合伙人一致同意的事项包括下列各项:

(1) 改变合伙企业名称;改变合伙企业的经营范围、主要经营场所的地点;处分合伙企业的不动产；转让或者处分合伙企业的知识产权和其他财产权利；以合伙企业的名义为他人提供担保；聘任合伙人以外的人担任合伙企业的经营管理人员。

（2）除了上述《合伙企业法》第三十一条的规定关于执行合伙事务方面的全票决情形，根据《合伙企业法》的其他条文的规定，还须注意须经全体合伙人一致同意才能作出决议的下列事项：

修改或者补充合伙协议（《合伙企业法》第十九条第二款）；合伙人向第三人转让其在合伙企业中的全部或者部分财产份额（《合伙企业法》第二十二条第一款）；吸收新的合伙人（《合伙企业法》第四十三条第一款）。

但是，对于上述合伙事务执行方面和其他方面的决议事项，合伙企业法都采取了约定优先的原则，即合伙协议另有约定的，依照合伙协议的约定，只有在合伙协议没有约定或者约定不明时，才适用合伙企业法的规定。

（六）竞业禁止

在合伙企业存续期间，合伙人不得从事对合伙企业不利的活动，其中最主要的就是合伙人的竞业禁止义务，即合伙人不得自营或者与他人合作经营与本合伙企业相竞争的业务。不得未经全体合伙人同意，合伙协议也没有约定，而与本合伙企业进行交易。对合伙人行为的上述限制，是为了维护全体合伙人共同的利益。

（七）利润分配与亏损分担

合伙企业的利润分配方法和亏损分担方法，均由合伙协议约定，按照约定处理。如果合伙协议对利润分配或亏损分担未作约定或者约定不明，则由合伙人协商确定；协商不成的，由各合伙人按照实际的（而非约定的）出资比例分配利润和分担亏损。如果无法确定各合伙人的出资比例，则由各合伙人平均分配利润和分担亏损。但是，合伙协议不得约定将全部利润分配给部分合伙人或者由部分合伙人承担全部亏损；如有这样的约定，则属无效。

六、普通合伙的入伙与退伙

（一）入伙

入伙是指在合伙企业存续期间，合伙人以外的第三人加入合伙企业并取得合伙人资格的行为。

1. 普通合伙入伙的条件与程序

入伙是一种民事法律行为，因此，入伙应具备一定的条件，即：

（1）全体合伙人的同意。入伙使得入伙人取得合伙人的资格，与其他合伙人共同成为合伙组织的成员，因此须经其他合伙人的一致同意。

（2）入伙人与原合伙人订立书面合伙协议。入伙协议的签订表明原合伙人对入伙人的接受，也表明了入伙人的入伙意愿。原合伙人与入伙人签订入伙协议时，应履行其告知义务，即告知入伙人原合伙企业的经营状况和财务状况。因为入伙人入伙后，对入伙前的合伙企业债务要与原合伙人承担连带责任。原合伙人履行告知义务，目的是有利于第三人决定是否入伙。入伙协议中关于入伙人债权债务承担的约定不得对抗第三人，但对内具有效力。

2. 入伙的后果

入伙的后果是入伙人取得合伙人的资格；入伙人对入伙前合伙企业的债务承担连带责任；除入伙协议另有约定外，入伙人与合伙人享有同等权利，承担同等责任。

（二）退伙

退伙是在合伙企业存续期间，合伙人资格的消灭。

1. 退伙的形式

（1）声明退伙。声明退伙又称自愿退伙，是指合伙人基于自愿的意思表示而退伙。声明退伙又可分为协议退伙和通知退伙。

协议退伙是指当合伙协议约定了合伙的经营期限时，某一合伙人要求退伙的情形。《合伙企业法》规定：如果合伙协议约定了合伙期限，在该期限内若有下列情形之一时，合伙人可以单方提出退伙：①合伙协议约定的退伙事由出现；②经全体合伙人同意退伙；③发生合伙人难以继续参加合伙企业的事由；④其他合伙人严重违反合伙协议约定的义务。

依此规定，在约定有合伙期限的情形下，合伙人有两种途径退出合伙：一是与其他合伙人协商，取得其他合伙人的一致同意，则无须任何理由都可以退伙；二是出现上述第①、②、③、④种情形时，合伙人可以单方提出退伙，无须取得其他合伙人的同意。

通知退伙是指在合伙协议未约定合伙期限的情况下的退伙。根据《合伙企业法》第四十六条的规定，合伙协议未约定合伙期限的，在不给合伙事务执行造成不利影响的前提下，合伙人可以不经其他合伙人同意而退伙，但应当提前30日通知其他合伙人。

（2）法定退伙。指直接根据法律的规定而退伙。法定退伙又可分为当然退伙和除名退伙。

①当然退伙。是指发生了某种客观情况而导致的退伙，即《合伙企业法》第四十九条规定的这些客观情况：

ⓐ作为合伙人的自然人死亡或者被依法宣告死亡；

ⓑ个人丧失偿债能力；

ⓒ作为合伙人的法人或者其他组织依法被吊销营业执照、责令关闭、撤销，或者被宣告破产；

ⓓ法律规定或者合伙协议约定合伙人必须具有相关资格而丧失该资格；

ⓔ合伙人在合伙企业中的全部财产份额被人民法院强制执行。

如果作为合伙人的自然人被依法认定为无民事行为能力或者限制民事行为能力人的，并不必然导致退伙。此种情形下，若经其他合伙人一致同意，该合伙人可以依法转为有限合伙人，普通合伙企业依法转为有限合伙企业。但是，如果未能取得其他合伙人的一致同意，则该合伙人退伙。

②除名退伙。也称开除退伙，是指在合伙人出现法定事由的情形下，由其他合伙人决议将该合伙人除名。《合伙企业法》第四十九条规定了开除退伙的事由：

ⓐ未履行出资义务；

ⓑ因故意或者重大过失给合伙企业造成损失；

ⓒ执行合伙企业事务时有不正当竞争行为；

ⓓ合伙协议约定的其他事项。

由此可见，当然退伙与除名退伙的不同之处在于：当然退伙的原因是客观性的，应当退伙的合伙人主观上并无过错，并未实施损害合伙企业利益的行为；而除名退伙的原因是主观性的，即退伙的合伙人发生了损害合伙企业利益的行为，其退伙含有惩罚性的因素。所以，在判断哪些原因是导致当然退伙的原因、哪些原因是导致除名退伙的原因时，合伙人的主观是否存在过错、是否实施了损害合伙企业利益的行为，是判断的关键因素。

合伙企业作出对某一合伙人的除名决议，应当书面通知被除名人。被除名人接到除名通知之日，除名生效，被除名人退伙。但是，被除名人对除名决议有异议，可以自接到除名通知之日起 30 日内向人民法院起诉，通过诉讼以最终确认除名决议的效力。

2．退伙的效力

就退伙的效力而言，声明退伙与法定退伙基本是一致的，具体表现为：

（1）退伙人丧失合伙人身份，脱离原合伙协议约定的权利义务关系。

（2）导致合伙财产的清理与结算。退伙时的结算均遵循如下规则：

①合伙人退伙，其他合伙人应当与该退伙人按照退伙时的合伙企业财产状况进行结算，退还退伙人的财产份额。退伙时有未了结的合伙企业事务的，可以待该事务了结后再进行结算。

②退伙人对给合伙企业造成的损失负有赔偿责任的，可以相应扣减其应当赔偿的数额。退伙人在合伙企业中财产份额的退还办法，由合伙协议约定或者由全体合伙人决定，可以退还货币，也可以退还实物。

③如果退伙时合伙企业的财产少于合伙企业债务，亦即资不抵债，则退伙人应当根据合伙协议的约定或者《合伙企业法》第三十三条的规定分担亏损。

④退伙人退伙时，对基于其退伙前的原因发生的合伙企业债务，仍应与其他合伙人一起承担无限连带责任。

退伙并不必然导致合伙的解散，只有在合伙人为 2 人的情况下，其中 1 人退伙则导致合伙的解散。当然，即使是在合伙人为 2 人的情况下，如果另一合伙人同意，也可以由退伙人将其份额转让给第三人，则合伙继续存在。

七、特殊的普通合伙企业

特殊的普通合伙企业是指以专门知识和技能为客户提供有偿服务的专业服务机构，这些服务机构可以设立为特殊的普通合伙企业，如律师事务所、会计师事务所、医师事务所、设计师事务所等。特殊的普通合伙企业必须在其企业名称中标明"特殊普通合伙"字样，以区别于普通合伙企业。

特殊的普通合伙企业仅适用于以专门知识和技能（如法律知识与技能、医学和医疗知识与技能、会计知识与技能等）为客户提供有偿服务的机构，因为这些专门知识和技能通常只为少数的、受过专门知识教育与培训的人才所掌握，而在向客户提供专业服务时，个人的知识、技能、职业道德、经验等往往起着决定性的作用，与合伙企业本身的财产状况、声誉、经营管理方式等都没有直接的和必然的联系，合伙人个人的独立性极强。

所以，合伙企业法规定：在特殊的普通合伙企业中，一个或数个合伙人在执业活动中因故意或者重大过失造成合伙企业债务的，应当承担无限责任或者无限连带责任，其他合伙人则仅以其在合伙企业中的财产份额为限承担责任。这与普通合伙企业是不同的，在普通合伙企业中，合伙人即使是基于故意或者重大过失而给合伙企业造成债务，在对外责任的承担上依然是由全体合伙人承担无限连带责任，尽管对内其他合伙人可以追索有过错的合伙人；而在特殊的普通合伙企业中，出现由于个别合伙人的故意或者重大过失而导致的合伙企业债务时，没有过错的其他合伙人是不需要承担对外责任的，债权人也只能追索有过错的合伙人。

若特殊普通合伙企业的合伙人并非因为故意或者重大过失而导致合伙企业的债务，此种情形下与普通合伙企业一样，应当由全体合伙人承担无限连带责任。

特殊的普通合伙企业的合伙人在因故意或者重大过失而造成合伙企业债务时，首先以合伙企业的财产承担对外清偿责任，不足时由有过错的合伙人承担无限责任或者无限连带责任，没有过错的合伙人不再承担责任。当以合伙企业的财产承担对外责任后，有过错的合伙人应当按照合伙协议的约定对给合伙企业造成的损失承担赔偿责任。

八、有限合伙企业

（一）有限合伙企业的概念

有限合伙企业是指由一个以上的普通合伙人和一个以上的有限合伙人共同设立的合伙企业。换言之，有限合伙企业中至少有一个普通合伙人和至少有一个有限合伙人，否则就不能成为有限合伙。

（二）有限合伙企业的设立

根据合伙企业法的规定，有限合伙企业由 2 个以上 50 个以下合伙人设立，但法律另有规定的除外。这意味着有限合伙的合伙人最多不超过 50 人，除非其他法律对某种情形的有限合伙有另外的规定。

有限合伙企业的名称中应当标明"有限合伙"字样，以区别于普通合伙企业。

有限合伙企业的合伙协议除需要记载普通合伙企业协议应当载明的事项，还需要载明以下特殊事项：

（1）执行事务合伙人应具备的条件和选择程序；
（2）执行事务合伙人的权限与违约处理办法；
（3）执行事务合伙人的除名条件和更换程序；
（4）有限合伙人入伙、退伙的条件、程序以及相关责任；
（5）有限合伙人和普通合伙人相互转变程序。

有限合伙人可以货币、实物、知识产权、土地使用权或者其他财产权利作价出资，但不得以劳务出资。这是有限合伙人与普通合伙人在出资方式上的唯一差别。有限合伙企业登记事项中应当载明有限合伙人的姓名或者名称及认缴的出资数额。

（三）有限合伙企业的事务执行

有限合伙企业的事务由普通合伙人执行。有限合伙人不执行合伙事务，也不得对外代表有限合伙企业。这是有限合伙企业与普通合伙企业的重大区别。在普通合伙企业中，任何一个合伙人都有权执行合伙事务，都有权对外代表合伙企业，其地位是完全平等的。

有限合伙人的下列行为不视为执行合伙事务：

（1）参与决定普通合伙人的入伙、退伙；
（2）对企业的经营管理提出建议；

(3) 参与选择承办有限合伙企业审计业务的会计事务所；

(4) 获取经审计的有限合伙企业财务会计报告；

(5) 对涉及自身利益的情况，查阅有限合伙企业财务会计账簿等财务资料；

(6) 在有限合伙企业中的利益受损时，向有责任的合伙人主张权利或者提起诉讼；

(7) 执行事务合伙人怠于行使权利时，督促其行使权利或者为了本企业的利益以自己的名义提起诉讼；

(8) 依法为本企业提供担保。

（四）有限合伙人的特殊权利

(1) 有限合伙人仅以其认缴的出资额为限对合伙企业的债务承担责任，而普通合伙人需要对合伙企业债务承担无限连带责任。新入伙的有限合伙人对入伙前合伙企业的债务也是以其认缴的出资额为限承担责任。

(2) 除非合伙协议另有约定，有限合伙人可以同合伙企业进行交易，而普通合伙人通常是不可以的，除非合伙协议另有约定或者经过全体合伙人同意。

(3) 除非合伙协议另有约定，有限合伙人可以自营或者同他人合作经营与本合伙企业相竞争的业务，而普通合伙人是不可以的。

(4) 除非合伙协议另有约定，有限合伙人可以将其在合伙企业中的财产份额出资，而普通合伙人须经其他合伙人一致同意方可以其在合伙企业中的财产份额出资。

(5) 有限合伙人可以按照合伙协议的约定向合伙人以外的人转让其在合伙企业中的财产份额，只需提前30天通知其他合伙人即可。而普通合伙人对外转让财产份额时须经其他合伙人一致同意，除非合伙协议另有约定。

(6) 作为有限合伙人的自然人在合伙企业存续期间丧失民事行为能力的，其他合伙人不得因此要求其退伙。而普通合伙人若丧失民事行为能力，除非经得全体合伙人一致同意，否则只能作退伙处理。

（五）表见普通合伙

有限合伙人仅以其认缴的出资额为限对合伙企业债务承担责任。但是，如果有限合伙人的行为足以使得第三人合理信赖其为普通合伙人时，则有限合伙人得承担普通合伙人的责任，即承担无限连带责任。合伙企业法规定：第三人有理由相信有限合伙人为普通合伙人并与其交易的，该有限合伙人对该笔交易承担与普通合伙人同样的责任。但这一规定明确表见的普通合伙仅适用于该笔特定的情形，而非从合伙人地位上完全否认有限合伙人的身份，对其他不构成表见普通合伙的情形，有限合伙人仍旧承担有限责任。

（六）有限合伙与普通合伙的转换

(1) 当有限合伙企业仅剩普通合伙人时，有限合伙企业可以转为普通合伙企业，但应当进行相应的变更登记。

(2) 当有限合伙企业仅剩有限合伙人时，该企业不再是合伙企业，故应解散。

(3) 经全体合伙人一致同意，普通合伙人可以转变为有限合伙人，有限合伙人可以转变为普通合伙人。有限合伙人转变为普通合伙人的，对其作为有限合伙人期间合伙企业发生的债务承担无限连带责任；普通合伙人转变为有限合伙人的，对其作为普通合伙人期间合伙企业发生的债务承担无限连带责任。

九、合伙的解散与清算

（一）合伙的解散

合伙的解散是指合伙因某些法律事实的发生而使合伙归于消灭的行为。根据合伙企业法的规定，合伙解散的事由包括：

（1）合伙协议约定的经营期限届满，合伙人不愿继续经营的。合伙协议约定有经营期限，期限届满时合伙人不愿意继续经营，合伙当然终止。这意味着合伙协议约定的经营期限届满并不必然引起合伙企业的解散，只有在合伙人不愿继续经营的条件同时具备时，才会引起合伙企业解散的后果。如果合伙协议约定的经营期限届满后合伙人对继续经营合伙企业均无异议，则可认为合伙人一致同意延长合伙经营期限，延长后的期限则为不定期限。但此时应在原约定的经营期限届满之日起 15 日内向原登记机关办理有关变更登记手续。

（2）合伙协议约定的解散事由出现。合伙协议如约定当某一事由出现时合伙便解散，则设立合伙的行为实为附解除条件的法律行为，条件成就时协议解除，合伙解散。

（3）全体合伙人决定解散。合伙可由合伙人基于合意而设立，自然也可基于合伙人的合意而解散。无论合伙协议是否约定有合伙经营期限，合伙人均可通过合意而终止合伙协议，解散合伙。如果一部分合伙人同意解散合伙，而一部分不同意，则合伙不解散，由同意解散的合伙人退伙，合伙企业继续存在。当然，在不同意解散合伙的合伙人只有 1 人时，合伙关系自当消灭，合伙解散。

（4）合伙人已不具备法定人数满 30 天。根据民法通则和合伙企业法的规定，合伙组织的合伙人必须是 2 人以上，若合伙成立后不断发生退伙而致只剩下 1 人时，便出现了合伙人不足法定人数的现象，当这种情形持续满 30 天时，合伙企业应当解散。

（5）合伙协议约定的合伙目的已经实现或者无法实现。

（6）被依法吊销营业执照、责令关闭或者被撤销。

（7）出现法律、行政法规规定的合伙企业解散的其他原因。

（二）合伙企业的清算

合伙解散的结果是合伙的终止，但合伙宣布解散到最后终止有一个过程，中间过程就是要对合伙的债权、债务进行清算，解决合伙与债权、债务人的关系及合伙人内部的关系。合伙清算结束后，如原办理了合伙企业登记的，应依法办理合伙企业的注销登记。

（1）清算人的确定。合伙解散，应确定清算人，由清算人依法进行清算工作。清算人应由全体合伙人担任；如果未能由全体合伙人担任清算人的，经全体合伙人过半数同意，可以自合伙企业解散后 15 日内指定一名或者数名合伙人，或者委托第三人担任清算人。

（2）清算人的职责。清算人在清算期间执行的事务包括：清算合伙企业财产，分别编制资产负债表和财产清单；处理与清算有关的合伙企业未了结的事务；清缴所欠税款；清理债权、债务；处理合伙企业清偿债务后的剩余财产；代表合伙企业参与民事诉讼活动。

（3）清算程序。清算人确定后，应当自确定日起 10 日内将合伙企业解散事项通知合伙企业的债权人，并且应当于 60 日内在报纸上予以公告。债权人自接到通知书之日起 30

日内，未接到通知书的自公告之日起 45 日内，向清算人申报债权。债权人申报债权时应当说明债权的有关事项，并提供证明材料。清算人应当对债权进行登记。

清算结束后，清算人应当编制清算报告，经全体合伙人签名、盖章后，在 15 日内向企业登记机关报送清算报告，申请办理合伙企业注销登记。合伙企业清算期间，其企业主体资格仍然存续，但不得开展与清算无关的经营活动。

（4）清偿的顺序。合伙企业财产在支付清算费用后，应按下列顺序清偿：合伙企业所欠职工工资和劳动保险费；合伙企业所欠税款；合伙企业的债务；退还合伙人的出资。合伙企业财产按上述顺序清偿后仍有剩余的，则按约定或法定的比例在原合伙人间分配。如果合伙企业的财产不足清偿其债务的，由原合伙人承担无限连带责任。

（5）合伙企业注销后的债务承担。根据《合伙企业法》第九十一条的规定，合伙企业注销后，原普通合伙人对合伙企业存续期间的债务仍应承担连带责任，债权人仍然可以向普通合伙人进行追偿。

（6）合伙企业的破产与债务清偿。合伙企业不能清偿到期债务的，债权人可以依法向人民法院提出破产清算申请，也可以要求普通合伙人清偿。依此规定，当合伙企业不能清偿到期债务时，债权人可以选择以下两种途径中的任何一种以保护自己的债权：其一，根据企业破产法的规定，向人民法院提出破产清算的申请，通过破产清算程序实现自己的债权；其二，直接要求普通合伙人按照无限连带责任的规定偿还债务。如果选择破产清算程序，则合伙企业在依法被宣告破产后，普通合伙人对合伙企业的债务仍然需要承担无限连带责任。

第二节　个人独资企业法

一、个人独资企业法概述

（1）个人独资企业的概念和特征。个人独资企业，是指依法在中国境内设立，由一个自然人投资，财产为投资人个人所有，投资人以其个人财产对企业债务承担无限责任的经营实体。个人独资企业的法律特征有：

①个人独资企业是由一个人投资，投资人为一个具有完全民事行为能力的自然人。

②个人独资企业的财产属于经营者个人所有，并由经营者一人经营。

③投资人以其个人财产对企业债务承担无限责任。

④个人独资企业是一个非法人的营利性经济组织。

（2）个人独资企业法是调整个人独资企业在生产经营活动中所产生的经济关系的法律规范的总称。《中华人民共和国个人独资企业法》于 1999 年 8 月 30 日第九届全国人民代表大会常务委员会第十一次会议通过，自 2000 年 1 月 1 日起施行；2014 年 2 月 20 日，国家工商行政管理总局第 63 号令，颁布关于修改《个人独资企业登记管理办法》。制定《个人独资企业法》是为了规范个人独资企业的行为，保护个人独资企业投资人和债权人的合法权益，维护社会经济秩序，促进社会主义市场经济的发展。

二、个人独资企业的设立

（一）设立的条件

设立个人独资企业应当具备下列条件：

（1）投资人为一个自然人，是一个具有完全民事行为能力的人。

（2）有合法的企业名称。名称应当与其责任形式及从事的营业相符合。不能有"公司""有限"等字样，可以是某某工作室、某某设计室等。

（3）有投资人申报的出资。

（4）有固定的生产经营场所和必要的生产经营条件。

（5）有必要的从业人员。

（二）设立的程序

申请设立个人独资企业，应当由投资人或者其委托的代理人向个人独资企业所在地的登记机关提交设立申请书、投资人身份证明、生产经营场所使用证明等文件。委托代理申请设立登记时，应当出具投资人的委托书和代理人的合法证明。

登记机关应当在收到设立申请文件之日起 15 日内，对符合本法规定条件的，予以登记，发给营业执照；对不符合本法规定条件的，不予登记，并应当给予书面答复，说明理由。

个人独资企业的营业执照的签发日期，为个人独资企业成立日期。在领取个人独资企业营业执照前，投资人不得以个人独资企业名义从事经营活动。

个人独资企业设立分支机构，应当由投资人或者其委托的代理人向分支机构所在地的登记机关申请登记，领取营业执照。分支机构经核准登记后，应将登记情况报该分支机构隶属的个人独资企业的登记机关备案。分支机构的民事责任由设立该分支机构的个人独资企业承担。个人独资企业存续期间登记事项发生变更的，应当在作出变更决定之日起的 15 日内依法向登记机关申请办理变更登记。

三、个人独资企业的事务管理

依照法律规定，个人独资企业有两种事务管理方式：一种是投资人自行管理企业事务；另一种是投资人委托或者聘用其他具有民事行为能力的人负责企业的事务管理。投资人委托或者聘用他人管理个人独资企业事务，应当与委托人或者被聘用的人签订书面合同，明确委托的具体内容和授予的权利范围。委托人或者被聘用的人员应当履行诚信、勤勉义务，按照与投资人签订的合同负责个人独资企业的事务管理。投资人对委托人或者被聘用的人员职权的限制，不得对抗善意第三人。

投资人委托或者聘用的管理个人独资企业事务的人员不得有下列行为：

（1）利用职务上的便利，索取或者收受贿赂；

（2）利用职务或者工作上的便利侵占企业财产；

（3）挪用企业的资金归个人使用或者借贷给他人；

（4）擅自将企业资金以个人名义或者以他人名义开立账户储存；

（5）擅自以企业财产提供担保；

（6）未经投资人同意，从事与本企业相竞争的业务；

（7）未经投资人同意，同本企业订立合同或者进行交易；

（8）未经投资人同意，擅自将企业商标或者其他知识产权转让给他人使用；

（9）泄露本企业的商业秘密；

（10）法律、行政法规禁止的其他行为。

个人独资企业投资人对本企业的财产依法享有所有权，其有关权利可以依法进行转让或继承。个人独资企业投资人在申请企业设立登记时明确以其家庭共有财产作为个人出资的，应当依法以家庭共有财产对企业债务承担无限责任。个人独资企业应当依法设置会计账簿，进行会计核算。

四、个人独资企业的解散和清算

（一）解散

个人独资企业有下列情形之一时，应当解散：①投资人决定解散；②投资人死亡或者被宣告死亡，无继承人或继承人决定放弃继承；③被依法吊销营业执照；④法律、行政法规规定的其他情形。

（二）清算

个人独资企业解散，由投资人自行清算或者由债权人申请人民法院指定清算人进行清算。投资人自行清算的，应当在清算前15日内书面通知债权人，无法通知的，应当予以公告。债权人应当在接到通知之日起30日内，未接到通知的应当在公告之日起60日内，向投资人申报其债权。

个人独资企业解散后，原投资人对个人独资企业存续期间的债务仍应承担偿还责任，但债权人在五年内未向债务人提出偿债请求的，该责任消灭。

个人独资企业解散的，财产清偿顺序与合伙企业基本一致。清算期间，个人独资企业不得开展与清算目的无关的经营活动。在按前条规定清偿债务前，投资人不得转移、隐匿财产。个人独资企业财产不足以清偿债务的，投资人应当以其个人的其他财产予以清偿。个人独资企业清算结束后，投资人或者人民法院指定的清算人应当编制清算报告，并于15日内到登记机关办理注销登记。

（三）交回营业执照

根据国家工商行政管理总局第63号令第19条规定，个人独资企业办理注销登记时，应当缴回营业执照。

第三节　外商投资企业法

20世纪80年代后期，中国汽车工业的发展揭开了新的一章。邓小平同志提出"拿来主义"，就是改革开放，把外国的好的东西、先进的技术为我所用。在这个前提下，中国第一家汽车合资企业——北京吉普汽车有限公司成立。北京吉普汽车有限公司是中汽公司引进美国汽车公司技术合资成立的。中外合资的汽车企业是我国汽车工业的主要力量。

1998年到2001年，中国汽车行业吸引了近40亿美元的外国直接投资。尽管金额巨大，但它仅占中国同期外商投资的2%。很多跨国公司都已进入中国，尤其是1998年以来，外资进入速度迅速加快。我们把1998年前称为"外商投资初期"，1998—2001年称为"外商投资成熟期"。

外商投资初期：大众和北京吉普在 20 世纪 80 年代中期率先进入中国，随后标志和铃木在 90 年代初期进入。大众在这一时期一直处于市场主导地位，1995 年的市场份额在 60% 以上。

外商投资成熟期：20 世纪 90 年代末，外资加速进入中国市场。这个时期进入的最重要的外资企业有通用、本田，以及日产和福特、丰田等。所有这些公司都是按照政府规定，通过与国有企业建立合资公司的形式进入中国市场的。

外商投资企业，是指在中国境内按照中国法律设立的，由中国投资者和外国投资者共同投资，或者仅由外国投资者投资的企业。外商投资企业分为三种：中外合资经营企业、中外合作经营企业和外商独资企业。

一、中外合资经营企业法

（一）中外合资经营企业的概念

中外合资经营企业（以下简称为合营企业）是指中国企业或经济组织与外国的公司、其他经济组织或个人，根据中国的法律规定，在中国境内设立的共同投资、共同经营、共负盈亏的企业法人组织。其组织形式是有限责任公司，是中国法人。合营各方对合营企业的责任以各自认缴的出资额为限。1985 年 3 月，德国大众与上海汽车联合组建了上海大众，德国大众以合资公司的形式正式进入中国。中德双方投资的比例各占 50%，开创了国内 50∶50 股比先河。

（二）合营企业的设立

1. 设立合营企业的条件

申请设立的合营企业应注重经济效益，并符合下列一项或数项要求：①采用先进技术设备和科学管理方法，能增加产品品种，提高产品质量和产量，节约能源和材料；②有利于企业技术改造，能做到投资少、见效快、收益大；③能扩大产品出口，增加外汇收入；④能培训技术人员和经营管理人员。

申请设立合营企业有下列情况之一的，不予批准：①有损中国主权的；②违反中国法律的；③不符合中国国民经济发展要求的；④造成环境污染的；⑤签订的协议、合同、章程显属不公平，损害合营一方权益的。

2. 合营企业设立程序

由中国合营者向企业主管部门呈报拟与外国合营者设立合营企业的项目建议书和初步可行性研究报告。该建议书与初步可行性研究报告，经企业主管部门审查同意并转报审批机构批准后，合营各方才能进行以可行性研究为中心的各项工作，在此基础上商签合营企业协议、合同，拟订章程。

国家对外经济贸易主管部门是申请设立合营企业的审批机构，该主管部门可委托有关省、自治区、直辖市人民政府和国务院有关部局审批。受托机构批准设立合营企业后，应当报国家对外经济贸易主管部门备案，并由国家对外经济贸易主管部门发给批准证书。

审批机构自接到该项规定的全部文件之日起，三个月内决定批准或不批准。审批机构如发现前述文件有不当之处，应要求限期修改，否则不予批准。

合营企业经批准后，向国家工商行政管理主管部门登记，领取营业执照，开始营业。合营企业的营业执照签发日期，即为该合营企业的成立日期。

（三）合营企业的资本

合营企业的投资总额（含企业借款），是指按照合营合同、章程规定的生产规模需要投入的基本建设资金和生产流动资金的总和。合营企业的注册资本，是指为设立合营企业在登记管理机构登记的资本总额，应为合营各方认缴的出资额之和，一般应为人民币，但也可以用合营各方约定的外币。

合营企业在合营期内不得减少其注册资本。合营一方如向第三者转让其全部或部分出资额，须经合营他方同意，并经审批机构批准。合营一方转让其全部或部分出资额时，合营他方有优先购买权。合营一方向第三者转让出资额的条件，不得比向合营他方转让的条件优惠。违反上述规定的，其转让无效。

合营企业注册资本的增加、转让或以其他方式处置，应由董事会会议通过，并报原审批机构批准，向原登记管理机构办理变更登记手续。

1. 投资方式

合营者可以用货币出资，也可以用建筑物、厂房、机器设备或其他物料、工业产权、专有技术、场地使用权等作价出资。以建筑物、厂房、机器设备或其他材料、工业产权、专有技术出资的，其作价由合营各方按照公平合理的原则协商确定，或聘请合营各方同意的第三者评定。中国合营者的投资可包括为合营企业经营期间提供的场地使用权。如果场地使用权未作为中国合营者投资的一部分，合营企业应向中国政府缴纳使用费。外国合营者出资的外币，按缴款当日中华人民共和国国家外汇管理局（以下简称国家外汇管理局）公布的外汇牌价折算成人民币或套算成约定的外币。中国合营者出资的人民币现金，如需折合外币，按缴款当日国家外汇管理局公布的外汇牌价折算。

作为外国合营者出资的机器设备或其他物料，必须符合下列各项条件：

（1）为合营企业生产所必不可少的；

（2）中国不能生产，或虽能生产，但价格过高或在技术性能和供应时间上不能保证需要的；

（3）作价不得高于同类机器设备或其他物料当时国际市场价格。外国合营者作为投资的技术和设备，必须确实是适合我国需要的先进技术和设备。如果有意以落后的技术和设备进行欺骗，造成损失的，应赔偿损失。

作为外国合营者出资的工业产权或专有技术，必须符合下列条件之一：

（1）能生产中国所需的新产品或出口适销产品；

（2）能显著改进现有产品的性能、质量，提高生产效率；

（3）能显著节约原材料、燃料、动力。

外国合营者以工业产权或专有技术作为出资，应提交该工业产权或专有技术的有关资料，包括专利证书或商标注册证书的复制件、有效状况及其技术特性、实用价值、作价的计算根据、与中国合营者签订的作价协议等有关文件，作为合营合同的附件。

外国合营者作为出资的机器设备或其他物料、工业产权或专有技术，应经中国合营者的企业主管部门审查同意，报审批机构批准。

合营各方应按合同规定的期限缴清各自的出资额。逾期未缴或未缴清的，应按合同规定支付迟延利息或赔偿损失。合营各方缴付出资额后，应由中国注册的会计师验证，出具验资报告后，由合营企业据以发给出资证明书。

2. 注册资本

在合营企业的注册资本中，外国合营者的投资比例一般不低于25％。合营各方按注册资本比例分享利润和分担风险及亏损。合营者的注册资本如果转让必须经合营各方同意。

改革开放以来，为了满足市场需求，更为了发展我国的汽车工业，汽车行业决定寻求国际合作，采取了走中外合资办轿车工业的路子。中国与世界各大跨国汽车公司合作，在我国境内建立了一批汽车合资企业。在利用跨国公司的技术、产品，国际配套的市场渠道的同时，汽车合资企业以汽车生产制造业务起步，建立起汽车零部件的配套供应体系，在我国境内建立起完整的汽车工业体系，生产出与国际上同时代的产品。从合资中我们全面系统地学习和掌握产品的生产管理技术、经营经验，在较短的时间里，用较低的成本，吸收了跨国公司长期积累的知识、技术和经验，使我们的汽车工业得到较快的发展，缩短了与国外的差距。

（四）合营企业的组织机构

合营企业形式为有限责任公司。董事会是合营企业的最高权力机构，合营企业设董事会，其人数组成由合营各方协商，在合同、章程中确定，并由合营各方委派和撤换。董事长和副董事长由合营各方协商确定或由董事会选举产生。中外合营者的一方担任董事长的，由他方担任副董事长。董事会根据平等互利的原则，决定合营企业的重大问题。

董事会的职权是按合营企业章程规定，讨论决定合营企业的一切重大事项：企业发展规划、生产经营活动方案、收支预算、利润分配、劳动工资计划、停业，以及总经理、副总经理、总工程师、总会计师、审计师的任命或聘请及其职权和待遇等。

正副总经理（或正副厂长）由合营各方分别担任。

合营企业职工的录用、辞退、报酬、福利、劳动保护、劳动保险等事项，应当依法通过订立合同加以规定。

（五）合营企业经营的期限、解散和清算

1. 合营企业经营的期限

合营企业的合营期限，按不同行业、不同情况作不同的约定。有的行业的合营企业，应当约定合营期限；有的行业的合营企业，可以约定合营期限，也可以不约定合营期限。约定合营期限的合营企业，合营各方同意延长合营期限的，应在距合营期满六个月前向审查批准机关提出申请。审查批准机关应自接到申请之日起一个月内决定批准或不批准。

2. 合营企业解散

合营企业有下列情况之一的解散：

（1）合营期限届满；

（2）企业发生严重亏损，无力继续经营；

（3）合营一方不履行合营企业协议、合同、章程规定的义务，致使企业无法继续经营；

（4）因自然灾害、战争等不可抗力遭受严重损失，无法继续经营；

（5）合营企业未达到其经营目的，同时又无发展前途；

（6）合营企业合同、章程所规定的其他解散原因已经出现。

在第（2）、（3）、（4）、（5）、（6）项情况发生时，由董事会提出解散申请书，报审批机构批准。在第3项情况下，不履行合营企业协议、合同、章程规定的义务一方，应对

合营企业由此造成的损失负赔偿责任。

3. 合营企业清算

合营企业宣告解散时，董事会应提出清算的程序、原则和清算委员会人选，报企业主管部门审核并监督清算。清算委员会的成员一般应在合营企业的董事中选任。董事不能担任或不适合担任清算委员会成员时，合营企业可聘请在中国注册的会计师、律师担任。审批机构认为必要时，可以派人进行监督。清算费用和清算委员会成员的酬劳应从合营企业现存财产中优先支付。

清算委员会的任务是对合营企业的财产、债权、债务进行全面清查，编制资产负债表和财产目录，提出财产作价和计算依据，制订清算方案，提请董事会会议通过后执行。清算期间，清算委员会代表该合营企业起诉和应诉。

合营企业以其全部资产对其债务承担责任。合营企业清偿债务后的剩余财产按照合营各方的出资比例进行分配，但合营企业、合同、章程另有规定的除外。合营企业解散时，其资产净额或剩余财产超过注册资本的增值部分视同利润，应依法缴纳所得税。外国合营者分得资产净额或剩余财产超过其出资额的部分，在汇往国外时，应依法缴纳所得税。

合营企业的清算工作结束后，由清算委员会提出清算结束报告，提请董事会会议通过后，报告原审批机构，并向原登记管理机构办理注销登记手续，缴销营业执照。

（六）争议的解决

合营各方发生纠纷，董事会不能协商解决时，由中国仲裁机构进行调解或仲裁，也可由合营各方协议在其他仲裁机构仲裁。

合营各方没有在合同中订有仲裁条款的或者事后没有达成书面仲裁协议的，可以向人民法院起诉。

二、中外合作经营企业法

（一）中外合作经营企业的概念

中外合作经营企业（以下简称为合作企业）是指中国企业或经济组织与外国的公司、其他经济组织或个人，根据中国的法律规定，在中国境内设立的、用书面合同约定相互合作所有事项的企业。合作企业是按合同约定分配收益、分担风险，是契约式企业；而合营企业是以各方出资比例分配利润、分担风险，是股权式企业，这是合营企业与合作企业的主要区别。

在合作企业合同中约定投资或者合作条件、收益或者产品的分配、风险和亏损的分担、经营管理的方式和合作企业终止时财产的归属等事项。

合作企业可以采取有限责任公司的形式而取得法人资格，也可以按照合作双方的约定形成非法人形式的经济组织。

（二）合作企业的设立和变更

申请设立合作企业，应当将中外合作者签订的协议、合同、章程等文件报国务院对外经济贸易主管部门或者国务院授权的部门和地方政府（以下简称审查批准机关）审查批准。审查批准机关应当自接到申请之日起45天内决定批准或者不批准。

设立合作企业的申请经批准后，应当自接到批准证书之日起30天内向工商行政管理机关申请登记，领取营业执照。合作企业的营业执照签发日期，为该企业的成立日期。合作企业应当自成立之日起30天内向税务机关办理税务登记。

中外合作者在合作期限内协商同意对合作企业合同作重大变更的，应当报审查批准机关批准；变更内容涉及法定工商登记项目、税务登记项目的，应当向工商行政管理机关、税务机关办理变更登记手续。

（三）合作企业的资本和管理

中外合作者的投资或者提供的合作条件可以是现金、实物、土地使用权、工业产权、非专利技术和其他财产权利。合作各方缴纳投资或者提供合作条件后，应当由中国注册会计师验证并出具验资报告，由合作企业据以发给合作各方出资证明书。

外方合作者应当依照法律、法规的规定和合作企业合同的约定，如期履行缴足投资、提供合作条件的义务。逾期不履行的，由工商行政管理机关限期履行；限期届满仍未履行的，由审查批准机关和工商行政管理机关依照国家有关规定处理。

中外合作者的一方转让在合作企业合同中的全部或者部分权利、义务，必须经他方同意，并报审查批准机关批准。合作企业依照经批准的合作企业合同、章程进行经营管理活动。合作企业的经营管理自主权不受干涉。

（四）合作企业的组织机构

《合作企业法》第十二条规定，合作企业应当设立董事会或者联合管理机构，依照合作企业合同或者章程的规定，决定合作企业的重大问题。并且，还规定合作企业成立后改为委托中外合作者以外的他人进行经营管理的，必须经董事会或者联合管理机构一致同意，报审查批准机关批准，并向工商行政管理机关办理变更登记手续。从上述规定中我们可以看出合作企业的管理形式主要有以下三种：

1. 董事会制

具有法人资格的合作企业，一般实行董事会制。董事会是合作企业的最高权力机构，决定合作企业的重大问题，中外合作者的一方担任董事会的董事长的，由他方担任副董事长。

董事长是合作企业的法定代表人。董事长因特殊原因不能履行职务时，应当授权副董事长或者其他董事对外代表合作企业。

合作企业设总经理1人，负责合作企业的日常经营管理工作，对董事会负责。总经理及其他高级管理人员可以由中国公民担任，也可以由外国公民担任。经董事会聘任，董事可以兼任合作企业的总经理或者其他高级管理职务。

2. 联合管理制

不具有法人资格的合作企业，一般实行联合管理制。联合管理机构由合作各方代表组成，是合作企业的最高权力机构，决定合作企业的重大问题。中外合作者的一方担任联合管理机构主任的，另一方担任副主任。主任是合作企业的法定代表人。主任因特殊原因不能履行职务时，应当授权副主任或者其他委员对外代表合作企业。

合作企业设总经理1人，负责合作企业的日常经营管理工作，对联合管理委员会负责。总经理及其他高级管理人员可以由中国公民担任，也可以由外国公民担任。经联合管理委员会聘任，委员可以兼任合作企业的总经理或者其他高级管理职务。

3. 委托管理制

委托管理制是合作企业委托合作一方或合作者以外的第三人对合作企业进行管理的方

式。合作企业成立后改为委托中外合作者以外的他人经营管理的,必须经董事会或者联合管理机构一致同意,报审查批准机关批准,并向工商行政管理机关办理变更登记手续。

(五)合作企业的期限和解散

合作企业的合作期限由中外合作者协商并在合作企业合同中订明。中外合作者同意延长合作期限的,应当在距合作期满180天前向审查批准机关提出申请。审查批准机关应当自接到申请之日起30天内决定批准或者不批准。

合作企业因下列情形之一出现时解散:

(1)合作期限届满;

(2)合作企业发生严重亏损,或者因不可抗力遭受严重损失,无力继续经营;

(3)中外合作者一方或者数方不履行合作企业合同、章程规定的义务,致使合作企业无法继续经营;

(4)合作企业合同、章程中规定的其他解散原因已经出现;

(5)合作企业违反法律、行政法规,被依法责令关闭。

上述第(2)项、第(4)项所列情形发生,应当由合作企业的董事会或者联合管理委员会作出决定,报审查批准机关批准。在第(3)项所列情形下,不履行合作企业合同、章程规定的义务的中外合作者一方或者数方,应当对履行合同的他方因此遭受的损失承担赔偿责任;履行合同的一方或者数方有权向审查批准机关提出申请,解散合作企业。

三、外资企业法

(一)外资企业的概念

外资企业是指依照中国有关法律在中国境内设立的全部资本由外国投资者投资的企业,不包括外国的企业和其他经济组织在中国境内的分支机构。外资企业是中国法人,一般采取有限责任的公司形式,经法律规定的方式批准,也可以采取其他责任形式。外资企业为有限责任公司的,外国投资者对企业的责任以其认缴的出资额为限。外资企业为其他责任形式的,外国投资者对企业的责任适用中国法律、法规的规定。外资企业法也适用于香港、澳门、台湾地区的投资者。例如,香港合众汽车有限公司已正式获得商务部的批准,在广州设立合众汽车销售服务(中国)有限公司。这是CEPA实施以来,首家获准设立从事汽车零售业务的外商独资企业,也是中国对外开放以来,获准设立的第一家汽车零售领域的外商独资企业。

(二)外资企业设立的程序和要求

设立外资企业的申请,由国务院对外经济贸易主管部门或者国务院授权的机关审查批准。审查批准机关应当在接到申请之日起90天内决定批准或者不批准。设立外资企业的申请经批准后,外国投资者应当在接到批准证书之日起30天内向工商行政管理机关申请登记,领取营业执照。外资企业的营业执照签发日期,为该企业成立日期。

设立外资企业,必须有利于中国国民经济的发展。国家鼓励举办产品出口或者技术先进的外资企业。国家禁止或者限制设立外资企业的行业由国务院规定。

(三)外资企业的出资

1. 出资方式

外国投资者可以用可自由兑换的外币出资,也可以用机器设备、工业产权、专有技术等作价出资。经审批机关批准,外国投资者也可以用其从中国境内举办的其他外商投资企业获得的人民币利润出资。作价出资的工业产权、专有技术实施后,审批机关有权进行检查。该工业产业、专有技术与外国投资者原提供的资料不符的,审批机关有权要求外国投资者限期改正。外国投资者缴付出资的期限应当在设立外资企业申请书和外资企业章程中载明。

2. 注册资本

外资企业的投资总额,是指开办外资企业所需资金总额,即按其生产规模需要投入的基本建设资金和生产流动资金的总和。

外资企业的注册资本,是指为设立外资企业在工商行政管理机关登记的资本总额,即外国投资者认缴的全部出资额。外资企业的注册资本要与其经营规模相适应,注册资本与投资总额的比例应当符合中国有关规定。

外资企业在经营期内不得减少其注册资本。外资企业注册资本的增加、转让,须经审批机关批准,并向工商行政管理机关办理变更登记手续。外资企业将其财产或者权益对外抵押、转让,须经审批机关批准并向工商行政管理机关备案。

外资企业的法定代表人是依照其章程规定,代表外资企业行使职权的负责人。法定代表人无法履行其职权时,应当以书面形式委托代理人,代其行使职权。

(四) 外资企业的期限、终止与清算

1. 期限

外资企业的经营期限,根据不同行业和企业的具体情况,由外国投资者在设立外资企业的申请书中拟订,经审批机关批准。外资企业的经营期限,从其营业执照签发之日起计算。外资企业经营期满需要延长经营期限的,应当在距经营期满180天前向审批机关报送延长经营期限的申请书。审批机关应当在收到申请书之日起30天内决定批准或者不批准。外资企业经批准延长经营期限的,应当自收到批准延长期限文件之日起30天内,向工商行政管理机关办理变更登记手续。

2. 终止

外资企业有下列情形之一的,应予终止:①经营期限届满;②经营不善,严重亏损,外国投资者决定解散;③因自然灾害、战争等不可抗力而遭受严重损失,无法继续经营;④破产;⑤违反中国法律、法规、危害社会公共利益被依法撤销;⑥外资企业章程规定的其他解散事由已经出现。

3. 清算

清算委员会应当由外资企业的法定代表人、债权人代表以及有关主管机关的代表组成,并聘请中国的注册会计师、律师等参加。清算费用从外资企业现存财产中优先支付。

清算委员会行使下列职权:①召集债权人会议;②接管并清理企业财产,编制资产负债表和财产目录;③提出财产作价和计算依据;④制订清算方案;⑤收回债权和清偿债务;⑥追回股东应缴而未缴的款项;⑦分配剩余财产;⑧代表外资企业起诉和应诉。

外资企业在清算结束之前,外国投资者不得将该企业的资金汇出或者携出中国境外,不得自行处理企业的财产。外资企业清算结束,其资产净额和剩余财产超过注册资本的部分视同利润,应当依照中国税法缴纳所得税。外资企业清算结束,应当向工商行政管理机关办理注销登记手续,缴销营业执照。外资企业清算财产时,在同等条件下,中国的企业或者其他经济组织有优先购买权。

中外合资企业、中外合作企业和外商独资企业，如果以公司模式设立，需依据2014年3月1日生效的《公司法》有关规定办理。

综合实训

一、单项选择题

1. 甲为合伙企业的合伙人，乙为甲个人债务的债权人，当甲的个人财产不足以清偿乙的债务时，根据合伙企业法律制度的规定，乙可以行使的权利是（　　）。
   A. 代位行使甲在合伙企业中的权利
   B. 依法请求人民法院强制执行甲在合伙企业中的财产份额用于清偿
   C. 自行接管甲在合伙企业中的财产份额
   D. 以对甲的债权抵消其对合伙企业的债务

2. 甲、乙、丙成立一合伙企业，其合伙合同中约定，"合伙企业的事务由甲全权负责，乙、丙不得过问也不承担企业亏损的民事责任。"对该约定的效力应如何认定？（　　）
   A. 该约定有效，应由甲一人承担全部民事责任
   B. 该约定无效，应由甲、乙、丙共同承担民事责任
   C. 该约定部分有效，应由甲一人承担全部民事责任
   D. 该约定部分有效，应由甲、乙、丙共同承担民事责任

3. 下列有哪条不属于个人独资企业法律特征。（　　）
   A. 企业的投资人为一个自然人　　B. 企业的财产为投资人个人所有
   C. 企业必须依法设立　　D. 投资人以企业全部财产对企业的债务承担有限责任

4. 外国投资者甲与国内企业乙共同投资举办中外合资企业，其中甲出资比例要求，根据中外合资经营企业法律制度的协定，正确的是（　　）。
   A. 大于50%　　B. 小于50%　　C. 不低于25%　　D. 小于25%

5. 外国合作者依照中外合作经营企业法规定在合作期限内先行回收投资的，对合作企业的债务，承担责任的是（　　）。
   A. 外国合作者　　B. 中方合作者　　C. 中外合作者　　D. 以上都不是

二、多项选择题

1. 张先生在谈论个人独资企业法的有关规定时讲到以下内容，其中正确的有（　　）。
   A. 设立个人独资企业时，投资人可以个人财产出资，也可以家庭其他成员的财产作为个人财产出资
   B. 个人独资企业可以设立分支机构
   C. 个人独资企业解散时，可由投资人自行清算，也可由债权人申请人民法院指定清算人进行清算
   D. 个人独资企业解散清偿债务时，所欠职工工资和社会保险费用应作为第一顺序清偿

2. 根据合伙企业法律制度的规定，下列各项中，须经全体合伙人一致同意的有（　　）。
   A. 合伙人以劳务作为出资
   B. 合伙人向合伙人以外的人转让其在合伙企业的部分财产份额
   C. 合伙人以其在合伙企业中的财产份额出资
   D. 合伙企业的执行人以合伙企业的名义为他人提供担保

3. 根据合伙企业法律制度的规定，合伙企业出现亏损时，须由合伙人分担责任。下列有关亏损分担的表述中，正确的有（　　）。
   A. 合伙协议有约定比例的，按约定比例分担

B. 合伙协议没有约定比例的，按出资比例分担
C. 合伙协议没有约定比例的，由各合伙人平均分担
D. 合伙协议约定由执行合伙事务的合伙人承担亏损的，依照约定执行

4. 根据指导外商投资方向的有关规定，下列各项中，属于国家限制类外商投资项目的有（   ）。
A. 运用我国特有工艺生产产品的项目
B. 不利于节约资源的项目
C. 技术水平落后的项目
D. 不利于改善生态环境的项目

5. 根据中外合资经营企业法律制度的规定，下列有关合营企业董事长产生方式的表述中，正确的有（   ）。
A. 合营企业的董事长既可以由中方担任，也可以由外方担任
B. 合营企业的董事长必须由出资最多的一方担任
C. 合营企业的董事长由合营各方协商确定或者由董事会选举产生
D. 合营企业的董事长由一方担任的，副董事长必须由他方担任

三、案例分析题

1. 王某因学习将自己的独资汽车企业委托给张某管理，并授权张某在 5 万元以内的开支和 10 万元以内的交易可自行决定。若已知第三人对此授权不知情，则张某受托期间实施的下列行为是否为我国法律规定所禁止或无效的？
（1）未经王某同意与某公司签订交易额为 20 万元的合同；
（2）未经王某同意将自己的汽车以 5 万元出售给本企业；
（3）未经王某同意聘用其妻为企业销售主管。

2. 某省外贸总公司与国外某公司合资创办了一家电子有限公司，投资总额为人民币 720 万元。注册资本为人民币 20 万元，两者比例为 36∶1，其中国外某公司的出资为 6 万元人民币，另 14 万元为中方投资。

问题：
本案例中注册资本的比例是否恰当？

市场规制法篇

第三章 民法典的合同法规

【知识目标】

1. 通过本章的学习，了解合同及合同法规的概况，理解并掌握合同从订立到履行直至终止全过程必须信守的基本准则。

2. 重点掌握合同的订立和效力，合同的履行和担保，合同的变更、终止，合同当事人的违约责任等。

【技能目标】

1. 熟悉并能够运用合同订立（要约与承诺）的规则及合同成立的标准，格式条款的含义及其特殊效力规则和解释规则，合同解释的原则与方法，同时履行抗辩权、不安抗辩权、后履行抗辩权的内涵及其成立条件和效力。

2. 熟悉并能够运用违约责任的归责原则和免责事由、各种违约责任形式的适用条件及违约责任与侵权责任的竞合规则、缔约过失责任的构成要件和赔偿范围。

【学前案例】

叶小姐在甲公司（汽车贸易公司）看中了一辆蓝色的小跑车，并打算购买，但甲公司说目前没有现货，可以先定下来，过几天就会有货。于是叶小姐拿出 2 万元定购了一辆蓝色的小跑车。到了交货前一天，甲公司称蓝色的车辆没有到货，但白色的跑车到货，建议叶小姐购买白色的。叶小姐为了能尽快开上自己心爱的跑车，就答应了。而后，双方补签了协议书，叶小姐也交了车款 30 万元，由甲公司办理相关手续。三天后，当叶小姐来到甲公司取车的时候，发现那辆白色小跑车右后门已经卸下，左前车门框、左后门、左后门框均有多处撞伤，工人正在补修。当时，叶小姐就要求更换一辆车。但甲公司称该车已经上牌是不能退换的，但可以给予叶小姐一定的经济补偿。因双方意见分歧较大，叶小姐向人民法院提起了诉讼。

问题：

1. 双方可以用哪些方法解决争议？
2. 该合同中汽车的所有权是否已转移？该合同是否可以解除？

第一节 合同与合同法规概述

一、合同的概念及分类

（一）合同的概念

根据《中华人民共和国民法典》的规定，合同是指民事主体的自然人、法人、其他组织之间设立、变更、终止民事权利义务关系的协议。具有以下法律特征：

（1）合同的主体具有平等的法律地位。自然人、法人和其他组织可以成为合同的主体，作为合同主体的自然人、法人和其他组织，在法律地位上是平等的。

（2）合同是从法律上明确当事人间特定权利与义务关系的协议。合同使当事人之间建立起权利义务关系，当事人享有的权利受法律保护，当事人不履行义务则要承担相应的法律责任。

（3）合同是当事人意思表示达成一致的协议。合同当事人经过协商，意思表示完全一致时，合同才能成立。

二、合同法规概述

2020年5月28日，十三届全国人大三次会议表决通过了《中华人民共和国民法典》（以下简称《民法典》），于2021年1月1日施行，现行婚姻法、继承法、民法通则、收养法、担保法、合同法、物权法、侵权责任法、民法总则同时废止。本章主要阐述民法典中的合同法规，加上与之相联系的担保法规。

（一）合同法规的调整范围

1. 调整平等主体之间的民事权利义务关系

政府的经济管理活动，属于行政管理关系，不是民事关系，不适用合同法规；企业、单位内部的管理关系，不是平等主体间的关系，也不适用合同法规。

2. 调整自然人、法人、其他组织之间的贸易合同关系

有关婚姻、收养、监护等身份关系的协议，以规范人身关系为主的，由相关的法律调整，不适用合同法规。另外，其他法律对合同另有规定的，依照其规定。例如，我国《商标法》《专利法》《著作权法》《保险法》等法律对有关合同的特殊性问题作了具体规定，《海商法》《铁路法》《航空法》对海上运输、铁路运输、航空运输合同作了专门规定。

（二）合同法规的基本原则

合同法规的基本原则是指导合同立法、司法、法律实践的基本准则。合同法规关于合同的订立、效力、履行、违约责任等，以及各个分则的内容，都是根据这些基本原则规定的。合同法规确立的原则有以下的五项：

1. 平等原则

《民法典》规定，合同当事人的法律地位平等，一方不得将自己的意志强加给另一方。也就是说，当事人无论具有什么身份，在合同关系中相互之间的法律地位是平等的，都是独立、平等的合同当事人，没有高低、从属之分。平等原则是宪法中公民在法律面前一律平等原则的具体体现，反映了合同法规调整的社会关系的本质特征。

2. 自愿原则

《民法典》规定，当事人依法享有自愿订立合同的权利，任何单位和个人不得非法干预。自愿原则贯穿合同活动全过程，包括：缔结合同自愿；选择合同当事人自愿；决定合同内容的自愿；变更解除合同的自愿；在发生争议时，当事人可以自愿选择解决争议的方式等。当然，自愿也不是绝对的，当事人订立、履行合同，应当遵守法律、行政法规，尊重社会公德，不得扰乱社会经济秩序，损害社会公共利益。

3. 公平原则

当事人应当遵循公平原则确定各方的权利和义务。这就是合同法规的公平原则，具体是指合同当事人在合同订立、合同履行、合同解释等过程中，要根据公平的观念确定各自的合同权利和义务、风险分担机制及违约责任等。

4. 诚实信用原则

《民法典》规定，当事人行使权利、履行义务应当遵循诚实信用原则。要求当事人在订立、履行合同以及合同终止后的全过程中，都要心怀善意，诚实守信，相互协作，不得滥用权力。

5. 守法原则和不得损害社会公共利益原则

《民法典》规定，当事人订立、履行合同，应当遵守法律、行政法规，尊重社会公德，不得扰乱社会经济秩序，损害社会公共利益。这一规定表明，合同的订立、履行都必须在法律规定的范围内进行，不得扰乱社会经济秩序，并不得有损于社会公共利益。

第二节 合同的订立

一、合同订立的概念

合同的订立，是指两个或两个以上的当事人，依法就合同的主要条款经过协商一致，达成协议的法律行为。合同当事人可以是自然人，也可以是法人或者其他组织。订立合同，当事人必须具备与所订合同相适应的民事权利能力和民事行为能力。当事人也可以依法委托代理人订立合同。因此，在订立合同时，应当注意了解对方是否具有相应的民事权利能力和民事行为能力，是否受委托以及委托代理的事项、权限等。

根据《民法典》的规定，合同的法律约束力主要表现在：

（1）合同依法成立后，当事人双方必须按合同规定全面履行各自的义务，同时有权要求对方履行合同的义务。

（2）任何一方非依法律规定或者取得对方同意，不得擅自变更或解除合同。即使在法定条件具备时，当事人也必须按照法律规定的程序进行变更或解除。

（3）当事人一方由于自己的行为造成合同不能履行或者不能完全履行，应承担违约责任。合同是承担和追究违约责任的依据。

（4）合同当事人发生纠纷时，合同可作为当事人提供的重要证据，也是仲裁委员会或人民法院解决合同纠纷的重要依据。

（5）当事人订立合同，应当在遵守合同法原则的前提下，按照平等互利和协商一致的精神进行。

二、合同的形式和内容

（一）合同的形式

合同的形式，是合同双方当事人之间明确相互权利义务的方式，是双方当事人意思表示一致的外在表现。《民法典》规定，当事人订立合同可以有书面形式、口头形式和其他形式等三种。

（1）书面形式。书面形式是指合同书、信件和数据电文（包括电报、电传、传真、电子数据交换和电子邮件）等可以有形地表现所载内容的形式。书面形式明确肯定，有据可查，对于防止争议和解决纠纷有积极意义。实践中，书面形式是当事人最为普遍采用的一种合同约定形式。

（2）口头形式。口头形式是指当事人各方就合同内容在口头上达成一致的合同形式。口头形式直接、简便、迅速，但发生纠纷时难以取证，不易分清责任。所以对于不即时清算的和较重要的合同不宜采用口头形式。

（3）其他形式。除了书面形式和口头形式，合同还可以其他形式成立。法律没有列举具体的"其他形式"，但可以根据当事人的行为或者特定情形推定合同的成立。根据当事人的行为或者交易习惯能够推定合同成立的其他形式，也是法律上认可的合同形式。

（二）合同的内容

合同的内容是合同中经双方当事人协商一致，规定双方当事人权利义务的具体条款。

1. 合同一般应具备的条款

《民法典》规定，合同的内容由当事人约定，一般应当包括以下条款：

（1）当事人的名称或者姓名和住所。当事人的名称或姓名和住所是每一份合同必须具备的条款。当事人是合同法律关系的主体，合同中如果不写明当事人，就无法确定权利的享受者和义务的承担者。

（2）标的。标的即合同双方当事人权利义务所共同指向的对象。标的是合同成立的必要条件，是一切合同的必备条款。没有标的，合同关系无法建立。合同标的可分为四种：①有形财产；②无形财产；③劳务；④工作成果。

（3）数量。数量是指标的的数量，是以计量单位和数字来衡量的标的的尺度。

（4）质量。质量是指标的的具体特征，是标的的内在素质和外观形态的综合，如商品的品种、型号、规格、等级和工程项目的标准等。

（5）价款或者报酬。价款或者报酬是指一方当事人向对方当事人所付代价的货币表现。价款一般是指对提供财产的当事人支付的货币，如买卖合同的货款；报酬一般是指对提供劳务或者工作成果的当事人支付的货币，如保管合同中的保管费。

（6）履行期限、地点和方式。履行的期限是指合同中规定的一方当事人向对方当事人履行义务的时间界限，它是衡量合同能否按时履行的标准；履行的地点是当事人行使权利和履行义务的地点；履行方式是指合同当事人履行合同义务的具体做法。

（7）违约责任。违约责任是指合同当事人一方或者双方不履行合同义务或者履行合同义务不符合约定时，按照法律或者合同的规定应当承担的法律责任。

（8）解决争议的方法。解决争议的方法指合同当事人对合同的履行发生争议时解决的途径和方式。

2. 格式条款

格式条款是当事人为了重复使用而预先拟定，并在订立合同时未与对方协商的条款。格式条款简化了当事人订立合同的过程，提高了交易的效率，但由于合同当事人之间没有通过协商共同参加条款拟定的过程，因此容易造成权利义务的不公平。

格式条款具备下列情形之一时，不发生法律效力：

（1）以欺诈、胁迫的手段订立，损害国家利益的；

(2) 恶意串通，损害国家、集体或第三人利益的；

(3) 以合法形式掩盖非法目的的；

(4) 损害社会公共利益的；

(5) 违反法律、行政法规的强制性规定的。

格式条款中约定下列免责事由的，视为无效：

(1) 造成对方人身伤害的，因故意或者重大过失造成对方财产损失的；

(2) 免除提供格式条款一方当事人主要义务，排除对方当事人主要权利的。

当事人采用格式条款订立合同时，提供格式条款的一方应当遵循公平原则确定各方当事人的权利和义务，并采取合理的方式提请对方注意免除或者限制其责任的条款，按照对方的要求对该条款予以说明。对格式条款的理解发生争议的，应当按照通常理解予以解释。对格式条款有两种以上解释的，应当遵循不利于条款提供人的原则进行解释。格式条款和非格式条款不一致的，应按照非格式条款优于格式条款的原则进行解释。

三、合同订立的方式

合同订立的方式也即合同订立的程序。当事人订立合同，采取要约承诺方式。

(一) 要约

要约是希望与他人订立合同的意思表示。发出要约的当事人称为要约人，要约所指向的对方当事人则称为受要约人。

1. 要约应具备的条件

(1) 内容具体、确定。要约必须是特定人的意思表示，受要约人一般也是特定的，但在一些场合，要约人也可以向不特定人发出要约；要约的内容必须具有足以决定合同内容的主要条款，包括标的、数量、质量、价款或者报酬、履行期限、地点和方式等，一经对方接受，合同也就成立。

(2) 表明经受要约人承诺，要约人受该意思表示约束。要约是一种法律行为，要约人受到要约的约束，当要约送达受要约人后，在要约的有效期限内，如果对方接受要约，合同即告成立。

2. 要约邀请

要约邀请又称要约引诱，是希望他人向自己发出要约的意思表示。要约邀请与要约不同，要约是以订立合同为目的的法律行为，一经发出就会产生一定的法律效力；要约邀请的目的则是希望他人向自己发出要约，本身不具有法律约束力。要约内容要求明确具体，包含合同的主要条款，要约邀请的内容则不受此约束。寄送的价目表、拍卖公告、招标公告、招股说明书等都是要约邀请。商业广告，视其内容确定是要约还是要约邀请，若内容符合要约规定条件的，则视为要约，如悬赏广告，否则就是要约邀请。

3. 要约生效的时间

要约生效时间是指要约从何时开始对要约人和受要约人产生法律上的约束力。要约送到受要约人能够控制的地方时开始生效。要约送达的方式不同，其到达时间的确定也不同。采用数据电文形式发出要约的，数据电文进入收件人指定特定系统的时间，视为到达时间；未指定接收信息的系统情况下，数据电文进入收件人的任何系统的首次时间，视为要约的到达时间。要约到达受要约人，并不是指要约一定要实际送达到受要约人或者其代理人手中，要约只要送到受要约人通常的地址、住所或者能够控制的地方（如信箱等）即为送达。

4. 要约的撤回和撤销

（1）要约撤回是指要约人在发出要约后，要约生效前，使要约不发生法律效力的意思表示。由于要约在到达受要约人时即生效，因此撤回要约的通知应当在要约到达受要约人之前或者与要约同时到达受要约人。

（2）要约撤销是指要约人在要约生效后，使要约丧失法律效力的意思表示。在受要约人作出承诺之前，由于撤销要约可能会给受要约人带来不利影响，损害受要约人的利益，所以只有在符合一定条件的情况下才被允许，即要约人可以撤销要约，撤销要约的通知应当在受要约人发出承诺通知之前到达受要约人。同时，法律规定了两种不得撤销要约的情形：一是要约人确定了承诺期限或者以其他形式明示要约不可撤销；二是受要约人有理由认为要约是不可撤销的，并已经为履行合同做了准备工作。

5. 要约的失效

要约失效是指要约丧失法律效力，即要约人不再受其约束，受要约人也终止了承诺的权利。要约在下列情况下失效：拒绝要约的通知到达要约人；要约人依法撤销要约；承诺期限届满，受要约人未作出其承诺；受要约人对要约的内容作出实质性的变更。

（二）承诺

承诺是受要约人同意要约的意思表示。承诺生效时合同成立。

1. 承诺应当具备的条件和方式

（1）承诺由受要约人向要约人提出其要求。

（2）承诺的内容应当与要约的内容一致。受要约人不得对要约的内容作出实质性变更。有关合同标的、数量、质量、价款或者报酬、履行期限、履行地点和方式、违约责任和解决争议方法等的变更，是对要约内容的实质性变更。

（3）承诺必须在合理的期限内作出。要约中规定了承诺期限的，承诺应当在该期限内到达要约人。

承诺方式是指受要约人将其承诺的意思表示传达给要约人所采用的方式。《民法典》规定，承诺应当以通知的方式作出，但根据交易习惯或者要约表明可以通过行为作出承诺的除外。

2. 承诺的期限

承诺应当在要约确定的期限内到达要约人。要约没有确定承诺期限的，承诺应当依照下列规定到达：

（1）要约以对话方式作出的，应当即时作出承诺，但当事人另有约定的除外。

（2）要约以非对话方式作出的，承诺应当在合理期限内到达。若要约是以信件或者电报作出的，承诺期限自信件载明的日期或者电报交发之日开始计算。信件未载明日期的，自投寄该信件的邮戳日期开始计算。要约以电话、传真等快速通讯方式作出的，承诺期限自要约到达受要约人时开始计算。

3. 承诺的生效和撤回

（1）承诺的生效。承诺通知在到达要约人时生效。承诺不需要通知的，根据交易习惯或者要约的要求作出承诺行为时生效；采用数据电文方式订立合同的，承诺到达的时间与前面所述要约到达的时间一样。

受要约人在承诺期限内发出承诺,因其他原因承诺到达要约人时超过承诺期限的,除要约人及时通知受要约人因承诺超过期限不接受该承诺的以外,该承诺有效;受要约人对要约的内容作出实质性变更的,为新要约;承诺对要约的内容作出非实质性变更的,除要约人及时表示反对或者要约表明承诺不得对要约的内容作出任何变更的以外,该承诺有效,合同的内容以承诺的内容为准。

(2)承诺的撤回。承诺在未生效之前可以撤回,撤回承诺的通知应当在承诺通知到达要约人之前或者与承诺通知同时到达要约人。

四、缔约过错责任

(一)缔约过错责任的含义

缔约过错责任是指当事人在订立合同的过程中,因违背诚实信用原则,给对方造成损失时,应该承担的法律责任。缔约过错责任发生于合同不成立或者合同无效的缔约过程中,一般有三个条件:一是当事人有过错;二是有损害后果发生;三是当事人的过错行为与造成的损失有因果关系。一般情况下,当事人根据自愿和诚实信用原则进行协商,决定是否订立合同;若协商不成,也无须承担责任。但是,如果当事人违背了诚实信用原则,给对方造成损失的,就应当承担损害赔偿责任。

(二)承担缔约过错责任的情形

承担缔约过错责任的情形有:

(1)假借订立合同,恶意进行磋商;

(2)故意隐瞒与订立合同有关的重要事实或者提供虚假情况;

(3)有其他违背诚实信用原则的行为。

另外,《民法典》还对当事人保密义务作出了规定,当事人在订立合同过程中知悉的商业秘密,无论合同是否成立,均不得泄露或不正当地使用。泄露或者不正当地使用该商业秘密,给对方造成损害的,应当承担损害赔偿责任。

第三节 合同的效力

一、合同效力概述

合同的效力是指合同的法律约束力。在实践中,人们订立的许多合同未必具有法律约束力,合同效力就是要判断合同有无法律约束力、是否需要履行。

合同的效力有四种情况:一是有效合同,依法成立的合同是有效合同;二是无效合同;三是可撤销合同;四是效力待定合同。有效合同是具有法律约束力的,当事人必须依约履行,否则应当承担违约责任。无效合同不具有法律约束力,当事人不能履行,履行了也不受法律保护。可撤销合同的法律约束力由当事人选择,当事人不申请撤销的,该合同具有法律约束力,按有效合同履行;当事人申请撤销,人民法院或仲裁机构裁定该合同被撤销的,该合同不具有法律约束力,当事人不能履行。效力待定合同的法律约束力是不确定的,这种合同如果被追认,属于有效合同,应当依约履行;如果不被追认,则是无效合同，不能履行。

二、有效合同

有效合同是具有法律约束力的合同。一个有效的合同应该具备三个条件：第一，合同当事人具有相应的民事权利能力和民事行为能力，即合同的主体合法；第二，当事人的意思表示真实；第三，合同内容不违反法律或者社会公共利益。

一般来说，依法成立的合同，自成立时生效。法律、行政法规规定应当办理批准、登记等手续生效的，依照其规定。另外，我国合同法规规定，当事人对合同的效力可以约定附条件和附期限。

（1）附条件生效。附生效条件的合同，自条件成就时生效；附解除条件的合同，自条件成就时失效。当事人为自己的利益不正当地阻止条件成就的，视为条件已成就；不正当地促成条件成就的，视为条件不成就。

（2）附期限生效。当事人对合同的效力可以约定附期限，附期限的合同，是指合同当事人约定一定的期限作为合同效力发生或终止的条件的合同。附生效期限的合同，自期限届至时生效；附终止期限的合同，自期限届满时失效。

三、无效合同

（一）无效合同的概念

无效合同，是指已经订立，因违反法律、行政法规规定的生效条件而不发生法律效力，并不予承认和保护的合同。无效合同自始就没有法律约束力。无效合同根据其无效程度和范围，分为部分无效合同和全部无效合同两种。

（1）部分无效合同，是指合同的某些条款虽然违反法律规定，但并不影响其他条款法律效力的合同。合同部分无效，不影响其他部分效力的，其他部分仍然有效。

（2）全部无效合同，是指合同的全部条款都没有法律约束力的合同。全部无效合同不能履行，即使当事人履行了，也不受法律保护。

（二）无效合同的情形

存在下列情形之一的合同无效：

（1）一方以欺诈、胁迫的手段订立合同，损害国家利益的。

（2）恶意串通，损害国家、集体或者第三人利益。

（3）以合法形式掩盖非法目的。

（4）损害社会公共利益。

（5）违反法律、行政法规的强制性规定。

合同中的下列免责条款是无效的：①造成对方人身伤害的；②因故意或者重大过失造成对方财产损失的。

四、可撤销或可变更合同

（一）可撤销或可变更合同的概念

可撤销或可变更的合同，是指因合同当事人订立合同时意思表示不真实，通过有撤销权的当事人行使撤销权，可使已经生效的合同变更或归于无效的合同。

（二）可撤销或可变更合同的种类

下列情况下订立的合同，当事人一方有权请求人民法院或者仲裁机构变更或者撤销合同：

（1）因重大误解订立的合同；

（2）显失公平的合同；

（3）一方以欺诈、胁迫的手段或者乘人之危，使对方在违背真实意思的情况下订立的合同。

（三）撤销权的行使和限制

（1）撤销权的行使。有撤销权的当事人是指有权请求人民法院或者仲裁机构变更或者撤销合同的当事人。对于因重大误解订立的合同和在订立时显失公平的合同，当事人任何一方均有权请求变更或者撤销合同，但主要由误解方或受害方行使请求权；对于一方以欺诈、胁迫的手段或者乘人之危，使对方在违背真实意思的情况下订立的合同，则只有受损害方当事人才可以行使请求权。

（2）撤销权的限制。撤销权的行使是有时效和限制的，有下列情形之一的，撤销权消灭：具有撤销权的当事人自知道或者应当知道撤销事由之日起1年内没有行使撤销权的；具有撤销权的当事人知道撤销事由后明确表示或者以自己的行为放弃撤销权的。当事人请求变更合同的，人民法院或者仲裁机构不得撤销。

五、效力待定的合同

（一）效力待定的合同的概念

效力待定的合同，是指某些方面不符合合同生效的要件，但并不属于前面所讲的无效合同或可撤销合同，法律允许根据情况予以补救的合同。

（二）效力待定合同的种类

下列合同是效力待定合同，允许采取补救措施，使之成为有效合同：

（1）限制民事行为能力人订立的合同。限制民事行为能力人订立的合同，经法定代理人追认的，该合同有效；但如果是限制民事行为能力人纯获利益的合同或者是与其年龄、智力、精神健康状况相适应而订立的合同，不必经法定代理人追认，合同当然有效。

对限制民事行为能力人订立的合同，相对人可以催告法定代理人在1个月内予以追认，法定代理人未作表示的，视为拒绝追认；合同被追认之前，善意相对人有撤销的权利，撤销应当以通知的方式作出。所谓"善意"，这里是指合同的相对人在签订合同时并不知道或者也不可能知道对方当事人是限制民事行为能力人。

（2）行为人没有代理权、超越代理权或者代理权终止后已被代理人名义订立的合同。这类合同被代理人追认的，对被代理人发生效力，由被代理人承担合同的权利和义务；未被追认的，由行为人自己承担责任。

相对人可以催告被代理人在1个月内予以追认。被代理人未作表示的，视为拒绝追认。合同被追认之前，善意相对人有撤销的权利。撤销应当以通知的方式作出。但相对人有理由相信行为人有代理权的，该代理行为有效，合同的权利和义务由被代理人承担。

法人或其他组织的法定代表人、负责人超越权限订立的合同，除相对人知道或者应当知道其超越权限的以外，该代表行为有效。

（3）无处分权人处分他人财产的合同。无处分权的人处分他人财产，经权利人追认或者与无处分权的人订立合同后取得处分权的，该合同有效。

六、合同被确认无效或被撤销的法律后果

（1）返回财产。合同无效或者被撤销后，因该合同取得的财产，应当予以返还；不能返还或者没有必要返还的，应当折价补偿。当事人恶意串通，损害国家、集体或第三人利益的，由此取得的财产收归国家所有或者返还集体、第三人。

（2）赔偿损失。合同无效或者被撤销后，有过错方应当赔偿对方因此所遭受的损失；双方都有过错的，应当各自承担相应的责任。

另外，对当事人恶意串通，损害国家、集体或者第三者利益的，由此取得的财产收归国家所有或者返还集体、第三人。除民事责任以外，当事人在合同被确认无效或被撤销后，还可能承担相应的行政责任甚至刑事责任。

第四节 合同的履行

一、合同的履行的概念及原则

合同的履行，是指合同生效后，双方当事人按照合同的约定，全面完成各自承担的义务和实现各自享受的权利，使双方当事人的合同目的得以实现的行为。当事人应当按照合同约定全面履行自己的义务。

合同履行的原则是指当事人履行合同必须遵守的准则，它包括：

（1）全面履行原则。全面履行原则要求当事人应当按照合同约定的各项条款，全面履行自己在合同中的义务，不履行或不完全按照合同的约定履行合同义务，都是违反全面履行原则的。

（2）诚信履行原则。诚信履行原则要求当事人应当以诚实、信用的态度，履行自己的合同义务；故意利用对方的差错、疏忽，故意隐瞒自己的瑕疵，都是违反诚信履行原则的。

二、合同履行的规则

合同履行的规则是指我国民法典规定的，当合同约定不明确时，当事人履行合同的方法。合同生效后，当事人就质量、价款或者报酬、履行地点等内容没有约定或者约定不明确的，可以协议补充；不能达成补充协议的，按照合同有关条款或者交易习惯确定；仍不能确定的，按下列规则确定。

1. 当事人就有关合同内容约定不明确时的履行规则

（1）质量要求不明确的，按照国家标准、行业标准履行；没有国家标准、行业标准的，按照通常标准或者符合合同目的的特定标准履行。

（2）价款或者报酬不明确的，按照订立合同时履行地的市场价格履行；依法应当执行政府定价或者政府指导价的，按照规定履行。

（3）履行地点不明确，给付货币的，在接受货币一方所在地履行；交付不动产的，

在不动产所在地履行；其他标的，在履行义务一方所在地履行。

（4）履行期限不明确的，债务人可以随时履行，债权人也可以随时要求履行，但应当给对方必要的准备时间。

（5）履行方式不明确的，按照有利于实现合同目的的方式履行。

（6）履行费用的负担不明确的，由履行义务一方负担。

2. 执行政府定价或者政府指导价的合同的价格履行规则

执行政府定价或者政府指导价的，在合同约定的交付期限内，政府价格调整时，按照交付时的价格计价。逾期交付标的物的，遇价格上涨时，按照原价格执行；价格下降时，按照新价格执行。逾期提取标的物或者逾期付款的，遇价格上涨时，按照新价格执行；价格下降时，按照原价格执行。

三、合同履行中的抗辩权

抗辩权是指在双务合同中，一方当事人有依法对抗对方要求或否认对方权利主张的权利。

（一）同时履行抗辩权

同时履行抗辩权是指互负债务，没有先后履行顺序的当事人一方在对方未能履行债务或履行债务不符合约定时，有权拒绝其相应的履行要求。同时履行抗辩权的适用条件为：

（1）由同一双务合同产生互负的债务。双方当事人因同一合同互相负有债务，在履行上存在关联性，形成对价关系，这是同时履行抗辩权成立的前提条件，而单务合同因只有一方当事人有履行义务，所以无法发生抗辩。

（2）在合同中未约定履行顺序或根据合同约定或合同性质要求当事人同时履行合同义务。

（3）对方当事人未履行债务或未按照约定适当履行债务。

（4）一方当事人有证据证明应同时履行义务的对方当事人未履行或未适当履行合同。

同时履行抗辩权是暂时阻止对方当事人请求权的行使，并非永久的抗辩权。对方当事人履行了合同义务，同时履行抗辩权即消灭，主张抗辩权的当事人就应当履行自己的义务。

（二）后履行抗辩权

后履行抗辩权是指合同当事人互相负有债务，合同约定有先后履行顺序的，先履行一方未履行或者履行债务不符合约定，后履行一方有权拒绝其履行要求；当事人行使后履行抗辩权的，必须具备以下条件：

（1）基于同一双务合同互负债务；

（2）合同需由一方当事人先履行，应当先履行的当事人不履行合同或不适当履行合同；

（3）后履行抗辩权的行使人是履行义务顺序在后的一方当事人。

（三）不安抗辩权

不安抗辩权又称先履行抗辩权，是指双务合同成立后，应当先履行债务的当事人有确切证据证明对方不能履行债务或者有不能履行债务的可能时，在对方没有履行或者没有提供担保之前，有权中止履行合同义务。当事人行使不安抗辩权，应当具备以下条件：

（1）基于同一双务合同互负债务；

（2）先履行债务的当事人，有确切证据证明后履行债务的当事人已丧失或者可能丧失履行合同约定的能力；

（3）不安抗辩权的行使人是履行义务顺序在先的一方当事人。

先履行债务的当事人，有确切证据证明对方有下列情形之一的，可以中止履行：①经营状况严重恶化；②转移财产、抽逃资金，以逃避债务；③丧失商业信誉；④有丧失或者可能丧失履行债务能力的其他情形。

当事人行使不安抗辩权，中止履行合同只是暂停履行或延期履行合同，而不是终止履行合同。对方提供适当担保或在合同期限内恢复履行能力时，应当恢复合同的履行，不安抗辩权即归于消灭。只有当对方在合理期限内未恢复履行能力并且未提供适当担保的，中止履行的一方才可以解除合同。

四、合同履行的保全

为了防止因债务人的财产不当减少而给债权人的债权带来危害，法律允许债权人为保全其债权的实现而采取的法律措施，称为合同的保全措施。合同履行的保全措施有代位权和撤销权。

（一）代位权

代位权是指因债务人怠于行使其到期债权，对债权人造成损害，债权人可以向人民法院请求以自己的名义代位行使债务人的债权。

债权人行使代位权必须具备以下条件：债务人与债权人的合同关系已到期，债务人已经迟延履行；债务人对第三人享有到期债权，并且是非专属于债务人自身的权利；债务人怠于行使其对第三人的债权，并且损害到对债权人履行债务。

代位权的行使范围以债权人的债权为限，债权人行使代位权的必要费用由债务人负担。

（二）撤销权

撤销权是指因债务人放弃其到期债权或者无偿转让财产，对债权人造成损害的，债权人可以请求人民法院撤销债务人的行为；债务人以明显不合理的低价转让财产，对债权人造成损害，并且受让人知道该情形的，债权人也可以请求人民法院撤销债务人的行为。

债权人行使撤销权必须具备以下条件：债务人实施了一定的处分财产的行为，并且主观上有恶意；债务人处分财产的行为已经发生了法律效力，并损害了债权人的利益。

债权人撤销权的行使应区别不同情况来确定：如债务人的行为是无偿的，则可直接行使；债务人的行为是有偿的，如受让人为善意，则债权人不享有撤销权。撤销权的行使范围以债权人的债权为限。债权人行使撤销权的必要费用，由债务人负担。

撤销权的行使是有时效限制的，撤销权自债权人知道或者应当知道撤销事由之日起 1 年内行使。自债务人的行为发生之日起 5 年内没有行使撤销权的，该撤销权消灭。

第五节 合同的担保

一、担保的概念

合同的担保,是指为了保证合同的履行,保障合同债权的实现,由当事人双方依照法律规定设立的法律措施。债权人需要以担保方式保障其债权实现的,可以设定保证、抵押、质押、留置和定金五种方式的担保。

二、合同担保的主要方式

（一）保证

1. 保证和保证人

保证指保证人和债权人约定,当债务人不履行债务时,保证人按照约定履行债务或承担责任的行为。保证人向债权人保证债务人履行债务,债务人不履行债务的,按照约定由保证人履行或者承担连带责任。

担保法规中,承担担保责任的第三人称为保证人。根据《民法典》的规定,具有代为清偿债务能力的法人、其他组织或者公民,可以做保证人；国家机关、学校、幼儿园、医院等以公益为目的的事业单位、社会团体,以及企业法人的分支机构、职能部门,不得做保证人,但是,在经国务院批准为使用外国政府或者国际经济组织贷款进行转贷的情况下,国家机关可以做保证人；企业法人的分支机构有法人书面授权的,可以在授权范围内提供保证。

2. 保证的成立条件和内容

保证成立的条件是：第一,保证人应当具有代偿能力和民事行为能力；第二,保证人有承担保证责任的明确意思表示；第三,保证合同应采用书面形式。

保证是由保证人和被担保债务的债权人订立的合同,因此,保证的内容应当由保证人与债权人在保证合同中加以确定,具体包括被保证的主债权的种类、数额,债务人履行债务的期限,保证的方式,保证担保的范围,保证的期间,以及双方认为需要约定的其他事项。保证合同不完全具备以上规定内容的,可以补正。

3. 保证的方式

保证的方式分为一般保证和连带责任保证两种。

一般保证,是指当事人在保证合同中约定,当债务人不能履行债务时,由保证人承担保证责任。一般保证的特点是：只有在主债人确实不能履行债务时,保证人才承担责任。债权人首先应向债务人追偿债务,而不能直接向保证人主张权利,保证人在主合同纠纷未经审判或仲裁,并就债务人财产依法强制执行仍不能履行债务前,有权拒绝对债权人承担责任。

连带责任保证,是指当事人在保证合同中约定保证人与债务人对债务承担连带责任。连带责任保证的特点是：一旦主债务履行期限届满,债务人未履行债务,债权人就可以直接向保证人主张权利,要求保证人承担保证责任。

当事人可以在保证合同中约定采用哪一种保证方式。如果当事人对保证方式没有约定或约定不明确，则按连带责任保证承担保证责任。

4. 保证责任

(1) 保证责任范围。保证人在约定的保证担保范围内，承担保证责任。保证担保的范围包括主债权及利息、违约金、损害赔偿金和实现债权的费用；当事人可以约定保证责任范围的大小，选择其中一项或数项或全部进行担保。当事人对保证担保的范围没有约定或者约定不明确的，保证人应当对全部债务承担责任。保证人承担保证责任后，有权向债务人追偿。

(2) 共同保证的保证责任。同一债务有两个以上保证人的，称之为共同保证，各保证人应当按照依法律规定或保证合同约定的保证份额承担保证责任；没有约定保证份额的，保证人承担连带责任，债权人可以要求任何一个保证人承担全部保证责任，保证人都负有担保全部债权实现的义务。已经承担保证责任的保证人有权向债务人追偿，或者要求承担连带责任的其他保证人清偿其应当承担的份额。

(3) 主合同当事人变更对保证责任的影响。在保证期间内，债权人依法将主债权转让给第三人的，保证人在原保证担保的范围内继续承担保证责任，保证合同另有约定的，按照约定；在保证期间内，债权人许可债务人转让债务的，应当取得保证人书面同意，保证人对未经其同意转让的债务，不再承担保证责任。

(4) 主合同内容变更对保证责任的影响。债权人与债务人协议变更主合同的，应当取得保证人的书面同意；未经保证人书面同意的，保证人不再承担保证责任；保证合同另有约定的，按照约定。

(5) 保证责任的期间。当事人可以在保证合同中约定保证人承担保证责任的期间。未约定期间的，保证责任期限为主债务履行期届满之日起六个月。

(二) 抵押

1. 抵押和抵押物

抵押是指债务人或者第三人不转移对其确定的财产的占有，将该财产作为债权的担保，当债务人不履行债务时，债权人有权依照法律规定，以该财产折价或者以拍卖、变卖该财产的价款优先受偿。提供财产的债务人或第三人为抵押人，债权人为抵押权人，提供担保的财产为抵押物，也称抵押标的。

抵押人只能以法律规定可以抵押的财产提供担保，法律规定不可以抵押的财产，抵押人不得用于提供担保。下列财产可以作为抵押物：①抵押人所有的房屋和其他地上定着物；②抵押人所有的机器、交通运输工具和其他财产；③抵押人依法有权处分的国有的土地使用权、房屋和其他地上定着物；④抵押人依法有权处分的国有机器、交通运输工具和其他财产；⑤抵押人依法承包并经发包方同意抵押的荒山、荒沟、荒丘、荒滩等荒地的土地使用权；⑥依法可以抵押的其他财产。对于上述财产，抵押人既可以将其中的一项财产单独抵押，也可以将几项财产一并抵押。

根据我国有关法律规定，下列财产不得抵押：

①土地所有权；②耕地、宅基地、自留地、自留山等集体所有的土地使用权，但法律有特别规定的除外；③学校、幼儿园、医院等以公益为目的的事业单位和社会团体的教育设施、医疗卫生设施和其他社会公益设施；④所有权、使用权不明或有争议的财产；⑤依法被查封、扣押、监管的财产；⑥依法不能抵押的其他财产。

下列财产的抵押,应当办理抵押物登记,抵押合同自登记之日起生效:

①无地上定着物的土地使用权,其登记部门为核发土地使用权证书的土地管理部门;②城市房地产或者乡(镇)、村企业的厂房等建筑物,其登记部门为县级以上地方人民政府规定的部门;③林木,其登记部门为县级以上林木主管部门;④航空器、船舶、车辆,其登记部门为运输工具的登记部门;⑤企业的设备和其他动产,其登记部门为财产所在地的工商行政管理部门。

2. 抵押合同

抵押人和抵押权人应当以书面形式订立抵押合同。抵押合同包括以下内容:被担保的主债权种类、数额,债务人履行债务的期限,抵押物的名称、数量、质量、状况、所在地、所有权权属或者使用权权属,抵押担保的范围,以及当事人认为需要约定的其他事项。抵押合同不完全具备以上规定内容的,可以补正。

当事人以法律规定的需要办理抵押物登记的财产作抵押的,应当向有关部门办理抵押物登记,抵押合同自登记之日起生效;以其他财产抵押的,可以自愿办理抵押物登记,抵押合同自签订之日起生效。

3. 抵押担保的范围和效力

(1) 抵押担保的范围。抵押担保范围包括主债权及利息、违约金、损害赔偿金和实现抵押权的费用。抵押合同另有约定的,按照约定。

(2) 抵押的效力。抵押期间,抵押人转让已办理登记的抵押物的,应当通知抵押权人,并告知受让人转让物已经抵押的情况;抵押人未通知抵押权人或者未告知受让人的,转让行为无效。转让抵押物的价款明显低于其价值的,抵押权人可以要求抵押人提供相应的担保;抵押人不提供的,不得转让抵押物。抵押权不得与债权分离而单独转让或者作为其他债权的担保。抵押权与其担保的债权同时存在,债权消灭的,抵押权也消灭。

4. 抵押权的实现

抵押权的实现是指债务履行期届满,债务人未履行债务即抵押权人未受清偿时,抵押权人处分抵押物并就其变价优先受偿的行为。实现抵押权的方法有拍卖、变卖抵押物和以抵押物折价等方式。

抵押物折价或者拍卖、变卖后,其价款超过债权数额的部分归抵押人所有,不足部分由债务人清偿。同一财产向两个以上债权人抵押的,拍卖、变卖抵押物所得的价款按照以下规定清偿:第一,抵押合同已登记生效的,按照抵押物登记的先后顺序清偿;顺序相同的,按照债权比例清偿。第二,抵押合同自签订之日起生效的,抵押物已登记的,按照上述规定清偿;未登记的,按照合同生效时间的先后顺序清偿;顺序相同的,按照债权比例清偿。抵押物已登记的,先于未登记的受偿。为债务人抵押担保的第三人,在抵押权人实现抵押权后,有权向债务人追偿。

(三) 质押

1. 质押的概念

质押分为动产质押和权利质押两种。

(1) 动产质押。动产质押是指债务人或第三人为了担保债务的履行,将其动产移交债权人占有,将该动产作为债权的担保,当债务人不履行债务时,债权人有权依法律的规定,就其占有的动产以折价或者以拍卖、变卖该动产的价款优先受偿。其中移交动产的债

务人或者第三人为出质人，债权人为质权人，移交的动产为质物。

（2）权利质押。权利质押是指债务人或第三人为了担保债务的履行，将其财产权利移交债权人占有，将该财产权利作为债权的担保，当债务人不履行债务时，债权人有权依法律的规定，就其占有的财产权利优先受偿。

权利质押的标的是权利，包括以下几类：①汇票、支票、本票、债券、存款单、仓单、提单；②依法可以转让的股份、股票；③依法可以转让的商标专用权、专利权、著作权中的财产权；④依法可以出质的其他权利。

2. 质押合同

出质人和质权人应当以书面形式订立质押合同。质押合同包括以下内容：被担保的主债权种类、数额，债务人履行债务的期限，质物的名称、数量、质量、状况，质押担保的范围，质物移交的时间，以及当事人认为需要约定的其他事项。质押合同不完全具备以上规定内容的，可以补正。

质押合同自质物移交于质权人占有时生效，以汇票、支票、本票、债券、存款单、仓单、提单出质的，质押合同自权利凭证交付之日起生效；以依法可以转让的股票、商标专用权、专利权、著作权中的财产权出质的，应当向有关部门办理出质登记，质押合同自登记之日起生效；以有限责任公司的股份出质的，适用《公司法》股份转让的有关规定，质押合同自股份出质记载于股东名册之日起生效。

3. 质押担保的范围

质押担保的范围包括主债权及利息、违约金、损害赔偿金、质物保管费用和实现质权的费用。质押合同另有约定的，按照约定。

4. 质押权的实现

债务履行期届满，债务人履行债务的，或者出质人提前清偿所担保债权的，质权人应当返还质物；债务履行期届满，质权人未受清偿的，可以与出质人协议以质物折价，也可以依法拍卖、变卖质物，质物折价或者拍卖、变卖后，其价款超过债权数额的部分归出质人所有，不足部分由债务人清偿。为债务人质押担保的第三人，在质权人实现质权后，有权向债务人追偿。质权与其担保的债权同时存在，债权消灭的，质权也消灭。

（四）留置

1. 留置的概念及适用范围

留置是债权人按照合同约定占有债务人的动产，债务人逾期不履行债务的，债权人有权依照法律规定留置该财产，以该财产折价或者以拍卖、变卖该财产的价款优先受偿。

留置权是一种法定担保。留置权在符合一定条件时，依法律的规定产生，而不是依当事人之间的协议设定。因保管合同、运输合同、加工承揽合同发生的债权，债务人不履行债务的，债权人有留置权，但当事人可以在合同中约定不得留置的物。

留置担保的范围包括主债权及利息、违约金、损害赔偿金、留置物保管费用和实现留置权的费用。

2. 留置权的实现

债权人和债务人应当在合同中约定，债权人留置财产后，债务人应当在不少于 2 个月的期限内履行债务。债权人与债务人在合同中未约定的，债权人留置财产后，应当确定 2 个月以上的期限，通知债务人在该期限内履行债务。债务人逾期仍不履行的，债权人可以与债务人协议以留置物折价，也可以依法拍卖、变卖留置物。留置物折价或拍卖、变卖后，其价款超过债权数额的部分归债务人所有，不足部分由债务人清偿。

（五）定金

1. 定金的概念

定金是指合同当事人一方，为保证合同履行，在合同成立时或合同未履行前，在合同规定的范围内给付对方的一定数额的货币。

定金应当以书面形式约定，当事人在定金合同中应当约定交付定金的期限，定金合同从实际交付定金之日起生效。定金的数额由当事人约定，但不得超过主合同标的额的20%。

2. 定金的效力

合同履行时，定金可抵作价款或收回；在合同不履行时，适用定金罚则，即若交付定金一方不履行合同，则丧失定金；接受定金一方不履行合同的，应当双倍返还定金。

第六节 合同的变更、转让和终止

一、合同的变更

合同变更有广义和狭义之分。广义的合同变更是指合同法律关系的主体、客体和内容中任何一个方面的改变。狭义的合同变更只是指合同法律关系的客体和内容的改变，而合同法律关系的主体的改变则称为合同的转让。因此，合同的变更是指合同成立之后，在尚未履行或者未履行完毕之前，由于一定法律事实的出现而使合同内容发生变化。

依法订立的合同，对双方都具有约束力，当事人必须全面履行合同规定的义务，任何一方都不得擅自变更或者解除合同。但是，在合同履行过程中，由于主、客观情况的变化，使原合同的履行已经不可能或者不必要时，为了减少不必要的损失，合同法规规定，当事人协商一致，可以变更合同；法律、行政法规规定变更合同应当办理批准、登记等手续的，依照其规定；合同依法变更后，当事人按照变更后的合同享受权利和承担义务。当事人对合同变更的内容约定不明确的，推定为未变更。

二、合同的转让

合同的转让是指合同当事人一方依法将其享有的合同权利和义务全部或部分转让给第三人。合同的转让，按照所转让的权利义务情况的不同，可以分为债权转让、债务转移和债权债务一并转让三种情况。

（一）债权转让

债权转让（又称债权让与）是指不改变合同的内容，由债权人将合同权利的全部或者部分转让给第三人。转让债权的人称为让与人，受让债权的第三人称为受让人。债权人转让权利，不需要经债务人同意，但应当通知债务人，否则，该转让对债务人不发生效力。债务人接到债权转让通知后，债权让与行为就生效。法律、行政法规规定转让权利应当办理批准、登记等手续的，必须办理批准、登记手续。

合同权利全部转让的，受让人取代原债权人的地位，成为新的债权人，原债权人脱离合同关系；合同权利部分转让的，受让人作为第三人加入到合同关系中，与原债权人共同享有债权。债权人转让主权利时，附属于主权利的从权利一并转让，受让人在取得债权时，也取得与债权有关的从权利，但该从权利专属于债权人自身的除外。除下列情形外，债权人均可自主决定让与债权：①根据合同性质不得转让的；②按照当事人约定不得转让的；③依照法律的规定不得转让的。

（二）债务转移

债务转移就是合同义务的转移，是指合同当事人在不改变合同法律关系的客体的前提下，约定将债务部分或全部转移给第三人承担的情况。债务人将合同的债务全部或者部分转移给第三人的，应当经债权人同意。债务人转移债务的，新债务人可以主张原债务人对债权人的抗辩。法律、行政法规规定的转移义务应当办理批准、登记等手续的，必须办理批准、登记手续。

债务人将全部债务转移给第三人，从而使自己脱离原合同关系，在这种情况下，原债务人在原合同关系中不再承担任何责任；债务人将部分债务转移给第三人，第三人加入合同关系，只是承担原合同关系中的一部分债务，在这种情况下，原债务人并不脱离合同关系，仍然要与新债务人共同承担原合同关系中的债务。债务人转移债务时，与所转移的主债务有关的从债务，也由新债务人承担，但该从债务专属于原债务人自身的除外。

（三）债权债务的一并转让

债权债务的一并转让是指合同当事人一方将自己在合同法律关系中的权利义务全部一并转移给第三人。

当事人一方经对方同意，可以将自己在合同中的权利和义务一并转让给第三人，但是，根据合同性质、按照当事人约定或者依照法律规定不得转让的除外。合同权利和义务转移，从权利、从义务也随之转移，但专属于原债权人、债务人自身的除外。

当事人的合并和分立，是典型的债权债务一并转让的情况。当事人订立合同后合并的，由合并后的法人或者其他组织行使合同权利，履行合同义务。当事人订立合同后分立的，除债权人和债务人另有约定的以外，由分立后的法人或者其他组织对合同的权利和义务享有连带债权，承担连带债务。

三、合同的终止

（一）合同终止的概念

合同终止就是合同权利与义务的终止，是指合同当事人双方终止合同关系，合同确立的权利、义务关系随之消灭。

（二）合同终止的原因

合同终止的原因，就是合同终止的条件。当合同具备这些条件时，就可以确认合同终止，合同基于下列事由而终止。

（1）债已经按照约定履行。合同生效后，当事人按照约定履行自己的义务，债权人实现了自己的全部权利，订立合同的目的已经实现，合同确立的权利与义务关系自然消灭，合同终止。这是合同终止中最为普遍的情况。

（2）合同解除。合同解除是指合同依法成立后，当具备法律规定的解除条件时，因当事人一方或双方的意思表示而使合同关系归于消灭。合同解除有两种情况：

①协议解除，是指当事人双方在合同成立后，未履行或者未完全履行之前，通过协商一致解除合同；或者在订立合同时就约定了解除合同的条件，当条件成就时，合同自然解除。

②法定解除，是指在合同成立后，没有履行或者没有完全履行完毕之前，由于出现了法定解除情形，当事人一方行使法定解除权，而使合同终止。我国《合同法》规定，有下列情形之一的，当事人可以解除合同：ⓐ因不可抗力致使不能实现合同目的；ⓑ在履行期限届满之前，当事人一方明确表示或者以自己的行为表明不履行主要债务；ⓒ当事人一方迟延履行主要债务，经催告后在合理期限内仍未履行；ⓓ当事人一方迟延履行债务或者其他违约行为致使不能实现合同目的；ⓔ法律规定的其他情形。

当事人一方主张解除合同时，应当通知对方，合同自通知到达对方时解除。法律规定或者当事人约定解除权的行使期限，期限届满当事人不行使的，该权利消灭；法律没有规定或者当事人没有约定解除权的行使期限，经对方催告后在合理期限内不行使的，该权利消灭。合同解除后，尚未履行的，终止履行；已经履行的，根据履行情况和合同性质，当事人可以要求恢复原状、采取其他补救措施，并有权要求赔偿损失。合同的权利和义务终止，不影响合同中结算和清理条款的效力，不影响当事人请求赔偿的权利。

（3）债务相互抵消。当事人互负到期债务，该债务的标的物种类、品质相同的，任何一方均可以将自己的债务与对方的债务相抵消，但依照法律规定或者合同性质不得抵消的除外。当事人主张抵消的，应当通知对方，通知自到达对方时生效。抵消不得附条件或者附期限。当事人互负债务，标的物种类、品质不相同的，经双方协商一致，也可以抵消。

（4）债务人依法将标的物提存。提存是指债权人无故不接受债务人的履行或债权人下落不明，致使合同义务无法履行或难以履行，债务人将标的物向有关部门提交存放，从而使合同的权利义务终止。当有下列情形之一，难以履行债务时，债务人可以将标的物提存：①债权人无正当理由拒绝受领；②债权人下落不明；③债权人死亡未确定继承人或者丧失民事行为能力未确定监护人；④法律规定的其他情形。

标的物不适于提存或者提存费用过高的，债务人依法可以拍卖或者变卖标的物，提存所得的价款。标的物提存后，除债权人下落不明的以外，债务人应当及时通知债权人或者债权人的继承人、监护人。标的物提存后，毁损、灭失的风险由债权人承担。提存期间，标的物的孳息归债权人所有，提存费用由债权人负担。标的物提存后，债权人可以随时领取提存物，但债权人对债务人负有到期债务的，在债权人未履行债务或者提供担保之前，提存部门根据债务人的要求，应当拒绝其领取提存物。债权人领取提存物的权利，自提存之日起5年内不行使而消灭，提存物扣除提存物费用后，归国家所有。

（5）债权人免除债务。债权人免除债务，即债权人自愿放弃了债权，债务人的债务即被解除。债权人免除债务人部分或全部的债务的，合同的权利义务部分或全部终止。

（6）债权、债务同归于一人。由于某种事实的发生，使一项合同中原本由一方当事人享有的债权和由另一方当事人承担的债务统归于一人时，合同的权利和义务终止，但涉及第三人利益的除外。

（7）法律规定或者当事人约定终止的其他情形。

第七节 违约责任

一、违约责任的概念及产生条件

违约责任即违反合同的民事责任,是指合同当事人不履行合同义务或者履行合同义务不符合约定时,依照法律规定或者合同约定所承担的民事责任。

合同当事人有违约行为存在时,就产生违约责任。违约行为是指不履行或不合规定履行合同义务的行为,具体可分为:拒绝履行、不完全履行、不适当履行、迟延履行、不能履行和质量瑕疵履行等。

民法典规定:"当事人一方不履行合同义务或者履行合同义务不符合约定的,应当承担继续履行、采取补救措施或赔偿损失等违约责任。"即当事人对违约行为不论有无故意或过失,都应当承担违约责任。

二、违约责任承担的主要形式

违约的当事人承担违约责任的主要形式有继续履行、采取补救措施、赔偿损失、支付违约金和定金等。

(一)继续履行

继续履行是指一方当事人不履行合同义务或履行合同义务不符合合同约定的情况下,另一方当事人在合同履行期限届满之后,可以要求对方继续按照原合同所约定的内容履行合同义务的行为。

当事人一方未支付价款或者报酬的,对方可以要求其支付价款或者报酬;当事人一方不履行非金钱债务或者履行非金钱债务不符合约定的,对方可以要求履行,但有下列情形之一的除外:①法律上或者事实上不能履行;②债务的标的不适于强制履行或者履行费用过高;③债权人在合理期限内未要求履行。

(二)采取补救措施

补救措施是指当事人一方履行合同义务不符合约定时,受损害的一方有权要求对方采取的合理措施。质量不符合约定的,应当按照当事人的约定承担违约责任。对违约责任没有约定或者约定不明确的,当事人可以协议补充或者按照合同有关条款或者交易习惯确定;仍不能确定的,受损害方根据标的的性质以及损失的大小,可以合理选择要求对方承担修理、更换、重做、退货、减少价款或者报酬等违约责任。

(三)支付违约金

违约金是指合同当事人一方由于不履行合同或者履行合同不符合约定时,按照合同预先的约定,向对方支付的一定数额的货币。违约金是对不能履行或者不能完全履行合同行为的一种带有惩罚性质的经济补偿手段,不论违约的当事人一方是否已给对方造成损失,都应当支付。

约定的违约金低于造成的损失的,当事人可以请求人民法院或者仲裁机构予以增加;约定的违约金过分高于造成的损失的,当事人可以请求人民法院或者仲裁机构予以适当减少。当事人就迟延履行约定违约金的,违约方支付违约金后,还应当履行债务。

（四）赔偿损失

当事人一方不履行合同义务或者履行合同义务不符合约定的，在履行义务或者采取补救措施后，对方还有其他损失的，应当赔偿损失，即向对方支付赔偿金。

当事人约定的违约金低于所造成的损失，遭受损失的合同当事人一方有权要求对方赔偿未弥补的那部分损失；合同没有约定违约金，又不适用法定违约金，由于对方违约而造成损失时，遭受损失的合同当事人有权要求对方赔偿。

支付赔偿金的范围，一般应相当于对方因此所遭受的实际损失，包括合同履行后可以获得的利益，但不得超过违反合同一方订立合同时预见到或者应当预见到的因违反合同可能造成的损失。至于因对方违约而受到损失的一方没有及时采取防止损失扩大的适当措施致使损失扩大的，无权就扩大的损失要求对方赔偿。

（五）给付或者双倍返还定金

当事人约定一方向对方给付定金作为债权的担保。债务人履行债务后，定金应当抵作价款或者收回。给付定金的一方不履行约定的债务的，无权要求返还定金；收受定金的一方不履行约定的债务的，应当双倍返还定金。

在同一合同中，既有定金条款，又有违约金条款时，《民法典》规定：当事人既约定违约金，又约定定金的，一方违约时，对方可以选择适用违约金或者定金条款。

三、违约责任的免除

一般来说，在合同订立之后，如果一方当事人没有履行合同或者履行合同不符合约定的，无论是自己的原因，还是第三人的原因，都应当向对方承担违约责任。但是，在合同履行中，有两种免责的情况，一是根据合同的约定。当事人可以在合同中约定合同不能履行时的免责条款事由，但这种约定不得违反《民法典》的规定。二是根据法律的规定。因不可抗力不能履行合同的，根据不可抗力的影响，部分或者全部免除责任，但法律另有规定的除外。当事人迟延履行后发生不可抗力的，不能免除责任。所称不可抗力，是指不能预见、不能避免并且不能克服的客观情况。当事人一方因不可抗力不能履行合同的，应当及时通知对方和在合理期限内提供证明，以减少对方的损失和确认不可抗力的事实。

综合实训

一、单项选择题

1. 一般情况下，如果接到要约的一方不在规定的期限内答复，应视为对要约的（　　）。
   A. 接受　　　　　B. 拒绝　　　　　C. 违约　　　　　D. 要约
2. 下列情形中，（　　）应视为承诺仍然发生效力。
   A. 撤回承诺的通知先于承诺通知到达要约人
   B. 撤回承诺的通知与承诺的通知同时到达要约人
   C. 撤回承诺的通知迟到，要约人未将迟到的情况立即通知对方
   D. 承诺在承诺期限届后到达要约人
3. 损害国家利益和社会公共利益的合同，非故意一方已经从对方取得或约定取得的财产，应当（　　）。
   A. 归人民法院所有　　B. 归非故意一方所有　　C. 收归国库所有　　D. 返还对方
4. 甲欠丙 30 万元货款到期，丙欠乙 30 万元货款，乙表示将甲应还丙的钱直接给乙以抵消丙欠乙

30万元货款，这种行为属于行使（　　）。
　　A. 代位权　　　　　　B. 同时履行抗辩权　　　C. 不安抗辩权　　　D. 撤销权
5. 以合法形式掩盖非法目的的合同是（　　）。
　　A. 可撤销的合同　　　B. 无效的合同　　　C. 部分无效的合同　　　D. 有效的合同

二、多项选择题
1. 合同争议的解决方式有（　　）。
　　A. 诉讼　　　　　　B. 仲裁　　　　　　C. 调解　　　　　　D. 和解
2. 一辆公共汽车在正常行驶时被一辆违章行驶的货车撞上，造成乘客李某受伤，李某的损失应当由谁来赔偿？（　　）
　　A. 李某可以要求公交公司全部赔偿
　　B. 李某可以要求公交公司和货车主承担连带责任
　　C. 李某不能直接要求货车主赔偿
　　D. 李某可以分别要求公交公司和货车主全部赔偿
3. 下列各项中，属于要约邀请的有（　　）。
　　A. 投标书　　　　　　B. 拍卖公告　　　　　C. 自动售货机　　　D. 商品征订表
4. 合同被撤销后，对因该合同取得的财产，当事人可能承担的民事责任的形式有（　　）。
　　A. 返还财产　　　　　B. 折价补偿　　　　　C. 赔偿损失　　　　D. 支付违约金
5. 甲与乙订立了一份租赁合同。合同规定，如果甲出国，则甲将房屋租与乙居住。这一合同性质应如何认定？（　　）
　　A. 既未成立，也未生效　　B. 已成立，但未生效　　C. 是附条件的合同　　D. 是附期限的合同

三、案例分析题
1. 2010年7月1日，美达家具厂得知A校要购置一批办公桌椅，便致函A校以每套1000元的优惠价出售办公桌椅。A校于7月3日回函订购300套，并提出价格每套800元，同时要求3个月内将桌椅送到A校，验货后7日内电汇付款。美达收到函后，又于7月4日发函给A校，同意A校提出的订货数量、交货付款时间和方式，但同时提出价格最低只能是每套900元，A校7月5日发函表示同意。7月6日，美达家具厂电话告之A校今天刚收到其7月5日函。
　　问题：
　　（1）该合同的要约是案例中的哪一封函件？
　　（2）承诺又是哪一封函件？生效时间是哪一天？
2. 某县食品公司与该县一酒厂签订合同，约定由食品公司向酒厂购买10万瓶劣质酒，货款15万元，交款提货，并约定酒厂须加贴名牌酒的注册商标，以便食品公司假冒出售。合同履行时，食品公司借口一时资金短缺，只付了10万元即提走了全部货物。后酒厂多次催款，食品公司拒不付款，并向酒厂提出解除合同、相互返还货物和货款的要求，酒厂不同意。双方协商不成，遂诉至法院。
　　问题：
　　（1）食品公司与酒厂订立的合同属于什么性质的合同？为什么？
　　（2）如果双方同意解除合同，法院是否接受？
3. 某商场与某批发公司签订了一份买卖合同，合同约定商场6月10日支付货款，批发公司6月15日交货。6月9日商场得知批发公司无法采购到该种商品并得到证实，遂决定6月10日不付款，并通知批发公司暂不付款的原因，同时提出要求批发公司提供担保后再付款。批发公司收到通知后认为商场不付款是违约行为，要求商场承担违约责任并拒绝提供担保。
　　问题：
　　（1）商场是否违约？为什么？
　　（2）由于此纠纷而造成的损失应由哪一方承担责任？为什么？

4. A公司与B电视机厂签订购买1000台彩电的合同，其单价为2000元，并约定B电视机厂于3月1日前向A公司交付彩电500台，3月10日A公司支付B电视机厂款项150万元，3月30日前B电视机厂再交付另500台彩电，同时A公司将余款50万元支付给B电视机厂。

合同按期履行，但是3月15日，B电视机厂发生火灾将生产线烧毁，近期难以恢复生产能力。A公司知道后停止向B电视机厂支付款项。经B电视机厂交涉，A公司同意可以结清B厂已交付彩电的款项，但提出解除合同。B电视机厂多次与A公司协商未果，遂向人民法院提起诉讼。

问题：

1. A公司在得知B电视机厂因失火烧毁生产线时即中止履行合同是否合法？为什么？
2. 本案应如何处理？为什么？

第四章　财税与金融法

【知识目标】
1. 掌握税收的概念和特征，了解税法的构成要素，掌握现行税制的主要内容。
2. 熟悉税收征收管理法律制度。
3. 了解商业银行法。
4. 能结合所学内容，查阅有关法律原件，学习分析案例及进行税的运算。

【技能目标】
1. 熟悉并能够运用税收征管法律的主要制度和纳税人权利。
2. 熟悉并能够运用商业银行业务相关的组织规则、交易规则和涉及金融稳定的监管措施。

【学前案例】
王先生（以下简称王）是某医院的主治医师，其上月工资为10 000元，并出版医学专著获稿酬50 000元，同月获国家科技进步奖5 000元，投资股息收入800元。王于2010年开设了私人诊所，免费为患者看病，主要经营药品的销售，取得了相当可观的收入。王每年都给希望工程捐款，由此获得了模范个体户的称号，可是有一天，王收到了税务机关补缴税款及滞纳金和因偷税而受处罚的通知单。王以税务机关决定处罚错误为由，向上一级税务机关申请复议，上一级税务机关经过复议，作出了维持原税务机关决定的复议决定。王不服，起诉到法院，法院作出了维持税务机关复议决定的判决。

问题
1. 王的哪些收入应缴纳个人所得税？
2. 税务机关、上一级税务机关的决定及法院判决的依据是什么？
3. 王应补缴哪些税？

第一节　税法概述

一、税收概述

（一）税收的概念及特征

税收是国家为实现国家职能，凭借政治权力，按照法律规定的标准，无偿取得财政收入的一种特定分配方式。税收体现的是作为主体的国家与社会集团、社会成员之间的一种特定收入分配关系，税收是国家财政收入的主要来源，体现了国家主权和国家权力。

税收具有强制性、无偿性和固定性三个特性。

（1）税收的强制性。税收的强制性是指税收参与社会物品的分配是依据国家的政治权力，而不是财产权利，即和生产资料的占有没有关系。税收的强制性具体表现在税收是以国家法律的形式规定的，不依法纳税者要受到法律的制裁。

(2) 税收的无偿性。纳税是国家凭借政治权力，将社会集团和社会成员的一部分收入收归国家所有，国家不向原纳税人支付任何报酬或代价，也不再直接偿还给原来的纳税人。

(3) 税收的固定性。税收的固定性是指税收是国家按照法律预先规定的范围、标准和环节征收的，税法的规定具有相对稳定性。纳税人取得了应纳税的收入或发生了应纳税的行为，就必须按预定标准如数缴纳，而不能改变这个标准。

(二) 税收的作用

税收具有组织收入、调节经济、监督管理和维护国家政权等作用。

(1) 税收是国家组织财政收入的主要形式和工具。税收组织财政收入的作用主要表现在两个方面：一是由于税收具有强制性、无偿性和固定性，因而能保证其收入的稳定；二是税收的来源十分广泛，能从多方面筹集财政收入。

(2) 税收是国家调控经济的重要杠杆之一。国家通过税种的设置，以及在税目、税率、加成征收或减免税等方面的规定，可以调节社会生产、交换、分配和消费，促进社会经济健康发展。

(3) 税收是对客观经济情况进行监督管理的重要手段。国家在征收税款过程中，一方面要查明情况，正确计算并征收税款；另一方面又能发现纳税人在生产经营过程中或是在缴纳税款过程中存在的问题。国家税务征收部门对在征税过程中发现的问题，既可以采取措施纠正，也可以通知纳税人或政府有关部门及时解决。

(4) 税收具有维护国家政权的作用。国家政权是税收产生和存在的必要条件，而国家政权的存在又依赖于税收的存在。没有税收，国家机器就不可能有效运转。同时，税收分配不是按照等价原则和所有权原则分配的，而是凭借政治权力，对物质利益进行调节，体现国家支持什么、限制什么，从而达到巩固国家政权的政治目的。

(三) 税收的分类

税收的分类是指按照一定的标准对不同税种进行归类。我国对税种的分类，依据不同的标准，通常有以下几种主要分类方法：

(1) 按课税对象分类。这是最常见的一种税收分类方法。按课税对象分类，可将全部税种划分为流转税类、所得税类、财产税类、资源税类和行为税类五种类型。

(2) 按征收管理体系分类。我国的税收按照征收管理的分工体系进行分类，可分为工商税类、关税类和农业税类。

(3) 按税收的征收权限和收入支配权限分类。按此分类方法，可以将全部税种分为中央税、地方税和中央地方共享税。这种划分明确了在财政收支管理上中央与地方的关系，有利于调动中央和地方的积极性。

(4) 按计税标准分类。根据计税标准的不同，可以把税种划分为从价税和从量税。

(5) 根据税收与价格的依存关系分类。按此分类，可以把税种划分为价内税和价外税。

此外，还有根据税收收入的形态分为实物税和货币税，根据征税的法定期限分为经常税和临时税，根据税收管辖对象分为国内税和国外税，根据税收用途分为一般税和特定税等。

二、税法的概念及构成要素

（一）税法的概念

税法是调整国家通过税务机关与纳税人之间产生的无偿征收一定货币或者实物的税收征纳关系的法律规范的总称。一个国家的税收制度总是通过税收立法加以明确规定的。

（二）税法的构成要素

税法的构成要素，是指税法应当具备的必要因素和内容。税法的构成要素一般包括纳税义务人、征税对象、税目、税率、计税依据、纳税环节、纳税期限、纳税地点、减免税和法律责任等。其中，纳税义务人、征税对象、税目、税率是构成税法的四个最基本的要素。

1. 纳税人

纳税人也称纳税义务人或纳税主体，是指税法规定的直接负有纳税义务的单位和个人。纳税人可以是自然人，也可以是法人或其他社会组织。纳税人是税收制度中区别不同税种的重要标志之一，因此每个税种都应明确规定各自的纳税人。

2. 征税对象

征税对象又称为课税对象或纳税客体，是指对什么征税，是税收法律关系中权利义务所指的对象。征税对象包括物或行为，它是区别不同类型税种的主要标志。

3. 税目

税目是指税法中规定的征税对象的具体项目。它规定着具体的征税范围，并对征税对象进行具体分类，便于国家对不同的税目制定不同的税率。

4. 税率

税率是应纳税额与课税对象之间的比例，是计算应纳税额的尺度，它体现征税的深度。税率的设计，直接反映着国家的有关经济政策，直接关系着国家的财政收入的多少和纳税人税收负担的高低，是税收制度的中心环节。我国现行税率大致可分为三种：

（1）比例税率。比例税率是指对同一征税对象，不论数额大小，都按同一比例征税。

（2）定额税率。定额税率是税率的一种特殊形式。它不是按照课税对象规定征收比例，而是按照征税对象的计量单位规定固定税额，所以又称为固定税额，一般适用于从量计征的税种。

（3）累进税率。累进税率指的是按征税对象数额的大小，划分若干等级，每个等级由低到高规定相应的税率，征税对象数额越大，税率越高，数额越小，税率越低。累进税率因计算方法和依据的不同，又分以下几种：全额累进税率、超额累进税率、超率累进税率、超倍累进税率。

①全额累进税率，是指对征税对象的全部数额都按照与此相适应的等级税率计算征税的一种累进税率，即把征税对象的数额划分为若干个等级，然后就征税对象全额按相应的等级税率征税。目前，我国的税收法律制度中已不采用这种税率。

②超额累进税率，是指对征税对象的全部数额分别按规定的各个级距的适用税率计算征收的一种累进税率，即把征税对象的数额划分为若干个等级，各等级分别适用相应的等级税率征税。当征税对象超过某一级距时，仅就超过的这一部分按较高一级的税率计税，而不像全额累进税率那样全部都按较高一级税率计税。其是我国现行税法中采用的税率。

③超率累进税率，是指以征税对象数额的相对率为累进依据，按累进方式计算应纳税

额的税率。采取超率累进税率，首先需要确定征税对象数额的相对率，然后再把征税对象的相对率从低到高划分若干级次，分别规定不同的累进税率。计税时，先按各级相对率计算出应纳税的征税对象数额，再按对应的税率分别计算各级税额，最后汇总求出全部应纳税额。

④超倍累进税率，是指以征税对象数额相当于计税基数的倍数为累进依据计算应纳税额的税率。采用超倍累进税率，首先必须确定计税基数，然后把纳税对象数额按相当于计税基数的倍数划分若干等级，分别规定不同的税率，再分别计算应纳税额。

5．纳税环节

纳税环节是指税法规定的商品从生产到消费的流转过程中缴纳税款的环节。商品从生产到消费要经过许多流转环节，在税收上只选择其中一定环节规定为缴纳税款的环节。

6．纳税期限和地点

纳税期限是负有纳税义务的纳税人向国家缴纳税款的最后时间限制。它是税收强制性、固定性在时间上的体现；纳税地点是指根据各个税种纳税对象的纳税环节和有利于对税款的源泉控制而规定的纳税人（包括代征、代扣、代缴义务人）的具体纳税地点。

7．减免税

减免税是指国家对某些纳税人和征税对象给予鼓励和照顾的一种特殊规定。减免税的类型有：一次性减税免税、一定期限的减税免税、困难照顾型减税免税、扶持发展型减税免税等。它主要包括三个方面的内容：

（1）减税和免税。减税是指应征税额中减征部分税款，免税是对按规定应征收的税款全部免除。

（2）起征点。起征点是指对征税对象达到一定数额才开始征税的界限。征税对象的数额没有达到规定数额的不征税；征税对象的数额达到或超过规定数额的，就其全部数额征税。

（3）免征额。免征额是指对征税对象总额中免予征税的数额，即将纳税对象中的一部分给予减免，只就减除后的剩余部分计征税款。

8．法律责任

法律责任是指对违反国家税法规定的行为人采取的处罚措施。

三、我国现行税制的主要内容

根据征税对象性质的不同，我国税种可以分为流转税、所得税、资源税、财产税以及特定行为税五类。

流转税是以商品流转额和非商品流转额为征税对象的一系列税种的总称。其中，商品流转额是指在商品交换过程中因销售或购进商品而发生的货币金额。非商品流转额是指各种劳务或服务性业务的收入金额。流转税包括增值税、消费税、关税。

所得税是对企业、其他经济组织及个人的所得额征收的各个税种的总称，包括企业所得税、个人所得税。

资源税是以资源为征税对象而征收的各个税种的总称，包括各种矿产资源税、土地税（土地使用税和土地增值税）。

财产税是以法人和自然人所拥有或支配的财产为征税对象而征收的各个税种的总称，

包括房产税、契税等。

特定行为税是国家为达到某种目的，以法人、自然人的某些特定行为为征税对象而征收的各个税种的总称，包括印花税、城乡维护建设税、屠宰税、筵席税等。

以下对几种重要的税种作简单的介绍。

（一）增值税

增值税是以应税货物和应税劳务新增加的价值，即以增值额为征税对象的一种税。1993年12月13日，国务院第12次常务会议通过并发布了《中华人民共和国增值税暂行条例》，2008年11月5日国务院第34次常务会议修订通过，并于2009年1月1日起开始施行，决定在全国范围内推行以增值税为主体的流转税制度。与此同时，财政部发布了该条例的实施细则。

2016年3月24日，财政部、国家税务总局向社会公布了《营业税改征增值税试点实施办法》（以下简称《实施办法》）。经国务院批准，自2016年5月1日起，在全国范围内全面推开营业税改征增值税（以下称营改增）试点，建筑业、房地产业、金融业、生活服务业等全部营业税纳税人，纳入试点范围，由缴纳营业税改为缴纳增值税。

1. 纳税主体

在中国境内销售服务、无形资产或者不动产（以下称应税行为）的单位和个人，为增值税纳税人，应当按照实施办法缴纳增值税，不缴纳营业税。单位，是指企业、行政单位、事业单位、军事单位、社会团体及其他单位。个人，是指个体工商户和其他个人。应税行为的年应征增值税销售额（以下称应税销售额）超过财政部和国家税务总局规定标准的纳税人为一般纳税人，未超过规定标准的纳税人为小规模纳税人。

2. 税率

根据《中华人民共和国增值税暂行条例》《中华人民共和国增值税实施细则》《财政部税务总局海关总署关于深化增值税改革有关政策公告（2019年第39号）》《财政部税务总局关于实施小微企业普惠税收减免政策的通知（财税【2019】13号）》，增值税的税率从0%到13%不等。

3. 应纳税额的计算

（1）纳税人销售货物或者提供应税劳务，应纳税额为当期销项税额抵扣当期进项税额的余额，其计算公式为：

$$应纳增值税额 = 当期销项税额 - 当期进项税额$$

因当期销项税额小于当期进项税额不足抵扣时，其不足部分可以结转下期继续抵扣。

销项税额是指纳税人销售货物或者提供应税劳务，按照销售额和适用税率计算并向购买方收取的增值税税额。其计算公式为：

$$销项税额 = 销售额 \times 税率$$

其中销售额为纳税人销售货物或提供应税劳务向购买方收取的全部价款和价外费用，但不包括收取的销项税额。如果销售额中包含有销项税额时，则：

$$销售额 = 含税销售额 \div (1 + 税率)$$

如果纳税人销售货物或者提供应税劳务的价格明显偏低而无正当理由的，其销售额由主管税务机关核定。纳税人销售货物或者提供应税劳务，应当向购买方开具增值税专用发票，并在增值税专用发票上分别注明销售额或者销项税额。

进项税额是指纳税人购进货物或者接受应税劳务所支付或者负担的增值税税额。

准予从销项税额中抵扣的进项税额，有以下几种类型：

①从销售方取得的增值税专用发票上注明的增值税额。

②从海关取得的海关进口增值税专用缴款书上注明的增值税额。

③购进农产品，除取得增值税专用发票或者海关进口增值税专用缴款书外，按照农产品收购发票或者销售发票上注明的农产品买价和13%的扣除率计算的进项税额。进项税额计算公式为：

$$进项税额 = 买价 × 扣除率$$

④购进或者销售货物以及在生产经营过程中支付运输费用的，按照运输费用结算单据上注明的运输费用金额和9%的扣除率计算的进项税额。进项税额计算公式为：

$$进项税额 = 运输费用金额 × 扣除率$$

准予抵扣的项目和扣除率的调整，由国务院决定。

纳税人购进货物或者应税劳务，取得的增值税扣税凭证不符合法律、行政法规或者国务院税务主管部门有关规定的，其进项税额不得从销项税额中抵扣。下列项目的进项税额不得从销项税额中抵扣：

①用于非增值税应税项目、免征增值税项目、集体福利或者个人消费的购进货物或者应税劳务；

②非正常损失的购进货物及相关的应税劳务；

③非正常损失的在产品、产成品所耗用的购进货物或者应税劳务；

④国务院财政、税务主管部门规定的纳税人自用消费品。

（2）小规模纳税人销售货物或者接受应税劳务实行简易办法计算应纳税额，按照销售额和规定的征收率来计算应纳税额，而不抵扣任何进项税额，其计算公式为：

$$应纳税额 = 销售额 × 征收率$$

小规模纳税人增值税征收率为3%。

（3）纳税人进口货物，按组成计税价格依率直接计算应纳税额，不抵扣任何税额。组成计税价格和应纳税额的计算公式分别为：

$$组成计税价格 = 关税完税价格 + 关税 + 消费税$$

$$应纳税额 = 组成计税价格 × 税率$$

进口货物的增值税由海关代征。

（二）消费税

消费税是对应税消费品征收的一种税，目前只对少数商品征收。1993年12月13日，国务院第12次常务会议通过并发布《中华人民共和国消费税暂行条例》（以下简称《消费税暂行条例》），2008年11月5日国务院第34次常务会议修订通过，自2009年1月1日起施行。与此同时，财政部发布了该条例的实施细则。

1. 纳税主体

在我国境内生产、委托加工和进口《消费税暂行条例》规定的应税消费品的单位和个人，都是消费税的纳税义务人。

2. 税目和税率

消费税的税目目前只有14个，即烟、酒及酒精、化妆品、贵重首饰及珠宝玉石、鞭炮焰火、成品油、汽车轮胎、摩托车、小汽车、高尔夫球及球具、高档手表、游艇、木制一次性筷子、实木地板。消费税税率实行比例税率和定额税率，最高的为56%，最低的为3%。纳税人兼营不同税率的应税消费品，应当分别核算不同税率应税消费品的销售额、销售数量。未分别核算销售额、销售数量，或者将不同税率的应税消费品组成成套消费品销售的，从高适用税率。

3. 纳税环节

纳税人生产的应税消费品于销售时纳税。纳税人自产自用的应税消费品，用于连续生产应税消费品的，不纳税；用于其他方面的，于移送使用时纳税。委托加工的应税消费品，由受委托方在向委托方交货时代收代缴税款。进口的应税消费品，报关时纳税。

4. 应纳税额的计算

消费税实行从价定率或者从量定额的办法计算应纳税额，应纳税额计算公式为：

实行从价定率办法计算的应纳税额 = 销售额 × 税率

实行从量定额办法计算的应纳税额 = 销售数量 × 单位税额

其中，销售额是指纳税人销售应税消费品向购买方收取的全部价款和价外费用，不包括向购买方收取的增值税税款。如果纳税人应税消费品的销售额中未扣除增值税款或因不得开具增值税专用发票而发生价款和增值税税款合并收取的，在计算消费税时，应当换算为不含增值税税款的销售额。其计算公式：

应税消费品的销售额 = 含增值税的销售额 ÷ （1 + 增值税税率或征收率）

纳税人应税消费品的计税价格明显偏低而又无正当理由的，由主管税务机关核定其计税价格。消费税由税务机关征收，进口的应税消费品的消费税由海关代征。

对纳税人出口应税消费品，除国务院另有规定的外，免征消费税。

（三）企业所得税

《中华人民共和国企业所得税法》（以下简称本法）已由中华人民共和国第十届全国人民代表大会第五次会议于2007年3月16日通过并公布，2018年12月29日第二次修正。《中华人民共和国企业所得税法实施条例》已经2007年11月28日国务院第197次常务会议通过，2019年4月23日中华人民共和国国务院令第714号修订。

1. 纳税主体

在中华人民共和国境内，企业和其他取得收入的组织（以下统称企业）为企业所得税的纳税人，依照本法的规定缴纳企业所得税。

个人独资企业、合伙企业不适用本法。

企业分为居民企业和非居民企业。

本法所称居民企业，是指依法在中国境内成立，或者依照外国（地区）法律成立但实际管理机构在中国境内的企业。

本法所称非居民企业，是指依照外国（地区）法律成立且实际管理机构不在中国境内，但在中国境内设立机构、场所的，或者在中国境内未设立机构、场所，但有来源于中国境内所得的企业。

2. 征税对象

企业所得税的征收对象是指一切独立核算的企业或者组织的生产、经营所得和其他所得，包括来源于中国境内、境外的全部生产、经营所得和其他所得。

3. 税率

企业所得税的税率征收标准目前在我国有三个档次：23%、20%和15%。非居民企业取得本法第三条第三款规定的所得适用税率为20%。符合条件的小型微利企业，应按20%的税率征收企业所得税。国家需要重点扶持的高新技术企业，应按15%的税率征收企业所得税。

4. 应纳税额的计算

纳税人应纳税额按应纳税所得额计算，企业每一纳税年度的收入总额，减除不征税收入、免税收入、各项扣除以及允许弥补的以前年度亏损后的余额，为应纳税所得额。

$$应纳税额 = 年应纳税所得额 \times 税率$$

$$应纳税所得额 = 年收入总额 - 准予扣除的项目$$

纳税人的收入总额包括：销售货物收入；提供劳务收入；转让财产收入；股息、红利等权益性投资收益；利息收入；租金收入；特许权使用费收入；接受捐赠收入；其他收入。

计算应纳税所得额时准予扣除的项目是指与纳税人取得收入有关的成本、费用和损失等。

5. 纳税期限和纳税地点

缴纳企业所得税按年计算，分月或分季预缴。月份或者季度终了后15日内预缴，年度终了后4个月内汇算清缴，多退少补。除国家另有规定外，企业所得税由纳税人向其所在地主管税务机关缴纳。

6. 减税、免税。

企业从事下列项目的所得，减半征收企业所得税：

（1）花卉、茶以及其他饮料作物和香料作物的种植；

（2）海水养殖、内陆养殖。

企业从事下列项目的所得，免征企业所得税：

（1）蔬菜、谷物、薯类、油料、豆类、棉花、麻类、糖料、水果、坚果的种植；

（2）农作物新品种的选育；

（3）中药材的种植；

（4）林木的培育和种植；

（5）牲畜、家禽的饲养；

（6）林产品的采集；

（7）灌溉、农产品初加工、兽医、农技推广、农机作业和维修等农、林、牧、渔服务业项目；

（8）远洋捕捞。

（四）个人所得税

个人所得税是对在我国境内有住所或居住的个人取得的所得和在我国无住所又不居住的个人从我国境内取得的所得征收的一种税。

我国现行《个人所得税法》是于2018年8月31日第十三届全国人民代表大会常务委员会第五次修订，修正的《个人所得税法》自2019年1月1日起施行。

1. 纳税主体

个人所得税的纳税主体有两类：一类是在中国境内（指中国内地，不包括香港、澳门、台湾）有住所，或者是无住所但在境内居住满183天的个人。另一类是在中国境内无住所又不居住，或者无住所而在境内居住不满1年的个人。

2．征税对象

个人所得税的征税对象包括：工资、薪金所得，个体工商户的生产经营所得，对企事业单位的承包经营、承租经营所得，劳务报酬所得，稿酬所得，特许权使用费所得，利息、股息、红利所得，财产租赁所得，财产转让所得，偶然所得，以及经国务院财政部门确定征税的其他所得。

3．税率

根据个人所得来源不同，《个人所得税法》分别采用超额累进税率和比例税率形式，具体为：

（1）工资、薪金所得，适用3%～45%的7级超额累进税率。

（2）个体工商户的生产、经营所得，对企事业单位的承包经营、承租经营所得，适用5%～35%的5级超额累进税率。

（3）特许权使用费所得，利息、股息、红利所得，财产租赁所得，财产转让所得，偶然所得和其他所得，适用比例税率，税率为20%。

4．应纳税所得额的计税

（1）工资、薪金所得，以每月收入额减除费用为5000元后的余额为应纳税所得额。

（2）个体工商户的生产、经营所得，以每一纳税年度的收入总额，减除成本、费用以及损失后的余额，为应纳税所得额。

（3）对企事业单位的承包经营、承租经营所得，以每一纳税年度的收入总额，减除必要费用后的余额，为应纳税所得额。

（4）劳务报酬所得、稿酬所得、特许权使用费所得，以收入减除20%的费用后的余额为收入额。稿酬所得的收入额减按70%计算。

（5）财产转让所得，以转让财产的收入额减除财产原值和合理费用后的余额，为应纳税所得额。

（6）利息、股息、红利所得，偶然所得和其他所得，以每次收入额为应纳税所得额。

5．减免税

按照《个人所得税法》的规定，有下列情形之一的，经批准可以减税：

（1）残疾、孤老人员和烈属的所得；

（2）因严重自然灾害造成重大损失的；

（3）其他经国务院财政部门批准减税的。

下列各项个人所得可以免税：

（1）省级人民政府、国务院各部委和中国人民解放军军以上单位，以及外国组织颁发的科学、教育、文化、技术、卫生、体育、环境保护等方面的奖金；

（2）国债和国家发行的金融债券利息；

（3）按照国家统一规定发给的补贴、津贴；

（4）福利费、抚恤金、救济金；

（5）保险赔款；

（6）军人的转业费、复员费、退役金；

(7) 按照国家统一规定干部、职工的安家费、退职费、退休费、离休工资、离休生活补助费;

(8) 依照我国有关法律规定应予免税的各国驻华使馆、领事馆的外交代表、领事官员和其他人员的所得;

(9) 中国政府参加的国际公约、签订的协议中规定免税的所得;

(10) 经国务院财政部门批准免税的所得。

第二节 税收征收管理法律制度

一、税收征收管理法概述

税收征收管理法律制度是国家税法体系的重要组成部分。税收征收管理是税务机关代表国家行使征税权,指导纳税人正确履行纳税义务,对日常税收活动依法进行组织、管理、监督、检查的活动。它是保证税法得以实施和加强税收活动法制化的一个重要方式。《中华人民共和国税收征收管理法》(以下简称《税收征管法》)由第七届全国人大常委会第二十七次会议于 1992 年 9 月 4 日审议通过,并于 1993 年 1 月 1 日起施行,后又根据 1995 年 2 月 28 日第八届全国人大常委会第十二次会议《关于修改〈中华人民共和国税收征收管理法〉的决定》第一次修正,并自公布之日起施行,2001 年 4 月 28 日第九届全国人民代表大会常务委员会第二十一次会议对《税收征管法》又作了修改,自 2001 年 5 月 1 日起施行。2002 年 9 月 7 日国务院发布了《中华人民共和国税收征收管理法实施细则》,同年 10 月 15 日起施行。2015 年 4 月 24 日,第十二届全国人大常委会第十四次会议通过了修改《税收征管法》,2016 年 2 月 6 日发布了《国务院关于修改部分行政法规的决定》。

二、税收征收管理机关及其职权

(一) 我国的税收征收管理机关

按《税收征管法》的规定:"凡依法由税务机关征收的各种税收的征收管理,均适用本法"。因此,只有依法应当由税务机关征收的各种税收的征收管理才适用《税收征收管理法》的规定,而对于应当由其他机关征收的税收,适用其他法律、法规的规定。目前我国的税收征收机关有国家税务局、地方税务局和海关三个系统。

国家税务局系统主要负责下列主要税种的征收和管理:①增值税;②消费税;③中央企业所得税;④铁路、保险总公司、各银行及其金融企业所得税;⑤资源税;⑥外商投资企业和外国企业的各项税收及外籍人员缴纳的个人所得税;⑦证券交易税。

地方税务局主要负责下列各税的征收和管理:①契税;②个人所得税;③城市建设维护税;④资源税;⑤地方企业所得税;⑥城镇土地使用税;⑦按地方营业税附征的教育税附加;⑧耕地占用税等。

海关主要负责关税的征收和管理。

为了加强税收管理,新的《实施细则》明确规定,省以下税务局专设稽查局。稽查局专司偷税、逃避追缴欠税、骗税、抗税案件的查处。

（二）税收征收管理机关的职权

根据《税收征管法》及有关法律、法规规定，税收征收管理机关的职权主要包括以下几个方面：

（1）税务管理。包括办理税务登记，受理纳税申报，对纳税人的账簿、凭证进行管理。

（2）税款征收。税务机关依照法律、行政法规的规定征收税款，并可行使一系列权利。如核定纳税人的税额，实施税收保全措施，采取强制执行措施等。

（3）税务检查。包括对纳税人的账务资料进行检查，到纳税人的生产、经营场所和货物存放地对纳税人的应纳税商品、货物或其他财产进行检查，询问纳税人和扣缴义务人有关纳税情况等。

（4）税务处罚。即税务机关对违法者实施的税务行政处罚措施，包括罚款、加收滞纳金等。

税收征收管理机关在行使职权时，也要承担相应义务和责任。《税收征管法》及其实施细则和有关法律对此也作出了相应规定。

三、税务管理

税务管理是《税收征管法》的核心内容。税务管理包括税务登记管理，账簿、凭证管理以及纳税申报管理三个方面。

1. 税务登记管理

税务登记又称纳税登记，是指纳税人在领取营业执照后向税务机关申请办理书面登记的法律手续。企业，企业在外地设立的分支机构和从事生产、经营的场所，个体工商户和从事生产、经营的事业单位（以下统称从事生产、经营的纳税人）自领取营业执照之日起 30 日内，持有关证件，向税务机关申报办理税务登记。税务机关应当在收到申报之日审核并发给税务登记证件。

从事生产、经营的纳税人应当按照国家有关规定，持税务登记证件，在银行或其他金融机构开立基本存款账户和其他存款账户，并将其全部账号向税务机关报告。银行和其他金融机构应当在从事生产、经营的纳税人的账户中登录税务登记证件号码，并在税务登记证件中登录从事生产、经营的纳税人的账户。税务机关依法查询从事生产、经营的纳税人开立账户的情况时，有关银行和其他金融机构应当予以协助。

从事生产、经营的纳税人，税务登记内容发生变化的，自工商行政管理机关办理变更登记之日起 30 日内或者在向工商行政管理机关申请办理注销登记之前，持有关证件向税务机关申报办理变更或者注销税务登记。

纳税人发生解散、破产、撤销以及其他情形，依法终止纳税义务的，应当在向工商行政管理机关或者其他机关办理注销登记前，持有关证件向原税务登记机关申报办理注销税务登记；按照规定不需要办理工商注销登记的，应当自有关机关批准或者宣告终止之日起 15 日内持有关证件向原税务登记机关申报办理注销税务登记。纳税人因住所、经营地点变动，涉及改变税务登记机关的，应当在向工商行政管理机关或者其他机关申请办理变更登记或者注销登记前；或者在住所、经营地点变动前，向原税务登记机关申报办理注销税务登记，并在 30 日内向迁达地税务机关申报办理税务登记。纳税人被工商行政管理机关吊销营业执照或者被其他机关予以撤销登记的，应当自营业执照被吊销或者被撤销之日起15日内，向原税务登记机关申报办理注销税务登记。

纳税人按照国家税务主管部门的规定使用税务登记证件。税务登记证件不得转借、涂改、损毁、买卖或者伪造。

2. 账簿、凭证管理

从事生产、经营的纳税人、扣缴义务人按照国务院财政、税务主管部门的规定设置账簿，根据合法、有效凭证记账，进行核算。账簿应当自领取营业执照之日起15日内设置。生产、经营规模小又确无建账能力的纳税人，可以聘请经批准从事会计代理记账业务的专业机构或者经税务机关认可的财会人员代为建账和办理账务；聘请上述机构或者人员有实际困难的，经县以上税务机关批准，可以按照税务机关的规定，建立收支凭证粘贴簿、进货销货登记簿或者使用税控装置。

从事生产、经营的纳税人的财务、会计制度或者财务、会计处理办法和会计核算软件，报送税务机关备案，依照国务院或者国务院财政、税务主管部门有关税收的规定计算纳税。

税务机关是发票的主管机关，负责发票印制、领购、开具、取得等。单位、个人在购销商品、提供或接受经营服务以及从事其他经济活动中，应当按规定开具、使用、取得发票。

增值税专用发票由国务院税务主管部门指定的企业印制；其他发票，按照国务院税务主管部门的规定，分别由省、自治区、直辖市国家税务局、地方税务局指定企业印制。

国家根据税收征收管理的需要，积极推广使用税控装置。纳税人应当按照规定安装、使用税控装置，不得损毁或者擅自改动税控装置。

账簿、记账凭证、报表、完税凭证、发票、出口凭证以及其他有关涉税资料应当合法、真实、完整。从事生产、经营的纳税人、扣缴义务人必须按照国务院财政、税务主管部门规定的保管期限保管账簿、记账凭证、完税凭证及其他有关资料，不得伪造、变造或者擅自损毁。除法律、行政法规另有规定外，账簿及其他有关涉税资料应当保存10年。

3. 纳税申报

纳税申报是指纳税人或者扣缴义务人必须在法定期限向税务机关报送纳税申报表，财务会计报表，代扣代缴、代收代缴税款报告表，以及税务机关根据实际需要要求纳税人和扣缴义务人报送其他有关资料的法律行为。纳税人在纳税期内没有应纳税款的，也应当按照规定办理纳税申报。纳税人享受减税、免税待遇的，在减税、免税期间应当按照规定办理纳税申报。

纳税人、扣缴义务人可以直接到税务机关办理纳税申报或者报送代扣代缴、代收代缴税款报告表，也可以按规定采取邮寄、数据电文或者其他方式办理上述申报、报送事项。纳税人、扣缴义务人不能按期办理纳税申报或者报送代扣代缴、代收代缴税款报告表的，经税务机关核准，可以延期申报。

四、税款征收

（一）税款征收方式

根据《税收征管法》及其实施细则的规定，税款征收方式有以下五种：

（1）查账征收。查账征收是指纳税人依据账簿记载，先自行计算缴纳税款，事后经税务机关查账核实，如有不符时，可多退少补。这种征收方式主要对已建立会计账册、会计记录完整的单位适用。采用查账征收的单位由税务机关确定。

（2）查定征收。查定征收是指由税务机关根据纳税人的生产设备等情况，在正常条件下的生产销售情况，对其生产的应税产品查定产量和销售额，然后依率征收的一种征收方式。这种方式主要对生产不固定、账册不健全的单位适用。

（3）查验征收。查验征收是指由税务机关派员对纳税人的应税产品进行查验，并贴上完税证、查验证或盖查验章，凭证运销的方式。这种方式主要对生产和出售应税农、林、牧、水产品和农村手工业品以及经营小百货和单项品种的纳税人适用。

（4）定期定额征收。定期定额征收是指先由纳税人自报生产经营情况和应纳税款，然后由同行业或者有关经济组织民主评议，再由税务机关对纳税人核定一定时期的税款征收率或征收额，实行增值税或营业税和所得税一并征收的一种征收方式。这种方式主要对一些营业额、所得额难以准确计算的小型纳税人适用。

（5）其他征收方式。其他征收方式有代扣代缴、代收代缴、委托代征、邮寄申报纳税等。

（二）税款征收措施

为了保证税款征收的顺利进行，《税收征管法》赋予了税务机关在税款征收中可以根据不同情况采取必要的措施和手段的权利。

（1）延期纳税。纳税人、扣缴义务人应当按照法律、行政法规规定或者税务机关依照法律、行政法规的规定确定的期限缴纳或解缴税款。纳税人因有特殊困难，不能按期缴纳税款的，经省、自治区、直辖市国家税务局、地方税务局批准，可以延期缴纳税款，但最长不得超过3个月。

（2）加收滞纳金。纳税人、扣缴义务人没有按照规定的纳税期限缴纳或者解缴税款的，税务机关除责令其限期缴纳外，从滞纳税款之日起，按日加收滞纳税款万分之五的滞纳金。

（3）核定应纳税额。纳税人有下列情形之一的，税务机关有权核定其应纳税额：按税法规定可以不设置账簿的；按税法规定应当设置但未设置账簿的；虽设置账簿，但账目混乱或者成本资料、收入凭证、费用凭证残缺不全，难以查账的；发生纳税义务，但未按照规定的期限办理纳税申报，经税务机关责令限期申报，逾期仍不申报的；纳税人申报的计税依据明显偏低，又无正当理由的。

（4）税收保全措施。税务机关有根据认为从事生产、经营的纳税人有逃避纳税义务行为的，可以在规定的纳税期限之前，责令其限期缴纳应纳税款；在限期内发现纳税人有明显的转移、隐匿其应纳税的商品、货物以及其他财产或者应纳税的收入的迹象的，税务机关可以责令纳税人提供纳税担保。如果纳税人不能提供纳税担保，经县以上税务局（分局）局长批准，税务机关可以采取下列税收保全措施：一是书面通知纳税人开户银行或者其他金融机构暂停支付纳税人的金额相当于应纳税款的存款；二是扣押、查封纳税人的价值相当于应纳税款的商品、货物或者其他财产。

纳税人在规定的期限内缴纳税款的，税务机关必须立即解除税收保全措施。限期期满仍未缴纳税款的，经县以上税务局（分局）局长批准，税务机关可以书面通知纳税人开户银行或者其他金融机构从其冻结的存款中扣缴税款，或者依法拍卖或者变卖所扣押、查封的商品、货物或者其他财产，以拍卖或变卖所得抵缴税款。个人及其所抚养家属维持生活必需的住房和用品，不在税收保全措施的范围之内。

（5）强制执行措施。从事生产、经营的纳税人、扣缴义务人未按照规定的期限缴纳或者解缴税款，纳税担保人未按照规定的期限缴纳所担保的税款，由税务机关责令限期缴纳，逾期仍未缴纳的，经县以上税务局（分局）局长批准，税务机关可以采取下列强制执行措施：一是书面通知其开户银行或者其他金融机构从其存款中扣缴税款；二是扣押、查封、依法拍卖或者变卖其价值相当于应纳税款的商品、货物或者其他财产，以拍卖或者变卖所得抵缴税款。

（6）税款的退还和追征。纳税人超过应纳税额缴纳的税款，税务机关发现后应当立即退还；纳税人自结算缴纳税款之日起3年内发现的，可以向税务机关要求退还多缴的税款并加算银行同期存款利息，税务机关及时查实后应当立即退还；涉及从国库中退库的，依照法律、行政法规有关国库管理的规定退还。

因税务机关的责任，致使纳税人、扣缴义务人未缴或者少缴税款的，税务机关在3年内可以要求纳税人、扣缴义务人补缴税款，但是不得加收滞纳金。因纳税人、扣缴义务人计算错误等失误，未缴或者少缴税款的，税务机关在3年内可以追征税款、滞纳金；有特殊情况的，追征期可以延长到5年。对偷税、抗税、骗税的，税务机关追征其未缴或者少缴的税款、滞纳金或者所骗取的税款，不受前款规定期限的限制。

（7）其他行政措施。当欠缴税款的纳税人需要出境时，应当在出境前向税务机关结清应纳税款或者提供担保，否则，税务机关可以通知出境管理机关阻止其出境。税务机关扣押商品、货物或者其他财产时，必须开付收据；查封商品、货物或者其他财产时，必须开付清单。

五、税务检查

税务检查的主要内容是检查纳税人的纳税情况，检查纳税人遵守财务会计制度情况，检查税务人员执行税收征管制度的情况，了解纳税人的生产经营情况。

税务机关有权对纳税人的账簿、记账凭证、报表和有关资料及生产、经营情况进行检查；有权责成纳税人、扣缴义务人提供有关文件、证明材料和资料，询问其有关情况和问题；有权到有关部门检查纳税人托运、邮寄应纳税商品、货物或者其他财产的有关单据、凭证和资料；有权经县以上税务局（分局）局长批准，凭检查存款账户许可证明，查询纳税人、扣缴义务人在银行或者其他金融机构的存款账户。税务机关在调查税收违法案件时，经设区的市、自治州以上税务局（分局）局长批准，可以查询案件涉嫌人员的储蓄存款。税务机关查询所获得的资料，不得用于税收以外的用途。

纳税人、扣缴义务人必须接受税务机关依法进行的税务检查，如实反映情况，提供有关资料，不得拒绝、隐瞒。税务机关依法进行税务检查时，有关部门和单位应当支持、协助。

税务机关派出的人员在进行税务检查时，应当出示税务检查证件，并有责任为被检查人保守秘密。

六、法律责任

（一）违反税收征收管理的法律责任

根据《税收征管法》《税务登记管理办法》的规定，纳税人有下列行为之一的，由税务机关责令限期改正，可以处 2 000 元以下的罚款；情节严重的，处以 2 000 元以上 1 万元以下的罚款：

（1）未按照规定期限办理税务登记、变更或者注销税务登记的；

（2）未按照规定设置、保管账簿或者保管记账凭证和有关资料的；

（3）未按照规定将财务、会计制度或者财务、会计处理办法和会计核算软件报送税务机关备查的；

（4）未按照规定将其全部银行账号向税务机关报告的；

（5）未按照规定安装、使用税控装置，或者损毁或者擅自改动税控装置的；

（6）纳税人未按规定期限办理纳税申报或者扣缴义务人未按规定期限向税务机关报送代扣代缴、代收代缴税款报告表。

纳税人不办理税务登记的，由税务机关责令限期改正；逾期不改正的，经税务机关提请，由工商行政管理机关吊销其营业执照。

纳税人未按规定使用税务登记证件，或者转借、涂改、损毁、伪造税务登记证件的，处以 2 000 元以上 1 万元以下罚款；情节严重的，处以 1 万元以上 5 万元以下罚款。

（二）偷税行为的法律责任

偷税是指纳税主体故意违反税法，采取欺骗、隐瞒等手段逃避纳税的行为。如纳税人采取仿造、变造、隐匿、擅自销毁账簿或记账凭证，在账簿上多列支出或者不列、少列收入，或者以虚假的纳税申报手段，不缴或者少缴应纳税款的行为。偷税数额不满 1 万元或者偷税数额占应纳税额不到 10% 的，由税务机关追缴其不缴或少缴的税款、滞纳金，并处不缴或少缴的税款 50% 以上 5 倍以下的罚款；偷税数额占应纳税额的 10% 以上，并且偷税数额 1 万元以上的，或者因偷税被税务机关给予两次行政处罚又偷税的，除由税务机关追缴其不缴或少缴的税款、滞纳金，并处以偷税数额 1 倍以上 5 倍以下的罚金外，还要移送司法机关，依法追究刑事责任。

（三）欠税行为的法律责任

纳税人、扣缴义务人在规定期限内不缴或者少缴应纳或者应解缴的税款，经税务机关责令限期缴纳，逾期仍未缴纳的，税务机关除依法采取强制执行措施追缴其不缴或者少缴的税款外，可以处以不缴或者少缴税款 50% 以上 5 倍以下的罚款。

纳税人欠缴应纳税款，采取转移或者隐匿财产的手段，妨碍税务机关追缴欠缴的税款的，数额不满 1 万元的，由税务机关追缴欠缴的税款、滞纳金，并处以欠缴税款 50% 以上 5 倍以下的罚款；数额在 1 万元以上的，除由税务机关追缴欠缴的税款、滞纳金外，还要移送司法机关，依法追究刑事责任。

（四）抗税行为的法律责任

抗税是指纳税人公然违反税法，拒绝履行纳税义务的行为。如以暴力、威胁方法拒不缴纳税款的行为。抗税情节轻微，未构成犯罪的，由税务机关追缴其拒缴的税款、滞纳金外，并处以拒缴税款 1 倍以上 5 倍以下的罚款；构成犯罪的，除由税务机关追缴其拒缴的税款、滞纳金外，还要移送司法机关，依法追究刑事责任。

（五）骗取出口退税行为的法律责任

根据《税收征管法》的规定，企业事业单位采取对所生产或者经营的商品假报出口等欺骗手段，骗取国家出口退税款，数额不满 1 万元的，由税务机关追缴其骗取的退税款，处以骗取税款 1 倍以上 5 倍以下的罚款；骗取的国家出口退税数额在 1 万元以上的，除由税务机关追缴其骗取的退税款外，还要移送司法机关，依法追究刑事责任。

（六）税务机关和税务人员违反税法的法律责任

（1）税务机关违反规定擅自改变税收征收管理范围和税款入库预算级次的，责令限期改正，对直接负责的主管人员和其他直接责任人员依法给予降级或者撤职的行政处分。税务人员徇私舞弊，对依法应当移交司法机关追究刑事责任而不移交，情节严重的，依法追究刑事责任。

（2）未经税务机关依法委托征收税款的，责令退还收取的财物，依法给予行政处分或者行政处罚；致使他人合法权益受到损失的，依法承担赔偿责任；构成犯罪的，依法追究刑事责任。

（3）税务机关、税务人员查封、扣押纳税人个人及其所抚养家属维持生活必需的住房和用品的，责令退还，依法给予行政处分；构成犯罪的，依法追究刑事责任。

（4）税务人员与纳税人、扣缴义务人勾结，唆使或者协助纳税人、扣缴义务人违反税法规定的行为，构成犯罪的，依法追究刑事责任；尚不构成犯罪的，依法给予行政处分。

（5）税务人员利用职务上的便利，收受或者索取纳税人、扣缴义务人财物或者谋取其他不正当利益，构成犯罪的，依法追究刑事责任；尚不构成犯罪的，依法给予行政处分。

（6）税务人员徇私舞弊或者玩忽职守，不征或者少征应征税款，致使国家税收遭受重大损失，构成犯罪的，依法追究刑事责任；尚不构成犯罪的，依法给予行政处分。

（7）税务人员滥用职权，故意刁难纳税人、扣缴义务人的，调离税收工作岗位，并依法给予行政处分。税务人员对控告、检举税收违法违纪行为的纳税人、扣缴义务人以及其他检举人进行打击报复的，依法给予行政处分；构成犯罪的，依法追究刑事责任。

（8）税务人员违反法律、行政法规的规定，故意高估或者低估农业税计税产量，致使多征或者少征税款，侵犯农民合法权益或者损害国家利益，构成犯罪的，依法追究刑事责任；尚不构成犯罪的，依法给予行政处分。

（七）税务争议的处理

纳税人、扣缴义务人、纳税担保人同税务机关在纳税上发生争议时，必须先依照税务机关的纳税决定缴纳或者解缴税款及滞纳金或者提供相应的担保，然后可以依法申请行政复议；对行政复议决定不服的，可以依法向人民法院起诉。当事人对税务机关的处罚决定、强制执行措施或者税收保全措施不服的，可以依法申请行政复议，也可以依法向人民法院起诉。当事人对税务机关的处罚决定逾期不申请行政复议也不向人民法院起诉，又不履行的，税务机关可以采取强制措施，或者申请人民法院强制执行。

第三节 商业银行法

一、商业银行和商业银行法概述

（一）商业银行的概念和特点

商业银行是指依照商业银行法和公司法设立的吸收公众存款、发放贷款、办理结算等业务的企业法人。简而言之，商业银行是经营一种特殊商品——货币资金的企业法人。

商业银行具有以下特征：

（1）它是具有法人资格的经济组织，决定了其业务活动以营利为目的，并以其全部财产对外承担法律责任。

（2）它是按照公司法设立的企业，其设立以及有关活动既要遵从商业银行法的规定，也要遵从公司法的规定。

（3）商业银行是经营特定金融业务的经济组织，它与保险业企业、证券业企业、信托业企业等金融组织在性质上相同，但经营业务有别。

（二）商业银行法概述

商业银行法是调整商业银行的组织机构及其经营业务关系的法律规范的总称。《中华人民共和国商业银行法》（以下简称《商业银行法》）于1995年5月10日第八届全国人大常委会第十三次会议通过，自同年7月1日起施行。2003年12月27日第四届全国人民代表大会常务委员会第六次会议作出了《关于修改〈中华人民共和国商业银行法〉的决定》，对商业银行法进行了修正。2015年8月29日第十二届全国人大常委会第十六次会议对《商业银行法》进行了修改。

《商业银行法》的适用范围包括：

（1）外资商业银行、中外合资商业银行、外国商业银行分行，法律、行政法规另有规定的，依照其规定。

（2）城市信用合作社、农村信用合作社办理存款、贷款和结算等业务，适用本法有关规定。

（3）邮政企业办理商业银行的有关业务，适用本法有关规定。

（三）目前我国的商业银行体系

目前我国的商业银行体系主要由三部分组成。

（1）现有的四大国有独资银行：中国工商银行、中国农业银行、中国银行和中国建设银行。

（2）重建和新建的一批商业银行，目前有交通银行、中信实业银行、中国光大银行、华夏银行、招商银行、广东发展银行、平安银行、福建兴业银行、上海浦东发展银行、中国民生银行等。

（3）城市合作商业银行、农村合作商业银行等。

（四）商业银行的经营范围

商业银行可以经营下列部分或者全部业务：吸收公众存款；发放短期、中期和长期贷款；办理国内外结算；办理票据承兑与贴现；发行金融债券；代理发行、代理兑付、承销政府债券；买卖政府债券、金融债券；从事同业拆借；买卖、代理买卖外汇；从事银行卡业务；提供信用证服务及担保；代理收付款项及代理保险业务；提供保管箱服务；经国务院银行业监督管理机构批准的其他业务。

商业银行的经营范围由商业银行章程规定，报国务院银行业监督管理机构批准。商业银行经中国人民银行批准，可以经营结汇、售汇业务。

（五）商业银行的经营原则

商业银行与客户的业务往来，应当遵循平等、自愿、公平和诚实信用的原则。根据《商业银行法》的规定，"商业银行以效益性、安全性、流动性为经营原则"。

（1）效益性原则。所谓效益性，是指商业银行开展业务以盈利为目的。

（2）安全性原则。所谓安全性，是指商业银行在其业务经营中应当尽量保持其资产免遭风险损失，以达到经营的长期稳定。

（3）流动性原则。所谓流动性，是指商业银行应当能够随时满足客户提取存款，并具备必要的贷款能力。

在"三性"原则中，效益是目标，安全是前提，流动是条件。商业银行必须获得利润，信贷资金既要保障安全，又要不断循环。所以，"三性"原则是统一的，应当全面执行。

二、商业银行的设立、变更和终止

（一）商业银行的设立

设立商业银行，应当经国务院银行业监督管理机构审查批准。未经国务院银行业监督管理机构批准，任何单位和个人不得从事吸收公众存款等商业银行业务，任何单位不得在名称中使用"银行"字样。

1. 设立商业银行的条件

（1）有符合《商业银行法》和《公司法》规定的章程。

（2）有符合《商业银行法》规定的注册资本最低限额。注册资本应当是实缴资本。设立全国性商业银行的注册资本最低限额为 10 亿元人民币，设立城市商业银行的注册资本最低限额为 1 亿元人民币，设立农村商业银行的注册资本最低限额为 5000 万元人民币。注册资本应当是实缴资本。

（3）有具备任职专业知识和业务工作经验的董事、高级管理人员。上述人选应符合《商业银行法》规定的条件。

《商业银行法》规定，有下列情形之一的，不得担任商业银行的董事、高级管理人员：

①因犯有贪污、贿赂、侵占财产、挪用财产罪或者破坏社会经济秩序罪，被判处刑罚，或者因犯罪被剥夺政治权利的；

②担任因经营不善破产清算的公司、企业的董事或者厂长、经理，并对该公司、企业的破产负有个人责任的；

③担任因违法被吊销营业执照的公司、企业的法定代表人，并负有个人责任的；

④个人所负数额较大的债务到期未清偿的。

（4）有健全的组织机构和管理制度。商业银行的组织形式、组织机构适用《公司法》

的规定。《商业银行法》特别规定，国有独资商业银行设立监事会，监事会的产生办法由国务院规定。监事会对国有独资商业银行的信贷资产质量、资产负债比例、国有资产保值增值等情况以及高级管理人员违反法律、行政法规或者章程的行为和损害银行利益的行为进行监督。

（5）有符合要求的营业场所、安全防范措施和与业务有关的其他设施。

除以上设立条件外，设立商业银行，还应当符合其他审慎性条件。

2．设立商业银行的程序

我国同世界上大多数国家一样，金融市场实行严格的准入制度，对商业银行的设立实行审批登记制。设立商业银行，申请人应当向国务院银行业监督管理机构提交相关文件、资料；申请经审查符合规定的，申请人应当填写正式申请表，并提交相关文件、资料。经批准设立的商业银行，由国务院银行业监督管理机构颁发经营许可证。商业银行应当依照法律、行政法规的规定使用经营许可证。禁止伪造、变造、转让、出租、出借经营许可证。

经批准设立的商业银行，凭国务院银行业监督管理机构颁发的经营许可证，向工商行政管理部门办理登记，领取营业执照。商业银行自取得营业执照之日起无正当理由超过6个月未开业的，或者开业后自行停业连续6个月以上的，由国务院银行业监督管理机构吊销其经营许可证，并予以公告。

经批准设立的商业银行，由国务院银行业监督管理机构予以公告。

3．商业银行分支机构的设立

商业银行根据业务需要可以在中华人民共和国境内外设立分支机构。设立分支机构必须经国务院银行业监督管理机构审查批准。在中华人民共和国境内的分支机构，不按行政区划设立。商业银行在中华人民共和国境内设立分支机构，应当按照规定拨付与其经营规模相适应的营运资金额。拨付各分支机构营运资金额的总和，不得超过总行资本金总额的60%。

商业银行对其分支机构实行全行统一核算、统一调度资金和分级管理的财务制度。商业银行分支机构不具有法人资格，在总行授权范围内依法开展业务，其民事责任由总行承担。

经批准设立的商业银行分支机构，由国务院银行业监督管理机构颁发经营许可证，并凭该许可证向工商行政管理部门办理登记，领取营业执照。商业银行分支机构自取得营业执照之日起无正当理由超过6个月未开业的，或者开业后自行停业连续6个月以上的，由国务院银行业监督管理机构吊销其经营许可证，并予以公告。

经批准设立的商业银行分支机构，由国务院银行业监督管理机构予以公告。

（二）商业银行的变更

商业银行有下列变更事项之一的，应当经国务院银行业监督管理机构批准：
①变更名称；②变更注册资本；③变更总行或者分支行所在地；④调整业务范围；⑤变更持有资本总额或者股份总额5%以上的股东；⑥修改章程；⑦国务院银行业监督管理机构规定的其他变更事项。

商业银行更换董事、高级管理人员时，应当报经国务院银行业监督管理机构审查其任职资格。

商业银行的分立、合并，适用《中华人民共和国公司法》的规定，并应当经国务院银行业监督管理机构审查批准。

（三）商业银行的终止

商业银行因解散、被撤销或被宣告破产而终止。

1. 解散

商业银行因分立、合并或者出现公司章程规定的解散事由需要解散的，应当向国务院银行业监督管理机构提出申请，并附解散的理由和支付存款的本金和利息等债务清偿计划，经国务院银行业监督管理机构批准后解散。商业银行解散的，应当依法成立清算组，进行清算，按照清偿计划及时偿还存款的本金和利息等债务。国务院银行业监督管理机构监督清算过程。

2. 撤销

商业银行因吊销经营许可证被撤销的，国务院银行业监督管理机构应当依法及时组织成立清算组，进行清算，按照清偿计划及时偿还存款本金和利息等债务。

3. 破产

商业银行不能支付到期债务，经国务院银行业监督管理机构同意，由人民法院依法宣告其破产。商业银行被宣告破产的，由人民法院组织国务院银行业监督管理机构等有关部门和有关人员成立清算组，进行清算。

商业银行破产清算时，在支付清算费用、所欠职工工资和劳动保险费用后，应当优先支付个人储蓄存款的本金和利息。

（四）商业银行的接管

1. 接管的意义

商业银行已经或者可能发生信用危机，严重影响存款人的利益时，国务院银行业监督管理机构可以对该银行实行接管。接管的目的是对被接管的商业银行采取必要措施，以保护存款人的利益，恢复商业银行的正常经营能力。被接管的商业银行的债权债务关系不因接管而变化。

2. 接管的组织实施

接管由国务院银行业监督管理机构决定，并组织实施。国务院银行业监督管理机构的接管决定应当载明下列内容：①被接管的商业银行名称；②接管理由；③接管组织；④接管期限。

接管决定由国务院银行业监督管理机构予以公告。接管自接管决定实施之日起开始。自接管开始之日起，由接管组织行使商业银行的经营管理权力。

3. 接管的延期与终止

（1）延期。接管期限届满，国务院银行业监督管理机构可以决定延期，但接管期限最长不得超过 2 年。

（2）终止。有下列情形之一的，接管终止：接管决定规定的期限届满或者国务院银行业监督管理机构决定的接管延期届满；接管期限届满前，该商业银行已恢复正常经营能力；接管期限届满前，该商业银行被合并或者被依法宣告破产。

三、商业银行的业务规则

（一）存款

1. 存款的概念

存款是商业银行等银行业金融机构接受客户存入资金，并在存款人支取存款时支付存款本息的一种信用业务。存款是商业银行最主要最基本的负债业务。在存款关系中，存款人是债权人，商业银行是债务人。两者之间的关系是通过实践性的存款合同确定的。

存款按存款主体不同，可分为单位存款和个人存款；按存期的不同，分为活期存款和定期存款；按存款币种的不同，分为人民币存款（本币存款）和外币存款；按支取存款的方式不同，分为支票存款、存单（折）存款、通知存款、透支存款、存贷合一存款、特种存款等。

2. 对存款人的保护

（1）存款业务经营特许制原则，即经营存款业务的金融机构必须经过银监会或人民银行的审核批准，才能开展存款业务。

（2）商业银行办理个人储蓄存款业务，应当遵循存款自愿、取款自由、存款有息、为存款人保密的原则。对个人储蓄存款，有权拒绝任何单位或个人查询、冻结、扣划，但法律另有规定的除外；

（3）对单位存款，商业银行有权拒绝任何单位或者个人查询，但法律、行政法规另有规定的除外；有权拒绝任何单位或者个人冻结、扣划，但法律另有规定的除外。

（4）商业银行应当按照人民银行规定的存款利率的上下限，确定存款利率，并予以公告。

（5）商业银行应当按照中国人民银行的规定，向中国人民银行交存存款准备金，留足备付金。

（6）商业银行应当保证存款本金和利息的支付，不得拖延、拒绝支付存款本金和利息。

（7）商业银行已经或者可能发生信用危机，严重影响存款人的利益时，国务院银行业监督管理机构可以对该银行实行接管，以保护存款人的利益，恢复商业银行的正常经营能力。

（二）贷款

1. 贷款的概念

贷款是指贷款人和借款人之间设立、变更、终止借贷货币资金关系的法律行为。

贷款是我国商业银行的最主要的资产业务，反映的是贷款人与借款人之间的债权债务关系。贷款之债是合同之债，其有关问题的处理要遵循合同法规的规定。在贷款关系中，贷款人是债权人，借款人是债务人。

2. 贷款的一般业务规则

（1）商业银行应根据国民经济和社会发展的需要，在国家产业政策指导下开展贷款业务。任何单位和个人不得强令商业银行发放贷款或者提供担保。商业银行有权拒绝任何单位和个人强令要求其发放贷款或者提供担保。

（2）商业银行贷款，应当对借款人的借款用途、偿还能力、还款方式等情况进行严格审查。商业银行贷款，应当实行审贷分离、分级审批的制度。

（3）商业银行贷款，借款人应当提供担保。商业银行应当对保证人的偿还能力，抵押物、质物的权属和价值以及实现抵押权、质权的可行性进行严格审查。经商业银行审查、评估，确认借款人资信良好，确能偿还贷款的，可以不提供担保。

（4）商业银行贷款应当与借款人订立书面合同。合同应当约定贷款种类、借款用途、金额、利率、还款期限、还款方式、违约责任和双方认为需要约定的其他事项。

（5）商业银行应当按照中国人民银行规定的贷款利率的上下限，确定贷款利率。

（6）商业银行贷款应当遵守下列资产负债比例管理的规定：①资本充足率不得低于8%；②贷款余额与存款余额的比例不得超过75%；③流动性资产余额与流动性负债余额的比例不得低于25%；④对同一借款人的贷款余额与商业银行资本余额的比例不得超过10%；⑤国务院银行业监督管理机构对资产负债比例管理的其他规定。

（7）商业银行不得向关系人发放信用贷款；向关系人发放担保贷款的条件不得优于其他借款人同类贷款的条件。所谓关系人是指：①商业银行的董事、监事、管理人员、信贷业务人员及其近亲属；②前列人员投资或者担任高级管理职务的公司、企业和其他经济组织。

（8）借款人应当按期归还贷款的本金和利息。借款人到期不归还担保贷款的，商业银行依法享有要求保证人归还贷款本金和利息或者就该担保物优先受偿的权利。商业银行因行使抵押权、质权而取得的不动产或者股权，应当自取得之日起2年内予以处分。借款人到期不归还信用贷款的，应当按照合同约定承担责任。

（三）其他业务规则

（1）投资规则。商业银行在中华人民共和国境内不得从事信托投资和证券经营业务，不得向非自用不动产投资或者向非银行金融机构和企业投资，但国家另有规定的除外。

（2）结算规则。商业银行办理票据承兑、汇兑、委托收款等结算业务，应当按照规定的期限兑现、收付入账，不得压单、压票或者违反规定退票。有关兑现、收付入账期限的规定应当公布。

（3）发行债券或境外借款规则。商业银行发行金融债券或者到境外借款，应当依照法律、行政法规的规定报经批准。

（4）同业拆借规则。商业银行同业拆借，应当遵守中国人民银行规定的期限，拆借的期限最长不得超过4个月。禁止利用拆入资金发放固定资产贷款或者用于投资。拆出资金限于交足存款准备金、留足备付金和归还中国人民银行到期贷款之后的闲置资金。拆入资金用于弥补票据结算、联行汇差头寸的不足和解决临时性周转资金的需要。

此外，商业银行不得违反规定提高或者降低利率以及采用其他不正当手段吸收存款、发放贷款。企业事业单位可以自主选择一家商业银行的营业场所开立一个办理日常转账结算和现金收付的基本账户，不得开立两个以上基本账户。任何单位和个人不得将单位的资金以个人名义开立账户存储。商业银行的营业时间应当方便客户，并予以公告。商业银行应当在公告的营业时间内营业，不得擅自停止营业或者缩短营业时间。商业银行办理业务、提供服务，按照规定收取手续费。商业银行应当按照国家有关规定保存财务会计报表、业务合同以及其他资料。商业银行的工作人员应当遵守法律、行政法规和其他各项业务管理的规定，不得为法律所禁止的行为。

四、商业银行的监管

（一）国务院银行业监督管理机构的检查监督

国务院银行业监督管理机构有权依照《商业银行法》的规定，随时对商业银行的存款、贷款、结算、呆账等情况进行检查监督。检查监督时，检查监督人员应当出示合法的证件。商业银行应当按照国务院银行业监督管理机构的要求，提供财务会计资料、业务合同和有关经营管理方面的其他信息。

（二）中国人民银行的检查监督

《商业银行法》的规定，中国人民银行有权依照《中华人民共和国中国人民银行法》的规定对商业银行进行检查监督。

（三）审计机关的监督检查

商业银行应当依法接受审计机关的审计监督。

（四）自身的监督管理

商业银行应当按照有关规定，制定本行的业务规则，建立、健全本行的风险管理和内部控制制度。商业银行应当依照法律和国家统一的会计制度以及国务院银行业监督管理机构的有关规定，建立、健全本行的财务、会计制度。

商业银行应当建立、健全本行对存款、贷款、结算、呆账等各项情况的稽核、检查制度。商业银行对分支机构应当进行经常性的稽核和检查监督。

商业银行应当按照规定向国务院银行业监督管理机构、中国人民银行报送资产负债表、利润表以及其他财务会计、统计报表和资料。

五、违反商业银行法的法律责任

（一）商业银行的主要法律责任

（1）商业银行有下列情形之一，对存款人或者其他客户造成财产损害的，应当承担支付迟延履行的利息以及其他民事责任：

① 无故拖延、拒绝支付存款本金和利息的；

② 违反票据承兑等结算业务规定，不予兑现，不予收付入账，压单、压票或者违反规定退票的；

③ 非法查询、冻结、扣划个人储蓄存款或者单位存款的；

④ 违反《商业银行法》规定对存款人或者其他客户造成损害的其他行为。

（2）商业银行有下列情形之一，由国务院银行业监督管理机构责令改正，有违法所得的，没收违法所得，并处以罚款；情节特别严重或者逾期不改正的，可以责令停业整顿或者吊销其经营许可证；构成犯罪的，依法追究刑事责任：

① 未经批准设立分支机构的；

② 未经批准分立、合并或者违反规定对变更事项不报批的；买卖政府债券或者买卖、代理买卖外汇的；

③ 违反规定提高或者降低利率以及采用其他不正当的手段，吸收存款，发放贷款的；

④ 出租、出借经营许可证的；

⑤ 未经批准买卖、代理买卖外汇；未经批准买卖政府债券或者发行、买卖金融债券的；

⑥违反国家规定从事信托投资和证券经营业务，向自用不动产投资或者向非银行金融机构和企业投资的；

⑦向关系人发放信用贷款或者发放担保贷款的条件优于其他借款人同类贷款的条件的；

⑧拒绝或者阻碍国务院银行业监督管理机构、中国人民银行检查监督的；

⑨提供虚假的或者隐瞒重要事实的财务会计报告、报表和统计报表的；

⑩未遵守资本充足率、存贷比例、资产流动性比例、同一借款人贷款比例和国务院银行业监督管理机构有关资产负债比例管理的其他规定的。

（3）商业银行有下列情形之一，由中国人民银行责令改正，有违法所得的，没收违法所得，并处以罚款；情节特别严重或者逾期不改正的，中国人民银行可以建议国务院银行业监督管理机构责令停业整顿或者吊销其经营许可证；构成犯罪的，依法追究刑事责任：

①未经批准办理结汇、售汇的；

②未经批准在银行间债券市场发行、买卖金融债券或者到境外借款的；

③违反规定同业拆借的；

④拒绝或者阻碍中国人民银行检查监督的；

⑤提供虚假的或者隐瞒重要事实的财务会计报告、报表和统计报表的；

⑥未按照中国人民银行规定的比例交存存款准备金的。

（4）商业银行不按照规定向国务院银行业监督管理机构报送有关文件、资料的，由国务院银行业监督管理机构责令改正，逾期不改正的，应处以罚款。

商业银行不按照规定向中国人民银行报送有关文件、资料的，由中国人民银行责令改正，逾期不改正的，应处以罚款。

（二）商业银行工作人员的法律责任

（1）商业银行有上述商业银行法律责任的，对直接负责的主管人员和其他直接责任人员，应当给予纪律处分；构成犯罪的，依法追究刑事责任。

（2）商业银行工作人员利用职务上的便利，索取、收受贿赂或者违反国家规定收受各种名义的回扣、手续费，构成犯罪的，依法追究刑事责任；尚不构成犯罪的，应当给予纪律处分。发放贷款或者提供担保造成损失的，应当承担全部或者部分赔偿责任。

（3）商业银行工作人员利用职务上的便利，贪污、挪用、侵占本行或者客户资金，构成犯罪的，依法追究刑事责任；尚不构成犯罪的，应当给予纪律处分。

（4）商业银行工作人员违反本法规定玩忽职守造成损失的，应当给予纪律处分；构成犯罪的，依法追究刑事责任。违反规定徇私向亲属、朋友发放贷款或者提供担保造成损失的，应当承担全部或者部分赔偿责任。

（5）商业银行工作人员泄露在任职期间知悉的国家秘密、商业秘密的，应当给予纪律处分；构成犯罪的，依法追究刑事责任。

（6）商业银行的工作人员对单位或者个人强令其发放贷款或者提供担保未予拒绝的，应当给予纪律处分；造成损失的，应当承担相应的赔偿责任。

（7）违反商业银行法规定的，国务院银行业监督管理机构可以区别不同情形，取消商业银行直接负责的董事、高级管理人员一定期限直至终身的任职资格，禁止直接负责的董事、高级管理人员和其他直接责任人员一定期限直至终身从事银行业工作。商业银行的行为尚不构成犯罪的，对直接负责的董事、高级管理人员和其他直接责任人员，给予警告，处以罚款。

综合实训

一、单项选择题

1. 依据征税对象的不同，税收可分为（　　）
   A. 从量税和从价税　　　　　　　　B. 商品税、所得税和财产税
   C. 中央税和地方税　　　　　　　　D. 价内税和价外税
2. 纳税义务人是（　　）的自然人、法人和非法人组织体。
   A. 有财产收入　　　　　　　　　　B. 转让财产
   C. 为一定行为　　　　　　　　　　D. 依照税法规定直接负有纳税义务
3. 某军人获稿酬400元，依据税法他应当（　　）
   A. 不必纳税　　　　　　　　　　　B. 缴纳个人所得税
   C. 可申请减税　　　　　　　　　　D. 缴纳个人收入调节税
4. 工资所得按照（　　）缴纳个人所得税。
   A. 固定税率　　　　　　　　　　　B. 超额累进税率
   C. 比例税率　　　　　　　　　　　D. 超额税率
5. （　　）属于中央财政固定收入的税种。
   A. 增值税　　　　　　　　　　　　B. 城镇土地使用税
   C. 印花税　　　　　　　　　　　　D. 关税

二、多项选择题

1. 减免税主要包括（　　）。
   A. 减税　　　　B. 免税　　　　C. 起征点　　　　D. 免征额
2. 税收制度是由（　　）构成的。
   A. 各税种法规　　　　　　　　　　B. 税制结构
   C. 税收管理体制　　　　　　　　　D. 税收征收管理办法
3. 我国现行所得税主要有（　　）。
   A. 企业所得税　　　　　　　　　　B. 事业单位所得税
   C. 外商投资企业和外国企业所得税　　D. 个人所得税
4. 我国现行税法规定的税率有（　　）。
   A. 比例税率　　　　　　　　　　　B. 超率累进税率
   C. 定额税率　　　　　　　　　　　D. 超额累进税率
5. 商业银行的经营范围包括（　　）。
   A. 吸收公众存款　　　　　　　　　B. 发放短期、中期和长期贷款
   C. 办理国内外结算　　　　　　　　D. 从事同业拆借

三、案例分析题

1. 2009年7月24日，某明星因涉嫌偷税漏税被公安机关正式逮捕。税务机关自2007年4月2日开始对该明星所办公司进行税务检查，已查实其所办文化艺术有限责任公司自2005年以来采取不列、少列收入，多列成本，进行虚假纳税申报等手段进行逃税，税种涉及营业税、城市维护建设税、企业所得税和应代扣代缴的个人所得税等。

   税务机关在检查中还发现，该明星除从其所办公司取得工资薪金收入外，还通过参加营业性演出、拍摄广告、提供肖像权以及出租个人房产等途径取得收入，对这些收入，该明星都应依法申报纳税，但她却采取了一些与支付方签订虚假收入合同的手段隐瞒收入；同时，对于未依法纳税的收入，在税务机

关通知申报的情况下仍拒不申报纳税。

问题：

(1) 依据税收征收管理法的规定，材料中该明星的行为是偷税、欠税、骗税还是抗税？

(2) 根据税收征收管理法的规定以及该明星的行为性质判断其应当承担的法律责任。

2. 某公司开业并办理了税务登记，两个月后的一天，税务机关发来一份税务处理通知书，称该公司未按规定期限办理纳税申报（每月1至7日为申报期限），并处罚款。公司经理对此很不理解，跑到税务机关辩称，本公司已开业两个月，但至今未做成一笔生意，没有收入又如何办理纳税申报呢？

问题：

该公司的做法有无错误？如有错，错在哪里，应如何处理？

3. 某商业银行A市分行决定在该市新兴商业区设立一支行（新兴支行），经考察后，选定了新兴支行所在的地点，并落实了营运资金及管理人员等。然后，A市分行按规定向中国人民银行报送了申请书、财务会计报告、经营计划等相关材料。中国人民银行审查批准后，颁发了《金融机构营业许可证》。A市分行凭此向登记机关申请设立登记，经登记机关核准并发给了营业执照。领取营业执照后没多久，A市分行原来选定的作为新兴支行营业地的一幢大厦因投资者产权纠纷导致施工停滞，一直不能交付使用，A市分行只好在别处租用一幢写字楼作为营业地点。不久，新兴支行副行长陈某携巨款潜逃。经查，此人一年前因从事房地产投资所欠大额债务未偿还，于是挪用银行资金抵债。由于陈某携款潜逃事件的影响，新兴支行迟迟不能对外开业经营。中国人民银行得知后，以新兴支行设立过程中存在严重违法事项，且超过6个月未开业为由吊销了新兴支行的营业许可证。

问题：

(1) 新兴支行的设立过程中有哪些违法之处？

(2) 中国人民银行能否吊销新兴支行的营业许可证？

4. 蓝天商业银行在A市的分行（简称"甲分行"）信贷部经理张某与A市最大的民营企业董事长王某私交甚好。2009年5月，王某私下向张某提出打算在A市兴建全市最大的仓储型超市，要向甲分行贷款500万元作为启动资金。张某碍于王某的面子，并出于对王某企业的商业信誉的信任，同时也为了收取更多的贷款利息，同意一次性将人民币500万元分两笔打到该民营企业在甲分行的两个账户上。当时，甲分行的资本余额为人民币4000万元。

问题：

(1) 甲分行的行为是否合法？请指出法律依据。如果甲分行的行为违法，说明其应承担何种法律责任。

(2) 简要说明张某应承担何种法律责任。

第五章　保险法

【知识目标】

1. 掌握保险和保险法的概念，掌握保险的分类。
2. 掌握保险合同的特征、保险合同的订立，熟悉保险合同的理赔。
3. 熟悉保险机构的分类。
4. 能结合所学内容，查阅有关法律原件，学习分析案例。

【技能目标】

1. 熟悉并掌握保险人与投保人各自在订立合同时的义务，保险合同变更与解除的方式与效力，保险合同的履行规则，保险人的代位求偿权原理。
2. 熟练掌握对保险业的主要监管制度，保险公司的设立条件及对保险公司的整顿与接管制度。

【学前案例】

陈某购得一辆小轿车自用，并向某保险公司投保车辆损失险和第三者责任险。投保后一个月，陈某的车被盗走。不久，市交通部门通知陈某，他的车被盗后在某地与他人轿车相撞，陈某的车翻下山崖，全部报废，窃车贼跳车逃跑，他人轿车被撞坏，司机受伤。这起交通事故系窃贼驾驶技术不良所致，窃贼应负全部责任。但窃贼逃跑后一直没有下落。事故发生后，受伤司机要求陈某赔偿经济损失3万元，陈某同时也向保险公司要求赔付轿车全损险和第三者责任险。

问题：

1. 保险公司应否就陈某的小轿车全损予以赔偿？
2. 保险公司应否就他人轿车被撞一事承担赔偿责任？

第一节　保险和保险法概述

一、保险法概述

（一）立法概述

2009年2月28日第十一届全国人大常委会第7次会议审议通过新修订的《中华人民共和国保险法》（以下简称《保险法》），2015年4月24日第十二届全国人大常委会第十四次会议第四次修订。

修订后的《保险法》共8章，185条，突出了保护被保险人、加强监管和防范风险和拓宽保险服务领域等内容。在结构上，《保险法》将第二章保险合同中原第二节和第三节位置调换，将人身保险一节放在了财产保险的前面规定。这一调整不仅说明了近年来人身保险规模的不断壮大，更在于体现以人为本的思想。

最近几年金融领域商业贿赂及保险业的"霸王条款"现象，给社会带来了负面影响，《保险法》第一条在原条文上增加了"维护社会经济秩序和社会公共利益"，表明了维护社会经济秩序和社会公共利益的决心。

《保险法》施行后，对投保人、受益人以及保险公司的经营管理产生重大影响。

（二）保险法的适用范围

保险法是规范商业保险行为和确定保险关系中当事人之间权利义务的法律规范的总称。我国《保险法》所指的保险仅指商业保险，海上保险适用海商法的有关规定，海商法未作规定的，适用保险法的有关规定；农业保险由法律、行政法规另行规定；中外合资保险公司、外资独资保险公司、外国保险公司分公司适用本法；法律、行政法规另有规定的，适用其规定。

（三）保险法的基本原则

保险法的基本原则，是指由保险法确立的调整保险关系的指导思想和基本原则。我国的保险法主要确立了下列几项原则：

（1）合法、自愿原则。从事保险活动必须遵守法律、行政法规，尊重社会公德，遵循自愿原则。在中国境内的法人和其他组织需要办理境内保险的，应向中国境内的保险公司投保。对于商业保险业务，只能由依法设立的保险公司承保，其他单位和个人不得经营。保险代理人、保险经纪人在办理保险业务时，不得利用行政权力、职务或职业便利及其他不正当手段，强迫、引诱或限制投保人订立保险合同。

（2）诚实信用原则。保险活动当事人应如实说明与保险有关的信息，以诚信为基础，按合同履行自己的权利和义务。

（3）公平竞争原则。保险公司开展业务，应当遵循公平竞争的原则，不得从事不正当竞争。

二、保险概念与特征

（一）保险的概念

保险，是指投保人根据合同约定，向保险人支付保险费，保险人对于合同约定的可能发生的事故因其发生所造成的财产损失承担赔偿保险金责任，或者当被保险人死亡、伤残、疾病或达到合同约定的年龄、期限时，承担给付保险金责任的商业保险行为。保险，既可指一种经济补偿制度，也可指一种商业行为。我国《保险法》所指的保险是一种商业行为，即商业保险。

（二）保险应具备的特征

（1）危险的存在。危险的客观存在是保险的第一要素。危险，是一种客观存在，具有发生的偶然性、可能性和损失的不确定性，但保险法所确认的危险其发生的原因应当符合法律的规定，并且危险的程度具有可确定性，只有具备上述特征的危险发生，才能导致保险的适用。

（2）互助性。保险制度的作用就是使集中于少数人的危险，由多数人分担其损失。每一种保险必须有多数人投保，因此，在投保人之间形成一种互助合作的关系。

（3）补偿性。补偿性是保险制度的基本功能。投保人的目的是：事故发生使其受到损失后，能够从保险人处得到一定的财物，以资补偿。

三、保险的分类

保险按照不同的划分标准，可作多种分类：按照保险设立是否以营利为目的划分，保险可分为社会保险和商业保险；以保险人所负责任的不同为划分标准，保险可分为原保险与再保险；按照保险标的划分，保险可分为财产保险和人身保险，这也是我国《保险法》规定的基本险别。下面进行详细解读。

（一）财产保险

财产保险以物质财产或财产性利益为保险标的，保险人承保各种标的因自然灾害或意外事故造成的物质或其他利益的损失。财产保险又可分为财产损失保险、责任保险、保证保险和信用保险等。

（1）财产损失保险。它是以物或其他财产利益为标的，当这些财产遭受损失时由保险人承担保险责任的保险。财产损失保险可以承保各种各样的财产损失，既可以对有形的财产承保，也可以对无形财产承保；既可以承保企业的财产，也可以承保家庭个人的财产。财产损失保险是最普遍的保险种类。船舶、飞机、机动车辆保险，货物保险，货物运输保险，房屋保险等都属于财产损失保险。

（2）责任保险。它是以被保险人对第三者依法应负的民事损害赔偿责任为保险标的的保险。保险人对责任保险的被保险人给第三者造成的损害，可以依照法律的规定或合同的约定，直接向该第三者赔偿保险金。责任保险的保险标的，是被保险人对于第三人应负的赔偿责任，它既不是特定财产，也不是人身，这种责任必须具备下列条件：①被保险人对于第三人应负赔偿责任；②该责任属于民事责任，即保险人不承担被保险人或致害人的行政责任或刑事责任，并且对被保险人一方因保险事故造成的损失，不负经济赔偿责任；③该责任属于被保险人依法承担的责任；④该责任属于过失责任。

2015年修订的《保险法》第六十五条在原第五十条的基础上新增了两款："责任保险的被保险人给第三者造成损害，被保险人对第三者应负的赔偿责任确定的，根据被保险人的请求，保险人应当直接向该第三者赔偿保险金。被保险人怠于请求的，第三者有权就其应获赔偿部分直接向保险人请求赔偿保险金。""责任保险的被保险人给第三者造成损害，被保险人未向该第三者赔偿的，保险人不得向被保险人赔偿保险金。"

对这一修订，我们主要应关注以下三个方面：

第一，在商业第三者责任险中，根据被保险人的请求，保险人应当直接向该第三者赔偿保险金。被保险人怠于请求的，第三者有权就其应获赔偿部分直接向保险人请求赔偿保险金。而"被保险人怠于请求"，需要第三者举证证明。

第二，2015年修订的《保险法》要求在责任保险的被保险人向第三者赔偿前，保险人不得向被保险人赔偿保险金。

第三，现在实务中较有争议的车辆商业第三者责任险诉讼中，受害的第三者是否可以将保险公司一并作为被告的问题，根据2015年修订的《保险法》的规定，第三者将保险公司作为道路交通事故案件的被告有了法律依据。

本条是对责任保险的规定，新法相对旧法而言增加了两款即第二款、第三款。

第二款规定了保险人直接向受害人赔付的条件——应付的赔偿责任确定和被保险人要

求。这里的赔偿责任应当是赔偿责任数额，如果应付的赔偿责任没有确定，被保险人就不能要求保险公司向第三者赔偿，保险公司也不会向第三者赔偿。司法实践中，有的法院把商业险保险公司直接作为诉讼的被告，新法否定了司法实践中的这些做法，维护了合同的相对性。

第三款的新内容是："被保险人未向该第三者赔偿的，保险人不得向被保险人赔偿保险金。"该规定的立法目的是保护第三者，避免保险公司向被保险人赔付后，被保险人把赔款挪作他用而没有赔付给第三者，这样就无法达到保护受害的第三者的目的。该规定意味着以后第三者责任保险赔付时，被保险人必须向保险人出示已经向第三者赔付的证明，如赔付收据等。该款没有规定保险人在被保险人未向第三者赔付的情形下就把保险赔偿金支付给被保险人的法律后果，如果规定，"保险公司在被保险人没有实际赔付而向被保险人赔付，造成第三者没有得到赔偿或赔偿金额小于保险公司赔偿金，保险公司应承担过错责任"，就会更大限度地保护受害第三者的权益。因为保险公司有很多大客户，如果这些大客户要求，保险公司可能不会遵守该规定，毕竟没有明确的法律后果。

新法第六十五条第一款所指的"法律的规定"主要有：

①《中华人民共和国民用航空法》：地面第三人责任险。

1996年3月1日施行的《民用航空法》第一百六十六条："民用航空器的经营人应当投保地面第三人责任险或者取得相应的责任担保。""地面第三人责任险"具体包括通用航空活动地面第三人责任险和公共航空运输地面第三人责任险。第一百六十八条第一款："仅在下列情形下，受害人可以直接对保险人或者担保人提起诉讼，但是不妨碍受害人根据有关保险合同或者担保合同的法律规定提起直接诉讼的权利：……"该条构成新法第六十五条第一款所指的"法律的规定"。

②《中华人民共和国海事诉讼特别程序法》：船舶油污责任保险。

我国于2000年7月1日施行的《海事诉讼特别程序法》第九十七条："对船舶造成油污损害的赔偿请求，受损害人可以向造成油污损害的船舶所有人提出，也可以直接向承担船舶所有人油污损害责任的保险人或者通过财务保证的其他人提出。油污损害责任的保险人或者通过财务保证的其他人被起诉的，有权要求造成油污损害的船舶所有人参加诉讼。"该条同样构成旧法第六十五条第一款所指"法律的规定"。

③《中华人民共和国道路交通安全法》：机动车第三者责任强制保险。

我国于2011年5月1日施行的《道路交通安全法》第十七条："国家实行机动车第三者责任强制保险制度，设立道路交通事故社会救助基金。具体办法由国务院规定。"第七十六条第一款："机动车发生交通事故造成人身伤亡、财产损失的，由保险公司在机动车第三者责任强制保险责任限额范围内予以赔偿；不足的部分，按照下列规定承担赔偿责任：……"

2013年3月1日施行的《机动车交通事故责任强制保险条例》第二条第一款："在中华人民共和国境内道路上行驶的机动车的所有人或者管理人，应当依照《中华人民共和国道路交通安全法》的规定投保机动车交通事故责任强制保险。"第三十一条第一款："保险公司可以向被保险人赔偿保险金，也可以直接向受害人赔偿保险金。"结合全国司法审判实践，以上条文可以理解为构成新法第六十五条第一款所指的"法律的规定"。

除此之外，目前并无其他法律规定保险人可以直接向第三者赔偿保险金。

而就保险合同约定来看,特别是《机动车第三者责任保险条款》《车上人员责任保险条款》《道路客运承运人责任保险条款》等责任保险合同,均未设置保险公司可以直接向受害的第三者赔偿保险金的条款。

(3) 保证保险。保证保险的标的是被保险人因其义务人正确履行义务而应获得或应有的利益,即当被保证人不履行契约义务使被保险人受到损失时,由保险人负赔偿责任。被保险人为合同约定的权利人,而其相对的义务人为被保证人。该保险实际上是保险人向权利人所提供的一种担保。

(4) 信用保险。信用保险又称商业信用保险。它是为补偿债权人因债务人拒绝履行或履行不能而受损失所设的保险,是一种新型的保险。

(二) 人身保险

人身保险是以人的生命或身体机能和健康作为保险标的的一种保险,由承保人对公民的生命、健康或劳动能力承担保险责任,保险人在被保险人人身伤亡、疾病、养老或保险期满时向被保险人或其受益人给付保险金。

人身保险与财产保险的性质不同。财产保险是一种损害赔偿保险,即只有投保人所投保的财产在保险范围内遭受损失时,保险人才负赔偿责任,即损失多少,赔多少,它属于损失补偿保险。人身保险则不同,它是一种定额保险。即使投保人已经接受由劳动保险和社会福利所发给的款项,以及第三人给付的损害赔偿金,保险人仍需按照合同约定的金额给付保险金。因为人的生命与财产不一样,很难用一个固定金额去计量,因此,对于人身保险的投保人而言,他获得双份的赔偿是可能的、合法的。

人身保险分为三种:

(1) 人寿保险,即以人的生命为保险标的,以人的生存或死亡为保险事故的保险。人寿保险又可分为生存保险、死亡保险和生存死亡两全保险。生存保险是当被保险人生存至一定年龄时,由保险人给付一定的保险金。而死亡保险是当被保险人在保险期内死亡,由保险人给付一定的保险金。生存死亡两全保险是把生存保险与死亡保险结合起来保险,即被保险人在保险有效期间内死亡,保险人要给付保险金;被保险人在保险期届满后仍生存时,保险人也要给付保险金。

(2) 人身意外伤害保险。人身意外伤害保险就是当被保险人发生意外事故而致伤残或死亡的,保险人向被保险人或其受益人给付保险金的保险。意外伤害保险只承保意外伤害责任,对于意外伤害事故的范围,一般只能以外来的、明显的、剧烈的意外事件为限,与投保人的年龄、健康关系不大,因此没有投保年龄的限制,也不必检查身体。但有精神病以及全部丧失劳动能力的人不能投保意外伤害险。

(3) 健康保险。又称疾病保险,是指保险人对被保险人的疾病、生育,或因疾病、生育而致残或死亡承担保险责任的保险。

(三) 再保险

再保险又称分保险,是指保险人将其承担的保险业务以承保形式,部分转移给其他保险人。原保险人称为分出公司,再保险人称为分入公司。分保时,原保险人将其所承保的危险一部分或全部转让给再保险人,其作用主要在于能够避免危险过分集中,并保持业务经营中的收入稳定性。通过分保以后,如所保危险发生,产生损失,凡属于再保险的,就由原保险人向再保险人请求赔偿。

再保险是原保险人与再保险人之间的保险关系，投保人与再保险人之间没有直接关系，互不承担义务。再保险接受人不得向原保险的投保人要求支付保险费，原保险的被保险人或者受益人不得向再保险接受人提出赔偿或给付保险金的请求。再保险分出人不得以再保险接受人未履行再保险责任为由，拒绝履行或者延迟履行其原保险责任。

再保险关系是以原保险关系的存在为前提的，再保险人的责任以原保险人的责任为限。因此，再保险的保险金额不得超过原保险合同的保险金额；再保险合同的有效期限也不得超过原保险合同的有效期限；原保险合同因故失效时，再保险合同也同时失效；如果原保险人因故意或过失遗漏足以使再保险人对危险做出错误的估计时，再保险人可以此为由解除再保险合同。

我国《保险法》规定，保险公司对每一危险事故可能造成的最大损失范围所承担的责任，不得超过其实有资本金加公积金总和的10%，超过的部分，应当办理再保险。除人寿保险业务外，保险公司应当将其承保的每笔保险业务的20%按照国家有关规定办理再保险。保险公司需要办理再保险分出业务的，应当优先向中国境内的保险公司办理。

四、保险利益、保险标的及保险价值

（一）保险利益

2015年修订的《保险法》第十二条、第三十一条、第四十八条等条文对保险利益的概念进行了重新界定，并区分人身保险与财产保险的不同特点，对保险利益的界定时点作了重新规定。

保险利益的修订有三个方面值得关注：首先，法律规定，对人身保险要求投保人对被保险人具有保险利益；对财产保险而言，要求被保险人对保险标的具有保险利益。其次，保险利益是投保人或者被保险人对保险标的具有的法律上承认的利益。第三，保险利益的确定时点的规定更加科学：人身保险要求在保险合同订立时必须具有保险利益；财产保险则要求在保险事故发生时，被保险人对保险标的必须具有保险利益。

新法对保险利益的规定相对于旧法而言有三点变化：一是去掉了"投保人对保险标的不具有保险利益的，保险合同无效"；二是保险标的对应的主体由"投保人"扩大为"投保人或被保险人"；三是明确了保险利益的具体要求。从前后的变化来看，新法要求投保人或被保险人应当对保险标的具有保险利益的具体要求是：在"财产保险合同"中规定"被保险人在保险事故发生时，对保险标的应当具有保险利益"；在"人身保险"中规定"人身保险的投保人在保险合同订立时，对被保险人应当具有保险利益"。即在财产保险中，只要被保险人在保险事故发生时对保险标的具有保险利益，保险公司就应承担保险责任，不因投保时被保险人对保险标的不具有保险利益而免除保险人的赔付责任；在人身保险中只要保险合同订立时（不是生效时）有保险利益，保险合同就有效，保险公司就应承担保险责任。这改变了传统财产保险利益要求——财产保险中，被保险人在投保时、保险事故发生时都应具有保险利益，否则保险公司就可以不承担保险责任。

新法增加了一项，即"与投保人有劳动关系的劳动者"。虽然有工伤保险为工伤劳动者提供保障，但工伤保险赔付的范围和限额都有限，不能完全补偿工伤劳动者的损失，作为用人单位对工伤保险不能赔付的部分仍应承担赔偿责任，故很多用人单位为那些经常出差或风险较大岗位的职工另行购买了意外险，当然有的企业把为员工购买商业保险作为企业的福利形式，以激励员工更多地为企业创造价值。但是，根据旧法对人身保险中保险利益的规定，单位是不能作为投保人投保人身保险的，这无形使单位为员工购买人身保险的程序变得繁杂。有了新法的该条规定，用人单位为在为员工购买人身保险时，就可以直接把自己作为投保人，而无需劳动者同意或签字，简便了操作程序。这一修改也是对用人单位为职工购买人身保险（当然主要是意外保险和疾病保险）的一种鼓励和认可。

2015 年修订的《保险法》第十二条规定保险利益所对应的对象是投保人或被保险人，而旧法规定的却仅仅是被保险人，这就是说在财产保险中，保险标的所对应的主体是被保险人而不是投保人，这一变化更合理、更科学，毕竟被保险人是享有保险金请求权的人，要求被保险人对保险标的享有保险利益，可以更好地避免赌博的风险，而投保人仅仅是签合同保费的人而已。当然在绝大多数情况下，财产保险的投保人和被保险人是一致的。在人身保险中保险标的是被保险人的生命或健康，相对应的只能是投保人。

新法将关于人身保险的规定放到首要位置，从旧保险法第三节调整至新保险法第二节，更强调维护投保人及被保险人的合法权益；通过"一般规定"（第十二条）、"人身保险"（第三十一条）、"财产保险"（第四十八条）对保险利益进行明确的规定，去除了旧法对保险利益的过于笼统且不科学的弊病，是巨大的进步！

（二）保险标的

保险标的即保险合同中的权利义务关系。2015 年修订的《保险法》第四十九条对保险标的转让的情形重新作了制度设计。

根据 2015 年修订的《保险法》的规定，首先，明确了保险标的转让的，被保险人的权利义务由受让人承继，而无须保险公司同意。实践中，对车辆转让未通知保险公司，保险公司是否可以拒赔，存在争议。而今后保险公司很难再简单地拒赔。其次，如被保险人或受让人未及时通知保险公司，因转让导致保险标的危险程度显著增加而发生的保险事故，保险人不承担保险责任。但是"保险标的危险程度显著增加"的举证责任在保险公司。

如何理解 2015 年修订的《保险法》第四十九条、第五十二条规定的危险程度显著增加，一般理解有三种情形：一是保险标的用途变更，比如将储存钢铁原料的仓库用于储存塑料泡沫或其他非金属原料。二是保险标的自身发生意外引起物理化学反应。三是保险标的的周围客观环境发生变化，比如转移保险标的的物的存放地点。

具体到机动车而言，一般来讲私家车变更为营运车，车主将车辆进行改装，普通货物运输改为危险物品运输等，均属危险程度显著增加。其他情形需要保险公司在实践中不断总结。

保险标的转让时受让人承继被保险人的权利和义务是新法的一个大的突破，按照传统思维，保险标的的转让，投保人就不再享有保险利益，发生保险事故时被保险人也没有权利主张保险金，保险合同已经无实际意义，所以不存在被保险人权利义务转让的问题。实践中保险标的的转让后情况是保险公司既不退还保险费，也不承担保险责任。即便是有"保险标的的转让后，要办理批单手续"，但这样的约定也基本只出现在车险中，其他财产保险基本没有，即便是有，是否办理批单的权利完全掌握在保险公司手里，所以在旧法的框架下，保险标的的转让的，最大的受益者是保险公司，作为保险标的的受让人并不能直接取得附在保险标的上的保险权益，这也违反公平原则。

受让人承继被保险人的权利义务，并不是取得标的所有权时就当然地承继，其前提应当是原被保险人愿意将其享有的保险权利义务转让给受让人。由于在财产保险中，投保人的主要义务是缴纳保险费，保险费缴纳后基本没有实质性的义务，有也仅仅是"注意义务"，被保险人主要还是享有权利——发生保险事故时获得保险赔偿金的权利。故这种承继主要是权利的转让，权利的承继意味着原被保险人要放弃相应的权利——解除保险合同，取得未到期部分的保险费。故，如果投保人不愿意转让其权利义务，受让人就不能取得承继权利。故受让人在取得保险标的前应与被保险人就保险权利义务转让问题进行明确约定，以便于办理相关手续，否则在保险公司办理变更手续时可能会碰到麻烦。当然从该条规定来看，如果原被保险人没有明确保险权利义务不承继，则应当然视为承继。

新法规定受让人承继被保险人的权利和义务，比较好地保护了受让人的利益，平衡了受让人和保险人之间的力量，但新法对"保险权益承继"的规定还是非常谨慎的。该条第二款"另有约定的合同除外"仍然限制了受让人的承继权益的实现。

第三款规定了保险公司接到通知后的处理方式："三十天内，增加保费或解除保险合同"。①受让人承继的保险权利义务，其主要是权利的承继，类似于债权转让，承继的程序和后果应当与合同法规中的债权转让相同，即只要通知受让人即可生效，不给作为保险人变更或解除的权利；②没有规定保险人增加保费或解除保险合同的前提条件，使保险人随意增加保费或解除合同，对于受让人来说是不公平的，因为受让人承继该项权利一般都会付出对价，当受让人支付对价取得承继权利后，保险人却又要增加保费或解除保险合同，将会使受让人的权益落空；③即便是保险人有权解除合同，也应当明确规定保险人应当将未到期部分的保费退给受让人，否则保险人就会形成不当得利。

新法之所以这样规定，可能是考虑到保险标的转让可能会使保险标的的风险增大，故赋予了保险人增加保费或解除合同的权利。但如果受让人受让保险权利义务后使保险人的风险成本增加，保险人完全可以依据新法中的其他条款的规定（第五十二条），增加保费或解除保险合同，而不需要再专门规定。

（三）保险价值

关于保险价值，原《保险法》第四十条规定："保险标的的保险价值，可以由投保人和保险人约定并在合同中载明，也可以按照保险事故发生时保险标的的实际价值确定。"2015年修订的《保险法》第五十五条明确规定："投保人和保险人约定保险标的的保险价值并在合同中载明的，保险标的发生损失时，以约定的保险价值为赔偿计算标准。"

这一修订，解决了实践中在约定了保险价值的情形时，如何确定赔偿标准的争议。根据《保险法》，在保险价值有约定的情况下，保险标的发生损失时，以约定的保险价值为赔偿计算标准。且从文义解释角度，保险合同双方对保险价值的约定可以超过保险标的的实际价值，但保险金额不能超过保险价值。

在财产保险中，这一规定就要求保险公司在承保时要做好核保工作，提高防范道德风险的能力。否则，投保人可以通过约定比保险标的更高的保险价值、制造虚假事故，来获取不正当利益。

该条虽是新增内容，但在司法实务及保险赔付实践中早已认可。第一款也就是我们保险领域中的定值保险的赔付方式，所谓定值保险是指保险合同双方当事人在订立保险合同时，约定保险标的的价值，并以此确定保险金额，视为足额保险。定值保险是损失补偿原则的一个例外,主要发生在货物运输保险领域、保险标的价值难以确定的保险合同等。第二款是非定值保险的赔付方式,按实际损失赔付是财产保险赔付的主要原则,也即保险法中的损失补偿原则的具体体现。

旧法只规定保险金额超过保险价值的,超过部分无效(这不适用于定值保险情形),但对超过部分无效应如何处理没有明确。保险金额的多少与保险费有着密切的联系,保险金额越高,保险费就越多,既然超过保险价值的保险金额无效,也就意味着投保人多交的保险费是没有意义的,从公平的角度应当退还给投保人。从现状来看,当保险金额超过保险价值的,保险公司少有主动退还保险费的。有了新规定,投保人权益的保护将有了直接的法律依据。

五、保险法中关于投保人如实告知义务的新规定

投保人的如实告知义务,是保险合同最大诚信原则的重要体现。2015年修订的《保险法》对投保人如实告知义务的规定作了较大的修改,主要有以下几个方面:

(1) 进一步明确了告知义务以保险人的询问为限,对保险人没有询问的,投保人不负有主动告知的义务。

(2) 将构成保险人解除合同的条件由"过失"改为"重大过失"。即只有投保人的主观过错达到"重大过失"的程度,保险人才可以解除保险合同。什么是"重大过失",依民法之理论,行为人严重违反普通人的注意义务才构成"重大过失"。

(3) 对于"故意"未履行如实告知义务的情形下,保险人可以解除合同的条件,也加上了"足以影响保险人决定是否同意承保或者提高保险费率"的要求。换言之,如果投保人故意未告知的事项和保险人是否同意承保或者提高保险费率无关,保险人也不得解除合同。

(4) 对被保险人有无告知义务,仍未明确。而在实践中,尤其是在人身保险中,往往被保险人对自身的健康状况更加清楚,所以被保险人也负担如实告知义务,对保险人准确地评估保险标的的风险至关重要,因此,在人身保险中,要求被保险人也负担如实告知义务的呼声较高。

(5) 2015年修订的《保险法》规定,保险公司的合同解除权应在知道解除事由之日起30日内行使,超过30日不行使的,解除权消灭;若保险公司是在保险合同成立两年后发现解除事由的,保险公司不得解除合同,同时也要承担保险责任。投保个人因故意或重大过失使保险人享解除权的,保险人行使的期间是自保险人知道解除事由起30日内,但其限制规定是"自保险合同成立之日起超过两年的,保险人不得解除合同"。即,如果保险合同履行了两年后发现规定的"解除事由",保险人也不得解除合同,而应按合同约定承担保险责任。该条"不可抗辩规则"规定实质上是保险基本原则中的弃权和禁止反言原则,该规定与国际通行做法基本一致。

(6) 将因"重大过失"解除保险合同后,保险公司退还保险费上升为法定义务,即可以不承担保险责任,但"应当"退还保费。

(7) 2015年修订的《保险法》规定:"保险人在合同订立时已经知道投保人未如实告知的情况的,保险人不得解除合同。"这在英美法系保险法理论上称为"弃权与禁止反言"规则,是保险合同最大诚信原则的重要内容。当然,对保险人已经知道的事实,投保人应负举证责任。弃权和禁止反言原则是保险法中最大诚信原则派生的原则。弃权是指保险人放弃其在保险合同中可以主张的某种权利,禁止反言是指保险人已经放弃某种权利,日后不得再向被保险人主张这种权利。弃权和禁止反言在人寿保险中有特殊的时间规定,即保险方只能在合同订立之后的一定期限内(一般是两年)以被保险方告知不实或隐瞒为由解除合同,如果超出规定期限而没有解除合同,则视为保险人已经放弃这一权利,不得以此为由解除合同。

弃权和禁止反言原则在我国的旧《保险法》中并没有规定,司法实践也没有得到认可,致使某些保险公司在与投保人签订保险合同时,根本不关注被保险人的实际健康状况、是否如实告知,而只注重收取保费;在保险事故发生后要承担保险责任时,却千方百计地调查投保时被保险人的健康状况,是否如实告知,以达到拒赔的目的。如果在订立保险合同时保险公司关注投保人是否如实告知,关注被保险人的健康状况,就会因很多投保人不符合承保条件而不能承保,结果是保费收入大大减少,这与商业保险公司的赢利目的相冲突。同时,保险代理人为了拿到更多的佣金,在销售保单时一般都是要投保人在健康告知上的"否"项下打钩,根本不对其进行解释,即使解释也是含糊其辞,很多投保人都是稀里糊涂地履行"告知";代理人解释得越清楚,销售的保单越少,佣金就越少,从个体利益的角度说,代理人是不希望的。这些做法导致很多投保人交了多年的保费,当发生保险事故时,保险公司却以告知不实或隐瞒为由而解除保险合同,并且不支付保险金。这种现状不仅违反保险的最大诚信原则,也违反民事合同中的公平公正原则,使保民对保险公司的信任大大降低,也大大降低了保民对保险业的信心,阻碍了保险业的繁荣发展。

第二节 保险合同

一、保险合同概述

(一)保险合同的概念及特征

保险合同是投保人与保险人约定保险权利义务关系的协议。保险合同是合同中的一种,除了具有合同的一般特征外,还具有其自身的特点:

(1)保险合同是双务、有偿合同。保险合同各方当事人享有合同约定的权利,必须以履行相应的义务为前提,并且保险人给付保险金应当以投保人支付保险费为对价。

(2)保险合同是要式合同。书面形式是保险合同生效的要件之一。凡不是以书面形式订立的保险合同,都是无效的。

(3)保险合同是射幸性合同。保险合同的射幸性是指在保险合同订立时,合同双方当事人对事故的发生与否不能事先预见,仅投保人一方交付保险费,保险人是否履行赔偿的义务,取决于合同约定的保险事故是否发生。保险合同的射幸性还体现在合同双方的资金支出和收入的不平衡上,若保险事故发生,被保险人所得的赔偿可以大大超过其所支付的保险费;反之,投保人只缴纳保险费而没有任何收入。对于保险人,保险事故发生与否所产生的效果则相反。

(4)保险合同是最大诚信合同。保险合同是基于保险合同双方当事人的诚实信用原则而成立的。如果违反了诚信原则,保险法规定了较为严厉的法律责任(详见2015年修订的《保险法》关于投保人如实告知义务的新规定)。

(5) 保险合同是格式条款合同。保险合同的内容由保险人一方事先确定,投保人一般只能选择接受与否,而不能对内容加以改变。因此,为了保护投保人的利益,法律特别规定,对于保险合同的条款,保险人与投保人、被保险人或者受益人有争议时,人民法院或者仲裁机关应当做有利于被保险人和受益人的解释。此外,在一些保险合同中,由于保险标的的特殊性,保险合同双方也可以对合同主要条款进行协商。

2015 年修订的《保险法》第十九条规定:"采用保险人提供的格式条款订立的保险合同中的下列条款无效:(一) 免除保险人依法应承担的义务或者加重投保人、被保险人责任的;(二) 排除投保人、被保险人或者受益人依法享有的权利的。"

该条款的增加使保险合同在适用上与合同法规靠近了些。保险条款都是由保险公司单方制定,其在制定的过程中都是尽可能地维护自身利益,结果出现很多不公平的条款。由于这些条款看上去并不是原《保险法》中的免责条款,所以法院或仲裁委是无法以保险人没有明确说明而认定这些条款无效,其结果是大大损害了投保人、受益人的合法利益。有了该条款,法院和仲裁委就可以合理合法地否定那些"非免责条款"、"隐性不公平条款",以补救投保人没有参与保险条款的制定而给他们带来的不利局面。

原《保险法》第三十一条规定:"对于保险合同的条款,保险人与投保人、被保险人或者受益人有争议时,人民法院或者仲裁机关应当作有利于被保险人和受益人的解释。" 2015 年修订的《保险法》第三十条修改为:"采用保险人提供的格式条款订立的保险合同,保险人与投保人、被保险人或者受益人对合同条款有争议的,应当按照通常理解予以解释。对合同条款有两种以上解释的,人民法院或者仲裁机构应当作出有利于被保险人和受益人的解释。"

关于格式条款的不利解释原则,合同法规规定:"对格式条款的理解发生争议的,应当按照通常理解予以解释。对格式条款有两种以上解释的,应当作出不利于提供格式条款一方的解释。格式条款和非格式条款不一致的,应当采用非格式条款。"但是,以往实务中有些司法机关在审理保险合同条款争议时,一味地强调对被保险人利益的保护,对保险条款不按通常含义理解,而只作有利于被保险人和受益人的解释。2015 年修订的《保险法》对此予以了明确,首先不利解释只适用于保险人提供的格式条款的解释,而不适用保险人与投保人协商确定条款的解释;其次,其适用前提是该格式条款适用通常理解有两种以上合理解释。

但"免除保险人依法应承担的义务或者加重投保人、被保险人责任,排除投保人、被保险人或者受益人依法享有的权利的条款",实践中将赋予法官较大的自由裁判空间。各保险公司的分支机构对经过保监会审批或者备案的条款不要擅自进行更改,以免被认定为无效。

(二) 保险合同的当事人

保险合同的当事人包括投保人、保险人和保险合同的关系人(即被保险人和受益人)。

(1) 投保人。投保人是与保险人订立保险合同,并按照保险合同负有支付保险费义务的人。投保人应具备一定的条件:第一,具有民事权利能力和民事行为能力;第二,对保险标的具有可保利益;第三,承担交纳保险费的义务。

（2）保险人。保险人是与投保人订立保险合同，收取保险费并承担赔偿或给付保险金责任的保险公司。保险法对保险人的资格以及组织形式等作了严格规定，禁止非保险公司或者自然人擅自经营保险业务。

（3）被保险人。被保险人是其财产或者人身受保险合同保障，享有保险金请求权的人。投保人既可以与被保险人为同一人，也可以为不同的人，其关键在于投保人是为自己的利益还是为他人的利益订立保险合同。

（4）受益人。受益人是人身保险合同中由被保险人或者投保人指定的享有保险金请求权的人。被保险人、投保人可以是受益人，实践中，受益人一般是被保险人的继承人、亲属或配偶。

（三）保险合同标的

保险合同标的是保险人和投保人权利义务共同指向的对象，具体而言，是指作为保险对象的财产及有关利益或者人的寿命和身体。保险合同中双方权利义务关系体现在：投保人应当依约向保险人支付保险费，保险人应对合同约定事故发生而造成的损失承担赔偿责任，或对指定人发生合同约定情形承担给付责任。双方权利义务指向的对象即为作为保险对象的财产及与财产有关的利益，或者人的寿命和身体。

（四）保险合同的内容

保险合同是一种要式合同，应采用书面形式。根据保险法的规定，保险合同应当包括下列事项：

①保险人名称和住所；
②投保人、被保险人名称和住所，以及人身保险的受益人的名称和住所；
③保险标的；
④保险责任和责任免除；
⑤保险期间和保险责任开始时间；
⑥保险价值和保险金额；
⑦保险费以及支付办法；
⑧保险金赔偿或者给付办法；
⑨违约责任和争议处理；
⑩订立合同的年、月、日；
⑪其他约定事项。

2015年修订的《保险法》第三十八条规定："保险人对人寿保险的保险费，不得用诉讼方式要求投保人支付。"根据2015年修订的《保险法》的这一规定，除人寿保险之外，属人身保险范围内的健康保险、意外伤害保险等保险业务的保险费，今后就可以通过诉讼方式要求投保人支付。

2015年修订的《保险法》规定"人寿保险不得以诉讼方式要求投保人支付保费"，而旧《保险法》规定"人身保险不得以诉讼方式要求投保人支付保险费"，显然，2015年修订的《保险法》这一字之变，差异非常大。人身保险包括人寿保险、健康保险、意外伤害保险等，按2015年修订的《保险法》规定，对于健康保险和意外保险，保险人可以诉讼方式要求投保人支付保险费。

2015年修订的《保险法》之所以这样规定是因为：寿险的期限较长，每年的保费远大于健康保险和意外保险，对投保人来说无疑具有"奢侈性"，一旦投保人的经济能力出现问题，则保险费可能成为其较大的负担，如果允许保险人可以以诉讼方式主张保险费，无疑是让投保人的经济状况雪上加霜，不堪重负，对投保人很不利，最终会使一些寿险客户流失，不利于寿险业的发展；寿险的另一特征是储蓄性，即所缴纳的保险费跟银行存款差不多，投保人与保险人的关系和储户与银行之间的关系类似，赋予保险人的诉讼权利，就相当于赋予银行强行要求储户存款的权利一样，这明显也不合理。作为意外保险和健康保险，它们保险期间短（一般都是一年）、保额较少，不具有寿险的上述特征，如果也限制保险人不能以诉讼方式主张其保险费，明显会降低合同的严肃性，对保险人不利。故2015年修订的《保险法》完善了旧法，有利于促进保险业的发展。

二、保险合同的订立

（一）保险合同的订立原则

2015年修订的《保险法》第十一条中将原条文的"公平互利"修改为"遵循公平原则"。因为就其保险法律关系，总体来说，保险公司收取的保费与"危险团体"保险事故的发生是基本一致的，但保险合同是射幸合同，具体到每一份保险合同，是否发生保险事故是不确定的。因此，在保险合同订立原则上强调"互利"易引起误导。投保人和保险人订立保险合同，应当遵循公平、协商一致、自愿订立的原则，不得损害社会公共利益。除法律、行政法规规定必须保险的以外，保险公司和其他单位不得强制他人订立保险合同。

保险合同的签订是投保人和保险人双方的法律行为，经过一方要约，另一方承诺，保险合同方告成立。对此，《保险法》规定，投保人提出保险要求，经被保险人同意承保，并就合同的条款达成协议，保险合同成立。保险人应当及时向投保人签发保险单或者其他保险凭证，并在保险单或者其他保险凭证中载明当事人双方约定的合同内容。

（二）要约

保险合同的要约又称投保，是指投保人向保险人提出保险要求的意思表示。一般以保险人或其代理人将投保单交给投保人，由投保人按照保险单的要求如实填写完毕，即构成要约。保险要约的内容包括投保人、被保险人基本情况、保险标的、投保人选择的险别和同意支付的保险费用等。一般情况下，投保人是要约人，保险公司是被要约人，保险公司或其代理人向投保人提供保险条款和有关资料的行为，是一种"要约邀请"，即使投保人同意接受，保险合同也还未成立。

（三）承诺

保险合同的承诺又称承保，是保险人或其代理人作出的同意投保人保险要求的意思表示。保险人收到保单后，经审查认为符合条件并签章后，即为承诺，保险合同成立。保险合同承诺的法律形式是保险公司法定代表人或代理人在保险合同上签字，并加盖专用章。当事人在订立合同时，投保人负有告知义务，保险人负有说明义务。保险合同成立后，投保人按照约定交付保险费；保险人按照约定的时间开始承担保险责任。

三、保险合同的成立与生效

2015年修订的《保险法》首次提出了保险合同生效的概念，即"依法成立的保险合同，自成立时生效"；其次，针对在实务中，很多保险公司也会约定保单生效的条件或期限的做法，这次修订予以了明确。比如人身保险条款中常约定"本合同自本公司同意承保、收取保险费并签发保险单的次日零时起生效"，财产保险条款中一般不约定生效时间，而是在保险单中载明具体生效日期，或者在团体保险的承保协议中约定自交付保险费后次日起生效。2015 年修订的《保险法》的这一规定使得保险合同中约定的生效条件和期限就受到法律的保护。

2015 年修订的《保险法》与旧《保险法》相比有三点变化：第一，提前了保险合同成立的时间，旧《保险法》规定投保人提出保险要求，经保险人同意，并就合同条款达成一致的，保险合同成立，而 2015 年修订的《保险法》把合同成立提前到"保险人同意承保"；第二，明确保险合同自成立时生效，旧《保险法》没有规定保险合同何时生效；第三，规定保险合同可以附期限或附条件。

对于第一个变化，有意见认为不尽合理，"同意承保"是很抽象的，不能证明对合同条款达成一致，虽然现在的保险条款是格式条款，但合同条款并不仅仅是保险条款，还包含保单等，保险条款是固定的，而保单的内容是双方协商的，只有保单内容确定后，双方意思表示才完整地表现出来，合同才成立。仅有保险条款不能代表合同全部，如条款中并没有规定保费、保险金等，而显然保险费和保险金是保险合同必不可少的部分，缺少这些，保险合同成立并生效是没有实际意义的。对于第三个变化，主要是使保险合同与《合同法》一致，方便经济活动。

四、保险理赔

2015 年修订的《保险法》第二十二条至第二十五条是对理赔程序的规定。这些规定在原条文基础上作了一定的修改，主要是对保险理赔程序作出了时限要求，但是 2015 年修订的《保险法》并未规定保险公司违反这些要求的法律责任。如果保险公司违反该要求，投保人可能会选择向消费者协会或保监会投诉的方式解决，对保险公司还是有一定约束力的。

（一）出险通知

投保人、被保险人或者受益人知道保险事故发生后，应当及时通知保险人。投保人、被保险人、受益人的该项义务是保证保险人能在保险事故发生后的第一时间到达保险事故发生现场，查明事故发生的原因，确定是否为保险事故，以保证公平、公正理赔。旧法只是规定"投保人、被保险人或者受益人知道保险事故发生后，应当及时通知保险人"，而没有规定没有及时通知的法律后果，导致保险公司需要在保险条款中明确"约定"："没有及时通知（一般还规定了期限）造成损失难以确定或事故的性质原因等难以确定的，保险公司不承担给付保险金的责任"，从而减少保险公司的理赔责任。但保险条款中一刀切式的做法明显是不公平、不合理的，违反公平原则。2015 年修订的《保险法》规定"故意或者因重大过失未及时通知保险人，致使保险事故的性质、原因、损失程度等难以确定的，保险人对无法确定的部分，不承担赔偿或者给付保险金的责任"，保护了投保人因客观原因或一般过失没有及时通知获得赔付的权利，对没有履行"通知义务"的细化，这也体现了公平原则。

(二) 提供证明

保险事故发生后，依照保险合同请求保险人赔偿或者给付保险金时，投保人、被保险人或者受益人应当向保险人提供所能提供的与确认保险事故的性质、原因、损失程序等有关的证明资料。保险人依照保险合同的约定，认为有关的证明和资料不完整的，应当通知投保人、被保险人或者受益人补充提供有关的证明和资料。

对保险人如何要求投保人、受益人、被保险人提供补充材料的规定：保险人在要求投保人（乙方）补充材料时，①应及时通知，一旦时间长了，有些材料可能会丢失，其后果应由保险人承担，毕竟被保险人、受益人并不清楚哪些资料是有用的，哪些资料是没有用的，同时也是保证早些确定核赔结果；②一次性通知，这样做是为了保证效率。以上要求可有效保证保险人及时对被保险人或受益人下达《理赔决定通知书》，使被保险人、受益人的损失及时得到填补。

(三) 赔偿或者给付保险金

保险人收到被保险人或者受益人的赔偿或者给付保险金的请求后，应当及时做出核定；对于属于保险责任的，在与被保险人或者收益人达成有关保险赔偿或者给付保险金额的协议后 10 日内，履行赔偿或者给付保险金义务。保险合同对保险金额或者给付期限有约定的，保险人应当依照保险合同的约定，履行赔偿或者给付保险金义务。

保险人收到被保险人或者受益人的赔偿或者给付保险金的请求和有关证明、资料之日起 60 日内，对其赔偿或者给付保险金额不能确定的，应当根据已有证明和资料可以确定的最低数额先予以支付；保险人最终确定赔偿或者给付保险金的数额的，应当支付相应的差额。

保险人收到被保险人或者受益人的赔偿或者给付保险金的请求，对不属于保险责任的，应当向被保险人或者受益人发出拒绝赔偿或者拒绝给付保险金通知书。

(四) 索赔时效

人寿保险的被保险人或者受益人的索赔时效为 5 年；人寿保险以外的其他保险的被保险人或者受益人的索赔时效为 2 年，自其知道保险事故发生之日起算。

2015 年修订的《保险法》第二十六条对保险金请求权行使的期间的长短未做修改，但 2015 年修订的《保险法》明确规定该期间是诉讼时效期间，也就意味着该期间适用关于诉讼时效中止、中断、延长的规定。同时，对期间的起算时间也作了修改，增加了"应当知道保险事故发生"这一时点。

旧《保险法》中该条存在两个问题，一是该权利是诉讼时效还是除斥期间的问题，二是权利期间起算问题。

保险合同中的被保险人、受益人的权利都是依据保险合同而产生，是投保人支付保险费后所产生的合同权利，是请求权，是债权之一，既然是债权，对其保护当然应当适用诉讼时效。除斥期间适用的对象是形成权，形成权到达相对方即发生法律效力，且改变原有的法律关系。很明显，被保险人或受益人向保险人请求保险金的通知到达保险人时，并不改变原有法律关系，这种权利是请求权而不是形成权，应适用诉讼时效的规定而不应适用除斥期间的规定。

另外，在其他的责任保险或财产保险中，虽然保险事故发生了，但投保人或被保险人的损失并不因此就确定了，往往要经过多重方法、程序才能确定自己的损失，这个确定损失的过程必然要花去大量的时间，如果这个时间不从诉讼时效中剔除，无疑对被保险人来说也是不公平的。

对于权利期间起算问题主要出在第三者责任险上。现在，机动车交通事故撞死无名氏的情形早已不是什么新闻，对无名氏的赔偿问题虽然在公安部《交通事故处理规则》中已有规定，即公安机关代为索赔，有的地方是民政部门代为索赔，但民政部门、公安机关代为索赔的法律依据还是很有争议的，原因就是我们国家现在还没有公益诉讼，有的地方法院就驳回了民政部门的诉讼请求。既然是无名氏，肇事车主就没有赔偿的对象，无从赔偿，而2015年修订的《保险法》第六十五条规定："被保险人未向该第三者赔偿的，保险人不得向被保险人赔偿保险金。"即如果这个肇事车主购买了第三者责任险，由于他没有向受害者赔偿，故赔偿金额不确定，也就不能向保险公司主张权利，一旦超过两年，无名氏的承继人出现，被保险人向其承继人赔偿，因为受害人的权利是从其知道或应当知道加害人时开始计算，并且是诉讼时效，可以中断、中止和延长，但因诉讼时效的原因却不能要求保险公司赔偿，这对被保险人来说是不公平的。肇事车主对无名氏的承继人的赔偿责任不因超过两年而免除，但保险公司却可能以超过两年被保险人没有主张权利而拒绝支付补偿金，这显然有失公平。

2015年修订的《保险法》规定了该权利是诉讼时效，明确了权利期间起算问题，加强了对被保险人或受益人的保护力度。

（五）保险人的免除责任

2015年修订的《保险法》第十七条对保险人免责条款明确说明义务的规定在原第十八条的基础上作了较大修改，实务中长期存在的问题仍未得到有效解决。

首先，2015年修订的《保险法》规定，保险人向投保人提供投保单时应当附保险条款。

其次，要求保险公司"在投保单、保险单或者其他保险凭证上作出足以引起投保人注意的提示"。而原来的《保险法》没有对明确说明义务如何履行作出规定，实践中，以往保险公司只在保险条款上对免责条款加粗或用斜体字，并在投保单中由投保人声明已经知悉免责条款事项的做法，显然已不符合2015年修订的《保险法》的要求。

第三，2015年修订的《保险法》对保险人应该如何履行免责条款的"明确说明义务"、"保险免责条款"的范围、"足以引起投保人注意的提示"的标准等问题并不明确。关于履行明确说明义务的方式，最高人民法院法研〔2000〕5号答复提出的履行标准有借鉴意义。该《答复》指出："明确说明"是指保险人在与投保人签订保险合同之前或者签订保险合同之时，对于保险合同中所约定的免责条款，除了在保险单上提示投保人注意外，还应当对有关免责条款的概念、内容及其法律后果等，以书面或者口头形式向投保人或其代理人作出解释，以使投保人明了该条款的真实含义和法律后果。允许保险人的证明手段多样化，除了投保人对已了解有关免责条款内容的声明确认外，诸如音像资料、证人证言等只要能够证明保险人已履行明确说明义务的，人民法院也应予以认定。

关于保险免责条款的范围，从《保险法》本条立法的精神上来判断，应该以保险条款的实质为准，只要条款中确实免除了保险公司的责任的，无论该条放置在保险条款的哪个位置，均应认定为保险免责条款。

保险公司在2015年修订的《保险法》关于保险人明确说明义务所作出修改后应作出

如下应对：

首先，保险公司应严格遵守《保险法》第十八条第一款的规定，履行在投保单上附保险条款的义务。当然，这必然会增加保险公司的运营成本。因此，要选择成本与举证能兼顾的方法。

其次，2015年修订的《保险法》规定的"保险人在订立合同时应当在投保单、保险单或者其他保险凭证上作出足以引起投保人注意的提示"是可选择条款，即保险公司对免责条款的提示可以选择在投保单、保险单或者其他保险凭证上任意一处作出，但如仅仅在保险单上提示的，可能会给保险公司带来风险，建议选择在投保单上作统一提示。

再次，根据具体保险条款的特点，将散布在保险条款各个位置中的免责条款向投保人作出提示。

最后，在尚没有更明确规定的情况下，保险公司在履行明确说明义务时，可参照上述两个解释所要求的标准。

发生下列情形的，保险人得以免除保险责任：

（1）投保人故意隐瞒事实，不履行如实告知义务的，或者因过失未履行如实告知义务，足以影响保险人决定是否同意承保或者提高保险费率的，保险人有权解除保险合同。投保人故意不履行如实告知义务的，保险人对于保险合同解除前发生的保险事故，不承担赔偿或者给付保险金的责任，并不退还保险费。

投保人因过失未履行如实告知义务，对保险事故的发生有严重影响的，保险人对于保险合同解除前发生的保险事故，不承担赔偿或者给付保险金的责任，但可以退还保险费。

被保险人或者受益人在未发生保险事故的情况下，谎称发生了保险事故，向保险人提出赔偿或者给付保险金的请求的，保险人有权解除保险合同，并不退还保险费。

投保人、被保险人或者受益人故意制造保险事故的，保险人有权解除保险合同，不承担赔偿或者给付保险金的责任，除本法另有规定外，也不退还保险费。

（2）保险事故发生后，投保人、被保险人或者受益人以伪造、变造的有关证明、资料或者其他证据，编造虚假的事故原因或者夸大损失程度的，保险人对其虚报的部分不承担赔偿或者给付保险金的责任。

投保人、被保险人或者受益人有前三款所列行为之一，致使保险人支付保险金或者支出费用的，应当退回或者赔偿。

（3）投保人、受益人故意造成被保险人死亡、伤残或者疾病的，保险人不承担给付保险金的责任。投保人已缴足2年以上保险费的，保险人应当按照合同约定向其他享有权利的受益人退还保险单的现金价值。受益人故意造成被保险人死亡或者伤残的，或者故意杀害被保险人未遂的，丧失受益权。

（4）以死亡为给付保险金条件的合同，被保险人自杀的。

《保险法》第四十四条修订为："以被保险人死亡为给付保险金条件的合同，自合同成立或者合同效力恢复之日起两年内，被保险人自杀的，保险人不承担给付保险金的责任，但被保险人自杀时为无民事行为能力人的除外。保险人依照前款规定不承担给付保险金责任的，应当按照合同约定退还保险单的现金价值。"

这一修订主要有三个方面的变化。首先，对如何确定保险人不承担赔偿责任的被保险人自杀情形，作了新的界定。其次，被保险人自杀时为无民事行为能力人的，不适用两年的规定，保险人承担保险责任。最后，2015年修订的《保险法》在原规定"自成立之日起"的基础上，增加了"或者合同效力恢复之日起"（即复效之日起），考虑更加周到，对保险公司利益保护更为有利。

2015年修订的《保险法》对自杀如何处理的规定完善了很多。首先强调自杀必须是投保人在正常的情况下实施的，即自杀当时不是无民事行为能力，否则不构成本条的"自杀"，即如果被保险人自杀当时没有民事行为能力，就不是本条的自杀，保险公司仍应当赔偿。同时本条规定如果保险合同在履行期间中止然后效力恢复的，被保险人在效力恢复后自杀的，两年的起算时间从保险合同效力恢复时开始计算，而不是从原合同成立时开始计算，这一方面降低了投保人或被保险人的道德风险，这其中的原理就与复效时保险公司要求投保人继续履行如实告知义务一样，毕竟保险在合同中止期间被保险人发生什么样的变化，保险人并不清楚。这样规定也是强化被保险人的最大诚信原则。

其实对于"自杀"如何理解的问题，以前保监会和最高法院也有批复，无民事行为能力人自杀不构成旧《保险法》第六十六条中的自杀，新《保险法》的规定吸收了批复的精神。

（5）人身保险的被保险人因第三者的行为而发生死亡、伤残或者疾病等保险事故的，保险人向被保险人或者受益人给付保险金后，不得享有向第三者追偿的权利。但被保险人或者受益人仍有权向第三者请求赔偿。

（6）投保人解除合同，已缴足2年以上保险费的，保险人应当自接到解除合同通知之日起30日内，退还保险单的现金价值；未缴足2年保险费的，保险人按照合同约定在扣除手续费后，退还保险费。

旧《保险法》仅规定："保险人收到被保险人或者受益人的赔偿或者给付保险金的请求后，对不属于保险责任的，应当向被保险人或者受益人发出拒绝赔偿或者拒绝给付保险金通知书"，而没有规定保险人做出通知的时限以及应在拒赔通知书上说明不赔付的理由。虽然现在很多保险公司在拒赔通知书上注明了不赔付的理由，但都是非常简略，几乎都是直接引用法律规定，如"没有如实告知，解除保险合同，不予支付保险金"等简要说明，对案件事实没有进行任何评述，更没有告知没有履行如实告知义务的具体内容，而且动作拖拉，导致了投保人和保险公司的矛盾激化，使得保险人与投保人的关系更为紧张，不必要的诉讼增多，保险人也不能树立好的形象。毕竟保险的专业性很强，仅仅笼统地直接引用法律规定，而没有比较详细的理由说明，是很难以让被保险人、受益人接受的。

2015年修订的《保险法》的这一规定强化了保险公司的通知期限，以及拒赔理由说明义务，在受保人收到拒赔书时可以有效地缓和投保人和保险公司的紧张关系。

五、保险合同的变更和解除

（一）保险合同的变更

在保险合同有效期内，投保人和保险人协商一致，可以变更保险合同有关内容。变更保险合同内容的，应当由保险人在原保险单或者其他保险凭证上批注或者附贴批单，或者由投保人和保险人订立变更的书面协议。

保险标的的转让应当通知保险人，经保险人同意继续承保后，依法变更合同。但是，货物运输保险合同和另有约定的合同除外。

(二) 保险合同的解除

保险合同的解除是指经合同双方当事人协商一致，或有解除权的一方当事人根据法律的规定或合同的约定，解除双方合同关系的法律行为。保险合同一经解除，当事人之间的权利义务关系即告消灭。《保险法》规定，保险合同成立后，除本法另有规定或者保险合同另有约定外，投保人可以解除保险合同，保险人不得解除保险合同。

货物运输保险合同和运输工具航程保险合同，保险责任开始后，合同当事人不得解除合同。

六、财产保险合同与人身保险合同

(一) 财产保险合同

1. 财产保险合同的概念

财产保险合同是以财产及其有关利益为保险标的的保险合同。一般来讲，财产保险合同属于损失补偿性质的合同，保险人的责任以补偿被保险人的实际损失为限，且不超过保险金额。财产保险合同的种类很多，火灾保险合同、企业财产保险合同、机动车辆保险合同、建筑和安装工程保险合同、责任保险合同等都属于财产保险合同。

2. 财产保险合同当事人的权利与义务

财产保险合同当事人除应承担一般保险合同当事人的义务外，还应承担以下义务。

(1) 被保险人应当遵守国家有关消防、安全、生产操作、劳动保护等方面规定，维护保险标的的安全。根据合同的约定，保险人可以对保险标的的安全状况进行检查，及时向投保人、被保险人提出消除不安全因素和隐患的书面建议。投保人、被保险人未按照约定履行其对保险标的安全应尽的责任的，保险人有权要求增加保险费或者解除合同。保险人为维护保险标的的安全，经被保险人同意，可以采取安全预防措施。

(2) 在合同有效期内，保险标的的危险程度增加的，被保险人按照合同约定及时通知保险人，保险人有权增加保险费或者解除合同。否则，因保险标的危险程度增加而发生的保险事故，保险人不承担赔偿责任。

(3) 保险事故发生时，被保险人有责任尽力采取必要的措施，防止或者减少损失。施救的费用，在保险标的损失赔偿金额以外另外计算，最高不超过保险金额的数额，由保险人支付。

3. 保险金额与保险价值的确定

保险标的的保险价值，可以由投保人和保险人约定并在合同中载明，也可以按照保险事故发生时保险标的的实际价值确定。保险金额不得超过保险价值，超过保险价值的，超过的部分无效。保险金额低于保险价值的，除合同另有约定外，保险人按照保险金额与保险价值的比例承担赔偿责任。

4. 保险合同的终止

保险标的发生部分损失的，在保险人赔偿后 30 日内，投保人可以终止合同；除合同规定不得终止的以外，保险人也可以终止合同。保险人终止合同的，应当提前 15 日通知投保人，并将保险标的未受损失部分的保险费，扣除自保险责任开始之日起至终止合同之日止期间的应收部分后，退还投保人。

5. 代位求偿权

代位求偿权,又称代位追索权,是指在保险标的损失是由第三者行为造成时,投保人从保险人处取得赔偿后,应将向第三者追偿的权利转让给保险人,保险人有权从有过失的责任人处取得补偿。关于代位求偿权,保险法规定如下:

因第三者对保险标的的损害而造成保险事故的,保险人自向被保险人赔偿保险金之日起,在赔偿金额范围内代位行使被保险人对第三者请求赔偿的权利。

上述保险事故发生后,被保险人已经向第三者取得损害赔偿的,保险人赔偿保险金时,可以相应扣减被保险人从第三者已取得的赔偿金额。

保险人依法行使代位请求赔偿的权利,不影响被保险人就未取得赔偿的部分向第三者请求赔偿的权利。

保险事故发生后,保险人未赔偿保险金之前,被保险人放弃对第三者的请求赔偿的权利的,保险人不承担赔偿保险金的责任。保险人向被保险人赔偿保险金后,被保险人未经保险人同意放弃对第三者请求赔偿的权利的,该行为无效。由于被保险人的过错致使保险人不能行使代位请求赔偿的权利的,保险人可以相应扣减保险赔偿金。除被保险人的家庭成员或者其组成人员故意造成上述保险事故以外,保险人不得对被保险人的家庭成员或者其组成人员行使代位请求赔偿的权利。

6. 重复保险

重复保险是指投保人对同一保险标的、同一保险利益、同一保险事故分别与两个以上保险人订立保险合同的保险。重复保险只适用于财产保险。重复保险的投保人应当将重复保险的有关情况通知各保险人。

重复保险的保险金额总和超过保险价值的,各保险人的赔偿金额的总和不得超过保险价值。除合同另有约定外,各保险人按照其保险金额与保险金额总和的比例承担赔偿责任。

(二) 人身保险合同

人身保险合同是以人的寿命和身体为保险标的的保险合同。人身保险合同的保险标的为人的生命或者身体,保险事故为被保险人的生、死、残废、疾病等。

1. 人身保险合同无效条件

投保人申报的被保险人年龄不真实,并且其真实年龄不符合合同约定的年龄限制的,保险人可以解除合同,并在扣除手续费后,向投保人退还保险费,但是自合同成立之日起逾2年的除外。

以死亡为给付保险金条件的合同,未经被保险人书面同意并认可保险金额的,合同无效。投保人不得为无民事行为能力人投保以死亡为给付保险金条件的人身保险,保险人也不得承保。父母为其未成年子女投保的人身保险,不受以上规定的限制,但是死亡给付保险金额总和不得超过金融管理部门规定的限额。

2. 受益人的确定与变更

人身保险的受益人由被保险人或者投保人指定。投保人指定受益人时需经被保险人同意。被保险人为无民事行为能力人或者限制民事行为能力人的,可以由其监护人指定受益人。被保险人或者投保人可以指定一人或者数人为受益人。受益人为数人的,被保险人或者投保人可以确定受益顺序和受益份额;未确定受益份额的,受益人按照相等份额享有受益权。

（1）关于人身保险合同受益人的指定。2015年修订的《保险法》第三十九条第二款新增规定：投保人为与其有劳动关系的劳动者投保人身保险，不得指定被保险人及其近亲属以外的人为受益人。

这一条款的规定主要是对应2015年修订的《保险法》第三十一条人身保险保险利益中新增的"与投保人有劳动关系的劳动者"而设。2015年修订的《保险法》第三十九条第二款内容就是杜绝企业为职工投保后，又指定企业为受益人的现象，有利于增强对企业员工的保障。需要注意的是，结合2015年修订的《保险法》第三十四条的规定，以死亡为给付保险金条件的合同，仍需被保险人同意并认可保险金额，否则保险合同无效。

2015年修订的《保险法》增加的内容是"投保人为与其有劳动关系的劳动者投保人身保险的，不得指定被保险人及其近亲属以外的人为受益人"，该规定是与2015年修订的《保险法》第三十一条第一款第四项相对应，主要是保护劳动者的利益，避免用人单位利用与劳动者的不对等关系，把受益人写为对劳动者没有保险利益的人，如用人单位，而使保单对劳动者没有利益，不利于对劳动者合法权益的保护。

（2）关于受益人和被保险人死亡顺序的先后。2015年修订的《保险法》第四十二条规定：受益人与被保险人在同一事件中死亡，且不能确定死亡先后顺序的，推定受益人死亡在先。

在人身保险中，被保险人与受益人基本都是近亲属或是同住的一家人，他们平常的生活比较紧密，这样一旦发生意外事故，一起死亡的概率较大，对于被保险人和受益人在一起意外事故（或保险事故）中死亡，若受益人与被保险人先后顺序无法确定时，推定谁先死亡涉及受益人的承继人和被保险人的承继人的利益保护和分配以及道德风险问题。旧《保险法》没有对此问题进行规定，2015年修订的《保险法》的该规定是一大进步。

根据2015年修订的《保险法》规定，在保险合同中受益人的确定必须经被保险人同意，当被保险人和受益人在一起事故中死亡无法确定先后死亡顺序的，有两种可能，即被保险人先死亡或受益人先死亡，如果被保险人先死亡，则受益人按合同约定取得保险金，然后该保险金作为自己的遗产由其承继人承继；若受益人先死亡，则直接按本条第一款处理。在死亡顺序无法确定的情况下，为保护被保险人的利益，尊重被保险人的意愿（自由选择受益人）的角度出发，推定受益人先死亡是合理的。否则，无论实际是哪种情形，保险金都实际由受益人的承继人承继，而受益人先死亡的概率是50%，在受益人先死亡的情形下，推定被保险人先死亡的结果可能会违背被保险人的意愿，不能有效地体现被保险人的意思自治。

同时，规定推定受益人先死亡还可以避免受益人的承继人故意制造事故的情形。虽然《保险法》规定受益人故意制造保险事故的，丧失受益人权利，但并没有规定受益人的承继人故意制造保险事故的，受益人是否丧失受益人权利。故若推定被保险人先死亡，就意味着受益人的承继人有权承继保险金，在客观上即有促使受益人的承继人故意制造保险事故的风险，这在保险风险防范里是不允许的。

（3）受益人故意造成被保险人死亡的，保险人不免责。原《保险法》规定，在受益人故意造成被保险人死亡伤残或者疾病时，保险人不承担给付保险金责任。这对于无辜的被保险人不公平，2015年修订的《保险法》作出了修改完善，规定此种情形下，实施非法行为的受益人丧失受益权，但保险人不因此免除保险责任，被保险人的利益仍然受到保护。

（4）人身保险中取消了"手续费"。原《保险法》第五十四条、第五十九条及第六十九条都规定"保险人解除合同在扣除手续费后，向投保人退还保险费"，而2015年修订的《保险法》第三十二条、第三十七条、第四十七条则规定：不论投保人是否交足2年以上保险费，保险合同解除后，保险公司均"退还保险单的现金价值"。

2015年修订的《保险法》的规定变更了合同解除时的处理原则。原《保险法》规定："保险人依照前款规定解除合同，投保人已交足2年以上保险费的，保险人应当按照合同约定退还保险单的现金价值；投保人未交足2年保险费的，保险人应当在扣除手续费后，退还保险费。"而2015年修订的《保险法》规定："合同解除时统一按保险单的现金价值退还"，这很难说是对投保人利益的保护。

传统寿险的现金价值可以简化地给出一个公式：保单的现金价值＝投保人已缴纳的保费－保险公司的管理费用开支在该保单上分摊的金额－保险公司因为该保单向推销人员支付的佣金－保险公司已经承担该保单保险责任所需要的纯保费＋剩余保费所生利息。原《保险法》在交足两年保费前保单的现金价值与保险费减去手续费之间的大小关系仍不清楚，不好从公平的角度论述，而2015年修订的《保险法》统一处理规则后却便于实际操作，至少是减轻了保险的精算工作。

第一，在原《保险法》下，由于法律没有对"手续费"的概念进行界定，实务中对"手续费"的构成往往存在很大争议；

第二，要注意人身保险的"手续费"构成和财产保险的"手续费"构成是不同的，人身保险的"手续费"一般要高于财产保险的"手续费"；

第三，2015年修订的《保险法》虽然在人身保险中取消了"手续费"的概念，而全部使用"现金价值"，但对何为现金价值仍没有进行界定。为此，保险公司最好在保险合同中附上现金价值表或直接在保险合同中列明退保金的数额或计算方法。

第三节　保险机构

我国的保险机构包括保险公司和专业保险中介机构等。

一、保险公司

2015年修订的《保险法》在第十条保险人的定义中，新增"并按照合同约定"这一限定词。旨在说明保险公司只是保险合同的一方当事人，保险人与投保人的权利义务关系应以保险合同约定的内容确定。这也是2015年《保险法》修订的一个突出特点，即强调"按照合同约定"，并将这一理念贯穿于整个保险合同法部分。比如第二十三条、第三十二条、第五十二条、第五十四条等都新增了"按照合同约定"或"合同另有约定的除外"等规定。这一修订主要针对在司法实务中，有些法院在审理保险案件时，无视保险合同的相对性原理、无视保险合同所约定的权利义务关系，一味地强调保护被保险人利益的做法。2015年修订的《保险法》强调保险合同虽多数采用格式条款形式订立，但仍然是基于双方自愿订立的民事合同。因此，应尊重保险合同本身的约定，以合同约定来确定各自的权利义务内容。

保险公司是指经保险监督管理机构批准设立，并依法登记注册的各类商业保险公司。非经中国银行保险监督管理委员会（下称银保监会）批准，任何单位、个人不得在中华人民共和国境内经营或者变相经营商业保险业务。保险公司应当采取股份有限公司或者国有独资公司的组织形式。

（一）保险公司的设立条件

（1）有合法的公司章程。

（2）符合规定的注册资本最低限额。注册资本为实缴货币资本，最低限额为2亿元人民币。

保险监督管理机构根据保险公司业务范围、经营规模，可以调整其注册资本的最低限额。但是，不得低于前款规定的限额。

（3）具备任职专业知识和业务工作经验的高级管理人员。保险公司的高级管理人员必须符合银保监会规定的任职资格。

（4）有健全的组织机构和管理制度。

（5）有符合要求的营业场所和与业务有关的其他设施。

（6）保险股份有限公司的股东应为企业法人或者国家允许投资的其他组织；股东资格应符合银保监会的有关规定。

（7）银保监会要求具备的其他条件。

（二）设立保险公司的程序

1．筹建申请

设立保险公司应该首先以书面形式向银保监会提出筹建申请，银保监会自收到筹建保险公司申请文件之日起，6个月内做出批准或者不批准的决定，并会书面通知。申请未获批准的，申请人1年内不得再次提出同样的申请。

2．筹建保险公司

经银保监会批准筹建保险公司的，应在6个月内完成筹建工作；逾期未完成筹建工作的，原批准筹建文件自动失效。经筹建人申请，银保监会批准，筹建期可延长6个月。筹建机构在筹建期间不得从事任何保险业务经营活动。

3．申请领取经营保险业务许可证

筹建完成后，保险公司可以提出开业申请，并向银保监会提交相关的材料。银保监会自收到开业申请文件后，批准设立保险公司的，予以颁发经营保险业务许可证。保险公司自取得经营保险业务许可证之日起6个月内无正当理由未办理公司设立登记的，其经营保险业务许可证自动失效。

4．核准登记

经批准设立的保险公司，凭经营保险业务许可证向工商行政管理部门办理登记，领取营业执照。保险公司自领取营业执照之日起即视为成立。

保险公司成立后应当按照其注册资本总额的20%提取保证金，存入保险监督管理机构指定的银行，除保险公司清算时用于清偿债务外，不得动用。

保险公司在中华人民共和国境内外设立分支机构，须经保险监督管理机构批准，取得分支机构经营保险业务许可证。保险公司分支机构不具有法人资格，其民事责任由保险公司承担。

保险公司在中华人民共和国境内外设立代表机构，须经保险监督管理机构批准。

（三）保险公司的组织机构

保险公司的组织机构，适用公司法的规定。国有独资保险公司设立监事会。监事会由金融监督管理部门、有关专家和保险公司工作人员的代表组成，对国有独资保险公司提取各项准备金、最低偿付能力和国有资产保值增值等情况以及高级管理人员违反法律、行政法规或者章程的行为和损害公司利益的行为进行监督。

（四）保险公司的解散与清算

保险公司因分立、合并或者公司章程规定的解散事由出现，经金融监督管理部门批准后解散。保险公司应当依法成立清算组进行清算。经营有人寿保险业务的保险公司，除分立、合并外，不得解散。

保险公司违反法律、行政法规，被保险监督管理机构吊销经营保险业务许可证的，依法撤销。由保险监督管理机构依法及时组织清算组进行清算。

保险公司不能支付到期债务，经保险监督管理机构同意，由人民法院依法宣告破产。保险公司被宣告破产的，由人民法院组织保险监督管理机构等有关部门和有关人员成立清算组进行清算。

经营有人寿保险业务的保险公司被依法撤销或者被依法宣告破产的，其持有的人寿保险合同及准备金，必须转移给其他经营有人寿保险业务的保险公司；不能同其他保险公司达成转让协议的，由保险监督管理机构指定经营有人寿保险业务的保险公司接受。转让或者由保险监督管理机构指定接受前款规定的人寿保险合同及准备金的，应当维护被保险人、受益人的合法权益。

保险公司依法破产的，破产财产优先支付其破产费用后，按照下列顺序清偿：①所欠职工工资和劳动保险费用；②赔偿或者给付保险金；③所欠税款；④清偿公司债务。破产财产不足清偿同一顺序清偿要求的，按照比例分配。

保险公司依法终止其业务活动，应当注销其经营保险业务许可证。

二、保险公司的业务范围和经营规则

（一）保险公司的业务范围

保险公司的业务范围包括财产保险业务和人身保险业务。同一保险人不得同时兼营财产保险业务和人身保险业务。但是，经营财产保险业务的保险公司经保险监督管理机构核定，可以经营短期健康保险业务和意外伤害保险业务。保险公司的业务范围由保险监管机构核定。保险公司只能在被核定的业务范围内从事保险经营活动。

（1）财产保险公司的业务范围。经银保监会批准，财产保险公司可以经营财产损失保险、责任保险、信用保险等保险业务。

（2）人身保险公司的业务范围。经银保监会批准，人身保险公司的业务可以包括人寿保险、健康保险、意外伤害保险等保险业务。

（二）保险公司经营规则

保险公司从事保险活动必须遵守法律、行政法规，遵循自愿和诚实信用的原则。保险公司开展业务，应遵循公平竞争原则，不得从事不正当竞争。

保险公司应当根据保障被保险人利益、保证偿付能力的原则，提取各项责任准备金。保险公司应当按照已经提出的保险赔偿或者给付金额，以及已经发生保险事故但尚未提出的保险赔偿或者给付金额，提取未决赔款准备金。保险公司应当依照有关法律、行政法规及国家财务会计制度的规定提取公积金。为了保障被保险人的利益，支持保险公司稳健经营，保险公司应当按照保险监督管理机构的规定提存保险保障基金。

保险公司应当具有与其业务规模相适应的最低偿付能力。保险公司的实际资产减去实际负债的差额不得低于保险监督管理机构规定的数额；低于规定数额的，应当增加资本金，补足差额。经营财产保险业务的保险公司当年自留保险费，不得超过其实有资本金加公积金总和的四倍。

保险公司的资金运用，限于在银行存款、买卖政府债券、金融债券和国务院规定的其他资金运用形式。保险公司的资金不得用于设立证券经营机构，不得用于设立保险业以外的企业。

除人寿保险业务外，经营其他保险业务，应当从当年自留保险费中提取未到期责任准备金；提取和结转的数额，应相当于当年自留保险费的50%。经营人寿保险业务的保险公司，应当按照有效的人寿保险单的全部净值提取未到期责任准备金。

在中国境内的法人和其他组织需要办理境内保险的，应向中国境内的保险公司投保。对于商业保险业务，只能由依法设立的保险公司承保，其他单位和个人不得经营。保险代理人、保险经纪人在办理保险业务时，不得利用行政权力、职务或职业便利及其他不正当手段，强迫、引诱或限制投保人订立保险合同。

三、保险经营

（一）保险专营

2015年修订的《保险法》第六条规定："保险业务由依照本法设立的保险公司以及法律、行政法规规定的其他保险组织经营，其他单位和个人不得经营保险业务。"新法在原条文的基础上增加了"法律、行政法规规定的其他保险组织经营"，重申了保险专营的思想。同时，考虑到在保险公司以外，还可能有一些其他性质的保险组织，如相互保险组织、互助合作保险组织（中国渔业互保协会）等也从事保险活动，法律为这些组织将来可能被纳入商业保险范畴留出了口子。

（二）分业经营

2015年修订的《保险法》增加了一条内容，规定为第八条，"保险业和银行业、证券业、信托业实行分业经营、分业管理，保险公司与银行、证券、信托业务机构分别设立。国家另有规定的除外。"新法明确了金融机构"分业经营、分业管理"，但也为其混业经营留下了空间。

（三）针对新《保险法》关于投保人如实告知义务所作出的修改，保险公司的注意事项

第一，从有利于举证的角度，建议保险公司仍采用书面询问方式或其他有利保存证据的方式对投保人进行询问。

第二，保险公司在今后的保单销售及核保过程中应更加严格、规范，因为保险人对保险标的的风险评估将不能完全依赖投保人的告知，即使投保人未履行如实告知义务，保险人的合同解除权也受到一定的限制。

第三，保险公司要及时行使解除权。在发现投保人有不实告知情形时，应在30天内行使解除权。

第四，针对人身保险中易引起争议的"体检是否免除投保人告知义务"的问题。在2015年修订的《保险法》中规定了"弃权与禁止反言"规则后，应注意如果保险公司通过体检发现了被保险人的健康状况存在问题而继续承保的，保险公司将不得以投保人未如实告知为由解除合同。

四、保险中介与保险监管

（一）保险代理人

保险代理人是指根据保险人的委托，向保险人收取代理手续费，并在保险人授权的范围内代为办理保险业务的单位或者个人。其中单位即保险代理机构可以以合伙企业、有限责任公司或股份有限公司形式设立。保险人委托保险代理人代为办理保险业务的，应当与保险代理人签订委托代理协议，依法约定双方的权利和义务及其他代理事项。保险代理人根据保险人的授权代为办理保险业务的行为，由保险人承担责任。

保险代理人为保险人代为办理保险业务，有超越代理权限行为，投保人有理由相信其有代理权，并已订立保险合同的，保险人应当承担保险责任；但是保险人可以依法追究越权的保险代理人的责任。经营人寿保险代理业务的保险代理人，不得同时接受两个以上的保险人的委托。

（二）保险经纪人

保险经纪人是指基于投保人的利益，为投保人与保险人订立保险合同提供中介服务，并依法收取佣金的单位。在我国，保险经纪人限于依法经银保监会批准设立的经营保险经纪业务的保险经纪公司（有限责任公司或股份有限公司）。

因保险经纪人在办理保险业务中的过错，给投保人、被保险人造成损失的，由保险经纪人承担赔偿责任。

（三）保险公估人

保险公估人是指依法经银保监会批准设立的，接受保险当事人委托，专门从事保险标的的评估、勘验、鉴定、估损、理算等业务的单位。保险公估机构可以以合伙企业、有限责任公司或股份有限公司等形式设立。

（四）对保险代理人、保险经纪人的监管

保险代理人、保险经纪人在办理保险业务活动中不得有下列行为：

（1）欺骗保险人、投保人、被保险人或者受益人；

（2）隐瞒与保险合同有关的重要情况；

（3）阻碍投保人履行保险法规定的如实告知义务，或者诱导其不履行保险法规定的如实告知义务；

（4）承诺向投保人、被保险人或者受益人给予保险合同规定以外的其他利益；

（5）利用行政权力、职务或者职业便利以及其他不正当手段强迫、引诱或者限制投保人订立保险合同。

保险代理人、保险经纪人应当具备保险监督管理机构规定的资格条件，取得保险监督管理机构颁发的经营保险代理业务许可证或者经纪业务许可证，向工商行政管理部门办理登记，领取营业执照，并缴存保证金或者投保职业责任保险。

保险代理人、保险经纪人应当有自己的经营场所，设立专门账簿记载保险代理业务或者经纪业务的收支情况，并接受保险监督管理机构的监督。

保险代理手续费和经纪人佣金，只限于向具有合法资格的保险代理人、保险经纪人支付，不得向其他人支付。

（五）保险业监督管理

1. 保险监督管理机构

我国保险监督管理机构是中国银行保险监督管理委员会，其主要职责是：

（1）研究和拟定保险业的方针政策、发展战略和行业规划；起草保险业的法律、法规；制定保险业的规章。

（2）依法对全国保险市场实行集中统一的监督管理，对中国银行保险监督管理委员会的派出机构实行垂直领导。

（3）审批保险公司及其分支机构、建立保险风险评价、预警和监控体系。

2. 监督管理的内容

为了加强对保险公司的监督管理，促进保险行业健康发展，银保监会发布修订后的《保险公司管理规定》（以下简称《规定》），自2009年10月1日起施行。2013年4月27日保监会第一次修订，2015年10月19日保监会第二次修订。《规定》的修订，是贯彻落实2015年修订的《保险法》的重要举措，是加强监管，适应行业发展，保护投保人、被保险人和受益人合法权益的客观需要。《规定》的修订主要包括以下几个方面：

（1）提高准入门槛。在法人机构设立条件上，根据2015年修订的《保险法》对保险公司法人机构股东的要求，规定设立保险公司，其股东必须符合法律、行政法规的规定。在分支机构设立条件上，除要求保险公司满足"上一年度偿付能力充足"以外，还要求申请前连续两个季度偿付能力充足；对申请人、省级分公司、省级分公司以外其他分支机构也提出了合规性要求。此外，要求保险公司必须具备良好的公司治理结构，内控健全，并建立了分支机构管理制度。

（2）强化对保险公司分支机构的内部管控和外部监管。要求保险公司应当制定分支机构管理制度，强化上级机构对下级机构的管控；要求分支机构应当配备必要的人员、设备，负责人应当是签订劳动合同的正式员工。对保险公司频繁撤销分支机构和频繁变更分支机构营业场所的情形，可能对被保险人合法权益保护和公司经营造成不利影响的，规定了监管机构有权采取的各项措施。

（3）明确对营销服务部的监管要求。将营销服务部纳入保险公司分支机构序列进行统一监管。不要求现有的营销服务部按照新的分支机构准入条件重新申请设立，但应当符合《规定》对分支机构的日常监管要求，不符合规定的，应在2年时间内进行整改。

保险机构准入监管是保险监管工作的重要组成部分。准入监管既要尊重市场发展规律，符合市场发展需要，也要以有利于规范市场秩序、维护行业稳定发展、保护被保险人利益为目标。《规定》坚持上述原则，进一步完善了保险机构准入和日常监管制度，全面加强了对保险机构的监管，对促进保险业持续、稳定、健康发展具有重要意义。

综合实训

一、单项选择题

1. 确立保险合同成立的时间对保险双方当事人来说，都十分重要。保险合同应以（　　）在投保书或其他保险协议书上签字或盖章的时间来确定。
   A. 保险人　　　B. 投保人　　　C. 保险经纪人　　　D. 保险公证人

2. 以死亡为给付保险金条件的合同，自成立之日起满多长时间后，如果被保险人自杀的，保险人可以按照合同给付保险金？（　　）
   A. 1年　　　B. 2年　　　C. 3年　　　D. 5年

3. 下列关于保险价值与保险金额的说法，正确的是（　　）。
   A. 保险价值是指保险标的所具有的价值
   B. 保险价值是指保险当事人约定的保险标的价值
   C. 保险金额是指保险人应当赔偿的保险金的数额
   D. 保险金额是指被保险人应当交付给保险人的保险费用

4. 如果保险人与投保人、被保险人或者受益人对保险条款的理解发生争议，则人民法院或仲裁机关应当对有争议的保险条款作出哪种解释？（　　）
   A. 应当作出有利于投保人的解释
   B. 应当作出有利于保险人的解释
   C. 应当根据有利于被保险人和受益人的原则作出解释
   D. 应当依据有关法律，作出对保险人、投保人、被保险人和受益人都公正、合理的解释

5. 未经批准，而擅自设立保险公司，或非法从事商业保险业务活动的，依法追究（　　）责任。
   A. 刑事　　　B. 民事　　　C. 行政　　　D. 经济

二、多项选择题

1. 下列哪些人在保险事故发生后对保险人负有通知出险情况的义务？（　　）
   A. 投保人　　　B. 利害关系人　　　C. 被保险人　　　D. 受益人

2. 保险公司及其工作人员在保险业务中不得从事下列行为：（　　）
   A. 承诺向投保人、被保险人或受益人给予保险合同规定以外的保险回扣或其他利益
   B. 对投保人隐瞒与保险合同有关的重要情况
   C. 诱导投保人不履行保险法规定的如实告知义务
   D. 欺骗投保人、被保险人或受益人

3. 我国《保险法》第八十二条规定："保险公司的组织机构，适用公司法的规定。"公司内部组织机构应由（　　）三个机构组成。
   A. 股东会　　　B. 董事会　　　C. 理事会　　　D. 监事会

4. 下列选项中的内容哪些符合人身保险的特征？（　　）
   A. 是一种定额给付性质的保险
   B. 是自愿保险，不存在强制保险
   C. 必须由人寿保险公司专门经营
   D. 必须由被保险人同意才能投保

5. 下列业务中，哪些为保险代理公司的业务范围？（　　）
   A. 代理推销保险产品
   B. 代理收取保险费
   C. 代办保险资金的投资运用
   D. 协助保险公司进行损失的勘查和理赔

三、案例分析题

1. 2010年11月1日，王某与中国人民保险公司某分公司，签订了家庭财产两全保险附加盗窃险合同，保险金额6500元，保险期限为3年。由于疏忽，王某在投保单和保险合同上均没有填写家庭地址。同年12月20日，王某家被盗，王某立即向公安机关报案，并同时通知了保险公司。公安机关出具了被

盗证明。王某列出了价值 6300 元的被盗物品清单提交给保险公司，要求保险公司赔偿。保险公司在准备按照保险合同约定予以赔偿时，发现投保单和保险合同上均未填写家庭地址，就以保险合同欠缺主要事项为由，认定保险合同不能成立，拒绝赔付。王某认为，自己和保险公司就投保家庭财产两全保险附加盗窃险已达成了一致意见，并且保险合同也已签订，按照合同法规的规定，采用合同书形式订立合同的，自双方当事人签字或盖章时合同成立。该保险合同已经双方签字，就具有法律效力，所以，保险公司在自己家庭财产被盗后，理应按照保险合同的约定承担赔偿责任。

问题：

王某的理由合法吗？

2. 某商场对三楼进行装修，经招标，A 装修公司中标，当天，商场在保险公司投保了财产险。A 公司与商场签订合同后，开始进场装修，现场存放了大量装修材料，由于电焊工操作不当，电焊火花引发火灾，经消防队扑救，火灾给商场造成了 80 万元的财产损失。商场立即通知保险公司，保险公司在现场勘察的同时，也对失火原因和损失情况进行了调查，确认保险事故属于责任范围，就及时补偿了商场的经济损失。商场将向 A 装修公司的追偿权以书面形式转让给了保险公司。保险公司便向 A 装修公司追偿经济损失，A 装修公司认为应由商场向自己要求赔偿而拒绝给付。

问题：

保险公司赔偿后可不可以向责任人追偿？

3. 陈某 2010 年购得丰田佳美轿车一辆，随后在自住小区的 A 物业管理公司租得车位一个，并按月向 A 公司缴纳保管费 300 元。同时，陈某向平安保险公司投保了车辆损失险和全车盗抢险。2010 年 7 月 12 日晚，陈某将车停在小区自己的车位，7 月 13 日早晨，当陈某到车位取车时，发现自己的车不见了，即告之 A 公司，并向派出所报案。7 月 14 日，陈某也向保险公司报案。事后，陈某要求 A 公司赔偿，A 公司承认车辆被盗的事实，但认为陈某交的是车位租金，不是车的保管费，不同意赔偿。同年，陈某向保险公司提出索赔，保险公司未予理赔。三个月后，汽车还没找到。随后，陈某向人民法院提起诉讼。

问题：

（1）陈某可否向保险公司索赔？保险公司有无代位求偿权？

（2）如果陈某先从 A 公司获得了赔偿，保险公司是否还要承担赔偿责任？

第六章 劳动合同法

【知识目标】
1. 熟悉非全日制用工的法律规定、劳动基准法律制度、劳动合同法律制度。
2. 掌握劳动合同的签订、履行以及违约处理。

【技能目标】
熟悉并能够运用劳动法的相关知识,能应用劳动争议和解、调解以及劳动争议的仲裁、诉讼等程序解决劳动纠纷。

【学前案例】
大明于2016年1月1日与天马巴士有限公司签订了劳动合同,天马巴士有限公司招聘大明为其企业职工,双方约定大明每月工资2200元,合同期从2016年1月1日至2017年12月31日止。2017年3月10日11时许,大明驾驶天马巴士有限公司26路无人售票公共汽车到达公主坟起点站,天马巴士有限公司工作人员及临时聘请的稽查人员在车门口叫门未开,遂从车窗爬进车内,从大明后座处搜得夹子一把及现金13.5元。而后,根据车票票款统计出总额缺13.5元。同日,天马巴士有限公司依照本单位《员工守则》第三章第二十九条第6项关于"司乘人员在无人售票车投币箱内(包括投币箱口)偷盗票款者,一律罚款10 000元,并解除劳动合同予以辞退"的规定对大明作出巴字〔2017〕25号处罚通知:"一、罚款10 000元;二、没收赃款13.5元及工具两件;三、解除劳动合同予以辞退。"大明不服,要求撤销处分决定、恢复劳动关系、补发停工期间工资。

问题
1. 本案争议属于什么性质的争议?依法可以通过哪些途径解决?
2. 大明能否直接向法院起诉?为什么?
3. 如果申请劳动仲裁,能否在仲裁中申请先予执行?应由哪个机构作出决定或裁决?
4. 通常情况下,如果不服劳动仲裁裁决可在多长时间内向法院起诉?应向哪个法院提起诉讼?
5. 本案进入诉讼程序后,举证责任如何分配?
6. 仲裁裁决生效后,应当向哪个机构(机关)申请强制执行?

第一节 在校生兼职法律制度

目前,我国非义务教育阶段实行上学缴费,许多在校学生一是为了减轻父母的压力与负担,二是为了丰富自己的生活经验、了解社会,为正式步入社会做准备,在读书期间选择利用业余时间外出兼职。兼职过程中,与用人单位产生纠纷、引发争议的事例不少。如何处理在校生兼职纠纷,目前可选择适用的法律并不多,仅有《中华人民共和国劳动合同法》(下称《劳动合同法》)第68条~第72条关于"非全日制用工"的法律规定。

一、非全日制用工的立法规定

《劳动合同法》第68条:"非全日制用工,是指以小时计酬为主,劳动者在同一用人单位一般平均每日工作时间不超过四小时,每周工作时间累计不超过二十四小时的用工形式。"非全日制劳动合同的内容由双方协商确定,应当包括工作时间和期限、工作内容、劳动报酬、劳动保护和劳动条件五项必备条款,但"非全日制用工双方当事人不得约定试用期"(《劳动合同法》第70条)。

《劳动合同法》第69条:"非全日制用工双方当事人可以订立口头协议。从事非全日制用工的劳动者可以与一个或者一个以上用人单位订立劳动合同;但是,后订立的劳动合同不得影响先订立的劳动合同的履行。"实践中,"口说无凭,立字为证",一般劳动者提出订立书面劳动合同的,应以书面形式订立;有的用人单位招录在校生兼职也会与同学签订兼职的协议。

《劳动合同法》第71条:"非全日制用工双方当事人任何一方都可以随时通知对方终止用工。终止用工,用人单位不向劳动者支付经济补偿。"

二、关于非全日制用工的工资支付(见表6-1)

表6-1 部分城市非全日制工时工资

省份	城市	非全日制用工小时工资/元	实施日期	调整情况	
				调整日期	调整后金额
广东省	深圳	18.5	2015-05-01		
	广州	18.3	2015-05-01		
	珠海	15.8	2015-05-01		
	佛山、东莞、中山	14.4	2015-05-01		
	汕头、惠州、江门、肇庆	13.3	2015-05-01		
	韶关、河源、梅州、汕尾、阳江、湛江、茂名、清远、潮州、揭阳、云浮	12	2015-05-01		
北京		21	2016-09-01		
上海		20	2017-04-01		
天津		19.5	2017-07-01		

注:此表为2017年12月31日时间点部分城市非全日制用工最低工时工资。随着经济的发展,各地不断调整最低工资标准,政府调整后,本表右侧两列供读者记笔记。

非全日制用工的工资支付也可以按小时、日、周为单位结算。

《劳动合同法》第72条:"非全日制用工小时计酬标准不得低于用人单位所在地人民政府规定的最低小时工资标准。非全日制用工劳动报酬结算支付周期最长不得超过十五日。"

三、关于非全日制用工的劳动争议处理

从事非全日制工作的劳动者与用人单位因履行劳动合同引发的劳动争议，按照国家劳动争议处理规定执行，先仲裁，后诉讼。

劳动者直接向其他家庭或个人提供非全日制劳动的，当事人双方发生的争议不适用劳动争议处理规定。

第二节 劳动基准法律制度

一、劳动法基本原理

（一）劳动者

劳动者是在法定劳动年龄内具有劳动能力，以从事劳动获取合法劳动报酬的自然人。凡年满 16 周岁并在法定劳动年龄内有劳动能力的公民是具有劳动权利能力和劳动行为能力的人，包括我国公民、外国公民和无国籍人。

（二）劳动法

1. 劳动法的含义

劳动法有广义和狭义之分。狭义上的劳动法，一般指国家最高立法机构制定颁布的全国性、综合性的劳动法，即《中华人民共和国劳动法》（下称《劳动法》）；广义上的劳动法，是指调整劳动关系以及与劳动关系有密切联系的其他社会关系的法律规范的总称。劳动法是调整劳动关系以及与劳动关系密切联系的其他社会关系的法律规范的总和。

2008 年 1 月 1 日起施行的《劳动合同法》，是全面调整劳动合同关系的法律规范，在规范用人单位与劳动者订立、履行、解除、变更、终止、续订劳动合同中发挥着重要作用。《劳动合同法》于 2012 年修订，2013 年 7 月 1 日起施行。最高人民法院对《劳动合同法》于 2001 年、2006 年、2010 年、2012 年进行了四次司法解释。《劳动法》与《劳动合同法》是一般法与特别法的关系，即《劳动合同法》有规定的，优先适用《劳动合同法》，《劳动合同法》没有规定的，适用《劳动法》。

2. 劳动法的适用范围

中华人民共和国境内的企业、个体经济组织、民办非企业单位等组织与劳动者建立劳动关系，适用劳动法。依法成立的会计师事务所、律师事务所等合伙组织和基金会，属于劳动合同法规定的用人单位。国家机关、事业单位、社会团体和与其建立劳动关系的劳动者，订立、履行、变更、解除或者终止劳动合同关系，依照劳动法的有关规定执行。在国家机关工作的工勤人员（即属于工人编制的人员）与国家机关建立劳动关系，应当订立劳动合同，适用劳动法。事业单位与其工勤人员、编制外人员，实行企业化管理的事业单位与其工作人员之间建立劳动关系，应当订立劳动合同，适用劳动法。社会团体与其工勤人员、编制外人员建立劳动关系，应当订立劳动合同，适用劳动法。

3. 不适用劳动法的情形

（1）国家机关的公务员，事业单位和社会团体中纳入公务员编制或者参照公务员进行管理的工作人员，适用《公务员法》，不适用劳动法。

(2) 实行聘用制的事业单位与其工作人员的关系，法律、行政法规或国务院另有规定的，不适用劳动法；如果没有特别规定，适用劳动法。

(3) 从事农业劳动的农村劳动者（乡镇企业职工和进城务工、经商的农民除外）不适用劳动法。

(4) 现役军人、军队的文职人员不适用劳动法。

(5) 家庭雇佣劳动关系不适用劳动法。

(6) 在国境内享有外交特权和豁免权的外国人等不适用劳动法。

另外，义务性劳动关系、慈善性劳动关系、家务劳动关系不适用劳动法。

(三) 劳动时间

劳动时间，是法律规定的劳动者在一昼夜和一周内从事劳动的时间。

(1) 标准劳动时间，又称标准工时，是指法律规定的在一般情况下普遍适用的，按照正常作息办法安排的工作日和工作周的工时制度。我国的标准工时为劳动者每日工作 8 小时，每周工作 40 小时，在 1 周（7 日）内工作 5 天。

(2) 缩短劳动时间，是指法律规定的在特殊情况下劳动者的工作时间长度少于标准工作时间的工时制度，即每日工作少于 8 小时。缩短工作日适用于：

① 从事矿山井下、高山、有毒有害、特别繁重或过度紧张等作业的劳动者；

② 从事夜班工作的劳动者；

③ 哺乳期内的女职工。

(3) 延长劳动时间。是指超过标准工作日的工作时间，即每日工作时间超过 8 小时，每周工作时间超过 40 小时。延长工作时间必须符合法律、法规的规定。

(4) 不定时劳动时间，是指无固定工作时数限制的工时制度。适用于工作性质和职责范围不受固定工作时间限制的劳动者，如企业中的高级管理人员、外勤人员、推销人员、部分值班人员，从事交通运输的工作人员以及其他因生产特点、工作特殊需要或职责范围的关系，适合实行不定时工作制的职工等。

(5) 综合计算劳动时间，又称综合计算工时工作制，是指以一定时间为周期，集中安排并综合计算工作时间和休息时间的工时制度。即分别以周、月、季、年为周期综合计算工作时间，但其平均日工作时间和平均周工作时间应与法定标准工作时间基本相同。对符合下列条件之一的职工，可以实行综合计算工作日：

① 交通、铁路、邮电、水运、航空、渔业等行业中因工作性质特殊，需连续作业的职工；

② 地质及资源勘探、建筑、制盐、制糖、旅游等受季节和自然条件限制的行业的部分职工；

③ 其他适合实行综合计算工时工作制的职工。

二、休息休假法律制度

休息休假是指劳动者为行使休息权，在国家规定的法定工作时间以外，不从事生产或工作而自行支配的时间。

(一) 休息时间

(1) 工作日内的间歇时间。是指在工作日内给予劳动者休息和用餐的时间。一般为 1 小时，最少不得少于半小时。

（2）工作日间的休息时间，即两个邻近工作日之间的休息时间。一般不少于16小时。

（3）公休假日。又称周休息日，是劳动者在1周（7日）内享有的休息日，公休假日一般为每周2日，一般安排在周六和周日休息。不能实行国家标准工时制度的企业和事业组织，可根据实际情况灵活安排周休息日，应当保证劳动者每周至少休息1日。

（二）休假种类

（1）法定节假日，是指法律规定用于开展纪念、庆祝活动的休息时间。我国劳动法规定的法定节假日有：元旦1月1日，放假1天；春节农历除夕、正月初一、初二，放假3天；清明节农历清明当日，放假1天；端午节农历端午当日，放假1天；中秋节农历中秋当日，放假1天；劳动节5月1日，放假1天；国庆节10月1日、2日、3日，放假3天；法律、法规规定的其他休假节日。

（2）探亲假，是指劳动者享有保留工资、工作岗位而同分居两地的父母或配偶团聚的假期。探亲假适用于在国家机关、人民团体、全民所有制企业、事业单位工作满1年的固定职工。

（3）年休假，是指职工工作满一定年限，每年可享有的带薪连续休息的时间。根据劳动法的规定，机关、团体、企业、事业单位、民办非企业单位、有雇工的个体工商户等单位的职工连续工作1年以上的，享受带薪年休假。单位应当保证职工享受年休假。职工在年休假期间享受与正常工作期间相同的工资收入。

职工累计工作已满1年不满10年的，年休假5天；已满10年不满20年的，年休假10天；已满20年的，年休假15天。国家法定休假日、休息日不计入年休假的假期。

（三）加班加点

加班是指劳动者在法定节日或公休假日从事生产或工作。加点是指劳动者在标准工作日以外延长工作的时间。加班加点又统称为延长工作时间。为保证劳动者休息权的实现，劳动法规定任何单位和个人不得擅自延长职工工作时间。

1. 一般情况下加班加点的规定

《劳动法》第41条规定：用人单位由于生产经营需要，经与工会和劳动者协商后可以延长工作时间，一般每日不得超过1小时；因特殊原因需要延长工作时间的，在保障劳动者身体健康的条件下延长工作时间每日不得超过3小时，但是每月不得超过36小时。

2. 加班加点的工资标准

《劳动法》规定：

（1）安排劳动者延长工作时间的，支付不低于工资的150%的工资报酬；

（2）休息日安排劳动者工作又不能安排补休的，支付不低于工资的200%的工资报酬；

（3）法定休假日安排劳动者工作的，支付不低于工资的300%的工资报酬。

三、工资法律制度

工资是指用人单位依据国家有关规定和集体合同、劳动合同约定的标准，根据劳动者提供劳动的数量和质量，以货币形式支付给劳动者的劳动报酬。

（一）工资形式

工资形式是指计量劳动和支付劳动报酬的方式。企业可根据本单位的生产经营特点和

经济效益,依法自主确定本单位的工资分配形式。工资形式主要有:

(1) 计时工资,是按单位时间工资标准和劳动者实际工作时间计付劳动报酬的工资形式。我国常见的有小时工资、日工资、月工资。

(2) 计件工资,是按照劳动者生产合格产品的数量或作业量以及预先规定的计件单价支付劳动报酬的一种工资形式。计件工资是计时工资的转化形式。劳动提成工资是计件工资形式之一。

(3) 奖金,是给予劳动者的超额劳动报酬和增收节支的物质奖励。有月奖、季度奖和年度奖;经常性奖金和一次性奖金;综合奖和单项奖等。

(4) 津贴,是对劳动者在特殊条件下的额外劳动消耗或额外费用支出给予物质补偿的一种工资形式。主要有:岗位津贴、保健性津贴、技术性津贴等。

(5) 补贴,是为了保障劳动者的生活水平不受特殊因素的影响而支付给劳动者的工资形式。它与劳动者的劳动没有直接联系,其发放根据主要是国家有关政策规定,如物价补贴、边远地区生活补贴等。

(6) 特殊工资,是对非正常工作情况下的劳动者依法支付工资的一种工资形式。主要有:加班加点工资,事假、病假、婚假、探亲假等工资以及履行国家和社会义务期间的工资等。

(二) 工资支付保障

工资支付保障是为保障劳动者劳动报酬权的实现,防止用人单位滥用工资分配权而制定的有关工资支付的一系列规则。有如下内容:

(1) 工资应以法定货币支付,不得以实物及有价证券代替货币支付。

(2) 工资应在用人单位与劳动者约定的日期支付。工资一般按月支付,至少每月支付一次。实行周、日、小时工资制的,可按周、日、小时支付。

(3) 劳动者依法享受年休假、探亲假、婚假、丧假期间,以及依法参加社会活动期间,用人单位应按劳动合同规定的标准支付工资。

(4) 工资应支付给劳动者本人,也可由劳动者家属或委托他人代领,用人单位可委托银行代发工资。

(5) 工资应依法足额支付,除法定或约定允许扣除工资的情况外,严禁非法克扣或无故拖欠劳动者工资。

(6) 对代扣工资的限制。用人单位不得非法克扣劳动者工资,有下列情况之一的,用人单位可以代扣劳动者工资:

①用人单位代扣代缴的个人所得税;

②用人单位代扣代缴的应由劳动者个人负担的社会保险费用;

③用人单位依审判机关判决、裁定扣除劳动者工资,如从应负法律责任的劳动者工资中扣除其应负担的抚养费、赡养费和损害赔偿等款项;

④法律、法规规定可以从劳动者工资中扣除的其他费用。

(7) 对扣除工资金额的限制:

①因劳动者本人原因给用人单位造成经济损失的,用人单位可以按照劳动合同的约定要求劳动者赔偿其经济损失。经济损失的赔偿,可从劳动者本人的工资中扣除,但每月扣除金额不得超过劳动者月工资的20%;若扣除后的余额低于当地月最低工资标准的,则

应按最低工资标准支付。

②用人单位对劳动者违纪罚款,一般不得超过本人月工资标准的20%。

(8) 用人单位依法破产时,劳动者有权获得其工资。在破产清偿顺序中,用人单位应按企业破产法规定的清偿顺序,首先支付本单位劳动者的工资。

(三) 最低工资保障

最低工资是指劳动者在法定工作时间内提供了正常劳动的前提下,其所在用人单位应支付的最低劳动报酬。最低工资的支付以劳动者在法定工作时间内提供了正常劳动为条件。我国最低工资保障制度是国家通过立法,强制规定用人单位支付给劳动者的工资不得低于国家规定的最低工资标准,以保障劳动者能够满足其自身及其家庭成员基本生活需要的法律制度。

劳动者因探亲、结婚、直系亲属死亡按照规定休假期间,以及依法参加国家和社会活动,视为提供了正常劳动,用人单位支付给劳动者的工资不得低于其适用的最低工资标准。劳动者与用人单位形成或建立劳动关系后,试用、熟练、见习期间,在法定工作时间内提供了正常劳动,其所在的用人单位应当支付其不低于最低工资标准的工资。

最低工资不包括下列各项:

①加班加点工资;

②中班、夜班、高温、低温、井下、有毒有害等特殊工作环境条件下的津贴;

③国家法律、法规和政策规定的劳动者保险、福利待遇;

④用人单位通过贴补伙食、住房等支付给劳动者的非货币性收入。

最低工资标准应当高于当地的社会救济金和失业保险金标准,低于平均工资(见表6-2)。

表6-2 部分城市最低工资标准

省份	城市	月最低工资标准/元	实施日期	调整情况	
				调整日期	调整后金额
广东省	深圳	2030	2015-03-01		
	广州	1895	2015-05-01		
	珠海	1650	2015-05-01		
	佛山、东莞、中山	1510	2015-05-01		
	汕头、惠州、江门、肇庆	1350	2015-05-01		
	韶关、河源、梅州、汕尾、阳江、湛江、茂名、清远、潮州、揭阳、云浮	1210	2015-05-01		
	北京	1890	2016-09-01		
	上海	2300	2017-04-01		
	天津	1950	2017-07-01		

注:此表为截至2017年12月31日时部分城市全日制用工最低工资。随着经济的发展,各地不断调整最低工资标准,政府调整后,本表右侧两列供读者记笔记。

《劳动法》第 48 条第 2 款明确规定："用人单位支付劳动者的工资不得低于当地最低工资标准。"最低工资应以法定货币支付。用人单位支付给劳动者的工资低于最低工资标准的，由当地人民政府劳动保障行政部门责令其限期改正，逾期未改正的，由劳动保障行政部门对用人单位和责任者给予经济处罚，并视其欠付工资时间的长短向劳动者支付赔偿金。

四、女职工劳动保护

为了减少和解决女职工在劳动中因生理特点造成的特殊困难，保护女职工健康，2012 年 4 月 18 日国务院第 200 次常务会议通过《女职工劳动保护特别规定》，于 2012 年 4 月 28 日公布施行。

（一）女职工产假及津贴

女职工生育享受 98 天产假，其中产前可以休假 15 天；难产的，增加产假 15 天；生育多胞胎的，每多生育 1 个婴儿，增加产假 15 天；女职工怀孕未满 4 个月流产的，享受 15 天产假；怀孕满 4 个月流产的，享受 42 天产假。随着国家三孩政策的实施，为鼓励生育，各省市对产假出台了更多的假期优惠，如广东省剖宫产产假最长可达 208 天。女职工产假期间的生育津贴，对已经参加生育保险的，按照用人单位上年度职工月平均工资的标准由生育保险基金支付；对未参加生育保险的，按照女职工产假前工资的标准由用人单位支付。女职工生育或者流产的医疗费用，按照生育保险规定的项目和标准，对已经参加生育保险的，由生育保险基金支付；对未参加生育保险的，由用人单位支付。

（二）女职工禁忌从事的劳动范围

矿山井下作业；体力劳动强度分级标准中规定的第四级体力劳动强度的作业；每小时负重 6 次以上、每次负重超过 20 公斤的作业，或者间断负重、每次负重超过 25 公斤的作业。

（三）女职工在经期禁忌从事的劳动范围

冷水作业分级标准中规定的第二级、第三级、第四级冷水作业；低温作业分级标准中规定的第二级、第三级、第四级低温作业；体力劳动强度分级标准中规定的第三级、第四级体力劳动强度的作业；高处作业分级标准中规定的第三级、第四级高处作业。

（四）女职工在孕期禁忌从事的劳动范围

（1）作业场所空气中铅及其化合物、汞及其化合物、苯、镉、铍、砷、氰化物、氮氧化物、一氧化碳、二硫化碳、氯、己内酰胺、氯丁二烯、氯乙烯、环氧乙烷、苯胺、甲醛等有毒物质浓度超过国家职业卫生标准的作业；

（2）从事抗癌药物、己烯雌酚生产，接触麻醉剂气体等的作业；

（3）非密封源放射性物质的操作，核事故与放射事故的应急处置；

（4）高处作业分级标准中规定的高处作业；

（5）冷水作业分级标准中规定的冷水作业；

（6）低温作业分级标准中规定的低温作业；

（7）高温作业分级标准中规定的第三级、第四级的作业；

（8）噪声作业分级标准中规定的第三级、第四级的作业；

（9）体力劳动强度分级标准中规定的第三级、第四级体力劳动强度的作业；

（10）在密闭空间、高压室作业或者潜水作业，伴有强烈振动的作业，或者需要频繁弯腰、攀高、下蹲的作业。

女职工劳动保护具体实施还要结合各省实施的《女职工劳动保护特别规定》办法进行。

第三节　劳动合同法律制度

一、劳动合同种类

劳动合同，是劳动者与用人单位之间确立劳动关系，明确双方权利和义务的书面协议。"建立劳动关系应当订立劳动合同"，劳动合同是确立劳动关系的普遍性法律形式，是用人单位与劳动者履行劳动权利义务的重要依据。

（一）固定期限劳动合同

固定期限劳动合同，是指用人单位与劳动者约定合同终止时间的劳动合同。固定期限劳动合同的期限届满，双方无续订劳动合同的意思表示，劳动合同即告终止，劳动关系终止。

（二）无固定期限劳动合同

无固定期限劳动合同，是指用人单位与劳动者约定无确定终止时间的劳动合同。即双方当事人在合同书上只约定合同生效的起始日期，没有确定合同的终止日期。

《劳动合同法》规定，有下列情形之一的，劳动者提出或者同意续订、订立劳动合同的，除劳动者提出订立固定期限劳动合同外，用人单位应当与劳动者订立无固定期限劳动合同：

（1）劳动者在该用人单位连续工作满 10 年的。连续工作满 10 年的起始时间应当自用人单位用工之日起计算，包括劳动合同法施行前的工作年限。

（2）用人单位初次实行劳动合同制度或者国有企业改制重新订立劳动合同时，劳动者在该用人单位连续工作满 10 年且距法定退休年龄不足 10 年的。

（3）连续订立 2 次固定期限劳动合同，且劳动者没有《劳动合同法》第 39 条规定的过错性辞退和第 40 条第 1 项、第 2 项规定的非过错性辞退情形，续订劳动合同的。

（4）用人单位自用工之日起满 1 年不与劳动者订立书面劳动合同的，视为用人单位与劳动者已订立无固定期限劳动合同。

为鼓励和引导用人单位履行签订无固定期限劳动合同的法定义务，《劳动合同法》第 82 条规定，用人单位不履行该义务时应当加倍支付工资，即用人单位违反《劳动合同法》规定不与劳动者订立无固定期限劳动合同的，自应当订立无固定期限劳动合同之日起向劳动者每月支付 2 倍的工资。

（三）以完成一定工作任务为期限的劳动合同

以完成一定工作任务为期限的劳动合同，是指用人单位与劳动者约定以某项工作任务的完成时间为合同期限的劳动合同。当该项工作完成后，劳动合同即告终止。

二、劳动合同条款

（一）必备条款

劳动合同的必备条款是法律规定劳动合同必须具备的条款，它是生效劳动合同所必须具备的条款。

①用人单位的名称、住所和法定代表人或者主要负责人；
②劳动者的姓名、住址和居民身份证或者其他有效身份证件号码；
③劳动合同期限；
④工作内容和工作地点；
⑤工作时间和休息休假；
⑥劳动报酬；
⑦社会保险；
⑧劳动保护、劳动条件和职业危害防护；
⑨法律、法规规定应当纳入劳动合同的其他事项。

（二）可备条款

可备条款即劳动合同的约定条款，是指除法定必备条款外劳动合同当事人可以协商约定、也可以不约定的条款。是否约定，由当事人确定。劳动合同的约定条款一般包括：

1. 试用期条款

劳动合同的试用期是劳动者和用人单位为相互了解、选择而约定的考察期。试用期满，被试用者即成为正式职工。对劳动合同的试用期，《劳动合同法》作了如下规定：

①劳动合同期限 3 个月以上不满 1 年的，试用期不得超过 1 个月；
②劳动合同期限 1 年以上 3 年以下的，试用期不得超过 2 个月；
③3 年以上固定期限和无固定期限的劳动合同，试用期不得超过 6 个月。

同一用人单位与同一劳动者只能约定一次试用期。劳动者在同一用人单位调整或变更工作岗位，用人单位不得再次约定试用期。

《劳动合同法》规定，劳动者在试用期的工资不得低于本单位相同岗位最低挡工资的 80% 或者劳动合同约定工资的 80%，并不得低于用人单位所在地的最低工资标准。

2. 保守商业秘密和与知识产权相关的保密事项条款

用人单位与劳动者可以在劳动合同中约定保守用人单位的商业秘密和与知识产权相关的保密事项。约定保守商业秘密条款的目的在于保护用人单位的知识产权。双方当事人可以就商业秘密的范围、保密期限、保密措施、保密义务及违约责任和赔偿责任等进行约定。劳动者因违反约定保密事项给用人单位造成损失的，应承担赔偿责任。

3. 竞业限制条款

在劳动合同中，双方当事人可以约定劳动者承担竞业限制的义务、违约责任及赔偿责任。我国法律规定竞业限制的期限最长不得超过 2 年，且在竞业限制期限内，用人单位应按月给予劳动者一定的经济补偿。法律规定的竞业限制人员限于用人单位的高级管理人员、高级技术人员和其他负有保密义务的人员。竞业限制的范围、地域、期限、经济补偿的标准由用人单位与劳动者约定，但不得违反法律、法规的规定。劳动者违反竞业限制约定的，应当按照约定向用人单位支付违约金。

4. 服务期协议

服务期，是指法律规定的因用人单位为劳动者提供专业技术培训，双方约定的劳动者为用人单位必须服务的期间。劳动关系实践中，用人单位经常通过服务期限协议，进行人力资源的合理调配，法律规定用人单位为劳动者提供专项培训费用，对其进行专业技术培训的，才可以与该劳动者订立协议约定服务期，并约定劳动者违反服务期约定的，应当按照约定向用人单位支付违约金。

5．违约金条款

违约金是用人单位与劳动者在劳动合同中约定的不履行或不完全履行劳动合同约定义务时，由违约方支付给对方的一定金额的货币。《劳动合同法》对违约金条款进行限制，规定只有在用人单位与劳动者约定服务期限、约定保守用人单位的商业秘密和与知识产权相关的保密事项、约定竞业限制条款时，才能与劳动者约定违约金。

对因劳动者违反服务期限协议而约定的违约金的数额不得超过用人单位提供的培训费用，用人单位要求劳动者支付的违约金不得超过服务期尚未履行部分所应分摊的培训费用。用人单位提供的培训费用包括用人单位为了对劳动者进行专业技术培训而支付的有凭证的培训费用、培训期间的差旅费用以及因培训产生的用于该劳动者的其他直接费用。

（三）合同书面化

《劳动合同法》第10条第1款规定："建立劳动关系，应当订立书面劳动合同。"除非全日制用工双方当事人可以口头订立劳动合同外，用人单位与劳动者建立劳动关系，均应订立书面劳动合同；已建立劳动关系，未同时订立书面劳动合同的，应当自用工之日起1个月内订立书面劳动合同。用人单位与劳动者在用工前订立劳动合同的，劳动关系自用工之日起建立。同时要求劳动合同文本应当由用人单位和劳动者各执一份。

三、劳动合同终结

（一）劳动合同解除

劳动合同的解除是指劳动合同当事人在劳动合同期限届满之前依法提前终止劳动合同关系的法律行为。

1．双方协商解除劳动合同

用人单位与劳动者协商一致，可以解除劳动合同。只要双方达成一致，内容、形式、程序没有违反法律禁止性、强制性规定，该解除行为有效。但如果是由用人单位提出解除动议的，用人单位应向劳动者支付解除劳动合同的经济补偿金。

2．用人单位单方解除劳动合同

具备法律规定的条件时，用人单位享有单方解除权，无须双方协商达成一致意见。用人单位单方解除劳动合同，应当事先将理由通知工会。用人单位违反法律、行政法规规定或者劳动合同约定的，工会有权要求用人单位纠正；用人单位应当研究工会的意见，并将处理结果书面通知工会。用人单位单方解除劳动合同有三种情况：

（1）过错性解除。即在劳动者有过错性情形时，用人单位有权单方解除劳动合同。用人单位无须支付劳动者解除劳动合同的经济补偿金。但在解除的条件上有限制性规定，一般适用于试用期内因劳动者不符合录用条件或者劳动者有严重违反规章制度、违法的情形。劳动者有下列情形之一的，用人单位可以解除劳动合同：

①在试用期间被证明不符合录用条件的；

②严重违反用人单位的规章制度的；

③严重失职，营私舞弊，给用人单位造成重大损害的；

④劳动者同时与其他用人单位建立劳动关系，对完成本单位的工作任务造成严重影

响,或者经用人单位提出,拒不改正的;

⑤因以欺诈、胁迫的手段或者乘人之危,使对方在违背真实意思的情况下订立或者变更劳动合同的;

⑥因劳动者以欺诈、胁迫的手段或者乘人之危,使对方在违背真实意思的情况下订立或者变更劳动合同的情形致使劳动合同无效的;

⑦被依法追究刑事责任的。

(2) 非过错性解除。即劳动者本人无过错,但由于主客观原因致使劳动合同无法履行,用人单位在符合法律规定的情形下,履行法律规定的程序后有权单方解除劳动合同。适用于劳动者有下列情形之一的:

①劳动者患病或者非因工负伤,医疗期满后,不能从事原工作也不能从事由用人单位另行安排的工作的。医疗期,是指劳动者根据其工龄等条件,依法可以享受的停工医疗并发给病假工资的期间,也是禁止解除劳动合同的期间。根据我国劳动法规定,医疗期根据劳动者工作年限的长短确定为3～24个月。

②劳动者不能胜任工作,经过培训或者调整工作岗位,仍不能胜任工作的。

③劳动合同订立时所依据的客观情况发生重大变化,致使劳动合同无法履行,经用人单位与劳动者协商,未能就变更劳动合同内容达成协议的。

对非过错性解除劳动合同,用人单位应履行提前30日以书面形式通知劳动者本人的义务或者以额外支付劳动者一个月工资代替提前通知义务后,可以解除劳动合同。用人单位选择额外支付劳动者一个月工资解除劳动合同的,其额外支付的工资应当按照该劳动者上一个月的工资标准确定。用人单位还应承担支付经济补偿金的义务。

(3) 裁员。用人单位为降低劳动成本,改善经营管理,因经济或技术等原因一次裁减20人以上或者裁减不足20人但占企业职工总数10%以上的劳动者。

3. 劳动者单方解除劳动合同

具备法律规定的条件时,劳动者享有单方解除权,无须双方协商达成一致意见,也无须征得用人单位的同意。

(1) 预告解除。即劳动者履行预告程序后单方解除劳动合同。有两种预告解除:劳动者提前30日以书面形式通知用人单位,可以解除劳动合同;劳动者在试用期内提前3日通知用人单位,可以解除劳动合同。

(2) 用人单位有违法、违约情形,劳动者有权单方解除劳动合同。用人单位有下列情形之一的,劳动者可以解除劳动合同:①未按照劳动合同约定提供劳动保护或者劳动条件的;②未及时足额支付劳动报酬的;③未依法为劳动者缴纳社会保险费的;④用人单位的规章制度违反法律、法规的规定,损害劳动者权益的;⑤因用人单位以欺诈、胁迫的手段或者乘人之危,使劳动者在违背真实意思的情况下订立或者变更劳动合同而致使劳动合同无效的;⑥法律、行政法规规定劳动者可以解除劳动合同的其他情形。

(3) 立即解除劳动合同。在用人单位有危及劳动者人身自由和人身安全的情形时,劳动者有权立即解除劳动合同。用人单位以暴力、威胁或者非法限制人身自由的手段强迫劳动者劳动的,或者用人单位违章指挥、强令冒险作业危及劳动者人身安全的,劳动者可以立即解除劳动合同,不需事先告知用人单位。

(二) 劳动合同终止

劳动合同的终止，是指符合法律规定情形时，双方当事人的权利义务不复存在，劳动合同的效力即行消灭。劳动合同终止不存在约定终止，只有法定终止。用人单位与劳动者不得在劳动合同法规定的劳动合同终止情形之外约定其他的劳动合同终止条件。

有下列情形之一的，劳动合同终止：
① 劳动合同期满的；
② 劳动者开始依法享受基本养老保险待遇的；
③ 劳动者死亡，或者被法院宣告死亡或者宣告失踪的；
④ 用人单位被依法宣告破产的；
⑤ 用人单位被吊销营业执照、责令关闭、撤销或者用人单位决定提前解散的；
⑥ 法律、行政法规规定的其他情形。

劳动合同法对某些劳动者进行特殊保护，规定劳动者有下列情形之一的，劳动合同到期也不得终止，应当续延至相应的情形消失时终止：
① 从事接触职业病危害作业的劳动者未进行离岗前职业健康检查，或者疑似职业病病人在诊断或者医学观察期间的；
② 患病或者非因工负伤，在规定的医疗期内的；
③ 女职工在孕期、产期、哺乳期的；
④ 在本单位连续工作满 15 年，且距法定退休年龄不足 5 年的。

(三) 经济补偿金

经济补偿金是用人单位解除或终止劳动合同时，给予劳动者的一次性货币补偿。经济补偿金的目的在于从经济方面制约用人单位的解雇行为，对失去工作的劳动者给予经济上的补偿，并解决劳动合同短期化问题。

经济补偿按劳动者在本单位工作的年限，每满 1 年支付 1 个月工资的标准向劳动者支付。6 个月以上不满 1 年的，按 1 年计算；不满 6 个月的，向劳动者支付半个月工资的经济补偿。

月工资是指劳动者在劳动合同解除或者终止前 12 个月的平均工资。劳动者工作不满 12 个月的，按照实际工作的月数计算平均工资。经济补偿金亦有最高数额的限制：劳动者月工资高于用人单位所在直辖市、设区的市级人民政府公布的本地区上年度职工月平均工资 3 倍的，向其支付经济补偿的标准按职工月平均工资 3 倍的数额支付，向其支付经济补偿的年限最高不超过 12 年。

四、劳务派遣

2012 年 12 月 28 日第十一届全国人民代表大会常务委员会第三十次会议通过的《中华人民共和国劳动合同法》对劳动派遣的有关规定作了修改，于 2013 年 7 月 1 日起施行。

(一) 劳务派遣用工形式

劳务派遣，是指劳务派遣单位与劳动者订立劳动合同后，由派遣单位与实际用工单位通过签订劳务派遣协议，将劳动者派遣到用工单位工作，用工单位实际使用劳动者，用工单位向劳务派遣单位支付管理费、劳动者工资、社会保险费用等而形成的关系。劳务派遣是典型的"有关系无劳动，有劳动无关系"，即劳务派遣单位与劳动者建立劳动关系，签订劳动合同,但劳动者却不为劳务派遣单位提供劳动,劳动者为用工单位提供劳动,但却不签订劳动合同,造成了劳动力的雇用和劳动力的使用分离。

《劳动合同法》第 66 条修改为:"劳动合同用工是我国的企业基本用工形式。劳务派遣用工是补充形式,只能在临时性、辅助性或者替代性的工作岗位上实施。"

"前款规定的临时性工作岗位是指存续时间不超过六个月的岗位;辅助性工作岗位是指为主营业务岗位提供服务的非主营业务岗位;替代性工作岗位是指用工单位的劳动者因脱产学习、休假等原因无法工作的一定期间内,可以由其他劳动者替代工作的岗位。

"用工单位应当严格控制劳务派遣用工数量,不得超过其用工总量的一定比例,具体比例由国务院劳动行政部门规定。"人力资源和社会保障部规定,该比例不得超过 10%。

劳务派遣协议是劳务派遣单位与实际用工单位就劳务派遣事项签订的书面协议。《劳动合同法》第 59 条规定:"劳务派遣单位派遣劳动者应当与接受以劳务派遣形式用工的单位订立劳务派遣协议。劳务派遣协议应当约定派遣岗位和人员数量、派遣期限、劳动报酬和社会保险费的数额与支付方式以及违反协议的责任;用工单位应当根据工作岗位的实际需要与劳务派遣单位确定派遣期限,不得将连续用工期限分割订立数个短期劳务派遣协议。"《劳动合同法》第 60 条规定:"劳务派遣单位应当将劳务派遣协议的内容告知被派遣劳动者。"

(二)经营劳务派遣业务必备条件

第 57 条:"经营劳务派遣业务应当具备下列条件:(一)注册资本不得少于人民币二百万元;(二)有与开展业务相适应的固定的经营场所和设施;(三)有符合法律、行政法规规定的劳务派遣管理制度;(四)法律、行政法规规定的其他条件;(五)经营劳务派遣业务,应当向劳动行政部门依法申请行政许可;经许可的,依法办理相应的公司登记。未经许可,任何单位和个人不得经营劳务派遣业务。"

2013 年 7 月 1 日前已依法订立的劳动合同和劳务派遣协议继续履行至期限届满,但是劳动合同和劳务派遣协议的内容不符合本决定关于按照同工同酬原则实行相同的劳动报酬分配办法的规定的,应当依照进行调整;2013 年 7 月 1 日施行前经营劳务派遣业务的单位,应当在施行之日起一年内依法取得行政许可并办理公司变更登记,方可经营新的劳务派遣业务。

(三)被派遣劳动者的权利

《劳动合同法》第 63 条:"被派遣劳动者享有与用工单位的劳动者同工同酬的权利。用工单位应当按照同工同酬原则,对被派遣劳动者与本单位同类岗位的劳动者实行相同的劳动报酬分配办法。用工单位无同类岗位劳动者的,参照用工单位所在地相同或者相近岗位劳动者的劳动报酬确定。

"劳务派遣单位与被派遣劳动者订立的劳动合同和与用工单位订立的劳务派遣协议,载明或者约定的向被派遣劳动者支付的劳动报酬应当符合前款规定。"

被派遣劳动者有权在劳务派遣单位或者用工单位依法参加或者组织工会,维护自身的合法权益;赋予被派遣劳动者解除劳动合同的权利,被派遣劳动者可以依照劳动合同法与用人单位协商一致解除劳动合同,在用人单位有违法、违约情形时,被派遣劳动者有权与劳务派遣单位单方解除劳动合同。

（四）用工单位的义务

《劳动合同法》虽未规定在劳务派遣关系中实际用工单位是劳动法意义上的用人单位，但从以下几个方面强化劳务派遣中实际用工单位的义务：执行国家劳动标准，提供相应的劳动条件和劳动保护；告知被派遣劳动者的工作要求和劳动报酬；支付加班费、绩效奖金，提供与工作岗位相关的福利待遇；对在岗被派遣劳动者进行工作岗位所必需的培训；连续用工的，实行正常的工资调整机制；不得将被派遣劳动者再派遣到其他用人单位；不得设立劳务派遣单位向本单位或者所属单位派遣劳动者，即不得自己出资或者其所属单位出资或者合伙设立劳务派遣单位，不得向本单位或者所属单位派遣劳动者。

五、违反劳动合同的法律责任

（一）用人单位的法律责任

用人单位违法违约应承担法律责任，根据《劳动合同法》的规定，用人单位应承担的法律责任有：

（1）规章制度违法的法律责任。用人单位直接涉及劳动者切身利益的规章制度违反法律、法规规定的，由劳动行政部门责令改正，给予警告；给劳动者造成损害的，应当承担赔偿责任。

（2）订立劳动合同违法应承担的法律责任。用人单位提供的劳动合同文本未载明《劳动合同法》规定的劳动合同必备条款或者用人单位未将劳动合同文本交付劳动者的，由劳动行政部门责令改正；给劳动者造成损害的，应当承担赔偿责任。用人单位自用工之日起超过1个月不满1年未与劳动者订立书面劳动合同的，应当向劳动者每月支付2倍的工资。用人单位违反《劳动合同法》规定不与劳动者订立无固定期限劳动合同的，自应当订立无固定期限劳动合同之日起向劳动者每月支付2倍的工资。用人单位违法与劳动者约定试用期的，由劳动行政部门责令改正；违法约定的试用期已经履行的，由用人单位以劳动者试用期满月工资为标准，按已经履行的超过法定试用期的期间向劳动者支付赔偿金。用人单位违反规定，扣押劳动者居民身份证等证件的，由劳动行政部门责令限期退还劳动者本人，并依照有关法律规定给予处罚；用人单位违反规定，以担保或者其他名义向劳动者收取财物的，由劳动行政部门责令限期退还劳动者本人，并以每人500元以上2000元以下的标准处以罚款；给劳动者造成损害的，应当承担赔偿责任。用人单位违反《劳动合同法》有关建立职工名册规定的，由劳动行政部门责令限期改正；逾期不改正的，由劳动行政部门处2000元以上2万元以下的罚款。

（3）侵犯劳动者劳动报酬权应承担的法律责任。用人单位有下列情形之一的，由劳动行政部门责令限期支付劳动报酬、加班费或者经济补偿；劳动报酬低于当地最低工资标准的，应当支付其差额部分；逾期不支付的，下列情形下劳动行政部门责令用人单位按应付金额50%以上100%以下的标准向劳动者加付赔偿金：未按照劳动合同的约定或者国家规定及时足额支付劳动者劳动报酬的；低于当地最低工资标准支付劳动者工资的；安排加班不支付加班费的；解除或者终止劳动合同，未依照《劳动合同法》规定向劳动者支付经济补偿的。

（4）劳动合同无效应承担的法律责任。劳动合同依照《劳动合同法》第26条规定被确认无效，给对方造成损害的，有过错的一方应当承担赔偿责任。

(5) 违法解除或终止劳动合同应承担的法律责任。用人单位违法解除或者终止劳动合同的，劳动者要求继续履行劳动合同的，用人单位应当继续履行；劳动者不要求继续履行劳动合同或者劳动合同已经不能继续履行的，应当依照法律规定的经济补偿标准的 2 倍向劳动者支付赔偿金；用人单位依法支付了赔偿金的，不再支付经济补偿。赔偿金的计算年限自用工之日起计算。

(6) 用人单位违法未向劳动者出具解除或者终止劳动合同的书面证明，由劳动行政部门责令改正；给劳动者造成损害的，应当承担赔偿责任。

(7) 用人单位依照《劳动合同法》的规定应当向劳动者每月支付 2 倍的工资或者应当向劳动者支付赔偿金而未支付的，劳动行政部门应当责令用人单位支付。

(8) 未经许可，擅自经营劳务派遣业务的，由劳动行政部门责令停止违法行为，没收违法所得，并处违法所得一倍以上五倍以下的罚款；没有违法所得的，可以处五万元以下的罚款。

"劳务派遣单位、用工单位违反本法有关劳务派遣规定的，由劳动行政部门责令限期改正；逾期不改正的，以每人五千元以上一万元以下的标准处以罚款，对劳务派遣单位，吊销其劳务派遣业务经营许可证。用工单位给被派遣劳动者造成损害的，劳务派遣单位与用工单位承担连带赔偿责任。"

(9) 侵犯劳动者人身权应承担的法律责任。用人单位有下列情形之一的，依法给予行政处罚；构成犯罪的，依法追究刑事责任；给劳动者造成损害的，应当承担赔偿责任：以暴力、威胁或者非法限制人身自由的手段强迫劳动的；违章指挥或者强令冒险作业危及劳动者人身安全的；侮辱、体罚、殴打、非法搜查或者拘禁劳动者的；劳动条件恶劣、环境污染严重，给劳动者身心健康造成严重损害的。

对不具备合法经营资格的用人单位的违法犯罪行为，依法追究法律责任；劳动者已经付出劳动的，该单位或者其出资人应当依照本法有关规定向劳动者支付劳动报酬、经济补偿、赔偿金；给劳动者造成损害的，应当承担赔偿责任。

(二) 劳动者的法律责任

劳动者违法解除劳动合同，或者违反劳动合同中约定的保密义务或者竞业限制，给用人单位造成损失的，应当承担赔偿责任。

劳动者应赔偿用人单位下列损失：

(1) 用人单位招收录用其所支付的费用。

(2) 用人单位为其支付的培训费用，双方另有约定的按约定办理。

(3) 对生产、经营和工作造成的直接经济损失。

(4) 劳动合同约定的其他赔偿费用。劳动者违反劳动合同中约定的保密事项，对用人单位造成经济损失的，按《反不正当竞争法》第 20 条的规定支付用人单位赔偿费用。

(三) 连带赔偿责任

(1) 用人单位与劳动者的连带赔偿责任：用人单位招用与其他用人单位尚未解除或者终止劳动合同的劳动者，给其他用人单位造成损失的，应当承担连带赔偿责任。

(2) 劳务派遣单位与用工单位的劳动赔偿责任。劳务派遣单位违反规定的，由劳动行政部门和其他有关主管部门责令改正；情节严重的，以每人 1000 元以上 5000 元以下的标准处以罚款，并由工商行政管理部门吊销营业执照；给被派遣劳动者造成损害的，劳务派遣单位与用工单位承担连带赔偿责任。

（3）没有经营资质的个人承包经营违反法律规定招用劳动者，给劳动者造成损害的，发包的组织与个人承包经营者承担连带赔偿责任。

第四节　劳动争议法律制度

一、劳动争议类型

劳动争议又称劳动纠纷，是指劳动关系双方当事人因执行劳动法律、法规或履行劳动合同、集体合同发生的纠纷。劳动争议按照不同的标准，可划分为以下几种：

（一）个人争议与集体争议

按照劳动争议当事人人数多少的不同，可分为个人劳动争议和集体劳动争议。个人劳动争议是劳动者个人与用人单位发生的劳动争议；集体劳动争议是指劳动者一方当事人在3人以上，有共同理由的劳动争议。发生劳动争议的劳动者一方在10人以上，并有共同请求的，可以推举代表参加调解、仲裁或者诉讼活动。

（二）法定劳动争议

按照劳动争议的内容，可分为：因确认劳动关系发生的争议；因订立、履行、变更、解除和终止劳动合同发生的争议；因除名、辞退和辞职、离职发生的争议；因工作时间、休息休假、社会保险、福利、培训以及劳动保护发生的争议；因劳动报酬、工伤医疗费、经济补偿或者赔偿金等发生的争议；法律、法规规定的其他劳动争议。

上述劳动争议属于《中华人民共和国劳动争议调解仲裁法》的适用范围。

（三）非劳动争议

下列纠纷不属于劳动争议：

①劳动者请求社会保险经办机构发放社会保险金的纠纷；

②劳动者与用人单位因住房制度改革产生的公有住房转让纠纷；

③劳动者对劳动能力鉴定委员会的伤残等级鉴定结论或者对职业病诊断鉴定委员会的职业病诊断鉴定结论的异议纠纷；

④家庭或者个人与家政服务人员之间的纠纷；

⑤个体工匠与帮工、学徒之间的纠纷；

⑥农村承包经营户与受雇人之间的纠纷。

二、劳动争议处理机构

（一）劳动争议调解机构

根据《劳动争议调解仲裁法》规定，劳动争议调解委员会是依法成立的调解本单位发生的劳动争议的群众性组织。我国的劳动争议调解委员会主要有：

（1）企业劳动争议调解委员会。由职工代表和企业代表组成，职工代表由工会成员担任或者由全体职工推举产生，企业代表由企业负责人指定。企业劳动争议调解委员会主任由工会成员或者双方推举的人员担任。

（2）依法设立的基层人民调解组织。

(3) 在乡镇、街道设立的具有劳动争议调解职能的组织。

（二）劳动争议仲裁机构

劳动争议仲裁委员会是国家授权、依法独立地对劳动争议案件进行仲裁的专门机构。劳动争议仲裁委员会由劳动行政部门代表、工会代表和企业方面代表组成。劳动争议仲裁委员会组成人员应当是单数。

劳动争议仲裁委员会负责管辖本区域内发生的劳动争议。仲裁委员会受理本行政区域内的下列劳动争议案：因确认劳动关系发生的争议；因订立、履行、变更、解除和终止劳动合同发生的争议；因除名、辞退和辞职、离职发生的争议；

因工作时间、休息休假、社会保险、福利、培训以及劳动保护发生的争议；因劳动报酬、工伤医疗费、经济补偿或者赔偿金等发生的争议；法律、法规规定的其他劳动争议。

劳动争议由劳动合同履行地或者用人单位所在地的劳动争议仲裁委员会管辖。双方当事人分别向劳动合同履行地和用人单位所在地的劳动争议仲裁委员会申请仲裁的，由劳动合同履行地的劳动争议仲裁委员会管辖。

劳动争议仲裁委员会仲裁劳动争议，实行仲裁庭、仲裁制度。仲裁庭仲裁实行少数服从多数的原则。

劳动争议仲裁不收费。劳动争议仲裁委员会的经费由财政予以保障。

劳动争议仲裁委员会依法进行仲裁，依法决定劳动争议案件的受理、仲裁庭的组成、仲裁员的回避；依法对案件进行调查研究、进行调解和作出裁决。

（三）法院

法院是审理劳动争议案件的司法机构，当事人不服劳动争议仲裁委员会作出的裁决，依法向法院起诉的，法院应当受理。其受案范围为：

（1）劳动者与用人单位在履行劳动合同过程中发生的纠纷。

（2）劳动者与用人单位之间没有订立书面劳动合同，但已形成劳动关系后发生的纠纷。

（3）劳动者退休后，与尚未参加社会保险统筹的原用人单位因追索养老金、医疗费、工伤保险待遇和其他社会保险费而发生的纠纷。

（4）用人单位和劳动者因劳动关系是否已经解除或者终止，以及应否支付解除或终止劳动关系经济补偿金产生的争议，经劳动争议仲裁委员会仲裁后，当事人依法起诉的，法院应予受理。

（5）劳动者与用人单位解除或者终止劳动关系后，请求用人单位返还其收取的劳动合同定金、保证金、抵押金、抵押物产生的争议，或者办理劳动者的人事档案、社会保险关系等移转手续产生的争议，经劳动争议仲裁委员会仲裁后，当事人依法起诉的。

（6）劳动者因为工伤、职业病，请求用人单位依法承担给予工伤保险待遇的争议，经劳动争议仲裁委员会仲裁后，当事人依法起诉的，法院应予受理。

三、劳动争议处理方式

用人单位与劳动者发生劳动争议，当事人可以自行和解，依法申请调解、仲裁、提起诉讼。

（一）和解

发生劳动争议，劳动者可以与用人单位协商，也可以请工会或者第三方共同与用人单位协商，达成和解协议。

劳动争议发生后，当事人应当协商解决，协商一致后，双方可达成和解协议，但和解协议无必须履行的法律效力，而是由双方当事人自觉履行。协商不是处理劳动争议的必经程序，当事人不愿协商或协商不成，可以向本单位劳动争议调解委员会申请调解或向劳动争议仲裁委员会申请仲裁。

（二）调解

发生劳动争议，当事人不愿协商、协商不成或者达成和解协议后不履行的，可以向调解组织申请调解。当事人双方愿意调解的，可以书面或口头形式向调解委员会申请调解。调解委员会接到调解申请后，可依据合法、公正、及时、着重调解原则进行调解。调解委员会调解劳动争议，应当自当事人申请调解之日起15日内结束；到期未结束的，视为调解不成，当事人可以向当地劳动争议仲裁委员会申请仲裁。经调解达成协议的，制作调解协议书。调解协议书由双方当事人签名或者盖章，经调解员签名并加盖调解组织印章后生效，对双方当事人具有约束力，当事人自觉履行。达成调解协议后，一方当事人在协议约定期限内不履行调解协议的，另一方当事人可以依法申请仲裁。

调解不是劳动争议解决的必经程序，不愿调解、调解不成或者达成调解协议后不履行的，可以向劳动争议仲裁委员会申请仲裁。

（三）仲裁

仲裁是劳动争议案件处理必经的法律程序。发生劳动争议，当事人不愿调解、调解不成或者达成调解协议后不履行的，可以向劳动争议仲裁委员会申请仲裁。劳动争议发生后，当事人任何一方都可直接向劳动争议仲裁委员会申请仲裁。

仲裁时效的有关规定：劳动争议申请仲裁的时效期间为1年。仲裁时效期间从当事人知道或者应当知道其权利被侵害之日起计算。仲裁时效的中断：因当事人一方向对方当事人主张权利，或者向有关部门请求权利救济，或者对方当事人同意履行义务而中断。从中断时起，仲裁时效期间重新计算。仲裁时效的中止：因不可抗力或者有其他正当理由，当事人不能在法律规定的仲裁时效期间申请仲裁的，仲裁时效中止。从中止时效的原因消除之日起，仲裁时效期间继续计算。劳动关系存续期间因拖欠劳动报酬发生争议的，劳动者申请仲裁不受1年仲裁时效期间的限制；但是，劳动关系终止的，应当自劳动关系终止之日起1年内提出。

提出仲裁要求的一方应当自劳动争议发生之日起1年内向劳动争议仲裁委员会提出书面申请。劳动争议仲裁委员会接到仲裁申请后，应当在5日内作出是否受理的决定。受理后，应当在收到仲裁申请的45日内作出仲裁裁决。案情复杂需要延期的，经劳动争议仲裁委员会主任批准，可以延期并书面通知当事人，但是延长期限不得超过15日。逾期未作出仲裁裁决的，当事人可以就该劳动争议事项向法院提起诉讼。

仲裁委员会主持调解的效力：仲裁委员会可依法进行调解，经调解达成协议的，制作仲裁调解书。仲裁调解书具有法律效力，自送达之日起具有法律约束力，当事人须自觉履行，一方当事人不履行的，另一方当事人可向法院申请强制执行。

劳动争议案件仲裁的举证责任的规定：发生劳动争议，当事人对自己提出的主张，有责任提供证据。在劳动争议案件中，用人单位的举证责任重大，与争议事项有关的证据属于用人单位掌握管理的，用人单位应当提供；用人单位不提供的，应当承担不利后果。

仲裁委员会对部分案件有先予执行的裁决权：仲裁庭对追索劳动报酬、工伤医疗费、经济补偿或者赔偿金的案件，根据当事人的申请，可以裁决先予执行，移送法院执行。

为使劳动者的权益得到快捷的保护，加快劳动争议案件的处理时间，劳动争议仲裁委员会对下列案件实行一裁终局：追索劳动报酬、工伤医疗费、经济补偿或者赔偿金，不超过当地月最低工资标准12个月金额的争议；因执行国家的劳动标准在工作时间、休息休假、社会保险等方面发生的争议。上述案件的仲裁裁决为终局裁决，裁决书自作出之日起发生法律效力。劳动者对一裁终局的仲裁裁决不服的，可以自收到仲裁裁决书之日起15日向法院起诉。而用人单位对一裁终局的仲裁裁决，不能再向法院起诉，也不能申请再次仲裁，但在具备法定情形时，用人单位可以向法院申请撤销。

除一裁终局的仲裁裁决以外的其他劳动争议案件的仲裁裁决，当事人不服的，可以自收到仲裁裁决书之日起15日内向法院提起诉讼；期满不起诉的，裁决书发生法律效力。一方当事人逾期不履行，另一方当事人可以向法院申请强制执行。受理申请的法院应当依法执行。

（四）诉讼

当事人对可诉的仲裁裁决不服的，可自收到仲裁裁决书之日起15日内向法院提起诉讼。对经过仲裁裁决，当事人向法院起诉的劳动争议案件，法院应当受理。

（1）法院对当事人因劳动争议仲裁委员会不予受理而起诉到法院的案件的处理：劳动争议仲裁委员会以当事人申请仲裁的事项不属于劳动争议为由，作出不予受理的书面裁决、决定或者通知，当事人不服，依法向法院起诉的，法院应当分别情况予以处理：属于劳动争议案件的，应当受理；虽不属于劳动争议案件，但属于法院主管的其他案件，应当依法受理。

劳动争议仲裁委员会以当事人的仲裁申请超过期限为由，作出不予受理的书面裁决、决定或者通知，当事人不服，依法向法院起诉的，法院应当受理；对确已超过仲裁申请期限，又无不可抗力或者其他正当理由的，依法驳回其诉讼请求。

劳动争议仲裁委员会以申请仲裁的主体不适格为由，作出不予受理的书面裁决、决定或者通知，当事人不服，依法向法院起诉的，经审查，确属主体不适格的，裁定不予受理或者驳回起诉。

（2）对重新作出仲裁裁决的处理。劳动争议仲裁委员会为纠正原仲裁裁决错误重新作出裁决，当事人不服，依法向法院起诉的，法院应当受理。

（3）仲裁事项不属于法院受案范围的处理。劳动争议仲裁委员会仲裁的事项不属于法院受理的案件范围，当事人不服，依法向法院起诉的，裁定不予受理或者驳回起诉。

（4）劳动争议案件的管辖。劳动争议案件由用人单位所在地或者劳动合同履行地的基层法院管辖。劳动合同履行地不明确的，由用人单位所在地的基层法院管辖。

（5）劳动争议案件中的证明责任。部分劳动争议案件的举证责任法律有明确规定。因用人单位作出的开除、除名、辞退、解除劳动合同、减少劳动报酬、计算劳动者工作年限等决定而发生的劳动争议，用人单位负举证责任。

（6）法院审理劳动争议案件实行两审终审制。法院一审审理终结后，对一审判决不服的，当事人可在15日内向上一级法院提起上诉；对一审裁定不服的，当事人可在10日内向上一级法院提起上诉。经二审审理所作出的裁决是终审裁决，自送达之日起发生法律效力，当事人必须履行。

综合实训

一、单项选择题

1. 凡年满（　　）周岁、在法定劳动年龄内有劳动能力的公民是具有劳动权利能力和劳动行为能力的人。
   A. 12　　　　B. 14　　　　C. 16　　　　D. 18

2. 职工累计工作已满1年不满10年的，年休假（　　）天。
   A. 5　　　　B. 10　　　　C. 15　　　　D. 20

3. 用人单位自用工之日起超过1个月不满1年未与劳动者订立书面劳动合同的，应当向劳动者每月支付（　　）倍的工资。
   A. 2　　　　B. 4　　　　C. 6　　　　D. 8

4. 经营劳务派遣的注册资本不得少于（　　）元。
   A. 一百万　　B. 二百万　　C. 三百万　　D. 五百万

5. 法院一审审理终结后，对一审判决不服的，当事人可在（　　）日内向上一级法院提起上诉。
   A. 5　　　　B. 10　　　　C. 15　　　　D. 20

二、多项选择题

1. 以下属于劳动合同必备条款的是（　　）。
   A. 劳动合同期限　　　　　　　B. 工作内容和工作地点
   C. 试用期　　　　　　　　　　D. 劳动报酬

2. 下列纠纷不属于劳动争议的有（　　）。
   A. 劳动者请求社会保险经办机构发放社会保险金的纠纷
   B. 劳动者与用人单位因住房制度改革产生的公有住房转让纠纷
   C. 家庭或者个人与家政服务人员之间的纠纷
   D. 个体工匠与帮工、学徒之间的纠纷

3. 用人单位与劳动者发生劳动争议，解决方案有（　　）。
   A. 当事人可以自行和解　　　　B. 依法申请调解
   C. 依法进行劳动仲裁　　　　　D. 对仲裁裁决不服提起诉讼

4. 以下属于我国国家法定假日的是（　　）。
   A. 元宵节　　B. 清明节　　C. 端午节　　D. 中秋节

5. 以下关于工资支付符合法律规定的是（　　）。
   A. 工资应以法定货币支付，不得以实物及有价证券代替货币支付
   B. 发放工资，可以用实物代替
   C. 工资一般按月支付，至少每月支付一次
   D. 单位也可以实行年薪制，一年一次性发

三、思考题

订立无固定期限劳动合同的法律条件是什么？

四、案例分析题

张某自2015年开始在某高校食堂从事早点外卖工作，一直工作至2017年6月离职，未签订书面劳动合同，张某想进行维权，请回答下列问题：

1. 本案中，张某的维权途径有哪些？哪个为必经程序？
2. 我国《劳动合同法》对未签订书面劳动合同是如何规定的？

第七章　消费者权益保护法

【知识目标】
1. 熟悉消费者的权利，经营者的义务，国家与社会对消费者合法权益的保护。
2. 掌握争议的解决办法和法律责任的确定，了解消费者权益保护法的概念和特点，并且能够利用本章所学的法律知识解决实际消费生活中出现的问题。

【技能目标】
熟悉并能够运用消费者维权常用的法律规则，了解因产品质量、食品安全问题引发的相关法律责任。

【学前案例】
孙先生拥有一辆桑塔纳轿车，2017年3月发生了交通意外，前保险杠严重损坏。他将车送到了特约维修站要求更换保险杠，维修站承诺用原厂配件给其更换，更换好后孙先生为此支付了800元人民币。过了一段时间，孙先生和朋友一块喝茶说起此事，因朋友在汽车方面是个专家，帮他一看，发现维修站更换的保险杠根本不是原厂的，而是副厂生产的，原厂生产的保险杠和副厂生产的保险杠成本差400～500元。孙先生找到维修保养站，维修站承认更换的是副厂的，但不予退回差价。孙先生一气之下诉诸法院。

问题：
1. 孙先生的哪些权益受到了侵害？维修站违背了经营者应有的哪些义务？
2. 法院应如何处理此案？

第一节　消费者权益保护法概述

一、消费和消费者的概念

（一）消费
消费通常是指人们消耗物质资料以满足物质和文化生活需要的过程。广义的消费包括生产消费和生活消费。《中华人民共和国消费者权益保护法》中所指的消费主要是指后者，即生活消费。生活消费的形式包括三种，一是购买商品，二是使用商品，三是接受服务。

另外，农民购买、使用直接用于农业生产的生产资料，亦应参照本法执行。

（二）消费者
消费者，是指为生活消费需要而购买、使用经营者提供的商品或接受经营者提供服务的个人。它包含两方面的意思：①消费者必须是为个人生活消费需要而购买或使用商品或接受服务，如果不是为生活消费需要而是明显地基于其他目的去购买或使用商品或接受服务，则不能认为是消费者。②消费者既包括商品的直接购买者，也包括商品的使用者，即并未购买商品而仅使用商品的人。③消费者只能是个人，即自然人，一般不包括法人或社会团体。

二、消费者权益保护法的概念及特点

（一）消费者权益保护法的概念

消费者权益保护法是调整国家、经营者和消费者三者之间在保护消费者权益的过程中发生的社会关系的法律规范的总称。消费者权益是指消费者依法享有的权利，及该权利受到保护时而给消费者带来的应得利益。其核心是消费者的权利。

我国先后制定了一大批保护消费者权益的法律、法规，1993年10月31日，第八届全国人大常委会第四次会议通过了《中华人民共和国消费者权益保护法》（以下简称《消费者权益保护法》），并于1994年1月1日起施行。根据2013年10月25日第十二届全国人大常委会第五次会议《关于修改〈中华人民共和国消费者权益保护法〉的决定》第二次进行修正，并于2014年3月15日起施行。（这是一部以消费者为主体，以消费者权益为核心，保护消费者权益的专门法律。）

（二）消费者权益保护法的特点

（1）广泛性。在我国境内消费的个人，包括外国人和无国籍人士，都受到该法的保护，平等地享有该法规定的各项权利。

（2）综合性。消费者权益保护问题涉及的范围很广，涉及产品质量、商品检验、价格、广告、安全、卫生和计量等方面，因而法律规范调整的范围涉及国家对经济活动管理的许多方面。

（3）倾向性。《消费者权益保护法》保护的对象是消费者，规定了消费者的权利和经营者的义务，表明了该法对消费者侧重于伸张权利，而对经营者则着重强调其义务，有向消费者适当倾斜的特点。

三、消费者权益保护法的原则

我国消费者权益保护法的基本原则包括以下四个方面。

（一）自愿、平等、公平、诚实信用的原则

自愿原则着重强调消费者有权自主选择与之进行交易的经营者，自主选择商品和服务，一方不得强迫另一方进行交易，也不允许第三者非法干预；平等原则着重强调消费者与经营者之间的交易属于民事活动，经营者与消费者之间的法律地位平等，不存在行政隶属关系；公平原则着重强调消费者与经营者进行交易时权利与义务的对等性，特别是消费者有权获得质量保障、价格合理、计量正确等公平交易条件；诚实信用原则着重强调消费者和经营者应恪守信用、诚实相待，不得弄虚作假、恶意欺诈。

（二）给消费者以特别保护的原则

在消费关系中，经营者总是处于较为有利的地位，而消费者总是处于弱势地位，消费者的权益容易受到来自经营者的侵害，而侵害造成的财产和人身的损害后果对消费者个人来说又往往是较为巨大的。因此《消费者权益保护法》采取了相对倾斜的政策，给消费者以特别的保护，保障消费者的人身、财产和其他合法权益不受侵犯，当然，这种特别保

护不得以牺牲平等、公平为代价。

（三）国家保护与社会监督相结合的原则

强有力的行政监督是保护消费者利益的重要保证。因此，国家相关机关要加强对经营者的监督和管理。同时，保护消费者利益也是全社会的共同责任。在市场经济条件下，任何个人，无论其职业、社会地位等如何，相对于经营者而言都是消费者，所以消费者利益是社会利益的侧面反映；加之消费者利益涉及社会经济生活的领域广泛，所以必须形成保护消费者利益的社会机制。法律鼓励、支持一切组织和个人对损害消费者合法权益的行为进行社会监督。

（四）补偿性与惩罚性相结合的原则

为加强经营者的自觉性，严格其责任，在经营者的不法行为侵害了消费者权益时，国家以补偿性与惩罚性相结合的方式予以制裁。首先责成经营者赔偿消费者的实际损失，包括直接和间接损失，然后再对其不法行为给予一定的惩罚。可以根据情节的轻重不同，分别追究民事的、行政的和刑事的责任。

新《消费者权益保护法》第55条："经营者提供商品或服务有欺诈行为的，应当按消费者的要求增加其受到的损失，增加赔偿的金额为消费者购买商品的价款或接受服务的费用的3倍，增加赔偿的金额不足500元的，为500元。"

第二节　消费者的权利和义务

一、消费者的权利

消费者权利是指消费者根据《消费者权益保护法》的规定，在消费领域中所享有的各项权利，即消费者有权作出一定的行为或要求他人作出或不作出一定的行为。我国《消费者权益保护法》专门规定了消费者的权利。依据该法的规定，消费者的权利主要包括以下内容。

（一）安全保障权

我国《消费者权益保护法》规定："消费者在购买、使用商品和接受服务时享有人身、财产安全不受损害的权利。"安全保障权包括人身安全权和财产安全权两个方面的内容。安全保障权是消费者最重要的权利，也是宪法和民法赋予公民的人身权、财产权在消费领域的具体体现。依据法律规定的这一权利，消费者有权要求经营者提供的商品和服务符合保障人身、财产安全的要求。

（二）知悉真情权

知悉真情权，又可称为了解权、知情权。我国《消费者权益保护法》规定："消费者享有知悉其购买、使用的商品或者接受的服务的真实情况的权利。"依据该规定，消费者有权根据商品或者服务的不同情况，要求经营者提供商品的价格、产地、生产者、用途、性能、规格、等级、主要成分、生产日期、有效期限、检验合格证明、使用方法说明书、售后服务，或者服务的内容、规格、费用等有关情况。知悉真情权是消费者进行消费行为时必不可少的，它往往是消费者实施购买某种商品、接受某项服务的前提。

（三）自主选择权

我国《消费者权益保护法》规定："消费者享有自主选择商品或者服务的权利。"也就是说，消费者有权根据自己的消费需求、意向和兴趣，自主选择自己满意的商品或服务。该权利包括以下几个方面内容：①自主选择提供商品或者服务的经营者的权利；②自主选择商品品种或者服务方式的权利；③自主决定购买或者不购买任何一种商品、接受或者不接受任何一项服务的权利；④在自主选择商品或服务时，享有进行比较、鉴别和挑选的权利。

（四）公平交易权

我国《消费者权益保护法》规定："消费者享有公平交易的权利。"该权利是指消费者在购买商品或者接受服务时所享有的获得质量保障和价格合理、计量正确等公平交易条件的权利，并且消费者有权拒绝经营者的强制交易条件。

（五）依法求偿权

我国《消费者权益保护法》规定："消费者因购买、使用商品或者接受服务受到人身、财产损害的，享有依法获得赔偿的权利。"赔偿损失是经营者致使消费者人身、财产受到损害时承担责任的最主要形式。对消费者来说，除了有权获得赔偿外，还有权根据损害的具体情况要求经营者承担修理、重作、更换、恢复原状、赔礼道歉、恢复名誉等责任。

（六）依法结社权

我国《消费者权益保护法》规定："消费者享有依法成立维护自身合法权益的社会组织的权利。"政府对合法的消费者团体不应加以限制，对消费者的依法结社权必须予以保障。并且，在制定有关消费者方面的政策和法律时，还应向消费者团体征求意见，以求更好地保护消费者能够通过集体的力量来改变自己的弱势地位，以与实力雄厚的经营者相抗衡。消费者组织在我国主要是各级消费者协会，也包括其他类型的群众性组织。

（七）获得相关知识权

获得相关知识权也称求教获知权、受教育权。我国《消费者权益保护法》规定："消费者享有获得有关消费和消费者权益保护方面的知识的权利。"这项权利具体包括：有关商品和服务的基本知识；有关市场行情、市场交易、市场促销等方面的知识；有关消费者权益保护的现行法律、法规和政策；有关消费者权益的保护机构；消费者权益争议的解决方法与途径等。

（八）维护尊严权和隐私权

我国《消费者权益保护法》规定："消费者在购买、使用商品和接受服务时，享有人格尊严和民族风俗习惯得到尊重的权利，享有个人信息依法得到保护的权利。"人格尊严是消费者人身权的重要组成部分，包括名誉权、姓名权、肖像权等。尊重少数民族的风俗习惯，对于保护少数民族消费者的合法权益，贯彻党和国家的民族政策具有极其重要的意义。尊重消费者的人格尊严和民族习俗，是社会文明进步的表现，也是尊重和保障人权的重要内容。同时，个人隐私也应得到保护。

（九）监督批评权

我国《消费者权益保护法》规定："消费者享有对商品和服务以及保护消费者权益工作进行监督的权利。"此外，消费者有权检举、控告侵害消费者权益的行为和国家机关及其工作人员在保护消费者权益工作中的违法失职行为,有权对保护消费者权益工作提出批评、建议。

二、消费者的义务

《消费者权益保护法》有专门的章节规定了消费者的权利,却没有规定相应的义务,这不等于说消费者没有义务。消费者在行使权利的同时,也要承担相应的义务,包括:消费者应依法行使其权利,不得损害国家利益和社会公共利益,也不得妨碍他人行使法定权利,更不得滥用自己的权利;消费者应按商品使用说明安装、使用、维护和保养商品,按规定或约定的规则接受服务,凡因使用不当所致损失,责任由消费者自负;消费者投诉商品或服务的质量、价格、计量等问题时,负有如实反映情况和提供相关证据的义务,对于一些较难由消费者举证的情况,实践中可转移举证责任,由经营者负责提供与消费者的主张相反的证据。

第三节　经营者的义务

经营者,是指向消费者提供其生产、销售的商品或提供服务的单位和个人,它是以营利为目的、从事生产经营活动并与消费者相对应的另一方当事人。消费者的权利在一定程度上是通过经营者履行义务来实现的。根据我国《消费者权益保护法》的规定,经营者对消费者承担下列义务。

一、依法定或约定履行的义务

经营者向消费者提供商品或者服务,应当依照本法和其他有关法律、法规的规定履行义务;经营者和消费者有约定的,应当按照约定履行义务,但双方的约定不得违背法律、法规的规定。

二、恪守社会公德,诚信、公平、合理经营义务

《消费者权益保护法》规定,经营者向消费者提供商品或者服务,应当恪守社会公德,诚信经营,保障消费者的合法权益;不得设定不公平、不合理的交易条件,不得强制交易。

三、听取意见和接受监督的义务

经营者在销售商品时,应当听取消费者对其提供的商品或者服务的意见,接受消费者的监督,并且经营者必须采用适当的方式来接受消费者的监督,为消费者行使监督权提供可能的条件。经营者的这项义务是与消费者的监督批评权或称质询权相对应的。

四、保障人身、财产安全的义务

《消费者权益保护法》规定:"经营者应当保证其提供的商品或者服务符合保障人身、财产安全的要求。"这是与消费者的保障安全权相对应的经营者的义务。对可能危及人身、财产安全的商品和服务,应当向消费者作出真实的说明和明确的警示,并说明和标明正确使用商品或者接受服务的方法以及防止危害发生的方法。宾馆、商场、餐馆、银行、

机场、车站、港口、影剧院等经营场所的经营者，应当对消费者尽到安全保障义务。

经营者发现其提供的商品或者服务存在严重缺陷，即使正确使用商品或者接受服务仍然可能对人身财产安全造成危害的，应当立即向有关行政部门报告和告知消费者，并采取防止危害发生的措施。

五、提供商品和服务真实信息，不作虚假宣传的义务

《消费者权益保护法》规定："经营者应当向消费者提供有关商品或者服务的质量、性能、用途、有效期限等信息，应当真实、全面，不得作虚假或引人误解的宣传；否则即构成侵犯消费者权益的行为和不正当竞争行为。"这是与消费者的知悉真情权相对应的经营者的义务，具体包括：经营者应当向消费者提供有关商品或者服务的真实信息，不得做引人误解的虚假宣传；经营者对消费者就其提供的商品或者服务的质量和使用方法等问题提出的询问，应当做出真实、明确的答复；经营者提供商品应当明码标价。

六、标明真实名称和标记的义务

《消费者权益保护法》规定："经营者应当标明真实名称和标记""租赁他人柜台或者场地的经营者，应当标明其真实名称和标记"。这项规定表明，经营者在提供商品或服务时，应当标明其真实名称和标记，以便消费者辨认和有关行政部门的监督管理；经营者不得以虚假的名称和标记欺骗消费者；特别是在商业零售活动中，租赁他人柜台或场地的经营，应当以自己的真实名称和标记从事经营活动，而不能以出租者的名称或标记从事经营活动。

七、出具相应的凭证和单据的义务

《消费者权益保护法》规定："经营者提供商品或者服务，应当按照国家有关规定或者商品惯例向消费者出具发票等购货凭证或者服务单据，消费者索要发票等购货凭证或者服务单据的，经营者必须出具。"经营者向消费者出具的购货凭证或服务单据包括发票、购货证、服务卡、价格单、保修单等。购货凭证和服务单据记载和证明了经营者和消费者之间买卖合同或服务的具体内容，具有重要的证据价值，对于界定消费者和经营者的权利义务也具有重要意义。

八、保证商品或服务质量的义务

商品或者服务质量的好坏，直接关系到消费者的切身利益。《消费者权益保护法》规定，经营者应当保证在正常使用商品或者接受服务的情况下，其提供的商品或者服务应当具有的质量、性能、用途和有效期限，但消费者在购买该商品或接受该服务前已经知道其存在瑕疵，且存在该瑕疵不违反法律强制性规定的除外。经营者以广告、产品说明、实物样品或者其他方式表明商品或服务质量状况的，应当保证其提供的商品或服务的实际质量与表明的质量状况相符。

经营者提供的机动车、计算机、电视机、电冰箱、空调器、洗衣机等耐用商品或装修装饰等服务，消费者自接受商品或者服务之日起 6 个月内发现瑕疵，发生争议的，由经营者承担有关瑕疵的举证责任。

九、不得从事不公平、不合理的交易的义务

为了保障消费者的公平交易权,《消费者权益保护法》规定:"经营者在经营活动中使用格式条款的,应当以显著方式提请消费者注意商品的数量或者质量、价款或者费用、履行期限和方式、安全注意事项和风险警示、售后服务、民事责任等与消费者有重大利害关系的内容,并按照消费者的要求予以说明。"经营者不得以格式合同、通知、声明、店堂告示等方式作出对消费者不公平、不合理的规定,或者减轻、免除其损害消费者合法权益应当承担的民事责任;此外,格式合同、通知、声明、店堂告示等含有对消费者作出的不公平、不合理的规定,或者减轻、免除经营者损害赔偿责任等内容的,其内容无效。即使经营者以口头或书面形式在格式合同、通知、声明、店堂告示中规定了这些内容,也不能对消费者产生法律上的约束力。

十、不得侵犯消费者人身权的义务

经营者在经营活动中应尊重消费者的人格,不得对消费者进行侮辱、诽谤;不得搜查消费者的身体及其携带的物品;不得侵犯消费者的人身自由。

十一、保护消费者个人信息的义务

经营者收集、使用消费者个人信息,应当遵循合法、正当、必要的原则,明示收集、使用信息的目的、方式和范围,并经消费者同意。

第四节 消费者权益保护机构

保护消费者的合法权益,需要个人、团体、社会和国家的共同努力。我国的消费者权益保护机构可分为两种类型:一是对消费者权益进行保护的国家机构;二是对消费者权益进行保护的社会团体及新闻媒介。

一、对消费者权益进行保护的国家机构

(一)立法机关

国家立法机关制定有关消费者权益的法律、法规、规章和强制性标准,应当听取消费者和消费者协会等组织的意见。

(二)行政机关

《消费者权益保护法》规定:"各级人民政府应当加强领导、组织、协调、督促有关行政部门做好保护消费者合法权益的工作,落实保护消费者合法权益的职责。""有关国家机关应当依照法律、法规的规定,惩处经营者在提供商品和服务中侵害消费者的合法权益的违法犯罪行为。"

(三)司法机关

《消费者权益保护法》规定,人民法院应当采取措施,方便消费者提起诉讼。对符合《中华人民共和国民事诉讼法》起诉条件的消费者权益争议,必须受理,及时审理。公安机关对涉及暴力侵权、殴斗的消费纠纷,应及时查处,防止矛盾激化;公安、检察机关对

侵犯消费者利益构成犯罪的案件，应按各自权限，积极立案侦查、起诉。通过加强司法保护工作，处理好各种消费者权益争议案件，使已经制定的有关保护消费者的合法权益的法律、法规得到切实执行，切实保障消费者的合法权益。

二、对消费者权益进行保护的社会团体及新闻媒介

（一）消费者组织

消费者组织，是指依法成立的对商品和服务进行社会监督的、保护消费者合法权益的社会团体。消费者组织包括消费者协会和其他消费者组织，其基本任务是对市场商品和服务进行监督，指导公众消费，帮助或代表消费者调查、处理消费争议，维护广大消费者的权益。消费者组织不得从事商品经营和营利性服务，不得以谋利为目的向社会推荐商品和服务。

我国的消费者协会和其他的消费者组织是依法成立的对商品和服务进行社会监督的、保护消费者合法权益的社会团体，依据《消费者权益保护法》的规定，消费者协会在保护消费者合法权益方面履行公益性职能。

（二）新闻媒介

广播、电视、报刊等大众传播媒介，应做好维护消费者合法权益的宣传。一方面，经常地宣传有关消费者权益的基本知识和典型事例；另一方面，及时地将损害消费者合法权益的行为和现象曝光并予抨击。任何单位和个人不得干涉新闻机构对消费者利益保护的舆论监督活动。

第五节　争议的解决和法律责任的确定

一、争议的解决

（一）争议的解决途径

依据我国《消费者权益保护法》的规定，消费者和经营者发生消费者权益争议的，可以通过下列途径解决：

（1）与经营者协商和解；

（2）请求消费者协会或者依法成立的其他调解组织调解；

（3）向有关行政部门投诉；

（4）根据与经营者达成的仲裁协议提请仲裁机构仲裁；

（5）向人民法院提起诉讼。

（二）赔偿责任主体的确定

1. 由生产者、销售者、服务者承担

（1）消费者在购买、使用商品时，其合法权益受到损害的，可以向销售者要求赔偿。销售者赔偿后，属于生产者的责任或者属于向销售者提供商品的其他销售者的责任的，销售者有权向生产者或者其他销售者追偿。

（2）消费者或者其他受害人因商品缺陷造成人身、财产损害的，可以向销售者要求赔偿，也可以向生产者要求赔偿。属于生产者责任的，销售者赔偿后，有权向生产者追

偿。属于销售者责任的，生产者赔偿后，有权向销售者追偿。

（3）消费者在接受服务时，其合法权益受到损害的，可以向服务者要求赔偿。

（4）消费者在展览会、租赁柜台购买商品或者接受服务，其合法权益受到损害的，可以向销售者或者服务者要求赔偿。展览会结束或者柜台租赁期满后，也可以向展览会的举办者、柜台的出租者要求赔偿。展览会的举办者、柜台的出租者赔偿后，有权向销售者或者服务者追偿。

2．由变更后的企业承担

消费者在购买、使用商品或者接受服务时，其合法权益受到损害，因原企业分立、合并的，可以向变更后承受其权利义务的企业要求赔偿。

3．由营业执照的使用人或持有人承担

使用他人营业执照的违法经营者提供商品或者服务，损害消费者合法权益的，消费者可以向其要求赔偿，也可以向营业执照的持有人要求赔偿。

4．由从事虚假广告行为的经营者和广告的经营者承担

消费者因经营者利用虚假广告或者其他虚假宣传方式提供商品或者服务，其合法权益受到损害的，可以向经营者要求赔偿。广告的经营者、发布者发布虚假广告的，消费者可以请求行政主管部门予以惩处。广告的经营者、发布者不能提供经营者的真实名称、地址和有效联系方式的，应当承担赔偿责任。

二、侵犯消费者合法权益的法律责任

《消费者权益保护法》采取民事的、行政的、刑事的三种法律手段来实现对消费者权益的保护，具体表现在根据违法行为的性质、情节、社会危害等因素由经营者分别承担民事责任、行政责任和刑事责任。

（一）侵犯消费者合法权益行为的民事责任

1．关于承担民事责任的概括性规定

经营者提供商品或者服务有下列情形之一的，除本法另有规定的以外，应当依照有关法律、法规的规定，承担民事责任。

（1）商品或者服务存在缺陷的；

（2）不具备商品应当具备的使用性能而在出售时未作说明的；

（3）不符合在商品或者其包装上注明采用的商品标准的；

（4）不符合商品说明、实物样品等方式表示的质量状况的；

（5）生产国家明令淘汰的商品或者销售失效、变质的商品的；

（6）销售的商品数量不足的；

（7）服务的内容和费用违反约定的；

（8）对消费者提出的修理、重作、更换、退货、补足商品数量、退还货款和服务费用或者赔偿损失的要求，故意拖延或者无理拒绝的；

（9）法律、法规规定的其他损害消费者权益的情形。

经营者对消费者未尽到安全保障义务造成消费者损害的，应当承担侵权责任。

2．侵犯人身权的民事责任的专门规定

我国《消费者权益保护法》对侵犯人身权的民事责任作了专门的规定，其主要内容

如下：

（1）经营者提供商品或者服务，造成消费者或者其他受害人人身伤害的，应当支付医疗费、治疗护理费、因误工减少的收入等费用，造成残疾的，还应当支付残疾者生活自助用具费、生活补助费、残疾赔偿金以及由其抚养的人所必需的生活费等费用。

（2）经营者提供商品或者服务，造成消费者或者其他受害人死亡的，应当支付丧葬费、死亡赔偿金以及由死者生前抚养的人所必需的生活费等费用。

（3）经营者侵害消费者的人格尊严或者侵犯消费者人身自由的，应当停止侵害、恢复名誉、消除影响、赔礼道歉，并赔偿损失。

3. 侵犯财产权的民事责任的专门规定

我国《消费者权益保护法》对侵犯财产权的民事责任也作了专门的规定，其主要内容如下：

（1）经营者提供商品或者服务，造成消费者财产损害的，应当按照消费者的要求，以修理、重作、退货、补足商品数量、退还货款和服务费用或者赔偿损失等方式承担民事责任。消费者与经营者另有约定的，按照约定履行。

（2）对国家规定或者经营者与消费者约定包修、包换、包退的商品，经营者应当负责修理、更换或者退货。在保修期内两次修理仍不能正常使用的，经营者应当负责更换或者退货。对包修、包换、包退的大件商品，消费者要求经营者修理、更换、退货的，经营者应当承担运输等合理费用。

（3）经营者以邮购方式提供商品的，应当按照约定提供。未按照约定提供的，应当按照消费者的要求履行约定或者退回预付款，并应当承担消费者必须支付的合理费用。

（4）经营者以预收款方式提供商品或者服务的，应当按照约定提供。未按照约定提供的，应当按照消费者的要求履行约定或者退回预付款，并应当承担预付款的利息和消费者必须支付的合理费用。

（5）依法经有关行政部门认定为不合格的商品，消费者要求退货的，经营者应当负责退货。

（6）经营者提供商品或者服务有欺诈行为的，应当按照消费者的要求增加赔偿其受到的损失，增加赔偿的金额为消费者购买商品的价款或者接受服务的费用的3倍。

（二）侵犯消费者合法权益行为的行政责任

依据《消费者权益保护法》的规定，经营者有下列情形之一，除承担相应的民事责任外，其他有关法律、法规对处罚机关和处罚方式有规定的，依照法律、法规的规定执行；法律、法规未作规定的，由工商行政管理部门或者其他有关行政部门责令改正，可以根据情节单处或者并处警告、没收违法所得、处以违法所得1倍以上10倍以下的罚款，没收违法所得的，处以50万元以下的罚款；情节严重的，责令停业整顿、吊销营业执照：

（1）提供的商品或者服务不符合保障人身、财产安全要求的。

（2）在商品中掺杂、掺假，以假充真，以次充好，或者以不合格商品冒充合格商品的。

（3）生产国家明令淘汰的商品或者销售失效、变质的商品的。

（4）伪造商品的产地，伪造或者冒用他人的厂名、厂址，篡改生产日期，伪造或者冒用认证标志等质量标志的。

(5) 销售的商品应当检验、检疫而未检验、检疫或者伪造检验、检疫结果的。

(6) 对商品或者服务作虚假或者引人误解的宣传的。

(7) 拒绝或者拖延有关行政部门责令对缺陷商品或者服务采取停止销售、警示、召回、无害化处理、销毁、停止生产或者服务等措施的。

(8) 对消费者提出的修理、重作、更换、退货、补足商品数量、退还货款和服务费用或者赔偿损失的要求，故意拖延或者无理拒绝的。

(9) 侵害消费者人格尊严、侵犯消费者人身自由或者侵害消费者个人信息依法得到保护的权利的。

(10) 法律、法规规定的对损害消费者权益应当予以处罚的其他情形。

经营者有前款规定情形的，除依照法律、法规规定予以处罚外，处罚机关应当记入信用档案，向社会公布。

经营者对上述处罚决定不服的，可以自收到处罚决定之日起15日内向上一级机关申请复议。对复议决定不服的，可以自收到复议决定之日起15日内向人民法院提起诉讼，也可以直接向人民法院提起诉讼。

(三) 侵犯消费者合法权益行为的刑事责任

(1) 经营者违反本法规定提供商品或者服务，侵害消费者合法权益，构成犯罪的，依法追究刑事责任。

(2) 以暴力、威胁等方法阻碍有关行政部门工作人员依法执行职务的，依法追究刑事责任；拒绝、阻碍有关行政部门工作人员依法执行职务，未使用暴力、威胁方法的，由公安机关依照《中华人民共和国治安管理处罚法》的规定处罚。

(3) 国家机关工作人员玩忽职守或者包庇经营者侵害消费者合法权益的行为，由其所在单位或者上级机关给予行政处分；情节严重，构成犯罪的，依法追究刑事责任。

综合实训

一、单项选择题

1. 消费者是经营者的对称，指为满足生活消费的需要而购买、使用商品或接受服务的（　　）。
   A. 自然人　　　B. 法人　　　C. 企事业单位　　　D. 其他组织
2. 消费者知情权的客体不包括（　　）。
   A. 商品价格　　B. 商品产地　　C. 商品主要成分　　D. 商品的成本
3. 我国首次规定惩罚性赔偿金的法律是（　　）。
   A. 经济合同法　B. 产品质量法　C. 技术合同法　　D. 消费者权益保护法
4. 消费者协会对消费者权益保护的监督属于（　　）。
   A. 行政监督　　B. 社会监督　　C. 行业管理监督　　D. 政府监督
5. 某消费者因啤酒瓶爆炸造成身体上的伤害，他的（　　）受到了侵犯。
   A. 保障安全权　B. 知悉真情权　C. 公平交易权　　D. 接受教育权

二、多项选择题

1. 消费者协会的职能包括（　　）。
   A. 为消费者提供消费信息和咨询服务
   B. 参与有关行政部门对商品和服务的监督、检查
   C. 受理消费者的投诉

D. 对侵犯消费者权益事项进行审理
2. 依据《消费者权益保护法》,消费者与经营者发生权益争议的,可通过哪些途径解决?(　　)
   A. 协商和解　　　　　　　　　　B. 请求消费者协会调解
   C. 向有关行政部门申诉　　　　　D. 向人民法院起诉
3. 消费者或其他受害人因商品缺陷造成人身、财产损害的,可以向(　　)要求赔偿。
   A. 销售者　　　B. 生产者　　　C. 运输者　　　D. 为生产者提供原材料者
4. 根据《消费者权益保护法》规定,经营者负有下列哪些义务?(　　)
   A. 听取消费者的意见并接受监督　　B. 不作虚假宣传
   C. 出具相应的凭证和单据　　　　　D. 从事公平合理的交易
5. 经营者对工商行政管理部门依据《消费者权益保护法》作出的行政处罚不服的,可以(　　)。
   A. 向上一级机关申请复议　　　　　B. 直接向人民法院起诉
   C. 拒不执行　　　　　　　　　　　D. 先申请复议,如对复议决定不服者,再向人民法院提起诉讼

三、案例分析题

1. 2016年9月,李某到某超级市场购物,当李某购物要离开时,超市的工作人员怀疑李某拿了超市的东西,要李某留下。随后,超市保安部门对李某进行盘问并对李某进行搜身,结果一无所获。李某因遭到此侮辱受到很大刺激。为讨回公道,李某向某人民法院起诉,要求被告某超级市场赔礼道歉,消除影响,并赔偿损失。

   问题:
   (1)本案中,被告侵犯了原告李某的哪项权利?
   (2)原告李某可以请求获得何种民事救济?有何法律依据?

2. 2017年,某县农民向该县农业技术综合服务公司购买了农药乐果。施用后,虫害并未好转,某农民以为是用量不足,遂加量多次施用。但虫害依然如故。有些农民怀疑所买农药是假药或劣药,就送了一些到县农业技术鉴定所进行抽样鉴定。鉴定结果表明,该批农药的含药量大大低于标准含药量,药性不良,属劣质农药。农民持此鉴定结论和购药发票到售货单位,要求赔偿药款和因此遭受到的经济损失。但该公司只同意退还药款,拒绝承担其他责任。

   问题:
   该公司这种行为合法吗?为什么?

3. 2016年7月,某县农民张某为给母亲祝寿,在县鞭炮厂经营部买了400元的烟花爆竹,当晚燃放时,因爆竹横窜爆炸,将围观的邻居刘某左手臂炸伤,致使其住院治疗。事发后,张某到消费者协会投诉,经调查了解,确认事件的发生是由烟花爆竹的质量问题所致。

   问题:
   消费者协会应怎样处理此事?依据何在?

4. 消费者陈某于2017年从本市的华东商厦购买了一台电视机,价格为1 900元。晚上,他打开电视机,发现屏幕色彩不正常,后来又发现按键有些毛病。第二天一早,他就到商厦要求更换一台,商厦答复:"电视机的质量问题,责任在厂家,请直接与厂家调换。"

   问题:
   商厦这种行为错在哪里?

第八章 产品质量法

【知识目标】
1. 了解产品质量法的立法概况。
2. 理解并掌握我国产品质量管理制度,生产者、销售者的产品质量责任和义务,违反产品质量法应承担的法律责任等基本内容。

【技能目标】
理解在市场经济中的各类市场主体(生产者、销售者、运输者等)的产品质量义务,食品安全控制与检验。

【学前案例】
2017年3月10日,叶某到甲公司(汽车贸易公司)购车时,看中一辆轿车,就与甲公司签订了购车协议。过了一周,叶某去甲公司提车,甲公司交付给叶某车辆及随车的使用说明书和产品说明书等。又过了一个月,某日叶某的车子某部位出现小问题,于是叶某拿出随车的使用说明书,想按照说明自己看一看车到底是哪里出了问题。同时,使用说明书中提供了一些该车常见问题的解决方法,于是叶某按照书上写的自己进行修理。但修理之后,轿车出现的问题更严重了,无奈只好拉到修理厂去修理,共花去2 000元。后来叶某询问修理厂的人,才得知有问题的部件与说明书上写的不一样。叶某听后,马上找到甲公司,但对方说这是属于该汽车厂商的问题,应该找厂商。叶某又找到制造该车的厂商,厂商承认其说明书有误,但又称损失是叶某修理不当造成的,厂商不予赔偿。

问题:
叶某可以找甲公司要求赔偿吗?叶某是否真的无法得到赔偿呢?

第一节 产品质量法概述

一、产品质量与产品质量法

(一)产品、产品质量、产品缺陷

产品是指人们运用劳动手段对劳动对象进行加工而成,用于满足人们生产和生活需要的物品。我国产品质量法中的产品主要是指经过加工、制作,有使用价值并用于销售的产品,它不包括建筑工程和虽经加工制作但不用于销售的产品。

产品质量是指适合一定的用途,满足社会生产和消费需要所具备的符合一定规定的特征的总和。它由各种要素构成,包括对产品的使用性能、安全性、可用性、可靠性、可维修性、经济性等的要求。

产品缺陷是指产品存在危及人身、他人财产的不合理危险;产品有保障人体健康和人身、财产安全的国家标准、行业标准的，是指不符合这两种标准中的任何一种标准。产品缺陷包括设计缺陷、指示缺陷和警示缺陷三种。

（二）产品质量法与侵权责任法中的产品责任

2018年12月29日修订的《产品质量法》规定的产品责任规则：第二条规定了产品的范围，第四十至四十八条分别规定了缺陷产品销售者的责任、生产者对缺陷产品的侵权责任、销售者对缺陷产品的侵权责任、不真正连带责任、赔偿范围、诉讼时效、缺陷的含义、纠纷解决方式等。

1. 产品质量法的立法原则

（1）坚持产品质量标准原则。发展社会主义市场经济，保护国家、用户和消费者利益，必须保证并不断提高产品质量，这是产品质量法的基本原则。

（2）保护消费者权益的原则。产品质量法的产生和发展始终围绕着有效地保护消费者权益这一主线。在保护消费者权益的同时，又协调、平衡产销者和消费者在产品损害赔偿关系中的利益，从而有利于社会经济秩序的稳定和生产的发展。

（3）贯彻奖优罚劣的管理原则。从产品质量法内容来看，对优质产品和优质产品的企业和经营者给予奖励，引导鼓励企业进一步改进管理，提高产品质量；对假冒伪劣产品的生产者和经营者给予严厉的制裁。这也是产品质量法的原则之一。

2. 产品质量法的调整对象

我国产品质量法的调整对象是产品质量监督管理部门、生产者、销售者、用户、消费者等在产品生产、销售活动中发生的社会关系。

（1）主体。包括：生产者、销售者，即在中华人民共和国境内从事产品生产、销售活动的组织和个人，用户、消费者和国家质量管理监督机关。

（2）客体。指经过加工、制作、用于销售的产品，除外情况有：建设工程、军工产品、初级农产品等。

（3）内容。包括生产者、销售者与用户、消费者的权利义务关系，质量监督管理机构与生产者、销售者的权利义务关系，生产者、销售者之间及其与其他经营者之间的权利义务关系。

二、产品质量监督管理制度

产品质量监督管理是指国家技术监督部门以及地方技术监督部门依据法定的行政权力，以实现国家职能为目的，对产品质量进行管理的活动。根据我国《产品质量法》的规定，产品质量的监督管理有以下主要制度。

（一）产品质量认证制度

产品质量认证是依据产品标准和相应技术要求，经认证机构确认并通过颁发证书和认证标志，以证明企业某一产品符合相应标准和相应技术要求的活动。

国家参照国际先进的产品标准和技术要求，由企业自愿申请产品质量认证；认证合格，由认证机构颁发证书，准许企业在产品或其包装上使用产品质量认证标志。产品质量认证机构应当按照国家规定对准许使用认证标志的产品进行认证后的跟踪检查；对不符合认证标准而使用认证标志的，要求其改正，情节严重的，取消其使用认证标志的资格。

（二）企业质量体系认证制度

企业质量体系认证是指依据国家质量管理和质量保证系列标准，由国家认可的认证机构对自愿申请认证的企业的质量体系进行检查和确认，并通过颁发认证证书，以证明企业质量体系和质量保证能力符合相应标准要求的活动。

获得企业质量体系认证的企业，在申请产品质量认证时可免除对企业质量体系认证的检查。

（三）标准化管理制度

我国实行产品质量标准制度，国家要求一切生产企业对于原料、材料和协作件的验收，半成品的检查以及成品的检验，都必须按照标准进行，并且鼓励企业产品质量达到并且超过行业标准、国家标准和国际标准。

我国标准化法将标准按性质的不同，分为强制性标准和推荐性标准。强制性标准是必须执行的标准。为了保证强制性标准的实施，引导人们执行推荐性标准，《产品质量法》规定，可能危及人体健康和人身、财产安全的工业产品，必须符合保障人体健康和人身、财产安全的国家标准、行业标准；未制定国家标准、行业标准的，必须符合保障人体健康和人身、财产安全的要求。

（四）产品质量检验制度

产品质量检验，是指按照特定的标准，对产品质量进行检测，以判明产品是否合格的活动。这里的"标准"，可以按国家标准、行业标准、地方标准或企业标准，但有强制性标准的产品，须按强制性标准检验。根据我国《产品质量法》的规定，产品质量应当检验合格，不得以不合格产品冒充合格产品。

（五）产品质量的监督检查制度

国家对产品质量实行以抽查为主要方式的监督检查制度，对可能危及人体健康和人身、财产安全的产品，影响国计民生的重要工业产品以及消费者、有关组织反映有质量问题的产品进行抽查。

国家技术监督局直接组织国家质量监督检验中心（简称质检中心）进行抽查，包括按季抽查和不定期抽查等。国家监督抽查的产品，地方不得另行重复抽查；上级监督抽查的产品，下级不得另行重复抽查。根据监督抽查的需要，可以对产品进行检验。检验抽取样品的数量不得超过检验的合理需要，并不得向被检查人收取检验费用。

第二节 生产者和销售者的产品质量义务

产品质量义务是指产品生产者、销售者在保证产品质量方面应该遵守法律、法规、合同规定的义务，包括作为的义务和不作为的义务。

一、生产者的产品质量义务

（一）生产的产品质量方面的要求

（1）产品不存在危及人身、财产安全的不合理危险，有保障人体健康和人身、财产安全的国家标准、行业标准的，应当符合该标准。

（2）除了对产品存在使用性能的瑕疵作出说明的以外，产品质量应当具备基本的使用性能。

(3) 产品的实际质量应符合在产品或者其包装上注明采用的产品标准，符合以产品说明、实物样品等方式表明的质量状况。

(二) 生产的产品标志方面的要求

按照规定，产品或其包装上的标志应当符合以下要求：

(1) 有产品质量检验合格证明。

(2) 有中文标明的产品名称、生产厂名和厂址。

(3) 根据产品的特点和使用要求，需要标明产品规格、等级、所含主要成分的名称和含量的，相应予以标明。

(4) 限期使用的产品，标明生产日期和安全使用期或者失效日期。

(5) 使用不当，容易造成产品本身损坏或者可能危及人身、财产安全的产品，应有警示标志或者中文警示说明；裸装的食品和其他根据产品的特点难以附加标志的裸装产品，可以不附加产品标志。

(6) 剧毒、危险、易碎、储运中不能倒置以及有其他特殊要求的产品，其包装必须符合相应的要求，有警示标志或者中文警示说明，标明储运注意事项。

(三) 法律禁止生产者实施的行为

(1) 生产者不得生产国家明令淘汰的产品。国家根据我国经济、科学技术的发展程度和水平，会选择合适的时机宣布淘汰某些或某类产品，目前宣布淘汰的主要产品包括机电产品和药品。凡由有关部门宣布列入淘汰产品目录的产品，生产者不得生产。

(2) 生产者不得伪造产地，不得伪造或者冒用他人的厂名、厂址。厂名、厂址、产地均与某种产品的质量、声誉有密切关系，为防止假冒他人厂名、厂址、产地以次充好，因此《产品质量法》规定生产者负有不得伪造或冒充他人产地、厂名、厂址的义务。

(3) 生产者不得伪造或冒用认证标志、名优标志等质量标志。认证标志、名优标志是企业依法享有的荣誉权，直接关系到企业的生产、经营状况，因此法律不允许伪造和冒用。

(4) 生产者生产产品，不得掺杂、掺假，不得以次充好，不得以不合格产品冒充合格产品。所谓掺杂、掺假，是指生产者以牟取利润为目的，故意在产品中掺入杂质或造假，使产品中有关物质的含量不符合国家有关法律、法规规定的质量标准或合同中约定的质量标准的一种违法行为。以假充真是指用别的产品冒充本来意义上的产品，进行欺骗性商业活动的违法行为。以次充好是指用低档产品冒充高档产品，进行欺骗性商业活动的违法行为。以不合格产品冒充合格产品，是指以不符合产品质量法规定的产品质量标准的产品冒充符合上述要求的产品。

二、销售者的产品质量义务

我国的产品质量责任制度不但将生产者作为产品责任的义务主体，也允许受害者直接请求销售者承担产品质量责任。销售者的产品质量义务具体规定包括三方面。

(一) 销售者进货时的质量义务

销售者进货时应当执行进货检查验收制度。它是指销售者进货时应当对所进货物进行检查，查明货物的质量，同时对货物应具备的标志，如产品合格证、生产日期、认证标志等是否齐备进行检查,确认货物适于销售才收存货物的制度。

实行进货检查验收制度是保证销售者销售合格产品的前提,也是划分生产者和销售者产品质量责任的依据。销售者在执行进货检查验收制度中如发现产品质量不符合产品质量法及有关法规规定或合同约定的,应拒绝接收货物,防止伪劣商品、不合格商品进入市场。

(二) 销售者进货后、销售前的质量义务

销售者进货后应当采取合理措施,保持所销售产品的质量。如果进货时的产品符合质量要求,而在销售时产品出现缺陷,销售者就要承担相应的责任。

(三) 销售者销售时的质量义务

销售者销售的产品的标志应当符合产品质量法对生产者产品标志的有关规定。

销售者不得违反法律规定的禁止性规范。包括:不得销售国家明令淘汰并停止销售的产品和失效、变质的产品;不得伪造产地,不得伪造或者冒用他人的厂名、厂址;不得冒用或者伪造认证标志、名优标志等质量标志;不得掺杂、掺假;不得以假充真、以次充好;不得以不合格产品冒充合格产品。

第三节 违反产品质量义务的法律责任

违反产品质量义务的法律责任也称产品质量责任,是指生产者、销售者以及对产品质量负有直接责任的人违反产品质量义务应承担的法律责任,一般包括产品质量的民事责任、行政责任和刑事责任。

一、民事责任

(一) 产品瑕疵责任

产品瑕疵是指产品不具备应有的使用性能,不符合明示采用的产品质量标准,或不符合产品说明、实物样品等方式表明的质量状况。

《产品质量法》规定,对有上述情形之一的,销售者即应负瑕疵担保责任。具体形式为:负责修理、更换、退货;给购买产品的用户、消费者造成损失的,负责赔偿。

销售者先行履行"三包"及赔偿责任后,如责任在生产者、供货者,销售者有权向他们追偿。但他们之间如订有购销、加工承揽合同且另有约定的,从其约定。销售者未尽上述责任时,技术监督部门或工商行政管理部门可责令改正。

(二) 产品缺陷责任

(1) 生产者产品责任。《产品质量法》规定,因产品存在缺陷,造成人身损害以及缺陷产品以外的其他财产损害的,生产者应当承担赔偿责任。但《产品质量法》也同时规定了除外(免责)情况,即:未将产品投入流通的;产品投入流通时,引起损害的缺陷尚不存在的;将产品投入流通时的科学、技术水平尚不能发现缺陷存在的。

(2) 销售者产品责任。《产品质量法》规定,由于销售者的过错使产品存在缺陷,造成他人人身、财产损害的,销售者应当承担赔偿责任;销售者不能指明缺陷产品的生产者、供货者的,销售者承担赔偿责任。

产品缺陷责任应是在缺陷产品招致用户、消费者的人身、财产损害时发生,即当产品缺陷与损害事实之间有因果关系时，才能确立。损害事实包括用户、消费者的人身伤害和缺陷产品以外的其他财产损失。

（3）产品缺陷责任处理。《产品质量法》规定，因产品存在缺陷，造成人身、他人财产损害的，受害人可以向产品的生产者要求赔偿，也可以向产品的销售者要求赔偿。生产者、销售者履行赔偿责任后，非责任方可向过错方追偿。

因产品存在缺陷造成受害人人身伤害的，侵害人应当赔偿医疗费、因误工减少的收入、残废者生活补助费等费用；造成受害人死亡的应当支付丧葬费、抚恤费、死者生前抚养的人的必要的生活费等费用；因产品存在缺陷造成受害人财产损失的，侵害人应当恢复原状或者折价赔偿；受害人因此遭受其他重大损失的，侵害人应当赔偿损失。

二、行政责任

产品质量行政责任是指生产者、销售者因违反产品质量监督管理法律、法规而应承担的行政法律后果。

（一）需要承担产品质量行政责任的主要行为

（1）生产、销售不符合保障人体健康和人身、财产安全的国家标准、行业标准的产品的行为。

（2）生产者、销售者在产品中掺杂、掺假，以假充真、以次充好，或以不合格产品冒充合格产品的行为。

（3）生产国家明令淘汰的产品的行为。

（4）销售失效、变质产品的行为。

（5）生产者、销售者伪造产品的产地的，伪造或冒用他人的厂名、厂址的，伪造或冒用认证标志等质量标志的行为。

（6）产品标志不符合要求行为。

（二）承担产品质量行政责任的主要形式

概括《产品质量法》第五章"罚则"各条款，生产者、销售者的产品质量行政责任形式主要有：责令停止生产；责令停止销售；没收违法生产或销售的产品；没收违法所得；罚款；责令公开更正；吊销营业执照等。

三、刑事责任

刑事责任是指生产者、销售者或国家工作人员违反产品质量法并触犯刑律构成犯罪时，由司法机关按照刑事法律的规定强制其承担的法律后果。刑事责任包括拘役、有期徒刑、无期徒刑甚至死刑等。

（一）生产者和销售者承担刑事责任的主要行为

（1）生产、销售假药、劣药，已经危害或足以危害人体健康的。

（2）生产、销售不符合卫生标准的食品，造成严重食物中毒事故的。

（3）在食品、饮料、酒类中掺入有毒、有害物质，造成伤害事故的。

（4）生产、销售假农药、假化肥、假种子，造成严重后果的。

（5）生产或销售不符合卫生标准的化妆品和不符合保障人身健康、财产安全标准的医疗器械、医用卫生材料、电器、压力容器、易燃易爆产品等。

(二) 国家工作人员承担刑事责任的行为

(1) 包庇、放纵产品生产、销售中违反《产品质量法》规定行为的。

(2) 向从事违法生产、销售活动的当事人通风报信，帮助其逃避查处的。

(3) 阻挠、干预产品质量监督部门或者工商行政管理部门依法对产品生产、销售中违反《产品质量法》规定的行为进行查处，造成严重后果的。

(4) 从事产品质量监督管理的国家工作人员滥用职权、玩忽职守、徇私舞弊，构成犯罪的。

(三)《中华人民共和国刑法修正案（八）》完善了产品质量刑事责任

2011年2月25日中华人民共和国第十一届全国人民代表大会常务委员会第十九次会议通过《中华人民共和国刑法修正案（八）》，自2011年5月1日起施行。其现行的条文与产品质量相关的内容如下：

第一百四十条（生产、销售伪劣产品罪） 生产者、销售者在产品中掺杂、掺假，以假充真、以次充好或者以不合格产品冒充合格产品，销售金额五万元以上不满二十万元的，处两年以下有期徒刑或者拘役，并处或者单处销售金额百分之五十以上两倍以下罚金；销售金额二十万元以上不满五十万元的，处二年以上七年以下有期徒刑，并处销售金额百分之五十以上两倍以下罚金；销售金额五十万元以上不满二百万元的，处七年以上有期徒刑，并处销售金额百分之五十以上两倍以下罚金；销售金额二百万元以上的，处十五年有期徒刑或者无期徒刑，并处销售金额百分之五十以上两倍以下罚金或者没收财产。

第一百四十一条（生产、销售假药罪） 生产、销售假药的，处三年以下有期徒刑或者拘役，并处罚金；对人体健康造成严重危害或者有其他严重情节的，处三年以上十年以下有期徒刑，并处罚金；致人死亡或者有其他特别严重情节的，处十年以上有期徒刑、无期徒刑或者死刑，并处罚金或者没收财产。

本条所称假药，是指依照《中华人民共和国药品管理法》的规定属于假药和按假药处理的药品、非药品。

第一百四十二条（生产、销售劣药罪） 生产、销售劣药，对人体健康造成严重危害的，处三年以上十年以下有期徒刑，并处销售金额百分之五十以上两倍以下罚金；后果特别严重的，处十年以上有期徒刑或者无期徒刑，并处销售金额百分之五十以上两倍以下罚金，或者没收财产。

本条所称劣药，是指依照《中华人民共和国药品管理法》的规定属于劣药的药品。

第一百四十三条（生产、销售不符合安全标准的食品罪） 生产、销售不符合食品安全标准的食品，足以造成严重食物中毒事故或者其他严重食源性疾病的，处三年以下有期徒刑或者拘役，并处罚金；对人体健康造成严重危害或者有其他严重情节的，处三年以上七年以下有期徒刑，并处罚金；后果特别严重的，处七年以上有期徒刑或者无期徒刑，并处罚金，或者没收财产。

第一百四十四条（生产、销售有毒、有害食品罪） 在生产、销售的食品中掺入有毒、有害的非食品原料的，或者销售明知掺有有毒、有害的非食品原料的食品的，处五年以下有期徒刑，并处罚金；对人体健康造成严重危害或者有其他严重情节的，处五年以上十年以下有期徒刑，并处罚金；致人死亡或者有其他特别严重情节的，依照本法第一百四十一条的规定处罚。

第一百四十五条（生产、销售不符合标准的医用器材罪） 生产不符合保障人体健康的国家标准、行业标准的医疗器械、医用卫生材料，或者销售明知是不符合保障人体健康的国家标准、行业标准的医疗器械、医用卫生材料，足以严重危害人体健康的，处三年以下有期徒刑或者拘役，并处销售金额百分之五十以上两倍以下罚金；对人体健康造成严重危害的，处三年以上十年以下有期徒刑，并处销售金额百分之五十以上两倍以下罚金；后果特别严重的，处十年以上有期徒刑或者无期徒刑，并处销售金额百分之五十以上两倍以下罚金或者没收财产。

第一百四十六条（生产、销售不符合安全标准的产品罪） 生产不符合保障人身、财产安全的国家标准、行业标准的电器、压力容器、易燃易爆产品或者其他不符合保障人身、财产安全的国家标准、行业标准的产品，或者销售明知是以上不符合保障人身、财产安全的国家标准、行业标准的产品，造成严重后果的，处五年以下有期徒刑，并处销售金额百分之五十以上两倍以下罚金；后果特别严重的，处五年以上有期徒刑，并处销售金额百分之五十以上两倍以下罚金。

第一百四十七条（生产、销售伪劣农药、兽药、化肥、种子罪） 生产假农药、假兽药、假化肥，销售明知是假的或者失去使用效能的农药、兽药、化肥、种子，或者生产者、销售者以不合格的农药、兽药、化肥、种子冒充合格的农药、兽药、化肥、种子，使生产遭受较大损失的，处三年以下有期徒刑或者拘役，并处或者单处销售金额百分之五十以上两倍以下罚金；使生产遭受重大损失的，处三年以上七年以下有期徒刑，并处销售金额百分之五十以上两倍以下罚金；使生产遭受特别重大损失的，处七年以上有期徒刑或者无期徒刑，并处销售金额百分之五十以上两倍以下罚金或者没收财产。

第一百四十八条（生产、销售不符合卫生标准的化妆品罪） 生产不符合卫生标准的化妆品，或者销售明知是不符合卫生标准的化妆品，造成严重后果的，处三年以下有期徒刑或者拘役，并处或者单处销售金额百分之五十以上两倍以下罚金。

第一百四十九条（想象竞合犯从重处罚） 生产、销售本节第一百四十一条至第一百四十八条所列产品，不构成各该条规定的犯罪，但是销售金额在五万元以上的，依照本节第一百四十条的规定定罪处罚。

生产、销售本节第一百四十一条至第一百四十八条所列产品，构成各该条规定的犯罪，同时又构成本节第一百四十条规定之罪的，依照处罚较重的规定定罪处罚。

第一百五十条（单位犯本节之罪的处罚） 单位犯本节第一百四十条至第一百四十八条规定之罪的，对单位判处罚金，并对其直接负责的主管人员和其他直接责任人员，依照各该条的规定处罚。

（四）其他刑事责任

《产品质量法》规定："以使用暴力、威胁方法阻碍从事产品质量监督管理的国家工作人员依法执行职务构成犯罪的，依法追究刑事责任；未使用暴力、威胁方法阻碍上述人员执行公务的，按《治安管理处罚法》的规定处罚。"

第四节　侵权责任规定的产品责任

《中华人民共和国民法典》（2020 年 5 月 28 日通过，自 2021 年 1 月 1 日起施行）第七编规范了"侵权责任"。

一、产品责任的构成要件

第一，产品存在设计缺陷、制造缺陷或者指示、警示缺陷。

第二，因产品缺陷致人损害，包括致人财产损害与致人人身损害。

1. 财产损害

因产品缺陷，导致缺陷产品以外的其他财产损害。如果产品缺陷仅仅导致缺陷产品本身的损害，不构成产品责任，仅构成违约责任，应当由产品的购买者向产品的销售者追究违约责任。

2. 人身损害

缺陷产品导致缺陷产品的购买者、使用者或者第三人的人身损害。例如，甲购买的汽车因存在缺陷，在使用中刹车失灵，发生车祸，致甲和搭乘便车的乙受重伤，则甲、乙均有权提起产品责任侵权之诉。又如，甲单位从乙贸易公司购买丙公司生产的锅炉，锅炉在使用过程中因为存在缺陷发生爆炸，导致甲单位的楼房被损坏、锅炉被炸毁、锅炉工丁被炸死、路过的行人戊被蒸气烫伤，则甲、丁的继承人、戊均有权提起产品责任侵权诉讼。

二、产品侵权责任的分担

（一）诉讼当事人的架构

（1）原告。因缺陷产品遭受人身、财产损害的人（不管他们与产品的生产者、销售者是否具有买卖等合同关系）。

（2）被告。生产者或者销售者。原告可以任选其一，也可以作为共同被告起诉。

（3）第三人。运输者、仓储者有过错的，可以列为无独立请求权的第三人。原告不能直接以运输者、仓储者为被告提起诉讼。如果运输者、仓储者没有被列为第三人，生产者、销售者在承担责任之后，可以对有过错的运输者、仓储者另行起诉。

（二）责任的分担

"因产品存在缺陷造成损害的，被侵权人可以向产品的生产者请求赔偿，也可以向产品的销售者请求赔偿。产品缺陷由生产者造成的，销售者赔偿后，有权向生产者追偿。因销售者的过错使产品存在缺陷的，生产者赔偿后，有权向销售者追偿。"本条规定了生产者与销售者承担不真正连带责任。

（1）被侵权人是指因产品存在缺陷造成人身、财产损害之后，有权要求获得赔偿的人，包括直接购买并使用缺陷产品的人，也包括非直接购买使用缺陷产品但受到缺陷产品损害的其他人。

（2）从方便被侵权人维护自己合法权益的角度出发，《民法典》"侵权责任"编规定了被侵权人请求赔偿的两个途径：一个是可以向产品的生产者请求赔偿；另一个是可以向产品的销售者请求赔偿。也就是说，只要是缺陷产品引起的损害，被侵权人可以向生产者和销售者中的任何一方提出赔偿请求。如果二者不予赔偿，被侵权人可以生产者和销售者中的任何一方为被告提起民事诉讼。

生产者、销售者中先行赔偿的一方有权向应当承担责任的一方追偿自己已经被侵权人垫付的赔偿费用。

我国现行一些法律、法规对被害人的索赔途径、先行赔偿人的追偿权等作了规定，例如《产品质量法》第四十三条规定，因产品存在缺陷造成人身、他人财产损害的，受害人可以向产品的生产者要求赔偿，也可以向产品的销售者要求赔偿。属于产品生产者的责任，销售者赔偿的，销售者有权向生产者追偿。属于产品销售者的责任，生产者赔偿的，生产者有权向销售者追偿。根据《消费者权益保护法》，消费者在购买、使用商品时，其合法权益受到损害的，可以向销售者要求赔偿。销售者赔偿后，属于生产者的责任或者属于向销售者提供商品的其他销售者的责任的，销售者有权向生产者或者其他销售者追偿。消费者或者其他受害人因商品缺陷造成人身、财产损害的，可以向销售者要求赔偿，也可以向生产者要求赔偿。属于生产者责任的，销售者赔偿后，有权向生产者追偿。属于销售者责任的，生产者赔偿后，有权向销售者追偿。

三、产品责任的诉讼时效

（一）诉讼时效期间

因产品缺陷侵权的诉讼时效期间为二年。因产品缺陷造成人身损害，权利人提起产品侵权的诉讼时效期间依然为二年。

（二）损害赔偿请求权的最长保护期限

因产品责任侵权的最长诉讼时效期间为 10 年（而不是 20 年）。有明示的安全使用期的最长诉讼时效为该安全使用期。最长诉讼时效的起算点是自产品交付最初消费者之日起计算。

四、产品责任的归责原则

（一）产品制造者承担无过错责任

所谓无过错责任，是指依照法律规定不以当事人的主观过错为构成侵权行为的必备要件的归责原则，即不论当事人在主观上有没有过错，都应当承担民事责任。

承担产品责任的主体主要是产品的生产者，生产者对因产品存在缺陷造成他人损害的，除法律规定不承担责任或者减轻责任的外，应当承担无过错责任。

（二）产品销售者承担过错责任

因销售者的过错使产品存在缺陷，造成他人损害的，销售者应当承担侵权责任。销售者不能指明缺陷产品的生产者也不能指明缺陷产品的供货者的，销售者应当承担侵权责任。根据立法的本义，立法解释认为，销售者不能指明缺陷产品的生产者或者供货者的，表明其具有过错，因此销售者承担的是过错责任。

（三）缺陷产品的运输者、仓储者承担过错责任

因运输者、仓储者等第三人的过错使产品存在缺陷，造成他人损害的，产品的生产者、销售者赔偿后，有权向第三人追偿。《民法典》规定："因产品质量不合格造成他人财产、人身损害的，产品制造者、销售者应当依法承担民事责任。运输者、仓储者对此负有责任的，产品制造者、销售者有权要求赔偿损失。"

消费者、用户因为使用质量不合格的产品造成本人或者第三人人身伤害、财产损失的，受害人可以向产品制造者或者销售者要求赔偿。因此提起的诉讼，由被告所在地或者侵权行为地人民法院管辖。运输者和仓储者对产品质量负有责任，制造者或者销售者请求

赔偿损失的，可以另案处理，也可以将运输者和仓储者列为第三人，一并处理。《民法典》规定，属于运输、储存等原因造成产品缺陷的，运输者、仓储者等应当承担赔偿责任，首先承担产品责任的产品生产者、销售者，有权向负有赔偿责任的运输者、仓储者等追偿。

五、生产者的特别免责事由

根据《产品质量法》的规定，生产者享有的特别免责事由有三种：

（1）未将产品投入流通的。判断是否投入流通，关键是看生产者是否已经将产品交付他人。不论是采用出售、出租、出借、寄托的方式，也不论是无偿还是有偿，只要基于营业而交付他人，即构成投入流通。

（2）产品投入流通时，引起损害的缺陷尚不存在的。这种抗辩主要适用于产品缺陷是由后续经营者造成的情形，例如，销售者出售过期食品致使他人受到伤害，在这种情况下，生产者免除责任。

（3）将产品投入流通时的科学技术水平尚不能发现缺陷的存在的。

六、生产者、销售者的售后警示义务和召回义务

产品投入流通时，生产者、销售者可能因某种原因或者技术水平等未能发现产品有缺陷，在产品售出后才发现产品存在缺陷。发现缺陷后，生产者、销售者负有警示义务和召回义务。所谓"警示"，指对产品有关的危险和产品的正确使用给予说明、提醒，即提醒使用者在使用该产品时注意已经存在的危险或者潜在危险，避免危险的发生。所谓"召回"，指产品的生产者、销售者依法定程序，对其生产或者销售的缺陷产品以换货、退货、更换零配件等方式，及时消除或减少缺陷产品危害的行为。

生产者、销售者对投入流通后发现缺陷的产品，如果不及时采取补救措施或者采取补救措施不力造成他人损害的，应当承担侵权责任。

七、惩罚性赔偿

明知产品存在缺陷仍然生产、销售，造成他人死亡或者健康严重损害的，被侵权人有权请求相应的惩罚性赔偿。

（一）我国法律、司法解释中的惩罚性赔偿

《消费者权益保护法》对欺诈消费者的行为规定了惩罚性赔偿。该法第五十五条规定："经营者提供商品或者服务有欺诈行为的，应当按照消费者的要求增加赔偿其受到的损失，增加赔偿的金额为消费者购买商品的价款或者接受服务的费用的三倍；增加赔偿的金额不足五百元的，为五百元。法律另有规定的，依照其规定。"

《食品安全法》第148条第二款规定："生产不符合食品安全标准的食品或者销售明知是不符合食品安全标准的食品，消费者除要求赔偿损失外，还可以向生产者或者销售者要求支付价款十倍或者损失三倍的赔偿金。赔偿的金额不足一千元的，为一千元。"

《民法典》规定："经营者对消费者提供商品或者服务有欺诈行为的，依照《中华人民共和国消费者权益保护法》的规定承担损害赔偿责任。"

《最高人民法院关于审理商品房买卖合同纠纷适用法律若干问题的解释》第八条、第

九条也对惩罚性赔偿作了规定,该解释第八条规定:"具有下列情形之一,导致商品房买卖合同目的不能实现的,无法取得房屋的买受人可以请求解除合同、返还已付购房款及利息、赔偿损失,并可以请求出卖人承担不超过已付购房款一倍的赔偿责任:①商品房买卖合同订立后,出卖人未告知买受人又将该房屋抵押给第三人;②商品房买卖合同订立后,出卖人又将该房屋出卖给第三人。"第九条规定:"出卖人订立商品房买卖合同时,具有下列情形之一,导致合同无效或者被撤销、解除的,买受人可以请求返还已付购房款及利息、赔偿损失,并可以请求出卖人承担不超过已付购房款一倍的赔偿责任:①故意隐瞒没有取得商品房预售许可证明的事实或者提供虚假商品房预售许可证明;②故意隐瞒所售房屋已经抵押的事实;③故意隐瞒所售房屋已经出卖给第三人或者为拆迁补偿安置房屋的事实。"

(二)适用惩罚性赔偿的条件

适用惩罚性赔偿的条件是:第一,侵权人具有主观故意,即明知是缺陷产品仍然生产或者销售;第二,要有损害事实,这种损害事实不是一般的损害事实,而应当是造成严重损害的事实,即造成他人死亡或者健康受到严重损害;第三,要有因果关系,即被侵权人的死亡或者健康严重受损害是因为侵权人生产或者销售的缺陷产品造成的。

综合实训

一、单项选择题

1. 以下说法正确的是(   )。

A. 我国《产品质量法》中的产品专指经销售的产品,包括建设工程

B. 建设工程不适用《产品质量法》

C. 建筑材料的加工制作销售不适用《产品质量法》

D. 建筑设备未经过加工制作的不适用《产品质量法》

2. 对不符合保障人身健康国家标准的产品查封扣押,由(   )进行。

A. 县以上公安部门   B. 县以上技术监督部门

C. 县以上工商行政管理部门   D. 县以上产品质量监督部门

3. 以下说法正确的是(   )。

A. 产品质量应不存在危及人身、财产安全的不合理危险,并一律符合国家标准。

B. 对产品存在着使用性能瑕疵的,坚决禁止生产

C. 符合在产品或其包装上注明的产品标准

D. 实物样品与产品说明质量不一致的,可以先予说明

4. 根据《产品质量法》,求偿人为(   )。

A. 消费者   B. 受害者   C. 生产者   D. 销售者

5. 产品投入流通时,引起损害的缺陷尚不存在的生产者(   )。

A. 承担严格责任   B. 承担适当责任   C. 不承担任何责任   D. 双方可以协商

二、多项选择题

1. 可能危及人体健康和人身财产安全的产品应符合质量要求,包括(   )。

A. 国家标准   B. 行业标准

C. 符合保障人身、财产安全要求   D. 企业标准

2. 下列产品中(   )不属于《产品质量法》调整范围。

A. 石油   B. 汽车   C. 服装   D. 小麦

3. 下列产品中存在《产品质量法》所称的"缺陷"的有哪些?(   )

A. 致人中毒的假酒 B. 口感不佳的劣酒
C. 易醉人的高度酒 D. 突然爆炸炸坏家具的汽酒（爆炸原因为气压过高）

4. 下列产品中应有警示标志或中文警示说明的有哪些？（   ）

A. 有副作用的药品 B. 需稀释方可使用的农药
C. 易燃易爆物 D. 书籍

5. 销售者在产品质量方面承担民事责任的具体形式有下列哪些？（   ）

A. 修理 B. 更换 C. 退货 D. 赔偿

三、案例分析题

1. 王某在达明百货商场买到一台收音机，购买时，营业员从货架上拿下一台样品机，王某试听后感到很满意。营业员遂从仓库取出一台包装好的收音机，对王某说："这是新的，不用再麻烦打开了，绝对没问题"。王某交钱后把收音机带回家。回到家收听时才发现收音机的声音严重失真，声音极其刺耳难听。次日，王某到商场要求退货或更换，商场售货员说："本商场有规定，货物出门后，概不退换，你买时没有好好检查，责任应由你自行承担。"

问题：

（1）王某能否要求商场退货或更换？

（2）王某可以通过什么方式解决纠纷？

2. 李某看见电视上播出一个广告，广告称该市保健用品开发公司新研制出一种减肥霜，保证能使任何肥胖的女青年在1个月内用此种减肥霜恢复少女优美体型，且减至标准腰围，还称该市A百货商店独家代理销售。李某遂到A百货商店，见买者甚众。减肥霜外包装上写着：若1个月没有效果，代理商负责退货。李某便放心买了一瓶，价格148元。1个月过去了，李某非但未获标准腰围，反而腰又粗了5厘米。李某遂到A百货商店要求退货。但商店称，减肥霜外包装上的退货承诺是厂家自行印上去的，与商店无关，因此不予退货。

问题：

百货商场应否退货？为什么？

3. 2017年某天晚上，万某点燃刚从单位拿来的新型燃气炉，正打算做饭，谁知轰的一声，燃气炉爆炸了，家中老人被炸伤，万某的右手也被炸裂。事后，万某找到有关部门对此进行了调查。原来该型号燃气炉是某市一家家电公司的新产品，出事前几天送到万某的单位（某家电产品检测中心）请求测试，万某认为该家电公司的产品质量一直不错，于是就顺手拿了一台，准备做饭时使用，没想到竟发生了此事。

问题：

若万某起诉燃气炉制造公司（即某市家电公司）能否胜诉？为什么？

4. 某商店售出一批皮鞋，其中几双有质量问题，属生产厂的责任，商店负责给消费者退换后，即向生产厂追偿。生产厂厂长称，在订立该批货物的购销合同中，已明确规定由生产厂多付10%的货物，生产厂不再承担产品瑕疵担保责任。

问题：

生产厂的理由是否合法，为什么？

第九章 反不正当竞争法

【知识目标】
1. 了解和掌握不正当竞争和不正当竞争法的概念，不正当竞争行为的具体内容。
2. 了解和掌握不正当竞争行为应负的法律责任等知识。

【技能目标】
1. 理解市场经济中公平竞争对法律制度的要求以及在维护竞争秩序中政府的职能和作用。
2. 熟悉并能够运用垄断行为和不正当竞争行为的识别标准与规制措施。

【学前案例】
甲、乙两汽车经销商分别销售 A 品牌和 B 品牌汽车，其中甲经销的 A 品牌汽车是老牌子，乙经销的 B 品牌汽车是新牌子。由于乙经销的 B 品牌汽车性价比较高，销路很好，导致甲经销的 A 品牌汽车的销量下降。甲为了在竞争中取胜，在该市电视台加大广告宣传力度，广告词中称：目前本市有一些经销商经营的汽车与 A 品牌的汽车在质量上有很大差别，部分零件还是过时产品，唯有 A 品牌汽车才是质量过关、技术先进的产品，特别提请消费者注意，购买汽车时要认真考虑，谨防上当受骗。甲经销商的广告在市电视台播出后，许多订购了 B 品牌汽车的客户纷纷要求退货，称其质量不过关，致使乙经销的 B 品牌汽车销量严重滑坡，造成近 100 万元的经济损失。于是，乙经销商向工商行政管理机关反映，要求处理。

问题：
1. 甲经销商行为的性质是什么？
2. 工商行政管理机关应如何处理此案？
3. 乙经销商是否有权要求赔偿损失？

第一节 反不正当竞争法概述

一、不正当竞争

不正当竞争，是指经营者违反有关反不正当竞争的法律规定，非法牟取利益，损害其他经营者的合法权益，扰乱正常经济秩序的行为。不正当竞争行为具有以下的特征：

（1）实施不正当竞争行为的主体是追求经济利益的经营者。经营者是不正当竞争行为的主要实施者，但不排除某些特定的不正当竞争行为是由非经营者实施的，如政府及其所属部门滥用行政权力等有时也会妨害经营者的正当经营活动，侵害经营者的合法权益，我国的反不正当竞争法也将这类行为予以规范。

（2）不正当竞争行为是不公平的竞争行为。公平交易和竞争，历来是商业活动中的基本准则。不正当竞争行为人采用非法手段直接地或间接地制造不平等的竞争条件与竞争对手竞争，这样的竞争结果也是不公平的。

（3）不正当竞争行为是违法行为。不正当竞争者的行为只要违反了《反不正当竞争法》的自愿、平等、公平、诚实信用的原则或违背了公认的商业道德，就应认定为不正当竞争行为。

（4）不正当竞争行为侵害了其他经营者的合法权益和干扰了正常的社会经济秩序。不正当竞争行为人以追求经济利益为直接目的，通过不正当的方法或手段使自己处于竞争的有利地位而使竞争者处于不利地位，使守法经营者蒙受物质上和精神上的双重损害，同时，也干扰了正常的社会经济秩序，使国家、社会的整体利益受到损害。

二、《反不正当竞争法》立法宗旨和原则

《反不正当竞争法》就是调整在制止不正当竞争行为过程中发生的经济行政关系的法律规范的总称。它是国家干预和规制市场经济行为的主要手段之一。

我国于1993年9月2日由第八届全国人大常委会第三次会议审议通过了《中华人民共和国反不正当竞争法》（以下简称《反不正当竞争法》），并于同年12月1日起实施。2017年11月4日第一次修订。

（一）《反不正当竞争法》立法宗旨

根据我国《反不正当竞争法》的规定，其宗旨包括以下三个方面。

（1）促进社会主义市场经济的健康发展。不正当竞争行为对竞争秩序的破坏会引起市场运行规律的扭曲，导致社会经济秩序的紊乱。作为调整竞争关系的法律，反不正当竞争法的首要目标是保护竞争机制，使整个社会经济能够有序运转。

（2）鼓励和保护公平竞争，充分发挥竞争的积极功能。通过维护和促进公平竞争，促使生产者和经营者不断改进产品和服务质量，引导社会资源的合理配置，进而推动社会经济的发展。

（3）保护经营者和消费者的合法权益。不正当竞争一方面会损害同行竞争者的利益，另一方面也会侵害消费者的合法权益。《反不正当竞争法》在维护经营者的合法权益的同时也起到了保护消费者合法权益的作用。

（二）《反不正当竞争法》的基本原则

（1）自愿原则。自愿原则是指生产者和经营者作为独立的民事主体，根据自己的意愿和市场情况，在不受外来干预的前提下，自主自愿决定和进行竞争。自主竞争原则是《反不正当竞争法》的基本原则之一。

（2）平等原则。平等原则是指经营者在市场交易活动中的法律地位都是平等的，在市场交易中应当自觉自愿、平等协商，任何一方都不得将自己的意志强加给对方，特别是实力强大或具有独占经营地位的经营者，更不能利用自己的优势地位迫使他人服从自己的意志。

（3）公平原则。公平原则一方面是指公正竞争，竞争者只能以公开合法的手段进行竞争，不得进行幕后交易、欺诈和恶意串通；另一方面是指市场交易中，交易双方应当公平合理、权利义务相一致。公平原则是市场经济和《反不正当竞争法》的一个核心原则。

(4) 诚实守信原则。诚实守信原则又称诚信原则，是指参与市场交易者应该诚实待人，恪守信用，不得弄虚作假、欺诈对手、损人利己，以正当的、符合商业道德的手段实现其经济目的。

第二节　不正当竞争行为

不正当竞争行为是指一切损害竞争机制有效发挥作用的行为，我国《反不正当竞争法》中对我国应予制止的不正当竞争行为作了列举规定。

一、假冒、仿冒等欺骗性交易行为

《反不正当竞争法》规定了四种欺骗性交易行为：
（1）假冒他人注册商标；
（2）擅自使用知名商品特有的名称、包装、装潢，或者使用与知名商品近似的名称、包装、装潢，造成和他人知名商品相混淆，使购买者误认为是他人的商品；
（3）擅自使用他人的企业名称或姓名，引人误认为是他人的商品；
（4）在商品上伪造或冒用认证标志、名优标志等质量标志，伪造产地，对商品质量作引人误解的虚假表示。

上述欺骗性交易方法基本上均属于经营者盗用他人劳动成果的行为，是不正当竞争方法中最普遍、最严重的一种，也是我国目前经济秩序中破坏性最大的痼疾之一。欺诈性交易方法破坏了竞争规律，损害了竞争对手的合法权益，同时损害了消费者利益，对社会经济秩序的危害性很大。

二、商业贿赂行为

商业贿赂是指经营者为争取交易机会，暗中给予能够影响市场交易的有关人员以财物或其他好处的行为。

经营者在销售或者购买商品时，可以以明示的方式给对方折扣、给中间人佣金，但买卖双方，包括中间人必须将其如实入账。否则，如果在账外暗中给予对方单位或者个人回扣的，以行贿论处；对方单位或个人在账外暗中收受回扣的，以受贿论处。国家鼓励经营者采取多种形式促销和购买，同时要求这些方式必须要在法律、法规规定以及政策许可的范围内进行。

三、虚假的广告宣传行为

虚假广告行为是指经营者利用广告或其他使公众知道的方法，对商品的质量、制作成分、性能、用途、生产者、有效期限、产地等作引人误解的虚假宣传，以及广告经营者在明知是虚假广告或应当知道是虚假广告的情况下，而实施广告、宣传的行为。

虚假广告违反商业道德，侵犯竞争者的合法权益；同时，它还错误诱导消费者，侵害了消费者利益。

四、侵犯他人商业秘密的行为

商业秘密是指不为公众所知悉,能为权利人带来经济利益,具有实用性并经权利人采取保密措施的技术信息和经营信息。侵犯商业秘密行为,是指经营者通过不正当手段,违法获取、披露、使用或者允许他人使用权利人的商业秘密的行为。

根据《反不正当竞争法》的规定,侵犯商业秘密的行为包括:第一,以盗窃、利诱、胁迫或者其他不正当手段获取权利人的商业秘密;第二,披露、使用或者允许他人使用以前项手段获取的权利人的商业秘密;第三,违反约定或者违反权利人有关保守商业秘密的要求,披露、使用或者允许他人使用其所掌握的商业秘密;第四,第三人在明知或应知前述侵犯商业秘密的违法行为情况下,仍然从侵犯商业秘密的行为人那里获取、使用或者披露他人商业秘密的行为,视为侵犯商业秘密。

五、低价倾销商品的行为

低价倾销商品行为,是指商品的生产经营者为排挤竞争对手,达到支配、控制、垄断市场的目的,以非正常的低价格出售商品的行为。低价倾销商品行为损害了竞争者的利益,最终会导致恶性竞争,损害消费者利益。但根据《反不正当竞争法》的规定,在下列情况下,以低于成本的价格出售商品的行为,不属于倾销行为:①销售鲜活商品;②处理有效期即将到期的商品或其他积压商品;③季节性降价;④因清偿债务、转产、歇业而降价销售商品。

六、不正当有奖销售行为

有奖销售是指经营者以提供奖品或奖金的手段进行销售的行为,主要包括附赠式有奖销售和抽奖式有奖销售等形式。对于附赠式的有奖销售,许多国家均予认可,但从所赠物品的价值的大小等方面予以限制。对于抽奖式的有奖销售,有的国家明确禁止,有的国家则是有条件地许可。

我国《反不正当竞争法》规定,不得进行以下三种形式的有奖销售:①采用谎称有奖或故意让内定人员中奖的欺骗方式进行有奖销售;②利用有奖销售的手段推销质次价高的商品;③抽奖式的有奖销售,最高奖的金额超过 50 000 元。

以上三种形式的有奖销售实质上是一种不正当竞争行为,对市场竞争秩序存在现实的或潜在的破坏。其危害性主要在于错误引导社会主资金流向,使得某些企业不择手段来抢占市场,排挤同类商品,造成市场的虚假繁荣,侵犯竞争者的利益,同时误导消费者,损害消费者利益,也破坏了公认的商业道德。

七、诋毁竞争对手商业信誉的行为

诋毁竞争对手商业信誉行为是指经营者捏造、散布虚假的事实,损害竞争对手的商业信誉和商品信誉的行为。诋毁他人商业信誉将会削弱竞争对手对顾客的吸引力,从而争夺和扩大自己的市场;同时该行为影响了消费者的判断,使其不能按自己的意愿购买到满意的商品,从而影响消费者的商品选择权。

八、搭售或附加其他不合理条件的行为

搭售或附加其他不合理条件的行为是指经营者销售商品时，违背购买者的意愿，强行搭售商品或者附加其他不合理条件。

就搭售而言，由于搭售者具有某种经济优势，使这种商品的需求者不得不接受被搭售产品，购买者就不可能再从其他企业购买这种被搭售的商品，结果限制了被搭售商品行业的竞争；附加其他不合理条件，如限制转售地区，对竞争的限制更加明显。同时，商品购买者未必需要被搭售商品，一方面不能使购买者的资金得到充分利用而造成浪费，被搭售商品得不到充分利用也造成浪费，另一方面限制了消费者的自主选择权，损害了消费者权益。

九、公用企业或其他依法享有独占地位的经营者的限制竞争行为

公用企业是指城镇中为适应公众的生活需要而经营的具有公共利益性质的企业组织，如自来水、电力、煤气或天然气的供应，电话、电报等通信服务，经营城市公共交通以及公共道路等的企业。其他依法具有独占地位的经营者是指除上述公用企业外，法律、行政法规规定的、具有独占地位的经营者。以上两类经营者提供的商品或服务往往具有某种程度的垄断，消费者对经营者没有选择的余地，或者即使有其他经营者，也往往处于与这类企业不平等的地位。因此，这类经营者凭借其特殊地位，限定他人购买自己指定的经营者的商品，利用独占地位安排他人之间进行交易。

这种行为一方面排除被指定经营者的竞争者与其进行竞争的可能，或使其处于竞争的有利地位，损害了其他经营者的权益；另一方面，由于竞争机会缺乏，也会使得同行竞争者丧失更新改造的积极性，从而阻碍了整个行业的进步。此外，由于剥夺了消费者选择产品或服务的权利，从而也损害了消费者的利益。

十、政府机构的限制竞争行为

政府机构的限制竞争行为是指政府及其所属部门滥用行政权力限制竞争的行为，包括：①限定他人购买其指定的经营者的商品；②限制其他经营者正当的经营活动；③限制外地商品进入本地市场或者本地商品流向外地市场。

政府机构限制竞争行为往往与地方利益、局部利益或部门利益有关，其方式往往是通过政府的行政权力进行地区封锁、部门封锁等。该行为阻碍了社会经济资源的合理配置，造成不合理的社会经济结构，造成各地经济结构的自我封闭和低水平重复建设，从而影响整个国民经济的良性发展，损害了被排斥的经营者的利益；同时限制了消费者的自由选择权，损害了消费者的利益。

第三节 不正当竞争行为的法律责任

不正当竞争行为的法律责任是指经营者违反《反不正当竞争法》，实施不正当竞争行为在法律上应当承担的责任。其责任形式有行政责任、民事责任和刑事责任三种。

一、民事责任

《反不正当竞争法》明确规定了两种形式的民事责任。

（1）赔偿竞争者的经济损失及合理费用。《反不正当竞争法》规定："经营者违反本法规定，给被侵害的经营者造成损害的，应当承担赔偿责任。被侵害的经营者的损失难以计算的，赔偿额为侵权人在侵权期间因侵权所获得的利润，并应承担被侵害的经营者因调查该经营者侵害其合法权益的不正当竞争行为所支付的合理费用。被侵害的经营者的合法权益受到不正当竞争行为损害的，可以向人民法院提起诉讼。"

（2）宣告合同无效。这主要是针对串通投标行为而言的。依照《反不正当竞争法》的相关规定，投标者和招标者相互勾结，以排挤竞争者为目的的；投票者串通投票，抬高或压低价格的，其中标无效。所以原基于串通投标行为而签订的合同应宣告为无效，这从另一方面保护了其他竞争者的利益。

不正当竞争行为所承担的损害赔偿责任的方式，除了适用《反不正当竞争法》规定的赔偿损失外，还可适用其他民事法律、法规所规定的种种民事责任方式，如：停止侵害、排除妨碍；消除危险；返还财产；恢复原状；修理、重作、更换；消除影响、恢复名誉；赔礼道歉等。

二、行政责任

《反不正当竞争法》不但对实施不正当竞争行为的经营者规定了行政责任，而且还对政府机构限制竞争行为和监督检查机关工作人员的滥用职权、玩忽职守等行为规定了行政责任。

（1）经营者擅自使用知名商品特有的名称、包装、装潢或者使用与知名商品近似的名称、包装、装潢造成与他人的知名商品混淆，使购买者误认为是该知名商品的，监督检查部门应责令停止违法行为，没收违法所得，可根据情节轻重处以罚款；情节严重的，可以吊销营业执照。

（2）经营者采用财物或其他手段进行贿赂以销售商品，不构成犯罪的，监督检查部门可根据情节轻重对其处以罚款，没收违法所得。

（3）公用企业或其他依法具有独占地位的经营者，限定他人购买其指定经营者的商品，以排挤其他经营者公平竞争的，省级或设区的市的监督检查部门应责令停止违法行为，根据情节轻重处以罚款。被指定的经营者借此销售质次价高商品或滥收费用的，监督检查部门应对其没收违法所得，并可根据情节轻重处以罚款。

（4）经营者利用广告或其他方法对商品作虚假宣传，监督检查部门应当责令停止违法行为，消除影响，并可根据情节轻重处以罚款。广告的经营者，在明知或应知的情况下，代理、设计、制作、发布虚假广告的，监督检查部门应责令停止违法行为，没收违法所得，并依法处以罚款。

（5）侵犯商业秘密的，监督检查部门应责令停止违法行为，根据情节轻重处以罚款。

（6）经营者进行欺骗性有奖销售或巨奖销售的，工商行政部门应当责令停止违法行为，可根据情节轻重处以罚款。

（7）串通投标的，监督检查部门可根据情节轻重处以罚款。

（8）经营者违反《反不正当竞争法》被责令暂停销售，转移、隐匿、销毁与不正当竞争行为有关的财物的行为，监督检查部门可以根据情节轻重处以罚款。

（9）政府及其所属部门限定他人购买其指定的经营者的商品，限制其他经营者的正当经营活动或者限制商品在地区间正常流通的，由上级机关责令其改正；情节严重的，由同级或上级机关对直接责任人给予行政处分。被指定的经营者借此销售质次价高商品或滥收费用的，监督检查部门应对其没收违法所得，并可根据情节轻重处以罚款。

（10）监督检查不正当竞争行为的国家机关工作人员滥用职权、玩忽职守的，给予行政处分。

三、刑事责任

《反不正当竞争法》规定的可追究刑事责任的行为有：①侵犯商标专有权的行为；②销售伪劣商品的行为；③进行商业贿赂的行为；④监督检查不正当竞争行为的国家机关工作人员滥用职权、玩忽职守的行为；⑤监督检查不正当竞争行为的国家机关工作人员徇私舞弊的行为。

综合实训

一、单项选择题

1. 下列广告中不为《广告法》所禁止的商业宣传是（　　）。
A. "××酒，启瓶醉八方，香溢飘千里"　　B. "××酒，行销全国，中国最优"
C. "××酒，消除紧张和焦虑，健康佳酿"　　D. "××药酒，治愈风湿病，疗效100%"

2. 下列行为中属于商业贿赂行为的是（　　）。
A. 在公开招标中为取得中标机会，向发标单位给予财物
B. 被勒索不得已向交易对方赠送财物
C. 被胁迫情况下给予交易对方财物
D. 为晋升而收买有关人员

3. 《反不正当竞争法》是为了制止（　　）。
A. 暴利行为　　B. 不正当竞争行为　　C. 垄断行为　　D. 欺诈行为

4. 甲在担任某厂技术员期间将其保管的技术资料提供给好朋友乙使用，并接受乙给的好处费5000元。甲的行为（　　）。
A. 构成侵犯商业秘密罪　　B. 属于商业贿赂行为
C. 属于欺骗性交易行为　　D. 不构成违法

5. 擅自使用他人企业名称属于（　　）。
A. 欺骗性交易行为　　B. 滥用优势地位行为
C. 虚假宣传行为　　D. 侵犯商业秘密行为

二、多项选择题

1. 经营者在市场交易中，应当遵循（　　）原则。
A. 自愿　　B. 公平　　C. 等价有偿　　D. 平等

2. （　　）不属于不正当竞争行为。
A. 低价销售鲜活商品　　B. 季节性降价　　C. 处理积压商品　　D. 跳楼价

3. 下列属于限制竞争行为的的是（　　）。
   A. 搭售或附加其他不合理条件　　　B. 串通投标
   C. 虚假广告　　　D. 诋毁竞争对手商业信誉
4. 侵犯商业秘密的行为包括（　　）。
   A. 第三人通过违反约定公开披露商业秘密而获悉加以使用的行为
   B. 第三人通过违反约定公开披露商业秘密后再次披露的行为
   C. 违反约定或者违反权利人有关保守商业秘密的要求允许他人使用的行为
   D. 违反约定或者违反权利人有关保守商业秘密的要求披露使用的行为
5. 下列哪些行为属于不正当竞争行为（　　）。
   A. 公用企业或者其他依法具有独占地位的经营者，限定他人购买指定经营者的商品，以排挤其他经营者的公平竞争
   B. 政府及所属部门滥用行政权力，限定他人购买其指定的经营者的商品，限制其他经营者的正常经营活动
   C. 政府及其所属部门滥用行政权力，限制外地商品进入本地市场
   D. 企事业单位发放购物券，指定本单位职工到某商店购货

三、案例分析题

1. 某市 A 电机厂经过介绍人王某的介绍，向 B 机械厂订购某种配件 100 套，单价 3 万元，总价款为 300 万元。B 厂为争取今后的业务发展，与 A 厂协商一致，在订货合同中订明，B 厂给予 A 厂 10% 的优惠。2010 年 7 月 10 日 B 厂依照合同履行义务，发货至 A 厂；A 厂依照合同通过银行转账支付了 270 万元货款。B 厂也作为营业收入的抵减项目记了账。为酬谢介绍人，B 厂付给王某好处费 2000 元；A 厂向王某支付介绍费 1 000 元，两厂又分别将好处费、介绍费支出入了账，并代为扣缴了刘某的个人所得税。

   问题：
   （1）B 厂与 A 厂的优惠约定是否属于不正当竞争行为？为什么？
   （2）两厂向王某支付好处费是否属于不正当竞争行为，为什么？
   （3）试说明在上述行为中，合法行为与违法行为的区别是什么？

2. 某电器销售公司甲与某电视机厂乙因货款纠纷而产生矛盾，甲公司不再经销乙厂的产品。当客户询问甲的营业人员是否有乙厂的电视机时，营业人员故意说道："乙厂的电视机质量不好，价格又贵，所以我们不再卖他们的产品了。"

   问题：
   甲公司的行为有什么不当之处？违反了什么法律？

3. 某市甲厂生产的产品因市场信息来源不足，销售发生困难，而该市乙厂生产的同类产品因市场信息多，销售情况好。由于乙厂对其经营信息采取了保密措施，甲厂无法从公开渠道直接获取其经营信息。甲厂为获取乙厂的经营信息，牟取利益，在乙厂附近的一间小屋，安装了自制的窃听装置。从 1995 年 5 月初开始，甲厂对乙厂销售科电话内容进行窃听、录音。到 7 月中旬，共获取乙厂经销信息 200 余条，其中有价值的客户名单 10 多家。同时，甲厂逐一与乙厂的客户进行联系，采用以低于乙厂同类产品价格每台 1000 多元的报价推销自己的产品，先后与其中五家单位做成了业务，共推销本厂产品 8 台。

   问题：
   甲厂行为属于哪种不正当竞争行为？应如何处理？

4. 某省于 2017 年元旦开通有线电视公共频道，该有线电视台为了提高收视率，以吸引更多的广告客户，推出了集娱乐、休闲、广告抽奖为一体的"缤纷时刻"栏目，开展"日日送奖，月月送礼"活动，每天向观众出一道简单的问题，猜对的观众通过抽奖即可获得每日送出的一台 VCD 或者一部摩托罗拉手机，每月还送出一个超过 10 万元的大奖即一套公寓。此举引起了强烈的社会反响。另外，该省

还拥有多家电视台,电视台之间的竞争非常激烈,而该有线电视台开展有奖竞猜活动的目的主要是为了招揽广告客户。

问题:

该电视台的行为合法吗?

第十章　知识产权法

【知识目标】

1. 掌握知识产权的概念，了解知识产权的共同特征，知道我国保护知识产权的法律。
2. 掌握专利权的主体和客体，掌握专利权授予的条件，熟悉专利权的保护期限，了解申请专利的程序。
3. 掌握著作权的主体分类，了解著作权的特点及著作权的保护范围、保护期限。
4. 掌握商标注册的禁止情况，了解商标注册的过程和商标权的保护期限。
5. 结合所讲授的内容分析案例。

【技能目标】

1. 熟悉并能够运用知识产权的保护，著作权客体、主体、内容、限制、保护的基本原理和规定，以及邻接权和计算机软件著作权的原理和规定。
2. 熟悉并能够运用专利权主体、专利权客体、专利权的授予条件和程序、专利权的内容与限制、专利侵权行为及其法律责任的基本原理和规定。
3. 熟悉并能够运用商标权的取得、商标权的内容、商标权的消灭、商标侵权行为及驰名商标保护的基本原理和规定。

【学前案例】

天津港田有限公司（被告）自 2000 年起，在其生产销售的"港田牌"GT125 系列摩托车的整车发动机上，擅自贴上"LINHAI – YAMAHA"（林海 – 雅马哈）的金属标志，在车身和油箱上模仿使用雅马哈株式会社（原告）在中国已注册的"FORTUNE"和"VISION"商标。此外，天津港田在其 GT50T – A 型摩托车前后身均粘贴"engine licensed by YAMAHA"（注：意为雅马哈授权发动机）字样，其中特别用意放大显示"YAMAHA"字样，企图利用国内消费者不熟悉英语或疏忽大意，来误导消费者认为该产品与雅马哈有联系。

问题：

被告是否侵害了原告的商标权？法律依据是什么？

第一节　知识产权概述

一、知识产权的概念、特征

知识产权是民事主体对智力劳动成果依法享有的专有权利。其具有以下特征：

（1）双重性。知识产权是一种人们通过智力劳动创造的精神财富或精神产品，故与权利人的脑力劳动和身份联系密切。它首先是一种身份权，如署名权、发表权、修改权等，与知识产权所有人密不可分，除权利人同意或法律允许外，不得以任何方式出卖、赠予或转让。其次，知识产权还是一种财产权，其本身凝结了人类的一般劳动，具有财产价值，跟一般的"物"的财产权一样，其权利主体可以对其行使占有、使用、收益、处分等权能。

（2）无形性。知识产权的客体是不具有物质形态的智力成果。也就是说，知识产权是一种无形的财产。所谓"无形"是指不具有某种实体的存在，或者仅是一种"拟制存在"。所以，权利人不能对其有形占有或者有形利用。同时，要注意区分知识产权的客体与其物化的外在表现，例如商标权和商标，著作权和书。

（3）专有性。知识产权的权利主体依法享有独占使用智力成果的权利，他人不得侵犯。权利人对知识产权的垄断受法律的保护和限制。一方面，权利人有权行使其享有的专有权，从中获得法定利益，使知识产权制度具有激励功能，促使人们不断地创造新智力成果；另一方面，为了社会稳定和保障大多数人利益，法律对知识产权的专有性作了除外规定。

（4）时间性。依法产生的知识产权超过了法定期限，权利自行消失。当相关的智力成果进入公有领域时，人们可以自由使用。也有少数知识产权没有时间限制，例如商业秘密权、地理标志权、商号权等。

（5）地域性。知识产权只能在产生的特定国家或地区内有效，在域外不发生法律效力。一国是否授予某项智力成果以知识产权，是该国主权内的事，是由一国政治、经济、文化和社会制度等因素决定的。知识产权人欲使自己的权力在他国得到保护，只能根据所在国与其他国家签订的相互保护知识产权条约或者两国之间采取的对等保护原则获得保护，并按照其他国家的法律规定重新办理手续后获得知识产权。

二、知识产权的保护

我国的知识产权立法起步较晚，但发展快速。目前对知识产权的保护分为国内立法和国际公约两部分。

（一）知识产权国内立法保护

国内相关的立法主要是知识产权法律，知识产权行政法规，知识产权地方性法规、自治条例和单行条例，知识产权行政规章等。另外，知识产权司法解释为司法实践中的疑问提供了指引。上述知识产权法律、法规均为知识产权的确立和保护提供了法律依据。除此以外，我国的《民法典》《中华人民共和国刑法》中也明晰了知识产权的地位，并规定了侵犯知识产权的法律责任。

（二）我国参加的保护知识产权的国际公约

我国加入知识产权保护的国际公约主要有：与贸易有关的知识产权协定、保护工业产权巴黎公约、保护文学和艺术作品伯尔尼公约、世界版权公约、商标国际注册马德里协定、专利合作条约等。其中，世界贸易组织中的与贸易有关的知识产权协定被认为是当前世界范围内知识产权保护领域中涉及面广、保护水平高、保护力度大、制约力强的国际公约，对我国相关法律的修改影响甚大。

三、知识产权的侵权行为

知识产权侵权行为是指未经知识产权人许可，又无法律根据，擅自行使知识产权人的专有权利或妨碍知识产权权利人正常行使权利等损害知识产权人合法权益的行为。知识产权的侵权行为有以下特征：

第一，是一种积极的侵权行为，即行为人对他人负有不作为义务，却以不法的作为损害他人。侵害知识产权，只能是积极的侵权行为，实施了被禁止的行为，如假冒他人的注册商标、窃取他人的商业秘密等。

第二，知识侵权侵害的对象是他人合法的知识产权。知识产权是一种对世权，除了权利人以外，任何人均负有不侵害权利人享有权利的义务，任何人未经专利权人许可不得实施其专利，未经商标权人许可不得擅自制造其注册商标标志等。

第三，秉承知识侵权过错责任原则，过错包括故意和过失。在大部分情况下知识侵权是一种行为人基于过错而实施的行为，但也不可一概而论。适用过错原则的时候应考虑侵权行为的性质和法律责任的差异。

第四，给知识产权权利人造成了损害，即因为一定行为或事件使某人受法律保护的权利和利益受某种不利影响，表明了侵害行为的社会危害性。危害性的大小，往往是侵权人承担法律责任的重要衡量尺度。

四、知识产权侵权的法律责任

（一）民事责任

知识产权侵权行为应承担的民事责任，形式上有停止侵害、消除影响、赔礼道歉和赔偿损失等。其中，停止侵害是保护知识产权的重要的救济措施，不管行为人主观上是否存在过错，也不管是否造成损害结果，权利人皆有权行使。赔偿损失是行为人向权利人作出的经济赔付，是另一重要的有利的救济措施。

（二）行政责任

知识产权侵权行为应承担的行政责任，是指国家著作权行政管理机关依照法律规定，对侵犯著作权行为人给予的行政处罚。对于我国的《著作权法》第48条规定的侵权行为，著作权行政管理部门可视其情节，分别给予没收违法所得，没收、销毁侵权复制品，处以罚款及没收主要用于制作侵权复制品的材料、工具、设备等。著作权行政管理部门可以处非法经营额3倍以下的罚款；非法经营额难以计算的，可以处10万元以下的罚款。

（三）刑事责任

《中华人民共和国刑法》（以下简称《刑法》）在"破坏社会主义市场经济秩序罪"中专设了"侵犯知识产权罪"，其中包括侵犯商标专用权的犯罪有三条：《刑法》第二百一十三条、二百一十四条、二百一十五条；侵犯专利权的犯罪有一条：《刑法》第二百一十六条；侵犯著作权的犯罪有两条：《刑法》第二百一十七条、二百一十八条；侵犯商业秘密罪有一条：《刑法》第二百一十九条；犯罪主体包括自然人和单位。刑罚视情节轻重，由拘役到有期徒刑不等。

第二节　专利法

一、专利和专利法

专利是专利权的简称，是指国家专利审批机关依法授予申请人在一定期限内对其发明创造享有使用、制造、销售和转让的专有权利。

专利法是调整因发明创造而产生的各种社会关系的法律规范的总称。《中华人民共和国专利法》及《中华人民共和国专利法实施细则》是我国专门的专利法律法规。2008年12月27日第十一届全国人民代表大会常务委员会第六次会议通过《关于修改〈中华人民共和国专利法〉的决定》（第三次修正，以下简称《专利法》）并自2009年10月1日起施行；2010年1月9日国务院《关于修改〈中华人民共和国专利法实施细则〉的决定》（第二次修订），修改后的《中华人民共和国专利法实施细则》从2010年2月1日起施行。

二、专利权的主体和客体

（一）专利权的主体

专利权的主体就是专利权人，是指依法享有专利权并承担相应义务的人。专利权的主体包括以下几种。

1. 发明人或设计人

发明人或设计人，即对发明创造的实质性特点作出了创造性贡献的人。发明人和设计人只能是自然人，不能是单位、集体或课题组。在发明创造活动中，发明人居核心地位，他是发明创造的源泉；同时，由于发明创造是智力成果，故此发明创造活动是一种事实行为，无论从事发明创造的人是否具备完全民事行为能力，都有可能成为发明人或设计人。

2. 发明人或设计人的单位

根据我国《专利法》规定，执行本单位任务或者主要是利用本单位物质技术条件所完成的职务发明创造，申请专利的权力属于该单位。可知，职务发明创造可分为两类。第一类，执行本单位任务所完成的发明创造。包括三种情况：①在本职工作中作出的发明创造；②履行本单位交付的本职工作之外的任务所作出的发明创造；③退职、退休或者调动工作后1年内作出的，与其在原单位承担的本职工作或者原单位分配的任务有关的发明创造。第二类，主要是利用本单位的物质技术条件所完成的发明创造。所谓"主要利用本单位的物质技术条件"，一般应理解为，在发明创造过程中，全部或大部分利用了单位的资金、设备、零部件、原材料及不对外公开的技术资料，这种利用对创造发明的完成起着必不可少的决定性作用，就可以认为主要利用本单位的物质技术条件，则该发明创造应属于职务发明创造。

3. 受让人

受让人是指通过合同或继承而依法取得专利权的单位或个人。专利申请权和专利权可以转让。专利申请权转让后，如果获得了专利，那么受让人就是该专利的主体；专利权转让后，受让人成为该专利权的新主体。但是继受了专利申请权或者专利权后，受让人并不因此而成为发明人、设计人，即原专利权人并不因此而丧失其特定的人身权利。

此外，我国《专利法》还就合作完成和委托完成的发明创造的权利主体作了规定。合作完成的发明创造，是指两个以上的单位或个人合作研究、设计所完成的发明创造。合作完成的发明创造，除另有约定的以外，申请专利权属于完成或者共同完成的单位或个人；申请被批准后，申请人的单位或个人为专利权人。委托完成的发明创造，是指一个单位或者个人接手其他单位或者个人委托的研究、设计任务所完成的发明创造。委托完成的发明创造，如果双方约定发明创造的申请专利权归委托方，从其约定，申请被批准后，申请人的单位或个人为专利权人。如果双方之间没有约定，构成委托开发的，申请专利权以及取得专利权归受托人，但委托人可以免费实施该专利技术。

4. 外国人

外国人包括具有外国国籍的自然人和法人。在中国有经常居所或者营业场所的外国人，享有与中国人同等待遇，他们可以直接向中国国务院专利行政部门申请专利，有关事宜可以自己办理或者委托代理人办理。

（二）专利权的客体

专利权的客体也称专利法保护的对象，是指可以获得专利法保护的发明创造。我国《专利法》规定，我国的发明创造包括发明、实用新型和外观设计。

1. 发明

发明是指对产品、方法或者其改进提出的新的技术方案。产品发明是指人们通过研究开发创造出来的各种成品或产品，是具有特定性质的有形体，如机器、设备、装置和各种生活用品等。方法发明是指人们为制造产品或者解决某个技术课题而研究开发出来的操作方法、制造方法以及工艺流程等技术方案，如化学方法、测试方法等。改进发明是指人们对已有的产品发明和方法发明在保持其原有的独特性质的条件下，改善已有产品的性能，提出实质性革新的技术方案。

2. 实用新型

实用新型是指对产品的形状、构造或者其结合所提出的有实用意义的新的技术方案。这种新的技术方案能够在产业上制造出具有实用价值和实际用途的产品。由于实用新型的创新水平低于发明，人们常称之为"小发明"。

3. 外观设计

外观设计是指对产品的形状、图案、色彩或者其结合所作出的富有美感并适用于工业上应用的新设计。外观设计是从美学的角度对产品的外表所作的设计，有以下的共同点：外观设计与技术无关；外观设计必须以产品为载体；外观设计应富有美感；外观设计应适合工业应用。

4. 专利法不予保护的对象

专利法保护发明创造，但并非对所有发明创造都加以保护，以下的智力成果不受法律保护：①违反法律、社会公德或妨害公共利益的发明创造；②科学发现；③智力活动的规则和方法；④疾病的诊断和治疗方法；⑤动物和植物品种；⑥用原子核变换方法获得的物质。

三、专利取得的条件

（一）发明或者实用新型专利的授权条件

（1）新颖性。新颖性是指在申请日以前没有同样的发明或者实用新型在国内外出版物上公开发表过、在国内公开用过或者以其他方式为公众所知，也没有同样的发明。申请专利的发明或者实用新型满足新颖性的标准，必须不同于现有技术，同时还不得出现抵触性申请。

（2）创造性。创造性是指与申请日以前已有的技术相比，发明有突出的实质特点和显著的进步，也就是非显而易见性。申请专利的发明或实用新型，必须与申请日前已有的技术相比，在技术方案的构成上有实质性的差别，必须是创造性思维活动的结果，不能是现有技术通过简单的分析、归纳、推理就能够自然获得的结果。

（3）实用性。实用性是指该发明或者实用新型能够制造或者使用，并且能够产生积极效果。能够制造或者使用，是指发明创造能够在工农业及其他行业的生产中大量制造，并且应用在工农业生产上和人民生活中，同时产生积极效果。必须指出的是，专利法并不要求其发明或者实用新型在申请专利之前已经经过生产实践，而是分析和推断在工农业及其他行业的生产中可以实现。

（二）外观设计专利的授权条件

（1）新颖性。新颖性是指其外观设计应当与申请日以前在国内外出版物上公开发表过或者国内公开使用过的外观设计不相同且不相近似。外观设计必须依附于特定的产品，因而"不相同且不相近似"不仅指形状、图案、色彩或其组合外观设计本身不相同和不相近似，而且指采用设计方案的产品也不相同和不相近似。

（2）实用性。授予专利的外观设计必须适于工业应用。这要求外观设计本身以及作为载体的产品能够以工业的方法重复再现，即能够在工业上批量生产。

（3）富有美感。富有美感是指外观设计被用在产品上时能使人产生愉悦感，增加对消费者的吸引力。

（4）不得与他人在先取得的合法权利相冲突。在先取得的合法权利包括了商标权、著作权、企业名称权、肖像权、知名商品特有包装装潢使用权等。"在先取得"是指在外观设计的申请日或者优先权日之前取得。

四、专利授予的程序

（一）专利的申请原则

（1）一项发明一项专利原则。我国《专利法》规定，一件发明或者实用新型专利申请应用于一项发明或者实用新型。一件外观设计申请应当限于一种产品所实用的一项外观设计。属于一个总发明构思的两项以上的发明或实用新型，可以作为一件申请提出。

（2）形式法定原则。申请专利的各种手续，都应当以书面形式或者国家知识产权局规定的其他形式办理。以口头、电话、实物等非书面形式办理的各种手续，或以电报、电传、传真、胶片等直接或间接产生印刷、打字或手写文件的通信手段办理的各种手续均视为未提出，不产生法律效力。

（3）先申请原则。两个以上的申请人分别就同样的发明创造申请专利的，专利权授予最先申请的人。对于申请日期，以知识产权局收到的申请文件之日为准。若文件是邮寄的，以寄出的邮戳日为申请日。

（二）专利申请文件

申请发明或者实用新型专利的，应当提交请求书、说明书及其摘要和权利要求书等文件。请求书应写明发明或者实用新型的名称，发明人或设计人的姓名，申请人的姓名或名称、地址以及其他事项。说明书应当对发明或实用新型作出清楚、完整的说明，以所属技术领域的人员能够实现为准；必要的时候，应当有附图。说明书是专利申请文件中最重要的部分。摘要应当简要说明发明或者实用新型的技术要点。权利要求书应当以说明书为依据，说明要求专利保护的范围。

申请外观设计专利的，应当提交请求书以及该外观设计的图片或者照片等文件，并且应当写明使用该外观设计的产品及其所属的类别。

（三）专利的审批

1. 发明专利的审批

发明专利的审批分为以下步骤：①初步审查，也称形式审查。它主要涉及的内容包括：专利申请的请求书所填写的发明人、申请人的名称和地址是否完整清楚，发明人的主题是否属于专利法保护的范围，是否符合一项发明一项申请的单一性原则，是否明显存在不符合"新颖性、创造性、实用性"的"三性"要求。②早期公开。发明专利申请自申请日起满18个月，即行公布。知识产权局可以根据申请人的要求早日公布其申请，而不受18个月的限制。③实质审查。发明专利申请自申请日起3年内，知识产权局可以根据申请人随时提出的要求，对其申请进行实质性审查。主要内容包括审查发明的新颖性、创造性、实用性，通常重点审查的是新颖性和创造性及单一性；审查权利要求书的撰写是否符合专利法的要求，是否得到说明书的支持，以及是否充分公开了技术方案，使得该领域的技术人员能够实施。③授权登记公告。经过实质审查后，没有发现驳回理由的，或经补正后符合要求的，国家专利主管部门即作出授予发明专利权的决定，颁发专利证书并在《发明专利公报》上予以登记和公告。

2. 实用新型和外观设计专利的审批

实用新型和外观设计专利申请经初步审查没有发现驳回理由的，由知识产权局作出授予实用新型或者外观设计专利权的决定，发给相应的专利证书。

（四）专利的异议和复审

自知识产权局授予专利权之日起，任何单位或者个人认为该专利权的授予不符合《专利法》有关规定的，都可以请求专利复审委员会宣告该专利权无效。请求宣告专利无效，必须依法提交申请书和相应的文件，并说明理由。专利复审委员会认为请求书符合法律规定的，应以法定程序作出宣告专利权无效或维持专利权的决定，当事人对该决定不服的，可以在收到通知之日起3个月内向人民法院起诉。

五、专利权的内容

（一）专利权人的权利

1. 独占实施权

独占实施权包括两方面：①专利权人自己实施其专利的权利，即专利权人对其专利产品依法享有的进行制造、使用、销售、允许销售的专有权利，或者专利权人对其专利方法依法享有的专有使用权以及对依照该专利方法直接获得的产品的专有使用权和销售权。②专利权人禁止他人实施其专利的特权。除《专利法》另有规定的以外，发明和实用新型专利权人有权禁止任何单位或者个人未经其许可实施其专利，即为生产经营目的制造、使用、销售、允许销售、进口其专利产品，或者使用其专利方法以及使用、销售、允许销售、进口依照该专利方法直接获得的产品；外观设计专利权人有权禁止任何单位或者个人未经其许可实施其专利，即为生产经营目的制造、销售、进口其外观设计专利产品。

2. 实施许可权

实施许可权是指专利权人通过实施许可合同的方式，许可他人实施其专利并收取专利使用费的权利。根据被许可人取得的实施权的范围,可以将专利实施许可合同主要分为以下三种类型:①独占实施许可。这种合同是指专利权人许可被许可方在合同约定的时间和地域范围内,以合同约定的使用方式对专利进行独占性实施,从而排斥包括专利权人在内的一切人实施该项专利。②排他实施许可。这类合同,被许可方在约定的时间和地域范围内以合同约定的使用方式享有对专利的排他性实施权。在合同约定的时间和地域范围内,专利权人不得再许可任何第三人以此相同的方式实施该项专利,但专利权人可自行实施。③普通实施许可。普通实施许可合同的被许可方根据许可方的授权在合同约定的时间和地域范围内,按合同约定的使用方式实施该专利,同时专利权人保留了自己在同一地域和时间实施该专利以及许可第三人实施该专利的权利。

3. 转让权

转让权是指专利权人将其获得的专利所有权转让给他人的权利。转让专利权的,当事人应当订立书面合同,并向国务院专利行政部门登记,由国务院专利行政部门予以公告。专利权的转让自登记之日起生效。我国单位或者个人向外国人转让专利权的,必须经国务院有关主管部门批准。

4. 标示权

标示权即专利权人有权自行决定是否在其专利产品或者该产品的包装上标明专利标记和专利号。

(二) 专利权人的义务

依据我国《专利法》和相关国际条约的规定,专利权人应履行的义务包括:

(1) 按规定缴纳专利年费的义务。专利年费又叫专利维持费。《专利法》规定,专利权人应当自被授予专利权的当年开始交纳年费。

(2) 不得滥用专利权的义务。不得滥用专利权是指专利权人应当在法律所允许的范围内选择其利用专利权的方式并适度行使自己的权利,不得损害他人的知识产权和其他合法权益。

(三) 专利权的期限

发明专利权的期限为 20 年,实用新型和外观设计的专利权期限为 10 年,均自申请日起计算。专利权期限届满前,专利权人可以书面放弃专利权。

六、专利侵权行为

专利侵权行为,也称侵犯专利权的行为,是指在专利权的有效期限内,任何他人在未经专利权人许可、也没有其他法定事由的情况下,擅自以营利为目的实施专利的行为。可见,专利侵权的特征有:侵害的对象是有效的专利,客观上有侵害行为,主观上以生产经营为目的,违反了法律的规定。专利侵权行为主要表现为以下几种类型:①制造专利产品的行为;②故意使用发明或实用新型专利产品的行为;③许诺销售、销售专利产品的行为;④使用专利方法以及使用、许诺销售、销售依照专利方法直接获得的产品的行为;⑤进口专利产品或进口依照专利方法直接得到产品的行为;⑥假冒他人专利的行为;⑦冒充专利的行为。

第三节 商标法

一、商标和商标法

商标是指经营生产者在商品或服务项目上使用的、将自己经营的商品或服务与其他经营者经营的商品或提供的服务区别开来的一种商业专用识别标志。商标的种类繁多,根据不同的标准有不同的分类。按照商标结构可分为文字商标、图形商标和组合商标;按照使用对象可分为商品商标和服务商标;按照用途可分为证明商标和等级商标;按照使用者可分为制造商标、销售商标和集体商标。

商标法是调整在确认、保护商标权和商标使用过程中发生的社会关系的法律规范的总称。我国的《商标法》是在1982年8月23日第五届全国人民代表大会常委会第二十四次会议通过,自1983年3月1日起施行的。到目前为止,经过了三次修正。根据2013年8月30日第十二届全国人民代表大会常委会通过的《关于修改〈中华人民共和国商标法〉的决定》,修改后的《商标法》,自2014年5月1日起施行。

二、商标权的主体和客体

(一) 商标权的主体

商标权的主体是指可以申请注册商标并享有商标专用权的单位或个人。依照我国商标法的规定,注册商标人必须是依法登记并能独立承担经济责任的企业、具有法人资格的事业单位、个体工商户,以及符合法律规定的外国人或者外国企业。申请人可以对其生产、制造、加工、拣选或者经销的产品,以及提供服务的项目和服务商标,向商标局申请商品商标注册或者服务商标注册。

(二) 商标权的客体

商标权的客体是指注册商标。注册商标必须具备法律规定的构成要素,即由文字、图形、字母、数字、三维标志和颜色组合,声音等,以及上述要素的组合。商标设计必须具备显著标志,便于识别,并不得与他人在先取得的合法权利相冲突。同时,注册商标不得违反商标法禁止注册或使用某些标志性的条款。我国商标法从以下两方面作出了规定。

第一,禁止作为商标使用的标志:同中华人民共和国的国家名称、国旗、国徽、国歌、军旗、军徽、军歌、勋章相同或者近似的,以及同中央国家机关的名称、标志所在地特定地点的名称或者标志性建筑物的名称、图形相同的;同外国的国家名称、国旗、国徽、军旗等相同或者近似的,但该国政府同意的除外;同政府间国际组织的名称、旗帜、徽记等相同或者近似的,但经该组织同意或者不易误导公众的除外;与表明实施控制、予以保证的官方标志、检验印记相同或者近似的,但经授权的除外;同"红十字"、"红新月"的名称、标志相同或者近似的;带有民族歧视性的;带有欺骗性,容易使公众对商品的质量等特点或者产地产生误认的;有害于社会主义道德风尚或者有其他不良影响的。县级以上行政区划的地名或者公众知晓的外国地名,不得作为商标。但是,地名具有其他含义或者作为集体商标、证明商标组成部分的除外;已经注册的使用地名的商标继续有效;商标中有商品的地理标志,而该商品并非来源于该标志所标示的地区,误导公众的,不予注册并禁止使用；但是，已经善意取得注册的继续有效。

第二，禁止作为商标注册的标志：仅有本商品的通用名称、图形、型号的；仅直接表示商品的质量、主要原料、功能、用途、重量、数量及其他特点的；其他缺乏显著特征的。但上述所列标志经过使用取得显著特征，并便于识别的，可以作为商标注册。

三、商标权的取得

（一）取得商标权的途径

商标权的取得可分为原始取得和继受取得。根据我国《商标法》规定，商标权的原始取得，应按照商标注册程序办理。商标注册人对商标享有专用权，受法律保护。继受取得应按照合同转让和继承注册商标的程序办理。

（二）商标申请原则

1. 申请在先原则

申请在先原则是指两个或两个以上的申请人，在同一或者类似的商品上以相同或者相近似的商标申请注册时，注册申请在先的商标和申请人获得商标专用权，在后的商标注册申请予以驳回。我国《商标法》规定："两个或者两个以上的申请人，在同一种商品或者类似的商品上，以相同或者近似的商标申请注册的，初步审定并公告申请在先的商标；同一天申请的，初步审定并公告使用在先的商标，驳回其他人的申请，不予公告。"

2. 使用在先原则

使用在先原则指在无法确认申请（注册）在先的情况下采用最先使用者取得商标注册的原则。该原则在遇到与商标权类似的其他知识产权的权利（如专利权、著作权）相冲突时，往往起到重要的决定作用。同时，该原则也有效地防止了不正当的抢注行为。

3. 自愿注册与强制注册相结合原则

自愿注册原则，是指商标所有人根据自己的需要和意愿，自行决定是否申请商标注册。通过申请并经国家工商行政管理局商标局核准注册的商标为注册商标。注册人对该注册商标享有专用权，受法律的保护；未经注册的商标也能使用，但使用人不享有商标专用权，不得与他人的商标相冲突。

强制注册原则，是指国家对生产经营者在某些商品或服务上所使用的全部商标，规定必须经依法注册才能使用的强制性规定。目前，我国规定强制性注册的商标只有：对人用药品（西药、针剂和中成药）和烟草制品（卷烟、雪茄烟和有包装的烟丝）。

（三）商标注册程序

1. 商标注册的申请

申请商标注册或办理其他商标事宜的申请人，可以自行办理，也可以委托依法设立的商标代理机构办理。在中国没有经常居所或者营业场所的外国人或者外国企业在中国申请商标注册和办理其他商标事宜的应当委托依法设立的商标代理机构办理。当事人委托商标代理机构申请商标注册或者办理其他商标事宜，应当提交代理委托书，代理委托书应当载明代理内容及权限；外国人或者外国企业的委托书还应当载明委托人的国籍。

商标注册的申请日期，以商标局收到申请文件的日期为准。除商标注册申请的申请日外，当事人向商标局提交文件或者材料的日期，直接递交的，以递交日为准；邮寄的，以寄出的邮戳日为准；邮戳日不清晰或者没有邮戳的，以商标局实际收到日为准，但是当事人能够提供实际邮戳日证据的除外。

2. 商标注册的审查和核准

商标局对收到的商标注册申请，依法进行审查，对符合规定的或者部分指定商品上使用商标的注册申请符合规定的，予以初步审定，并予以公告；申请注册的商标，凡不符合《商标法》有关规定，或者他人在同一种商品或者类似商品上已经注册的，或者初步审定的商标相同或者近似的，由商标局驳回申请，不予公告。对驳回申请、不予公告的商标，商标局应当书面通知商标注册申请人。商标注册申请人不服的，可以自收到通知之日起15日内向商标评审委员会申请复审。商标评审委员会应当自收到申请之日起9个月内做出决定，并书面通知申请人。有特殊情况需要延长的，经国务院工商行政管理部门批准，可以延长3个月。当事人对商标评审委员会的决定不服的，可以自收到通知之日起30日内向人民法院起诉。

四、商标权的内容

（一）专用权

商标一经核准注册，商标权人即享有在注册商标的范围内完全独占使用其商标的权利。他人未经许可不得在同一种商品或者类似商品上使用该注册商标或相近似的商标。

（二）许可权

商标注册人有权通过签订商标使用许可合同，许可他人使用该注册商标。被许可人对注册商标仅享有使用权，商标所有权仍属原商标注册人。商标使用许可合同应当报商标局备案，由商标局公告。商标使用许可合同未经备案的，不影响该许可合同的效力，但当事人另有约定的除外。商标使用许可合同未在商标局备案的，不得对抗善意第三人。

（三）转让权

商标权人有权依照法律规定将商标权转让给他人。商标权转让后，原商标注册人的一切权利丧失，转移给新的商标权人。转让注册商标的，转让人和受让人应当签订转让协议，并共同向商标局提出申请。商标注册人对其在同一种商品上注册的近似的商标，或者在类似商品上注册的相同或者近似的商标，应当一并转让。转让注册商标经核准后，予以公告，受让人自公告之日起享有商标专用权。受让人应当保证使用该注册商标的商品质量。

（四）续展权

商标续展注册是使商标注册人所享有的商标专用权得以延续的必经法定程序和法律环节。依照我国《商标法》规定，注册商标的有效期为10年，自核准注册之日起计算。注册商标有效期满，需要继续使用的，应当在期满前12个月内按照规定办理续展注册。在此期间未能办理的，可以给予6个月的宽展期，每次续展注册的有效期为10年，自该商标上一届有效期满次日起计算。若商标注册人在宽展期满仍未办理续展手续的，商标局则注销其注册商标。

（五）标示权

商标注册权人使用注册商标，有权标明"注册商标"字样或者注册标记。在商品上不便标明的，可以在商品包装或者说明书以及其他附着物上标明。

（六）变更权。

商标注册人有权变更注册人的名称、地址或者其他注册事项，但应当提出变更申请。

（七）禁止权

禁止权是商标权人依法享有的禁止他人不经过商标权人的许可而使用注册商标和与之相近的商标的权利。根据《商标法》的规定，注册商标权人有权禁止他人未经许可在同一种商品或者类似商品上使用与其注册商标相同或者近似的商标，商标禁止权的范围比商标专用权的范围广。

五、商标侵权行为

商标侵权行为是指违反商标法规，假冒或仿造他人注册商标，或者有其他损害商标权人合法权益的行为。商标侵权行为的表现形式有：

（1）假冒或仿冒行为。其具体分为：在同一种商品上使用与他人注册商标相同的商标。

（2）未经商标注册人许可，在同一种商品上使用与他人注册商标相近似的商标，或者在类似商品上使用与注册商标相同或近似的商标，容易导致混淆的。

（3）销售侵犯注册商标专用权的商品。

（4）伪造、擅自制造他人注册商标标志或者销售伪造、擅自制造的注册商标标志。

（5）未经商标注册人同意，更换其注册商标并将该更换商标的商品又投入市场。

（6）故意为侵犯他人商标专用权行为提供便利条件，帮助他人实施侵犯商标专用权行为的。

（7）给他人的注册商标专用权造成其他损害的。

在本章的【学前案例】中，原告雅马哈株式会社在我国注册的"YAMAHA"、"VISION"商标应依法受到保护。被告港田有限公司未经原告许可，在其生产的GT50T－A型摩托车的前身和后身部位上粘贴"engine licensed by YAMAHA"字样，其中特意放大显示"YAMAHA"字样，显然是企图利用中国消费者不熟悉英文或疏忽大意，暗示自己的产品与"YAMAHA"有某种联系。因此，被告港田有限公司的行为，属于未经许可在同一种商品上使用原告的注册商标，构成了对原告注册商标专用权的侵犯。天津市高级人民法院已于2002年8月对此案作出判决。

2003年，日本丰田汽车公司以侵犯商标权为由起诉中国吉利汽车有限公司。同年年底，北京市第二中级人民法院一审驳回丰田的诉讼请求。法院审理认为，将原告的丰田图形注册商标与吉利公司所使用的美日汽车图形商标进行隔离观察比对，凭借相关公众的一般注意力，能够判断出二者在整体视觉上存在着较大的差异，相关公众不会将二者混淆或误认，也不会产生对原告注册商标专用权不利的联想（吉利汽车旗下美日汽车与丰田汽车之间的车标进行对比：http://www.geely.com/jlqc/show.asp?name = amp;ID = 3#, http://www.toyota.com/）。因此法院判决，吉利公司使用美日图形商标的行为不构成对原告注册商标专用权的侵犯。

六、驰名商标的保护

（一）驰名商标的概念

驰名商标是指在中国为相关公众广为知晓并享有较高声誉的商标。驰名商标具有巨大的商业价值，含金量极高，是不法经营者假冒或者仿冒的重点对象，因而商标法对驰名商标制定了特殊的保护措施。

（二）驰名商标的特殊保护措施

对驰名商标所给予的保护，因驰名商标在中国注册与否而有所不同。对于未注册的驰名商标，仅在相同或类似商品上禁止注册和使用与驰名商标相同或近似的商标；对于注册的驰名商标，即使在不相同或不相类似的商品上注册和使用与驰名商标相同或近似的商标，亦在禁止之列。复制、摹仿、翻译他人注册的驰名商标或其主要部分在不相同或者不相类似商品上作为商标使用，误导公众，可能使该驰名商标注册人的利益受到损害的，属于《商标法》第五十七条第七款规定的给他人注册商标专用权造成其他损害的行为；复制、摹仿、翻译他人未在中国注册的驰名商标或其主要部分，在相同或者类似商品上作为商标使用，容易导致混淆的，应当承担停止侵害的民事法律责任。违反上述规定注册和使用与驰名商标相同或近似的商标，将构成商标侵权，应当承担侵权的民事责任。

已经注册的商标，是复制、摹仿或者翻译他人的驰名商标的，在该商标注册之日起五年内，商标所有人或利害关系人均可请求商标评审委员会宣告该注册商标无效。对恶意注册的，驰名商标所有人不受五年的时间限制。

第四节 著作权法

一、著作权和著作权法

著作权亦称版权，是指基于作者创作的文学、艺术和科学、工程技术等作品依法所产生的权利。

著作权法是指调整基于作品而产生、控制、利用和保护著作权的社会关系的法律规范的总称。《中华人民共和国著作权法》于1990年9月7日第七届全国人大常委会第十五次会议通过，1991年6月1日正式实施；在2010年2月26日第十一届全国人大常委会第二次修正后，于2010年4月1日起施行；经2020年11月11日第十三届全国人大常委会第二十三次会议第三次修正，于2021年6月1日实施。《中华人民共和国著作权法实施条例》于2002年8月2日由中华人民共和国国务院令第359号号公布，并于2002年9月15日起施行；经2013年1月30日第二次修订后，于2013年3月1日起施行。《中华人民共和国著作权法》《中华人民共和国著作权法实施条例》是我国专门的著作权法律法规。

著作权与工业产权同属知识产权，因而其标的都是无形的思想表达，同属无形财产。其权利都具有实践性、地域性、专有性等。但二者也有区别：

（1）表现形式不同。工业产权的标的，是以一定的产品或方法为表现形式，而著作权的标的，是以一定的可复制的载体作为表现形式的（口述作品除外）。

（2）独占性、排他性不同。工业产权的独占性、排他性比著作权强得多。对于相同的思想表达，法律将其他不符合法律规定的表达形式排除于相同权利之外；而著作权的作者只要是独立创作完成而非抄袭、剽窃他人之作，即使作品的表达形式相同，也可取得相同的权利。

（3）权利产生方式不同。工业产权的取得，必须由法定的机构，依照特定的程序进行审查、鉴别，最后确定将专利权或商标权授予合法申请人；而著作权通常可自动产生，即作品一经创作完成就可自动享有著作权保护，创作人成为著作权人。

（4）权利的保护期限不同。著作权的保护期较工业产权长。我国作品的发表权、使用权和获得报酬权的保护期为自然人终身及其死亡后50年；而专利权的保护期为20年，外观设计和实用新型的保护期为10年，商标权的保护期为10年，期满后可续展。

二、著作权的主体和客体

（一）著作权的主体

著作权的主体就是作品的作者及其他依法享有著作权的人，包括公民、法人、非法人单位、外国人和无国籍人。国家在一定情况下也可以成为著作权的主体。

《著作权法》对下列几类作品的著作权归属的特别规定。

1. 合作作品的著作权人

两人以上合作创作的作品，著作权由合作作者共同享有。合作作品可以分割使用的，作者对各自创作的部分可以单独享有著作权，但行使著作权时不得侵犯合作作品整体的著作权。合作作品不可以分割使用的，其著作权由合作作者通过协商一致行使；不能协商一致，又无正当理由的，任何一方不得阻止他人行使除转让以外的其他权利，但所得的收益应当合理分配给所有的合作作者。

2. 汇编作品的著作权人

汇编若干作品、作品的片段或者不构成作品的数据或者其他材料，对其内容的选择或者编排体现独创性的作品，为汇编作品，其著作权由汇编人享有，但行使著作权时，不得侵犯原作品的著作权。

3. 职务作品的著作权人

职务作品，即指为完成法人或其他组织工作任务所创作的作品，其著作权由作者享有，但法人或者非法人单位有权在其业务范围内优先使用。作品完成两年内，未经单位同意，作者不得许可第三人以与单位使用的相同方式使用该作品。

4. 委托作品的著作权人

委托作品，其著作权的归属由受委托创作作品的作者与委托人通过合同约定。合同未作明确约定或者未订立合同的，著作权归受托人享有。

5. 演绎作品的著作权人

演绎作品，即指利用已有作品，进行改编、翻译、注释、整理而产生的作品，其著作权由改编、翻译、注释、整理人享有，但行使著作权时不得侵犯原作品的著作权。

6. 电影作品和以类似摄制电影的方法创作的作品的著作权人

电影作品和以类似摄制电影的方法创作的作品的著作权由制片者享有，但编剧、导演、摄影、作词、作曲等作者享有署名权，并有权按照与制片者签订的合同获得报酬。电影作品和以类似摄制电影的方法创作的作品中的剧本、音乐等可以单独使用的作者有权单独行使其著作权。

7. 美术等作品的著作权人

绘画、雕塑、书法、美术等作品原件所有权的转移，不视为作品著作权的转移，但美术作品原件的展览权由原件所有人享有。作品原件购买人可以对美术作品欣赏、展览或者再出售，但不得从事修改、复制等侵犯作品版权的行为。

除上述的著作权主体外，对于作者身份不明的作品，由作品原件的所有人行使除署名权以外的著作权。作者身份权确定后，由作者或者其继承人行使著作权。

（二）著作权的客体

著作权的客体即作品，是指文学、艺术和科学领域内具有独创性并能以一定形式表现的智力成果。根据我国《著作权法》的规定，以下列形式创作的作品均为著作权的客体：

（1）文字作品；
（2）口述作品；
（3）音乐、戏剧、曲艺、舞蹈、杂技艺术作品；
（4）美术、建筑作品；
（5）摄影作品；
（6）视听作品；
（7）工程设计图、产品设计图、地图、示意图等图形作品和模型作品；
（8）计算机软件；
（9）符合作品特征的其他智力成果。

三、著作权的取得

原则上，著作人自著作完成时即取得著作权，因此，有没有申请著作权登记或注册，也不管著作有没有发行，并不影响著作权的取得。事实上，为彻底落实创作保护的原则，现行著作权法已完全取消著作权登记制度，著作人无须再申请著作权登记或注册。为有效保护著作权，著作权人应尽可能保存相关创作证据或以任何公开发表著作的方式，作为创作的证明。

四、著作权的内容

著作权的内容是指著作权所包括的权利。著作权包括人身权和财产权两方面内容。

（一）著作人身权

著作人身权是指作者对自己的智力作品所享有的以人身利益为内容的权利。著作人身权是与作品的作者人身不可分离、不得转让和不可剥夺的专属权，非作品创作人不得享有。根据我国《著作权法》的规定，著作人身权具体包括：

（1）发表权，即决定作品是否公布于众的权利；
（2）署名权，即表明作者身份，在作品上署名的权利；
（3）修改权，即修改或者授权他人修改作品的权利；
（4）保护作品完整权，即保护作品不受歪曲、篡改的权利。

（二）著作财产权

著作财产权是指作者对其作品的自行使用和被他人使用而享有的以物质利益为内容的

权利。

根据我国《著作权法》的规定，著作权可以许可他人行使或者全部或部分转让下列权利，并依照约定或者法律有关规定获得报酬：

（1）复制权，即以印刷、复印、拓印、录音、录像、翻录、翻拍、数字化等方式将作品制作一份或者多份的权利；

（2）发行权，即以出售或者赠与方式向公众提供作品的原件或者复制件的权利；

（3）出租权，即有偿许可他人临时使用视听作品、计算机软件的原件或者复制件的权利，计算机软件不是出租的主要标的的除外；

（4）展览权，即公开陈列美术作品、摄影作品的原件或者复制件的权利；

（5）表演权，即公开表演作品，以及用各种手段公开播送作品的表演的权利；

（6）放映权，即通过放映机、幻灯机等技术设备公开再现美术、摄影、视听作品等的权利；

（7）广播权，即以有线或者无线方式公开传播或者转播作品，以及通过扩音器或者其他传送符号、声音、图像的类似工具向公众传播广播的作品的权利，但不包括信息网络传播权规定的权利；

（8）信息网络传播权，即以有线或者无线方式向公众提供，使公众可以在其选定的时间和地点获得作品的权利；

（9）摄制权，即以摄制视听作品的方法将作品固定在载体上的权利；

（10）改编权，即改变作品，创作出具有独创性的新作品的权利；

（11）翻译权，即将作品从一种语言文字转换成另一种语言文字的权利；

（12）汇编权，即将作品或者作品的片段通过选择或者编排，汇集成新作品的权利；

（13）应当由著作权人享有的其他权利。

五、著作权的限制

（一）合理使用

合理使用是指根据法律的明文规定，不必征得著作权人同意而无偿使用他人已发表作品的行为。合理使用的情形包括：

（1）为个人学习、研究或者欣赏，使用他人已经发表的作品；

（2）为介绍、评论某一作品或者说明某一问题，在作品中适当引用他人已经发表的作品；

（3）为报道新闻，在报纸、期刊、广播电台、电视台等媒体中不可避免地再现或者引用已经发表的作品；

（4）报纸、期刊、广播电台、电视台等媒体刊登或者播放其他报纸、期刊、广播电台、电视台等媒体已经发表的关于政治、经济、宗教问题的时事性文章，但著作权人声明不许刊登、播放的除外；

（5）报纸、期刊、广播电台、电视台等媒体刊登或者播放在公众集会上发表的讲话，但作者声明不许刊登、播放的除外；

（6）为学校课堂教学或者科学研究，翻译、改编、汇编、播放或者少量复制已经发表的作品，供教学或者科研人员使用，但不得出版发行；

（7）国家机关为执行公务在合理范围内使用已经发表的作品；

（8）图书馆、档案馆、纪念馆、博物馆、美术馆、文化馆等为陈列或者保存版本的需要，复制本馆收藏的作品；

（9）免费表演已经发表的作品，该表演未向公众收取费用，也未向表演者支付报酬且不以营利为目的；

（10）对设置或者陈列在公共场所的艺术作品进行临摹、绘画、摄影、录像；

（11）将中国公民、法人或者非法人组织已经发表的以国家通用语言文字创作的作品翻译成少数民族语言文字作品在国内出版发行；

（12）以阅读障碍者能够感知的无障碍方式向其提供已经发表的作品；

（13）法律、行政法规规定的其他情形。

（二）法定许可使用

法定许可使用是指依照法律的明文规定，不经著作权人同意有偿使用他人已经发表作品的行为。它与合理使用的相同之处在于：都是基于法律的明文规定；都只能针对已经发表的作品；都不必征得著作权人的同意；都应当注明作者姓名、作品名称，并不得侵犯著作权人依法享有的其他权利。两者的区别在于：第一，法定许可主要是作品传播者的使用行为，而合理使用不受此限；第二，著作权人事先声明不许使用的，一般不使用法定许可制度，但合理使用一般不受此限；第三，法定许可是有偿使用，使用人必须按规定支付报酬，而合理使用是无偿使用。根据有关规定，法定许可使用包括以下情形：

（1）作品在刊登后，除著作权人声明不得转载、摘编的以外，其他报刊可以转载，或者作为文摘资料刊登，但应当按规定向著作权人支付报酬。

（2）表演者使用他人已经发表的作品进行营业性演出，可以不经著作权人许可，但应当按规定支付报酬；著作权人声明不许使用的不得使用。

（3）广播电台、电视台使用他人已发表的作品制作广播电视节目，可以不经著作权人许可，但著作权人声明不得使用的不许使用。除《著作权法》规定可以不支付报酬的以外，应当向著作权人支付报酬。

（4）录音制作者使用他人已经发表的作品制作录音制品，可以不经著作权人许可，但应当按规定支付报酬；著作权人声明不许使用的不得使用。

（5）为实施九年制义务教育和国家教育规划而编写出版教科书，除作者事先声明不许使用外，可以不经著作权人许可，在教科书中汇编已经发表的作品片段或者短小文字作品、音乐作品或者单幅的美术作品、摄影作品。

此外，表演者为制作录音录像和广播、电视节目进行表演而使用他人已发表作品的，也属于法定许可使用。

六、著作权的保护期限

我国《著作权法》对著作人身权和著作财产权保护期分别加以规定。著作人身权中的署名权、修改权和保护作品完整权永久受到法律保护。发表权的保护期与著作权中的财产权利的保护期相同。作为作者的公民死亡，法人或非法人单位变更、终止后，其署名权、修改权、保护作品完整权仍受《著作权法》保护。著作财产权的保护期根据著作权主体和作品性质，其保护期限有所区别：

(1) 作品的作者为自然人，其著作财产权的保护期为作者有生之年加死亡后50年，即以作者死亡后次年的1月1日开始计算，第50年的12月31日保护期届满；合作作品发表权、使用权和获得报酬权的保护期为作者终生加死亡后50年，但50年的计算以合作作者中最后死亡的作者的死亡时间为起算点；作者生前未发表的作品，如果作者未明确表示不发表，作者死亡后50年内，其发表权可由继承人或者受遗赠人行使；没有继承人又无人受遗赠的，由作品原件的所有人行使。

(2) 法人、非法人单位的作品，著作权（署名权除外）由法人或者非法人单位享有的职务作品，其发表、使用权和获得报酬权的保护期为50年，但作品自创作完成后50年内未发表的，著作权法不再予以保护。

(3) 作者身份不明的作品，其使用权和获得报酬权的保护期为50年，截止于作品首次发表后第50年的12月31日。但作者身份一经确定，则适用《著作权法》的一般规定。

七、邻接权

（一）邻接权的概念

邻接权，亦称作品传播者权，指作品的传播者在传播作品的过程中，对其付出的创造性劳动成果依法享有特定的专有权利的统称。邻接权包括出版者权、表演者权、录音录像制作者权、广播组织权。

（二）出版者权

1. 出版者的权利

出版者的权利包括：①版式设计专有权。版式设计是指出版者对其出版的图书、期刊的版面和外观装饰所作的设计。版式设计是出版者，包括图书出版者和期刊出版者的创造性智力成果，出版者依法享有专有使用权，即有权许可或者禁止他人使用其出版的图书、期刊的版式设计。②专有出版权。专有出版权是指出版者经著作权人的授权，在合同有效期内和在合同约定的地区，享有并排除他人出版某一作品的权利，又叫独占出版权。

2. 出版者的义务

出版者的义务包括：①图书出版者出版图书，应当同著作权人订立书面的出版合同。②按期、按质出版作品。③图书出版者重印、再版作品时，应当通知著作权人，并支付报酬。图书出版者拒绝重印、再版的，著作权人有权终止合同。④向著作权人支付报酬。

（三）表演者权

1. 表演者的权利

表演者的权利包括：①表明表演者身份。②保护表演形象不受歪曲。③许可他人从现场直播。表演者有权许可广播电视组织直播其演出，也有权收取一定的报酬。④许可他人为营利目的进行录音录像，并获得报酬。

2. 表演者的义务

表演者使用他人的作品演出，应当征得著作权人许可，并支付报酬；使用改编、翻译、注释、整理已有作品而产生的作品演出，应当征得演绎作品著作权人和原作品著作权人许可，并支付报酬。

（四）录音录像制作者权

1. 录制者的权利

录制者的权利,是指录音录像制作者享有许可他人复制发行其录音录像制品并获得报酬的权利。录音录像制作者权利的保护期限为 50 年,截止于该作品首次出版后的第 50 年的 12 月 31 日。

2. 录制者的义务

录制者使用他人作品制作录音录像,应当征得著作权人许可,并支付报酬;使用演绎作品制作录制品的,应当征得演绎作品著作权人和原作品著作权人许可,并支付报酬;录制表演活动的,应当同表演者订立合同,并支付报酬。

(五)广播组织权

1. 播放者的权利

播放者有权禁止未经许可的下列行为:将其播放的广播内容、电视内容转播;将其播放的广播内容、电视内容复制成音像载体。

2. 播放者的义务

播放他人未发表的作品,应当征得著作权人许可,并支付报酬;播放已发表的作品或已出版的录音录像制品,可以不经著作权人许可,但应按规定支付报酬。

八、著作权侵权行为

所谓侵犯著作权(包括邻接权)的行为,是指未经作者或其他著作权人同意,又无法律上的根据,擅自利用著作权作品或以其他非法手段行使著作权人专有权利的行为。依照我国《著作权法》规定,侵犯著作权的行为有以下 15 种:

(1)未经著作权人许可,发表其作品的行为。

(2)未经合作作者许可,将与他人合作创作的作品当作自己单独创作的作品发表的行为。

(3)没有参加创作,为谋取个人名利,在他人作品上署名的行为。

(4)歪曲、篡改他人作品的行为。

(5)未经著作权人许可,以表演、播放、展览、发行、摄制、电影、电视、录像或者改编、翻译、编辑等方式使用作品的行为。

(6)使用他人作品,未按规定支付报酬的行为。

(7)剽窃、抄袭他人作品的行为。

(8)未经著作权人许可,以营利为目的复制发行其作品的行为。

(9)制作、出售假冒他人署名的美术作品的行为。

(10)未经表演者许可,现场直播其表演的行为。

(11)未经表演者许可,对其表演制作录音、录像出版的行为。

(12)出版他人享有专有出版权的图书的行为。

(13)未经录音录像制作者许可,复制发行其制作的录音录像制品的行为。

(14)未经广播电台、电视台许可,转播、复制发行其制作的广播、电视节目的行为。

(15)其他侵犯著作权以及与著作权有关权利的行为。

目前,我国汽车产业总体水平还相对落后,自主开发能力弱是目前汽车工业发展的最大障碍。汽车民族自主品牌亟须树立,而在成长和发展过程中,学习和借鉴是不可避免的。但近几年连续发生国内汽车企业被告侵犯知识产权、不正当竞争的案例，必须引起我们的注意。

2003年3月，丰田以商标侵权及不正当竞争为由将浙江吉利汽车有限公司、北京联创汽车贸易有限责任公司、北京亚辰伟业汽车销售中心一并告上法庭，索要1400万元巨额赔偿。这是汽车领域第一场涉外知识产权官司。

2003年11月，本田以外观侵权为由，向北京市高级人民法院起诉河北双环酷似本田CR-V的来宝SRV侵权，索赔1亿元人民币，成为国内汽车领域索赔金额最高的知识产权官司。

2004年10月，本田再次联合在华合资企业——东风本田一起以侵犯CR-V外观设计专利权为由，向北京市高级人民法院起诉双环、新凯等共11家汽车公司。这是国内第一起合资企业状告国内汽车企业。

2005年5月，通用大宇以不正当竞争为由向北京市一中院起诉奇瑞QQ侵权，索赔8000万元。由于通用大宇是全球最大的汽车公司——通用旗下的企业，而奇瑞是国内目前最大的自主品牌汽车代表，因而引起了广泛关注。

这些案例中，无论是商标还是外观设计侵权，判断其是否成立必须从侵权要件出发。尤其对于不能以数据衡量的"引人误解"、"使人混淆"的标准，不能简单定于"像不像"，因为设计往往依附于时代潮流或者追随某种风格，即使是标新立异的现代主义，也始终是一种流派。个性与共性不会完全独立。纵观当今汽车外观设计，"圆润流线型、肌肉雕塑感、硬朗钻石切割效果"等正是潮流所在，故此不能轻易地得出侵权是否成立。原告要胜诉，必须举出充分的证据。在竞争日益激烈的中国汽车市场，外国汽车企业正运用维护知识产权的手段扩张其占领空间。

综合实训

一、单项选择题

1. 发明专利权有效期是（　　）。
A. 20年，不可续展　　B. 10年，不可续展　　C. 20年，可以续展　　D. 10年，可以续展

2. 专利申请人对知识产权局驳回申请的决定不服的，可自收到通知之日起三个月内，向（　　）请求复审。
A. 原知识产权局　　B. 上一级知识产权局　　C. 专利复审委员会　　D. 法院

3. （　　）是商标假冒行为。
A. 在同一种商品上使用与他人注册商标相同的商标
B. 在同一种商品上使用与他人注册商标相近的商标
C. 在类似商品上使用与他人注册商标相同的商标
D. 在类似商品上使用与他人注册商标相近的商标

4. 缺乏显著特征的标志（　　）。
A. 禁止作为未注册商标使用
B. 可以作为注册商标
C. 禁止作为未注册商标使用，但可以作为注册商标
D. 禁止作为注册商标使用，但可以作为未注册商标

5. 下列正确的是（　　）。
A. 商标注册以自愿注册为原则
B. 凡行政区域名称一律不得作为注册商标

C. 外国企业在我国申请注册商标的，既可以自行办理，也可以委托商标代理机构办理
D. 抢注并不违反申请在先原则

二、多项选择题

1. 专利权的客体包括（　　）。
   A. 发明　　　　　　B. 实用新型　　　　C. 发现　　　　　　D. 外观设计
2. 授予发明和实用新型专利应当具备（　　）条件。
   A. 新颖性　　　　　B. 创造性　　　　　C. 实用性　　　　　D. 耐用性
3. 对于申请专利的发明或实用新型，下列（　　）不视为丧失新颖性。
   A. 申请日前在国内公开使用过
   B. 申请日前在国外出版物上公开发表过
   C. 在中国政府主办或承认的国际展览会上首次展出的
   D. 他人未经申请人同意而泄露其内容的
4. 禁止作为注册商标的是（　　）。
   A. 天安门牌　　　　B. 美利坚牌　　　　C. 西安牌　　　　　D. 张水泉牌
5. 著作权不予保护的是（　　）。
   A. 小说《高山下的花环》　　　　　　　B. 戏曲《牡丹亭》
   C. 中国测绘局的"北京市地图"　　　　　D. CCTV 时事新闻

三、案例分析题

如皋酒厂地处江苏省如皋市如城镇，早年公私合营时成立，成立时不生产黄酒。20 世纪 60 年代初，如皋酒厂接管如皋白蒲油米厂（地处如皋白蒲镇，当时生产黄酒）成为其黄酒加工厂。1981 年 10 月如皋酒厂申请注册了"水明楼"文字加图形商标，核准使用于黄酒等商品上。如皋酒厂生产的"水明楼牌白蒲黄酒"被国家轻工业部评为轻工业部优质产品，1995 年 4 月荣获 1995 国际食品及加工技术博览会金奖，以后还获得多项国家级、省级大奖。1995 年 3 月，为理顺产权关系，如皋酒厂出资并利用原黄酒加工厂成立了有独立法人资格的国营如皋白蒲黄酒厂（以下简称白蒲酒厂）。1997 年，如皋酒厂又申请注册了"白蒲"外加菱形方框的组合商标，用于酒精饮料产品的商标。同年，如皋酒厂与白蒲酒厂签订了商标许可使用合同，许可白蒲酒厂使用该厂注册的"水明楼"及"白蒲"两商标。白蒲酒厂将"白蒲"商标用于坛装黄酒，将"水明楼"商标主要用于软包装黄酒，并在黄酒软包装袋的中间标有醒目的、字体大小相同的"白蒲黄酒"四个大字。

如皋市白蒲镇巨龙黄酒厂（以下简称巨龙酒厂）成立于 2000 年 9 月，经营范围为黄酒酿造，2001 年 5 月开始生产软包装黄酒，使用未经注册的"驰龙"文字加图形的组合商标，软包装袋的中间同样标有醒目的、字体大小相同的"白蒲正宗黄酒"六个字。该产品于 2001 年 7 月被江苏省南通技术监督局评为"南通市质量信得过产品"。

2001 年 7 月，如皋酒厂将巨龙酒厂诉于江苏省南通市中级人民法院，认为被告巨龙酒厂在其生产的黄酒软包装上使用"白蒲"二字，侵犯了原告拥有的"白蒲"商标专用权，故要求被告巨龙酒厂停止侵害、赔礼道歉并赔偿经济损失 5 万元。而被告巨龙酒厂辩称：巨龙酒厂事实上位于如皋市白蒲镇，在其生产的黄酒软包装上标明"白蒲正宗黄酒"字样，本意是表明该黄酒产于白蒲镇，且已通过南通市技术监督局的质量评定，是正宗合格的白蒲黄酒。故被告巨龙酒厂并未侵犯原告的商标专用权，原告的主张缺乏法律依据，请求法院驳回原告如皋酒厂的诉讼请求。

问题：

（1）被告在黄酒软包装袋子上标明"白蒲正宗黄酒"是否侵害了原告的注册商标专有权？

（2）本案中，原告、被告分别在其注册商标和产品包装上使用了地名"白蒲"，这两种使用是否合法？

第十一章　经济纠纷的解决程序

【知识目标】
1. 掌握解决经济纠纷的各种方式及它们之间的关系。
2. 掌握仲裁协议，了解仲裁的特点和过程，了解仲裁的执行。
3. 了解经济诉讼的原则和基本制度，掌握经济诉讼的管辖原则，了解经济诉讼的普通审理程序。

【技能目标】
1. 熟悉并能够运用民事纠纷的解决方式和机制的相关原理。
2. 熟悉仲裁程序的全过程，能够运用仲裁程序的各种主要规定分析和解决问题。

【学前案例】
2017年初，邓某在北京某汽车销售公司花55万元买了一辆宝马BMW520iA型轿车。邓某在驾驶该车正常行驶途中，车的侧面气囊突然爆出，并将坐在车副座上的李某打伤。事后，邓某立即将车送到了宝马公司指定的售后服务点——北京燕宝汽车服务有限公司进行检测。检测的结果是：该车右前侧底盘、后保险杠右侧、左后悬架等处曾发生过撞击，气囊爆出与车辆的碰撞有关。邓某发现这一结果与该车所附带的说明书描述不符。说明书对安全气囊的描述是"在碰撞事故较轻、汽车翻滚及后面碰撞时，安全气囊不会触发"。
问题：
车主可以通过哪些途径维护自己的权益？

第一节　概　述

一、经济纠纷概念

经济纠纷是指当事人在经济活动中因彼此权益而产生争执的统称。

二、解决经济纠纷的方式

发生经济纠纷后，人们采取解决经济纠纷的方式有和解、调解、仲裁和诉讼。

（1）和解。和解是经济纠纷双方当事人在平等自愿、互利互让的基础上，直接进行磋商或者谈判，自行达成协议，从而解决争议。和解无需第三方的介入，解决经济纠纷的前提是出于自愿，任何一方都有权拒绝和解或随时终止和解。和解可分为诉讼中的和解和诉讼外和解。和解的特点有：只有双方当事人自己参加；是当事人在诉讼中对自己诉讼权利和实体权利的处分；当事人在诉讼中和解的，应由原告申请撤诉，经法院裁定撤诉后结束诉讼；和解协议不具有执行力。

（2）调解。调解是由第三方主持，从中斡旋，在分清是非、明确责任的基础上，根据事实和法律，促使当事人达成合意的一种解决争议的方法和程序。调解分为诉讼中的调解和诉讼外的调解。由于调解的主持主体不同，所以两类调解有所差异。诉讼中的调解的特点有：发生在诉讼过程中；在法院主持下进行；当事人达成协议并签收了送达的调解书的，诉讼结束；调解书具有执行力。诉讼外的调解的特点有：当事人的行为无诉讼上的意义；主持者可以是人民调解委员会、行政机关、仲裁机关或双方当事人所信赖的个人；除仲裁机构制作的调解书对当事人有约束力外，其他机构或个人主持下达成调解协议而形成的调解书，均无约束力；当事人反悔，可向人民法院起诉。

调解的应用范围很广。例如通用大宇与奇瑞QQ一案，早在2002年起纠纷，期间经历了双方的协商、政府的调解，均不能解决，直到2005年才对簿公堂。诉讼的过程中也不排除在双方的自愿下由法院主持调解。

（3）仲裁。仲裁又称公断，是指发生争议的双方自愿达成协议，将其争议提交专门的仲裁机构作出具有约束力的裁决，从而解决经济纠纷的一种方式。

（4）诉讼。诉讼指当事人将经济纠纷诉诸法院，在其他诉讼参与人的参加下，法院按照法定程序审理经济纠纷案件并作出裁决，从而解决经济纠纷的一种方式。

第二节　经济仲裁

一、经济仲裁与仲裁法

经济仲裁指仲裁机构对国内经济纠纷和涉外经济纠纷进行判断和裁决的活动。

仲裁是解决纠纷、保护合法权益的重要途径之一。世界上大多数国家都承认仲裁的法律地位，运用仲裁方式解决国际经济贸易争端已十分广泛。中国国际经济贸易仲裁委员会和中国海事仲裁委员会，是我国两大仲裁委员会。1994年8月31日，第八届全国人大第九次会议通过了《中华人民共和国仲裁法》（以下简称《仲裁法》），1995年9月1日起施行；根据2017年9月1日第十二届全国人民代表大会常务委员会第二十九次会议《关于修改〈中华人民共和国法官法〉等八部法律的决定》第二次修正。

根据我国《仲裁法》的规定，平等主体的公民、法人和其他组织之间发生的合同纠纷，可以仲裁。以下纠纷不能仲裁：①婚姻、收养、监护、扶养、继承纠纷；②依法应当由行政机关处理的行政争议。此外，劳动争议和农业集体经济组织内部的农业承包合同纠纷的仲裁，另行规定，即劳动争议和农业集体经济组织内部的农业承包合同纠纷，不属于《仲裁法》所规定的仲裁范围。

二、仲裁的特点

仲裁是一种解决经济纠纷的民间性裁判制度。它既不同于人民调解委员会的调解，也不同于当事人的自行和解。仲裁的特点有：

（1）自愿性。当事人的自愿性是仲裁最突出的特点。仲裁以双方当事人的自愿为前提，即当事人之间的纠纷是否提交仲裁，交与谁仲裁，仲裁庭如何组成，由谁组成，以及仲裁的审理方式、开庭形式等都是在当事人自愿的基础上，由双方当事人协商确定的。因此，仲裁是最能体现当事人意思自治的争议解决方式。

（2）专业性。根据我国的仲裁法，有资格成为仲裁员的人员不仅须在思想品德方面公道正派，并且要有较高的业务水平。由专家组成的仲裁名册供当事人进行选择，专家仲裁由此成为经济仲裁的重要特点之一。

（3）灵活性。由于仲裁充分体现当事人的意思自治，仲裁中的诸多具体程序都是由当事人协商确定与选择的，因此与诉讼相比，仲裁程序更加灵活，更具有弹性。

（4）保密性。仲裁不以公开审理为原则。有关的仲裁法律和仲裁规则也同时规定了仲裁员以及仲裁秘书人员的保密义务。因此当事人的商业秘密和贸易活动不会因仲裁活动而泄漏。

（5）快捷性。仲裁实行一裁终局制，仲裁裁决一经仲裁庭作出即发生法律效力。这使得当事人之间的纠纷能够迅速得以解决。

（6）经济性。仲裁的经济性主要表现在：第一，时间上的快捷性使得仲裁所需费用相对减少；第二，仲裁无需多审级收费，使得仲裁费往往低于诉讼费；第三，仲裁的自愿性、保密性使当事人之间通常没有激烈的对抗，且商业秘密不必公之于众，对当事人之间今后的商业机会影响较小。

（7）独立性。仲裁机构独立于行政机构，仲裁机构之间也无隶属关系。在仲裁过程中，仲裁庭独立进行仲裁，不受任何机关、社会团体和个人的干涉，亦不受仲裁机构的干涉，显示出最大的独立性。

三、仲裁机构

我国的仲裁机构是仲裁委员会和仲裁协会。仲裁委员会由省级人民政府有关部门和商会共同组建，可以在省级人民政府所在地设立，也可以根据需要在设区的市设立。《仲裁法》对仲裁员的资格有明确规定。仲裁委员会由主任1人、副主任2～4人和委员7～11人组成。其中，法律、经济贸易专家不得少于2/3，并可以从具有丰富经验的律师、审判员和具有高级职称的教学科研人员中聘任。仲裁协会是仲裁委员会的自律性组织。其任务是指导、协调仲裁委员会的工作。中国仲裁协会根据《仲裁法》和《民事诉讼法》的有关规定制定仲裁规则以及其他仲裁规范性文件，同时还对仲裁委员会及其组成人员、仲裁员的违纪行为进行监督。

四、仲裁协议

仲裁协议是指双方当事人自愿将他们之间已经发生或者可能发生的争议提交仲裁解决的协议。在民商事仲裁中，仲裁协议是仲裁的前提，没有仲裁协议，就不存在有效的仲裁。仲裁协议的类型包括以下几种：

（1）仲裁条款。仲裁条款是双方当事人在签订的合同中订立的，将今后可能因该合同发生的争议提交仲裁的条款。仲裁条款是仲裁实践中最常见的仲裁协议的形式。仲裁条款主要适用于争议发生之前。仲裁条款具有独立性，即仲裁条款作为主合同的一个条款，尽管依附于主合同，但其效力与主合同的其他条款可以分离而独立，不因主合同的无效而无效，也不因主合同的被撤销而失效。主合同如无效或被撤销，仲裁机构仍然可以依照该仲裁条款取得和行使仲裁管辖权，在该仲裁条款所确定的提交仲裁的争议事项范围内，解决当事人之间的纠纷。

（2）仲裁协议书。仲裁协议书是指在争议发生之前或争议发生之后，双方当事人在自愿的基础上订立的，同意将可能发生或已经发生的争议提交仲裁的一种独立的协议。

（3）其他有关书面文件中包含的仲裁协议。在民事经济往来中，当事人除了通过订立合同等方式达成仲裁协议之外，采用信函、电报、电传、传真、电子数据交换、电子邮件等方式进行往来并达成仲裁协议的，也越来越普遍。

根据《仲裁法》，仲裁协议至少应包括下列三项内容：

（1）请求仲裁的意思表示。无论是仲裁条款还是专门的仲裁协议，都应订明将有关争议提交仲裁，并且意思表示应明确，不易产生歧义。

（2）仲裁事项。仲裁事项应尽量明确全面，可规定产生于本合同或与本合同有关的任何争议都提交仲裁解决。如果仲裁事项不明，或超出法律规定的范围，其仲裁裁决有可能被判无效。

（3）选定仲裁委员会。选定仲裁委员会至关重要。因为这不仅涉及应适用的仲裁规则，而且还会在其他方面关乎当事人的利益，如仲裁费用、聘请律师的便利条件等。有的仲裁条款往往选定两个仲裁委员会，如列明提交中国海事仲裁委员会或瑞典斯德哥尔摩商会仲裁院仲裁。以前这类条款往往被法院以选定的仲裁委员会不明确为由认定仲裁协议无效。对此，我国最高人民法院作出司法解释，只要这种同时选择两个仲裁机构的仲裁条款对仲裁机构的约定是明确的，亦是可以执行的。当事人选择约定的仲裁机构之一即可进行仲裁。因此，根据《中华人民共和国民事诉讼法》规定，这类案件应由当事人提交仲裁解决，人民法院没有管辖权。

一项有效的仲裁协议的法律效力包括对双方当事人的约束力、对法院的约束力和对仲裁机构的约束力。体现于：约束双方当事人对纠纷解决方式的选择权、排除法院的司法管辖权、授予仲裁机构仲裁管辖权并限定仲裁范围。

与有效的仲裁协议相对的是无效的仲裁协议。根据我国《仲裁法》第十七条和第十八条的规定，有四种情况会导致仲裁协议无效：①约定的仲裁事项超出法律规定的仲裁范围；②无民事行为能力或者限制民事行为能力的人订立的仲裁协议；③一方采取胁迫手段，迫使对方签订的仲裁协议；④对仲裁事项或仲裁机构没有约定或者约定不明确，当事人又没有达成补充协议的仲裁协议。

除此之外，仲裁协议还会出现失效的情形。关于仲裁协议的失效，我国《仲裁法》并无明确规定。在实践中，仲裁协议在以下的情形下失效：①基于仲裁协议，仲裁庭作出的仲裁裁决被当事人自觉履行或者被法院强制执行，即仲裁协议约定的提交仲裁的争议事项得到最终解决，该仲裁协议因此失效；②因当事人协议放弃已签订的仲裁协议，而使该仲裁协议失效。

五、仲裁程序

（一）申请与受理

根据我国《仲裁法》的规定，当事人申请仲裁应当符合下列条件：①有仲裁协议；②有具体的仲裁请求和事实、理由；③属于仲裁委员会的受理范围。当事人申请仲裁，应当向仲裁委员会递交仲裁协议、仲裁申请书及副本。仲裁申请书应当载明下列事项：①当事人的姓名、性别、年龄、职业、工作单位和住所，法人或者其他组织的名称、住所和法定代表人或者主要负责人的姓名、职务；②仲裁请求和所根据的事实、理由；③证据和证据来源、证人姓名和住所。

当事人向仲裁委员会申请仲裁后，仲裁委员会就要对当事人的申请是否符合申请仲裁的条件进行审查，从而决定是否受理。仲裁委员会自收到仲裁申请书之日起5日内，认为符合受理条件的，应当受理，并通知当事人；认为不符合受理条件的，应当书面通知当事人不予受理，并说明理由。案件受理后，应当在仲裁规则规定的期限内将仲裁规则和仲裁员名册送达申请人，并将仲裁申请书副本和仲裁规则、仲裁员名册送达被申请人。被申请人收到仲裁申请书副本后，应当在仲裁规则规定的期限内向仲裁委员会提交答辩书。仲裁委员会收到答辩书后，应当在仲裁规则规定的期限内将答辩书副本送达申请人。被申请人未提交答辩书的，不影响仲裁程序的进行。

（二）仲裁庭的组成

仲裁庭可以由3名仲裁员或者1名仲裁员组成。由3名仲裁员组成的，设首席仲裁员。根据这一规定，在我国，仲裁庭的组成形式有两种，即合议仲裁庭和独任仲裁庭。

当事人收到仲裁委员会的仲裁规则和仲裁员名册后，应在仲裁规则规定的期间内约定仲裁庭的组成形式。当事人约定由3名仲裁员组成仲裁庭的，应当各自选定或者各自委托仲裁委员会主任指定1名仲裁员，第三名仲裁员由当事人共同选定或者共同委托仲裁委员会主任指定。第三名仲裁员是首席仲裁员。当事人约定由1名仲裁员成立仲裁庭的，应当由当事人共同选定或者共同委托仲裁委员会主任指定仲裁员。当事人没有在仲裁规则规定的期限内选定仲裁员的，由仲裁委员会主任指定。

仲裁员有下列情形之一的，必须回避，当事人也有权提出回避申请：①是本案当事人或者当事人、代理人的近亲属；②与本案有利害关系；③与本案当事人、代理人有其他关系，可能影响公正仲裁的；④私自会见当事人、代理人，或者接受当事人、代理人的请客送礼的。当事人提出回避申请，应当说明理由，并在首次开庭前提出。回避事由在首次开庭后知道的，可以在最后一次开庭终结前提出。仲裁员是否回避，由仲裁委员会主任决定；仲裁委员会主任担任仲裁员时，由仲裁委员会集体决定。

（三）仲裁审理

根据《仲裁法》的规定，仲裁审理的方式可以分为开庭审理和书面审理两种。开庭审理是仲裁审理的主要方式。同时，《仲裁法》也规定如当事人协议不开庭的，仲裁庭可以根据仲裁申请书、答辩书以及其他材料作出裁决。书面审理是开庭审理的必要补充。

开庭审理以不公开为原则。当事人协议公开的，可以公开进行，但涉及国家秘密的除外。这充分体现了仲裁对当事人意愿的尊重。

仲裁委员会应当在仲裁规则规定的期限内将开庭日期通知双方当事人。当事人有正当理由的，可以在仲裁规则规定的期限内请求延期开庭。是否延期，由仲裁庭决定。申请人经书面通知，无正当理由不到庭或者未经仲裁庭许可中途退庭的，可以视为撤回仲裁申请。被申请人经书面通知，无正当理由不到庭或者未经仲裁庭许可中途退庭的，可以缺席裁决。

开庭仲裁，由首席仲裁员或者独任仲裁员宣布开庭，并且核对当事人，宣布案由，宣布仲裁庭组成人员和记录人员的名单，告知当事人有关的权利义务，询问当事人是否提出回避申请。随后，仲裁庭通常按下列顺序进行开庭调查：①当事人陈述；②告知证人的权利和义务，证人作证，宣读未到庭的证人的证言；③出示书证、物证和视听资料；④宣读勘验笔录、现场笔录；⑤宣读鉴定结论。根据"谁主张，谁举证"的原则，当事人应当对自己的主张提供证据。另外，仲裁庭认为有必要收集的证据，可以自行收集。仲裁庭对专门性问题认为需要鉴定的，可以交由当事人约定的鉴定部门鉴定，也可以由仲裁庭指定的鉴定部门鉴定。无论是当事人提供的证据，还是仲裁庭收集的证据，都应在开庭时出示，并由当事人相互质证。当事人在仲裁过程中有权进行辩论。辩论终结时，首席仲裁员或者独任仲裁员应当征询当事人的最后意见。

（四）仲裁中的和解、调解和裁决

当事人申请仲裁后，可以自行和解。达成和解协议的，可以请求仲裁庭根据和解协议作出裁决书，也可以撤回仲裁申请。如果当事人撤回仲裁申请后反悔的，仍可以根据原来的仲裁协议申请仲裁。

仲裁庭在作出裁决前，可以先行调解。当事人自愿调解的，仲裁庭应当调解。调解不成的，应当及时作出裁决。调解达成协议的，仲裁庭应当制作调解书或者根据协议的结果制作裁决书。调解书经双方当事人签收后，即发生法律效力。在调解书签收前当事人反悔的，仲裁庭应当及时作出裁决。调解书与裁决书具有同等法律效力。

仲裁裁决是仲裁庭对当事人之间所争议的事项进行审理后所作出的终局权威性判定。仲裁裁决的作出，标志着当事人之间纠纷的最终解决。《仲裁法》规定，裁决应当按照多数仲裁员的意见作出，少数仲裁员的不同意见可以记入笔录。仲裁庭不能形成多数意见时，裁决应当按照首席仲裁员的意见作出。裁决书自作出之日起发生法律效力。

（五）仲裁时效

仲裁时效是指当事人向仲裁委员会请求仲裁的法定期限。《仲裁法》规定，法律对仲裁时效有规定的，适用该规定；法律对仲裁时效没有规定的，适用对诉讼时效的规定。我国《民法典》对诉讼时效的规定为2年，亦即成为普通仲裁时效期限，从知道或者应当知道权利被侵害之日起计算；但是，从权利被侵害之日起超过20年的，则不予保护。

六、申请撤销仲裁裁决

仲裁庭作出仲裁后，任何一方当事人均可依据特定的事由，向法院提出撤销仲裁裁决的申请。人民法院组成合议庭审查属实后，裁定撤销仲裁裁决。

申请撤销仲裁裁决必须符合下列条件：①提出撤销仲裁裁决申请的主体必须是仲裁当事人，包括申请人和被申请人；②必须向仲裁委员会所在地的中级人民法院提出撤销仲裁裁决的申请；③必须自收到裁决书之日起6个月内提出撤销；④必须有证据证明仲裁裁决有法律规定的应予撤销的情形。

根据《仲裁法》的规定，当事人提出证据证明裁决有下列情形之一的，人民法院应予撤销仲裁裁决：①没有仲裁协议的；②裁决的事项不属于仲裁协议的范围或者仲裁委员会无权仲裁的；③仲裁庭的组成或者仲裁的程序违反法定程序的；④裁决所根据的证据是伪造的；⑤对方当事人隐瞒了足以影响公正裁决的证据的；⑥仲裁员在仲裁该案时有索贿受贿、徇私舞弊、枉法裁决行为的。此外，人民法院认定该裁决违背社会公共利益的，亦应当裁定撤销。

七、仲裁裁决的执行与不予执行

（一）仲裁裁决的执行

仲裁裁决的执行，即仲裁裁决的强制执行，是指人民法院经当事人申请，采取强制措施将仲裁裁决书的内容付诸实现的行为和程序。

仲裁裁决的执行，必须符合下列条件：①必须有当事人（权利人）的申请；②当事人必须在法定期限内提出申请，如双方或一方当事人是公民的为 1 年，如双方为法人或其他组织的为 6 个月；③当事人必须向被执行人住所地或者被执行人财产所在地的人民法院申请执行。

当事人向有管辖权的人民法院提出执行申请后，受申请的人民法院应当根据《民事诉讼法》规定的执行程序予以执行。人民法院的执行工作由执行员进行。

（二）仲裁裁决的不予执行

人民法院接到当事人的执行申请后，应当及时按照仲裁裁决予以执行。但是，如果被申请人提出证据证明仲裁裁决有法定不应执行的情形的，可以请求人民法院不予执行该仲裁裁决；人民法院组成合议庭审查核实后，裁定不予执行。根据《仲裁法》和《民事诉讼法》，不予执行的仲裁裁决包括：①当事人在合同中没有订立仲裁条款或者事后没有达成书面仲裁协议的；②裁决的事项不属于仲裁协议的范围或者仲裁机构无权仲裁的；③仲裁庭的组成或者仲裁的程序违反法定程序的；④认定事实的主要证据不足的；⑤适用法律确有错误的；⑥仲裁员在仲裁该案时有贪污受贿、徇私舞弊、枉法裁决行为的。此外，人民法院认定执行该裁决违背社会公共利益的，裁定不予执行。

裁定书应当送达双方当事人和仲裁机构。仲裁裁决被人民法院裁定不予执行的，当事人可以根据双方达成的书面仲裁协议重新申请仲裁，也可以向人民法院起诉。

第三节 经济诉讼

一、经济诉讼概述

经济诉讼，也称经济审判，是指人民法院在当事人和其他诉讼参与人的参加下，按照法定程序审理经济纠纷案件并作出裁判的活动。发生经济纠纷后，双方当事人如不能通过和解或调解方式解决纠纷，也无达成仲裁协议，那么当事人就可向有管辖权的人民法院起诉，通过诉讼方式来解决。在我国，经济诉讼程序的法律依据是 1991 年 4 月 9 日第七届全国人民代表大会第四次会议通过的《中华人民共和国民事诉讼法》（下称《民事诉讼法》），2007 年 10 月 28 日第十届全国人民代表大会常务委员会第三十次会议《关于修改〈中华人民共和国民事诉讼法〉的决定》第二次修正，2017 年 6 月 27 日第十二届全国人民代表大会常务委员会第二十八次会议《关于修改〈中华人民共和国民事诉讼法〉和〈中华人民共和国行政诉讼法〉的决定》第三次修正。

二、经济诉讼的基本原则和基本制度

(一) 经济诉讼的基本原则

经济诉讼的基本原则是指在经济诉讼整个过程中，或者在重要的诉讼阶段，起指导作用的准则。

(1) 当事人诉讼权利平等原则。该原则也称当事人平等原则，包含以下三方面内容：双方当事人的诉讼地位完全平等；双方当事人有平等行使诉讼权利的手段，同时人民法院平等地保障双方当事人行使诉讼权利；当事人在适用法律上一律平等。

(2) 同等原则和对等原则。外国人、无国籍人、外国企业和组织在人民法院起诉、应诉，与中华人民共和国公民、法人和其他组织享有同等的诉讼权利。这就是所谓同等原则。

外国法院对中华人民共和国公民、法人和其他组织的民事诉讼权利加以限制的，中华人民共和国人民法院对该国公民、企业和组织的民事诉讼权利，同样加以限制。这就是所谓对等原则。

(3) 法院调解自愿和合法的原则。《民事诉讼法》规定："人民法院审理民事案件，应当根据自愿和合法的原则进行调解；调解不成的，应当及时判决。"这一规定同样适用于人民法院审理经济案件。法院在审理案件时，要多做说服教育和疏导工作，促使双方达成协议，解决纠纷。

(4) 辩论原则。在人民法院的主持下，当事人有权就案件事实和争议问题，各自陈述自己的主张和根据，相互进行反驳和答辩，以维护自己的合法权益。

(5) 处分原则。当事人有权在法律规定的范围内处分自己的民事权利和诉讼权利。所谓处分，即自由支配，对于权利可以行使，也可以放弃。在诉讼的过程中，当事人处分的权利分两类：一是基于实体法律关系产生的实体权利；二是基于诉讼法律关系产生的诉讼权利。

(6) 检查监督原则。人民检察院有权对经济审判活动进行法律监督。监督的内容包括两方面：一是监督审判人员是否有贪赃枉法、徇私舞弊等违法行为；二是对人民法院所作的生效判决、裁定是否正确合法进行监督。

(7) 支持起诉原则。机关、社会团体、企业事业单位对损害国家、集体或者个人民事权益的行为，可以支持受损害的单位或者个人向人民法院起诉。支持起诉必须包括 3 个条件：支持起诉的主体是机关、团体、企业事业单位；支持起诉的前提是法人或自然人有损国家、集体或者个人的合法权益；支持起诉的场合必须是受损的单位或个人不能、不敢或不便起诉。

(二) 经济诉讼的基本制度

1. 合议制度

合议制度是指由若干名审判人员组成合议庭对经济案件进行审理的制度。一般而言，合议庭由 3 个以上的单数的审判人员组成。在普通审理程序中，合议庭的组成有两种形式。一是由审判员和陪审员共同组成。陪审员在人民法院参加审判期间，与审判员有同等的权利。另一种是由审判员组成合议庭。在第二审程序中，合议庭由审判员组成；在再审程序中，再审案件原来是二审的，按第二审程序另组成合议庭；在特别程序中，只要是要求对案件的审理实行合议制的,合议庭都由审判员组成。

2. 回避制度

回避制度是指为了保证案件的公正审判,要求与案件有一定的利害关系的审判人员或其他有关人员不得参与本案的审理活动或诉讼活动的审判制度。根据《民事诉讼法》,使用回避制度的人员包括:审判人员(包括审判员和人民陪审员)、书记员、翻译人员、鉴定员、勘验人员等。

以上人员具有以下情形之一的,应予以回避:①是本案当事人或者是当事人、诉讼代理人的近亲属;②与本案有利害关系;③与本案当事人有其他关系,可能影响对案件的公正审理的。

当事人提出回避申请,应当说明理由,在案件开始审理时提出;回避事由在案件开始审理后知道的,也可以在法庭辩论终结前提出。被申请回避的人员在人民法院作出是否回避的决定前,应当暂停参与本案的工作,但案件需要采取紧急措施的除外。院长担任审判长时的回避,由审判委员会决定;审判人员的回避,由院长决定;其他人员的回避,由审判长决定。

3. 公开审判制度

公开审判制度是指人民法院审理经济案件,除了法律规定的情况外,审判过程及结果应当向群众、社会公开。即允许群众旁听案件审判过程,允许新闻记者对庭审过程作采访,允许其将案件审理过程作报道,将案件公诸于众。但是,下列案件不公开审理:一是涉及国家秘密的案件,包括党的秘密、政府的秘密和军队的秘密;二是涉及个人隐私的案件;三是离婚案件、涉及商业秘密的案件。

4. 两审终审制度

两审终审制度是指一个经济案件经过两级人民法院审判后即告终结的制度。据此,一般的经济诉讼案件,当事人不服一审法院的判决,可上诉至二审法院。二审法院对案件所作的判决、裁定为生效判决、裁定,当事人不得再上诉。根据《民事诉讼法》,适用特别程序、督促程序、公示催告程序和企业法人破产还债程序审理的案件,实行一审终审制。

三、经济诉讼的管辖

(一)级别管辖

级别管辖,是指按照一定的标准,划分上下级法院之间受理第一审经济案件的分工和权限。

1. 基层人民法院管辖的第一审经济案件

除《民事诉讼法》另有规定之外,基层人民法院管辖第一审民事案件。由于《民事诉讼法》规定由其他各级法院管辖的案件数量较少,所以这一规定实际上把大多数经济案件都划归基层人民法院管辖。

2. 中级人民法院管辖的第一审经济案件

根据《民事诉讼法》规定,中级人民法院管辖下列第一审民事案件:(1)重大涉外案件;(2)在本辖区有重大影响的案件;(3)最高人民法院确定由中级人民法院管辖的案件。具体而言,属于第三类案件的有:①海事、海商案件,目前我国设立的海事法院均为中级人民法院;②专利纠纷案件,包括专利行政案件和专利民事案件;③重大的涉港、澳、台民事案件；④重大或者诉讼单位属省、自治区、直辖市以上的经济纠纷案件。

3. 高级人民法院管辖的第一审经济案件

根据《民事诉讼法》规定，高级人民法院管辖在本辖区有重大影响的第一审民事案件。由于高级人民法院的主要任务是对本辖区内中级人民法院和基层法院的审判活动进行指导和监督，审理不服中级人民法院判决、裁定的上诉案件，所以由高级人民法院管辖的第一审经济案件是很少的。

4. 最高人民法院管辖的第一审经济案件

根据《民事诉讼法》规定，最高人民法院管辖下列第一审民事案件：（1）在全国有重大影响的案件；（2）认为应当由本院审理的案件。

要注意的是，由于地方经济发展水平存在差异，所以以"诉讼标的金额"来确定级别管辖时，全国各省的标准并不一致。

（二）地域管辖

1. 一般地域管辖

地域管辖是指按照各法院的辖区和经济案件的隶属关系来划分诉讼管辖。要确定具体的管辖法院，当事人须先确定级别管辖，然后再确定地域管辖。一般来说，地域管辖是以当事人的所在地与法院的隶属关系来确定诉讼管辖的。以被告所在地法院管辖是地域管辖的原则。

当被告是公民时，由被告住所地法院管辖，被告住所地与经常居住地不一致的，由经常居住地法院管辖。公民的居住地是指该公民的户籍所在地。经常居住地是指公民离开住所至起诉时已连续居住满1年的地方，但公民住院就医的地方除外。被告是法人或其他组织时，由被告住所地法院管辖。所谓住所地是指法人或其他组织的主要办事机构所在地或主要营业地。当然，除了一般地域管辖之外，《民事诉讼法》和最高人民法院的司法解释还对特殊地域管辖作了相应的规定。

例如，李某曾在北京某汽车销售有限公司花45.2万元购买了一辆日产汽车，购车后李某将车开到湖南长沙使用。同年8月李某发现该车自动挡位无法按性能要求使用。与销售方协议未果后，李某把卖车给自己的北京某汽车销售有限公司和日产汽车（中国）有限公司告上了法庭，要求解除买卖合同，并以对方欺诈为由，要求汽车销售有限公司和日产汽车（中国）有限公司双倍返还购车款（90.4万元）。此案的一审法院是北京市第二中级人民法院，就是由其涉案标的金额和被告所在地决定的。

2. 专属管辖

专属管辖是指法律规定某些特殊类型的案件专门由特定的法院管辖。专属管辖排除了诉讼当事人以协议方式选择国内的其他法院管辖。依照《民事诉讼法》，属于专属管辖的有：

（1）因不动产纠纷提起的诉讼，由不动产所在地人民法院管辖。

（2）因港口作业中发生纠纷提起的诉讼，由港口所在地人民法院管辖。

（3）因继承遗产纠纷提起的诉讼，由被继承人死亡时住所地或者主要遗产所在地人民法院管辖。此外，我国《海事诉讼特别程序法》也对属于海事法院专属管辖的案件作了规定。

（4）因公司设立、解散等纠纷提起的诉讼，由公司住所地法院管辖。

3. 协议管辖

协议管辖是指双方当事人在合同或其他财产权益纠纷发生之前或之后，以书面方式约定特定案件的管辖法院。根据《民事诉讼法》规定，合同的双方当事人可以在书面合同中协议选择被告住所地、合同履行地、合同签订地、原告住所地、标的物所在地人民法院管辖，但不得违反本法对级别管辖和专属管辖的规定。

（三）裁定管辖

裁定管辖有三种，包括移送管辖、指定管辖和管辖权的转移。移送管辖指法院在受理案件之后，发现自己对案件并无管辖权而依法将案件移送到有管辖权的法院审理。指定管辖指上级法院以裁定的方式指定其下级法院对某一案件行使管辖权。管辖权的转移指依据上级法院的决定或同意，将案件的管辖权从原来有管辖权的法院转移至无管辖权的法院，使后者因而取得管辖权。管辖权转移在上下级法院间进行。

四、经济诉讼程序

经济诉讼程序是指法律规定司法机关、当事人和其他诉讼参加人在诉讼活动中所必须遵守的原则、步骤、方式和方法。主要包括第一审程序、第二审程序、审判监督程序和执行程序。以下简要介绍第一审程序和第二审程序。

（一）第一审程序

第一审程序分普通程序和简易程序。普通程序是我国《民事诉讼法》规定的人民法院审理第一审民事案件通常所适用的程序，也是经济案件的当事人进行第一审民事诉讼通常所遵循的程序。普通程序的完整性及其广泛的适用性，使其在民事诉讼法中具有程序通则的作用。简易程序是基层人民法院及其派出法庭审理简单经济案件所适用的程序。简易程序是普通程序的简化，有其特定适用的法院和受案范围。

1. 普通程序

（1）起诉与受理。起诉是指公民、法人和其他组织在其合法权益受到侵害或与他人发生争议时，向人民法院提起诉讼，请求人民法院通过审判予以司法保护的行为。依照《民事诉讼法》，起诉的条件包括：原告是与本案有直接利害关系的公民、法人和其他组织；有明确的被告；有具体的诉讼请求和事实、理由；属于人民法院受理民事诉讼的范围和受诉人民法院管辖。起诉的方式以书面起诉为原则，口头起诉为例外。起诉时，原告应当向人民法院递交起诉状，并按照被告人数提交副本。

受理是指人民法院通过对当事人的起诉进行审查，对符合法律规定条件的，决定立案审理的行为。故此，人民法院审查起诉以后，针对不同情况作出不同的处理：人民法院认为起诉符合法定条件的，应当在7日内立案并通知当事人；人民法院认为不符合法定条件的，应当在7日内裁定不予受理；原告对不予受理裁定不服的，可以提起上诉。如果人民法院在立案后，发现起诉不符合法定条件的，会裁定驳回起诉。当事人对驳回起诉的裁定不服，可以提起上诉。

（2）审理前的准备。审理前的准备是指人民法院接受原告起诉并决定立案受理后，在开庭审理之前，由承办案件的审判员依法所做的各种准备工作。人民法院对决定受理的案件，应当在受理案件通知书和应诉通知书中，告知当事人有关的诉讼权利和义务，或者口头予以告知，如果已经确定开庭日期的，应当一并告知当事人及其诉讼代理人开庭的时间、地点。合议庭组成后，应当在 3 日内将合议庭组成人员告知当事人。合议庭成员应当认真审核双方提供的诉讼材料，了解案情，审查证据，掌握争议的焦点和需要庭审调查、辩论的主要问题。对共同进行诉讼的当事人没有参加诉讼的，应当通知其参加诉讼。对专门性问题合议庭认为需要鉴定、审计的，应及时交由法定鉴定部门或者指定有关部门鉴定，委托审计机关审计。开庭前，合议庭可以召集双方当事人及其诉讼代理人交换、核对证据，核算账目。对双方当事人无异议的事实、证据应当记录在卷，并由双方当事人签字确认。在开庭审理时如双方当事人不再提出异议，便可予以认定。

（3）开庭审理。开庭审理是指在人民法院审判人员的主持下，在当事人和其他诉讼参与人的参加下，在法院固定的法庭上或法律允许设置的法庭上，依照法定的程序和顺序，对案件进行实体审理，从而查明案件事实、分清是非，并在此基础上对案件作出判决的全过程。开庭审理是普通程序中最重要和最中心的环节，可分为以下四个阶段：

第一，准备阶段。对决定开庭审理的案件，人民法院应当在开庭前 3 日将开庭的时间、地点以书面形式通知当事人和其他诉讼参与人。开庭审理前，书记员应当查明当事人和其他诉讼参与人是否到庭，宣布法庭纪律。开庭审理时，由审判长核对当事人，宣布案由，宣布审判人员、书记员名单，告知当事人有关的诉讼权利义务，询问当事人是否提出回避申请。

第二，法庭调查阶段。法庭调查是开庭审理的重要阶段。其任务是审查核实各种诉讼证据，对案件进行直接、全面的调查。依照《民事诉讼法》，法庭调查按照下列顺序进行：当事人陈述；告知证人的权利义务，证人作证，宣读未到庭的证人证言；出示书证、物证和视听资料；宣读鉴定结论；宣读勘验笔录。除此之外，当事人在法庭上可以提出新的证据。当事人经法庭许可，可以向证人、鉴定人、勘验人发问。当事人要求重新进行调查、鉴定或者勘验的，是否准许，由人民法院决定。

第三，法庭辩论阶段。法庭辩论是经济诉讼中辩论原则在普通程序中最集中、最生动的体现，其任务是通过双方的言词辩论，对有争议的问题逐一进行审查和核实，以查明案件的客观真实情况。法庭辩论按照下列顺序进行：原告及其诉讼代理人发言；被告及其诉讼代理人答辩；第三人及其诉讼代理人发言或者答辩；互相辩论。法庭辩论终结，由审判长按照原告、被告、第三人的先后顺序征询各方最后意见。法庭辩论终结，应当依法作出判决，判决前能够调解的，还可以进行调解；调解不成的，应当及时判决。

第四，评议和宣判阶段。合议庭的人员在法庭调查和法庭辩论的基础上，认定案件事实，确定适用的法律，最后宣告案件的审理结果。这是开庭审理的最后阶段。法庭辩论终结后，由审判长宣布休庭，合议庭组成人员进入评议室对案件进行评议。合议庭评议实行少数服从多数的原则，评议情况应如实记入笔录。评议完毕，由审判长宣布继续开庭，宣告判决结果。无论案件是否公开审理，宣告判决结果一律公开进行。宣告判决有两种方式：一是当庭宣判；一是定期宣判。当庭宣判的，应在 10 日内向当事人发送判决书；定期宣判的，应在宣判后立即发给判决书。不管采用哪种形式宣判都要告知当事人上诉权利、上诉期限以及上诉法院。

适用普通程序审理的案件，法院应当自立案起 6 个月内审结，有特殊情况需要延长的可报请院长批准，延长期不得超过 6 个月。在上述期限内仍未审结，需要延长的，须报上级法院批准。

2. 简易程序

对于简易程序，只能由基层人民法院及其派出法庭对事实清楚、权利义务关系明确、争议不大的简单经济案件适用。基层人民法院或其派出法庭审理简单的案件，由审判员一人独任审理，当事人也可以约定适用简易程度。在简易程序中，原告起诉可采取书面和口头两种方式，法院可以用简便方式随时传唤当事人、证人。由于适用简易程序的案件，大都是案情简单、诉讼标的金额小、权利义务明确的，所以对有可能调解的案件应当尽量促使当事人达成调解。法院开庭审理时以简便易行为原则，法庭调查、法庭辩论可以不按照法定顺序进行。判决书也可依法简化。适用简易程序审理的案件，应当在立案之日起3个月内审结。

（二）第二审程序

第二审程序是指由于民事诉讼的当事人不服地方各级人民法院生效的第一审判决而在法定期间内向上一级人民法院上诉而引起的诉讼程序。在第二审程序中，提起上诉的称为上诉人，上诉人的对方当事人称为被上诉人。如上文所述，由于第一审普通程序有程序通则的作用，故第二审程序除了本身的特别规定外，均适用第一审普通程序。

当事人不服一审判决的上诉期限为15日，不服裁定的上诉期限为10日，自裁判书送达之日起计算。当事人应当通过原审人民法院提出上诉状，并按照对方当事人或者代表人的人数提交副本；如果当事人直接向第二审人民法院上诉的，第二审人民法院应当在5日内将上诉状移交原审人民法院。原审人民法院收到上诉状，应当在5日内将上诉状副本送达对方当事人。对方当事人在收到之日起15日内提出答辩状。原审人民法院收到上诉状、答辩状，应当在5日内连同全部案卷和证据，报送第二审人民法院。

第二审人民法院审理上诉案件，应当由审判员组成合议庭，不能采用独任制。上诉案件原则上开庭审理，经过阅卷和调查、询问当事人，在事实核对清楚后，合议庭认为不需要开庭审理的，也可以进行判决、裁定。

第二审人民法院对上诉案件经过审理，按照下列情形分别处理：原判决认定事实清楚，适用法律正确的，判决驳回上诉，维持原判决；原判决适用法律错误的，依法改判；原判决认定事实错误，或者原判决认定事实不清、证据不足，裁定撤销原判决，发回原审人民法院重审，或者查清事实后改判；原判决违反法定程序，可能影响案件正确判决的，裁定撤销原判决，发回原审人民法院重审。当事人对重审案件的判决、裁定不满，可以上诉。

人民法院审理对判决不服的上诉案件，应当在第二审立案之日起3个月内审结。有特殊情况需要延长的，由法院院长批准；审理对裁定不服的上诉案件，应当在第二审立案之日起30日内作出终审裁定。原审人民法院对发回重审的案件作出判决后，当事人提起上诉的，第二审人民法院不得再次发回重审。

五、《民事诉讼法》修改后的新规定

（一）新增"诚实信用原则"作为民事诉讼的基本原则

新《民事诉讼法》第13条规定：民事诉讼应当遵循诚实信用原则。该原则的有效实施将有利于实现人们对民事诉讼的公正、迅速、经济价值追求。诚实信用原则除了适用于当事人之外，也适用于法院，规制法院的审判行为。

（二）完善检察监督原则

新《民事诉讼法》赋予检察机关对司法活动、调解书和审判人员违法行为等进行监督的职责，拓展了民事检察监督范围，增加了监督方式，强化了监督手段，优化了监督结构，规范了监督程序。对进一步规范民事检察工作、提高执法能力、强化自身监督提出了新的更高要求。

新《民事诉讼法》第 14 条规定：人民检察院有权对民事诉讼实行法律监督。

新《民事诉讼法》第 208 条规定：最高人民检察院对各级人民法院已经发生法律效力的判决、裁定，上级人民检察院对下级人民法院已经发生法律效力的判决、裁定，发现有本法第 200 条规定情形之一的，或者发现调解书损害国家利益、社会公共利益的，应当提出抗诉。

新《民事诉讼法》第 209 条规定：地方各级人民检察院对同级人民法院已经发生法律效力的判决、裁定，发现有本法第 200 条规定情形之一的，或者发现调解书损害国家利益、社会公共利益的，可以向同级人民法院提出检察建议，并报上级人民检察院备案；也可以提请上级人民检察院向同级人民法院提出抗诉。

各级人民检察院对审判监督程序以外的其他审判程序中审判人员的违法行为，有权向同级人民法院提出检察建议。

新《民事诉讼法》第 235 条规定：人民检察院有权对民事执行活动实行法律监督。

（三）管辖的规定

1. 原告住所地（经常居住地）法院管辖案件：

①对不在中华人民共和国领域内居住的人提起的有关身份关系的诉讼；

②对下落不明或者宣告失踪的人提起的有关身份关系的诉讼；

③对被采取强制性教育措施的人提起的诉讼；

④对被监禁的人提起的诉讼。

2. 公司纠纷管辖

因公司设立、确认股东资格、分配利润、解散等纠纷提起的诉讼，由公司住所地法院管辖。

3. 协议管辖

合同或者其他财产权益纠纷的当事人可以书面协议选择被告住所地、合同履行地、合同签订地、原告住所地、标的物所在地等与争议有实际联系的地点的法院管辖，但不得违反本法对级别管辖和专属管辖的规定。

4. 移转管辖

上级法院有权审理下级法院管辖的第一审民事案件；确有必要将本院管辖的第一审民事案件交下级法院审理的，应当报请其上级法院批准。

下级法院对其所管辖的第一审民事案件，认为需要由上级法院审理的，可以报请上级法院审理。

（四）回避的规定

审判人员有下列情形之一的，应当自行回避，当事人有权用口头或者书面方式申请他们回避：

（1）是本案当事人或者当事人、诉讼代理人近亲属的；

(2) 与本案有利害关系的；

(3) 与本案当事人、诉讼代理人有其他关系，可能影响对案件公正审理的。

审判人员接受当事人、诉讼代理人请客送礼，或者违反规定会见当事人、诉讼代理人的，当事人有权要求他们回避。

审判人员有前款规定的行为的，应当依法追究法律责任。

前三款规定，适用于书记员、翻译人员、鉴定人、勘验人。

（五）公益诉讼的规定

新《民事诉讼法》第55条规定：对污染环境、侵害众多消费者合法权益等损害社会公共利益的行为，法律规定的机关和有关组织可以向法院提起诉讼。

（六）第三人权利救济的规定

对当事人双方的诉讼标的，第三人认为有独立请求权的，有权提起诉讼。

对当事人双方的诉讼标的，第三人虽然没有独立请求权，但案件处理结果同他有法律上的利害关系的，可以申请参加诉讼，或者由法院通知他参加诉讼。法院判决承担民事责任的第三人，有当事人的诉讼权利义务。

前两款规定的第三人，因不能归责于本人的事由未参加诉讼，但有证据证明发生法律效力的判决、裁定、调解书的部分或者全部内容错误，损害其民事权益的，可以自知道或者应当知道其民事权益受到损害之日起6个月内，向作出该判决、裁定、调解书的法院提起诉讼。法院经审理，诉讼请求成立的，应当改变或者撤销原判决、裁定、调解书；诉讼请求不成立的，驳回诉讼请求。

（七）诉讼代理人的规定

当事人、法定代理人可以委托1～2人作为诉讼代理人。

下列人员可以被委托为诉讼代理人：

(1) 律师、基层法律服务工作者；

(2) 当事人的近亲属或者工作人员；

(3) 当事人所在社区、单位以及有关社会团体推荐的公民。

（八）离婚诉讼的规定

离婚案件有诉讼代理人的，本人除不能表达意思的以外，仍应出庭；确因特殊情况无法出庭的，必须向法院提交书面意见。

（九）证据的规定

1. 证据种类

①当事人的陈述；

②书证；

③物证；

④视听资料；

⑤电子数据；

⑥证人证言；

⑦鉴定意见；

⑧勘验笔录。

证据必须查证属实，才能作为认定事实的根据。

2. 举证责任

当事人对自己提出的主张应当及时提供证据。

法院根据当事人的主张和案件审理情况，确定当事人应当提供的证据及其期限。当事人在该期限内提供证据确有困难的，可以向法院申请延长期限，法院根据当事人的申请适当延长。当事人逾期提供证据的，法院应当责令其说明理由；拒不说明理由或者理由不成立的，法院根据不同情形可以不予采纳该证据，或者采纳该证据但予以训诫、罚款。

3. 法院的证据管理职责

法院收到当事人提交的证据材料，应当出具收据，写明证据名称、页数、份数、原件或者复印件以及收到时间等，并由经办人员签名或者盖章。

4. 公证证据的法定效力

经过法定程序公证证明的法律事实和文书，法院应当作为认定事实的根据，但有相反证据足以推翻公证证明的除外。

5. 证人的作证义务与权利

凡是知道案件情况的单位和个人，都有义务出庭作证。有关单位的负责人应当支持证人作证。

不能正确表达意思的人，不能作证。

经法院通知，证人应当出庭作证。有下列情形之一的，经法院许可，可以通过书面证言、视听传输技术或者视听资料等方式作证：

①因健康原因不能出庭的；

②因路途遥远，交通不便不能出庭的；

③因自然灾害等不可抗力不能出庭的；

④其他有正当理由不能出庭的。

证人因履行出庭作证义务而支出的交通、住宿、就餐等必要费用以及误工损失，由败诉一方当事人负担。当事人申请证人作证的，由该当事人先行垫付；当事人没有申请，法院通知证人作证的，由法院先行垫付。

6. 鉴定意见

当事人可以就查明事实的专门性问题向法院申请鉴定。当事人申请鉴定的，由双方当事人协商确定具备资格的鉴定人；协商不成的，由法院指定。

当事人未申请鉴定，法院对专门性问题认为需要鉴定的，应当委托具备资格的鉴定人进行鉴定。

当事人对鉴定意见有异议或者法院认为鉴定人有必要出庭的，鉴定人应当出庭作证。经法院通知，鉴定人拒不出庭作证的，鉴定意见不得作为认定事实的根据；支付鉴定费用的当事人可以要求返还鉴定费用。

当事人可以申请法院通知有专门知识的人出庭，就鉴定人作出的鉴定意见或者专业问题提出意见。

7. 证据保全

在证据可能灭失或者以后难以取得的情况下，当事人可以在诉讼过程中向法院申请保全证据，法院也可以主动采取保全措施。

因情况紧急，在证据可能灭失或者以后难以取得的情况下，利害关系人可以在提起诉讼或者申请仲裁前向证据所在地、被申请人住所地或者对案件有管辖权的法院申请保全证据。

证据保全的其他程序，参照适用本法第九章保全的有关规定。

（十）送达方式的规定

1. 留置送达

受送达人或者他的同住成年家属拒绝接收诉讼文书的，送达人可以邀请有关基层组织或者所在单位的代表到场，说明情况，在送达回证上记明拒收事由和日期，由送达人、见证人签名或者盖章，把诉讼文书留在受送达人的住所；也可以把诉讼文书留在受送达人的住所，并采用拍照、录像等方式记录送达过程，即视为送达。

2. 远程送达

经受送达人同意，法院可以采用传真、电子邮件等能够确认其收悉的方式送达诉讼文书，但判决书、裁定书、调解书除外。

采用前款方式送达的，以传真、电子邮件等到达受送达人特定系统的日期为送达日期。

3. 转交送达

受送达人被监禁的，通过其所在监所转交。

受送达人被采取强制性教育措施的，通过其所在强制性教育机构转交。

（十一）保全的规定

法院对于可能因当事人一方的行为或者其他原因，使判决难以执行或者造成当事人其他损害的案件，根据对方当事人的申请，可以裁定对其财产进行保全、责令其作出一定行为或者禁止其作出一定行为；当事人没有提出申请的，法院在必要时也可以裁定采取保全措施。

法院采取保全措施，可以责令申请人提供担保，申请人不提供担保的，裁定驳回申请。

法院接受申请后，对情况紧急的，必须在 48 小时内作出裁定；裁定采取保全措施的，应当立即开始执行。

利害关系人因情况紧急，不立即申请保全将会使其合法权益受到难以弥补的损害的，可以在提起诉讼或者申请仲裁前向被保全财产所在地、被申请人住所地或者对案件有管辖权的法院申请采取保全措施。申请人应当提供担保，不提供担保的，裁定驳回申请。

法院接受申请后，必须在 48 小时内作出裁定；裁定采取保全措施的，应当立即开始执行。

申请人在法院采取保全措施后 30 日内不依法提起诉讼或者申请仲裁的，法院应当解除保全。

财产保全采取查封、扣押、冻结或者法律规定的其他方法。法院保全财产后，应当立即通知被保全财产的人。

财产已被查封、冻结的，不得重复查封、冻结。

财产纠纷案件，被申请人提供担保的，法院应当裁定解除保全。

（十二）强制措施的规定

1. 对恶意串通的强制措施

当事人之间恶意串通，企图通过诉讼、调解等方式侵害他人合法权益的，法院应当驳回其请求，并根据情节轻重予以罚款、拘留；构成犯罪的，依法追究刑事责任。

被执行人与他人恶意串通，通过诉讼、仲裁、调解等方式逃避履行法律文书确定的义务的，法院应当根据情节轻重予以罚款、拘留；构成犯罪的，依法追究刑事责任。

2. 对义务单位的强制措施

有义务协助调查、执行的单位有下列行为之一的，法院除责令其履行协助义务外，并可以予以罚款：

① 有关单位拒绝或者妨碍法院调查取证的；

② 有关单位接到法院协助执行通知书后，拒不协助查询、扣押、冻结、划拨、变价财产的；

③ 有关单位接到法院协助执行通知书后，拒不协助扣留被执行人的收入、办理有关财产权证照转移手续、转交有关票证、证照或者其他财产的；

④ 其他拒绝协助执行的。

法院对有前款规定的行为之一的单位，可以对其主要负责人或者直接责任人员予以罚款；对仍不履行协助义务的，可以予以拘留；并可以向监察机关或者有关机关提出予以纪律处分的司法建议。

3. 罚款数额

对个人的罚款金额，为人民币 10 万元以下。对单位的罚款金额，为人民币 5 万元以上 100 万元以下。

（十三）起诉状的规定

起诉状应当记明下列事项：

（1）起诉人为个人的：原告的姓名、性别、年龄、民族、职业、工作单位、住所、联系方式；起诉人为单位的：法人或者其他组织的名称、住所和法定代表人或者主要负责人的姓名、职务、联系方式。

（2）被告为个人的：被告的姓名、性别、工作单位、住所等信息；被告为单位的：法人或者其他组织的名称、住所等信息。

（3）诉讼请求和所根据的事实与理由。

（4）证据和证据来源，证人姓名和住所。

（十四）先行调解的规定

当事人起诉到法院的民事纠纷，适宜调解的，先行调解，但当事人拒绝调解的除外。

（十五）起诉的规定

1. 起诉的条件

法院应当保障当事人依照法律规定享有的起诉权利。对符合《民事诉讼法》第 119 条的起诉，必须受理。符合起诉条件的，应当在 7 日内立案，并通知当事人；不符合起诉条件的，应当在 7 日内作出裁定书，不予受理；原告对裁定不服的，可以提起上诉。

新《民事诉讼法》第 119 条规定：起诉必须符合下列条件：

① 原告是与本案有直接利害关系的公民、法人和其他组织；

②有明确的被告；
③有具体的诉讼请求和事实、理由；
④属于法院受理民事诉讼的范围和受诉法院管辖。

2. 法院对下列起诉，分别情形，予以处理：
①依照《行政诉讼法》的规定，属于行政诉讼受案范围的，告知原告提起行政诉讼；
②依照法律规定，双方当事人达成书面仲裁协议申请仲裁、不得向法院起诉的，告知原告向仲裁机构申请仲裁；
③依照法律规定，应当由其他机关处理的争议，告知原告向有关机关申请解决；
④对不属于本院管辖的案件，告知原告向有管辖权的法院起诉；
⑤对判决、裁定、调解书已经发生法律效力的案件，当事人又起诉的，告知原告申请再审，但法院准许撤诉的裁定除外；
⑥依照法律规定，在一定期限内不得起诉的案件，在不得起诉的期限内起诉的，不予受理；
⑦判决不准离婚和调解和好的离婚案件，判决、调解维持收养关系的案件，没有新情况、新理由，原告在6个月内又起诉的，不予受理。

（十六）答辩状的规定

法院应当在立案之日起5日内将起诉状副本发送给被告，被告应当在收到之日起15日内提出答辩状。答辩状应当记明被告的姓名、性别、年龄、民族、职业、工作单位、住所、联系方式；法人或者其他组织的名称、住所和法定代表人或者主要负责人的姓名、职务、联系方式。法院应当在收到答辩状之日起5日内将答辩状副本发送原告。

被告不提出答辩状的，不影响法院审理。

（十七）法院受理案件后处理

法院对受理的案件，分别情形，予以处理：
（1）当事人没有争议，符合督促程序规定条件的，可以转入督促程序；
（2）开庭前可以调解的，采取调解方式及时解决纠纷；
（3）根据案件情况，确定适用简易程序或者普通程序；
（4）需要开庭审理的，通过要求当事人交换证据等方式，明确争议焦点。

（十八）法庭调查顺序的规定

法庭调查按照下列顺序进行：
（1）当事人陈述；
（2）告知证人的权利义务，证人作证，宣读未到庭的证人证言；
（3）出示书证、物证、视听资料和电子数据；
（4）宣读鉴定意见；
（5）宣读勘验笔录。

（十九）判决书的规定

判决书应当写明判决结果和作出该判决的理由。判决书内容包括：
（1）案由、诉讼请求、争议的事实和理由；
（2）判决认定的事实和理由、适用的法律和理由；
（3）判决结果和诉讼费用的负担；

(4) 上诉期间和上诉的法院。

判决书由审判人员、书记员署名，加盖法院印章。

（二十）裁定适用范围的规定

裁定适用于下列范围：

(1) 不予受理；

(2) 对管辖权有异议的；

(3) 驳回起诉；

(4) 保全和先予执行；

(5) 准许或者不准许撤诉；

(6) 中止或者终结诉讼；

(7) 补正判决书中的笔误；

(8) 中止或者终结执行；

(9) 撤销或者不予执行仲裁裁决；

(10) 不予执行公证机关赋予强制执行效力的债权文书；

(11) 其他需要裁定解决的事项。

对前款第一项至第三项裁定，可以上诉。

裁定书应当写明裁定结果和作出该裁定的理由。裁定书由审判人员、书记员署名，加盖法院印章。口头裁定的，记入笔录。

（二十一）公众知情权的规定

公众可以查阅发生法律效力的判决书、裁定书，但涉及国家秘密、商业秘密和个人隐私的内容除外。

（二十二）简易程序的规定

基层法院和其派出的法庭审理事实清楚、权利义务关系明确、争议不大的简单的民事案件，适用简易程序。

基层法院和其派出的法庭审理前款规定以外的民事案件，当事人双方也可以约定适用简易程序。

基层法院和其派出的法庭审理简单的民事案件，可以用简便方式传唤当事人和证人、送达诉讼文书、审理案件，但应当保障当事人陈述意见的权利。

基层法院和其派出的法庭审理符合本法第157条第一款规定的简单的民事案件，标的额为各省、自治区、直辖市上年度就业人员年平均工资30%以下的，实行一审终审。

法院在审理过程中，发现案件不宜适用简易程序的，裁定转为普通程序。

（二十三）第二审程序的规定

1. 审理方式

第二审法院对上诉案件，应当组成合议庭，开庭审理。经过阅卷、调查和询问当事人，对没有提出新的事实、证据或者理由，合议庭认为不需要开庭审理的，可以不开庭审理。

第二审法院审理上诉案件，可以在本院进行，也可以到案件发生地或者原审法院所在地进行。

2. 第二审法院对上诉案件的处理

第二审法院对上诉案件，经过审理，按照下列情形，分别处理：

（1）原判决、裁定认定事实清楚，适用法律正确的，以判决、裁定方式驳回上诉，维持原判决、裁定；

（2）原判决、裁定认定事实错误或者适用法律错误的，以判决、裁定方式依法改判、撤销或者变更；

（3）原判决认定基本事实不清的，裁定撤销原判决，发回原审法院重审，或者查清事实后改判；

（4）原判决遗漏当事人或者违法缺席判决等严重违反法定程序的，裁定撤销原判决，发回原审法院重审。

原审法院对发回重审的案件作出判决后，当事人提起上诉的，第二审法院不得再次发回重审。

（二十四）特别程序的规定

法院审理选民资格案件、宣告失踪或者宣告死亡案件、认定公民无民事行为能力或者限制民事行为能力案件、认定财产无主案件、确认调解协议案件和实现担保物权案件，适用特别程序。

法院受理申请后，必要时应当对被请求认定为无民事行为能力或者限制民事行为能力的公民进行鉴定。申请人已提供鉴定意见的，应当对鉴定意见进行审查。

（二十五）确认调解协议案件的规定

申请司法确认调解协议，由双方当事人依照人民调解法等法律，自调解协议生效之日起30日内，共同向调解组织所在地基层法院提出。

法院受理申请后，经审查，符合法律规定的，裁定调解协议有效，一方当事人拒绝履行或者未全部履行的，对方当事人可以向法院申请执行；不符合法律规定的，裁定驳回申请，当事人可以通过调解方式变更原调解协议或者达成新的调解协议，也可以向法院提起诉讼。

（二十六）实现担保物权案件的规定

申请实现担保物权，由担保物权人以及其他有权请求实现担保物权的人依照物权法等的规定，向担保财产所在地或者担保物权登记地基层法院提出。

法院受理申请后，经审查，符合法律规定的，裁定拍卖、变卖担保财产，当事人依据该裁定可以向法院申请执行；不符合法律规定的，裁定驳回申请，当事人可以向法院提起诉讼。

（二十七）审判监督程序的规定

1. 当事人申请再审

当事人对已经发生法律效力的判决、裁定，认为有错误的，可以向上一级法院申请再审；当事人一方人数众多或者当事人双方为公民的案件，也可以向原审法院申请再审。当事人申请再审的，不停止判决、裁定的执行。

当事人的申请符合下列情形之一的，法院应当再审：

①有新的证据，足以推翻原判决、裁定的；

②原判决、裁定认定的基本事实缺乏证据证明的；

③原判决、裁定认定事实的主要证据是伪造的；

④原判决、裁定认定事实的主要证据未经质证的；

⑤对审理案件需要的主要证据，当事人因客观原因不能自行收集，书面申请法院调查收集，法院未调查收集的；

⑥原判决、裁定适用法律确有错误的；

⑦审判组织的组成不合法或者依法应当回避的审判人员没有回避的；

⑧无诉讼行为能力人未经法定代理人代为诉讼或者应当参加诉讼的当事人，因不能归责于本人或者其诉讼代理人的事由，未参加诉讼的；

⑨违反法律规定，剥夺当事人辩论权利的；

⑩未经传票传唤，缺席判决的；

⑪原判决、裁定遗漏或者超出诉讼请求的；

⑫据以作出原判决、裁定的法律文书被撤销或者变更的；

⑬审判人员审理该案件时有贪污受贿，徇私舞弊，枉法裁判行为的。

法院应当自收到再审申请书之日起3个月内审查，符合本法规定的，裁定再审；不符合本法规定的，裁定驳回申请。有特殊情况需要延长的，由本院院长批准。

因当事人申请裁定再审的案件由中级人民法院以上的法院审理，但当事人依照本法第199条的规定选择向基层法院申请再审的除外。最高人民法院、高级人民法院裁定再审的案件，由本院再审或者交其他法院再审，也可以交原审法院再审。

当事人申请再审，应当在判决、裁定发生法律效力后6个月内提出；有本法第200条第一项、第三项、第十二项、第十三项规定情形的，自知道或者应当知道之日起6个月内提出。

按照审判监督程序决定再审的案件，裁定中止原判决、裁定、调解书的执行，但追索赡养费、扶养费、抚育费、抚恤金、医疗费用、劳动报酬等案件，可以不中止执行。

2. 检察院抗诉

最高人民检察院对各级法院已经发生法律效力的判决、裁定，上级检察院对下级法院已经发生法律效力的判决、裁定，发现有本法第200条规定情形之一的，或者发现调解书损害国家利益、社会公共利益的，应当提出抗诉。

地方各级检察院对同级法院已经发生法律效力的判决、裁定，发现有本法第200条规定情形之一的，或者发现调解书损害国家利益、社会公共利益的，可以向同级法院提出检察建议，并报上级检察院备案；也可以提请上级检察院向同级法院提出抗诉。

各级检察院对审判监督程序以外的其他审判程序中审判人员的违法行为，有权向同级法院提出检察建议。

有下列情形之一的，当事人可以向检察院申请检察建议或者抗诉：

①法院驳回再审申请的；

②法院逾期未对再审申请作出裁定的；

③再审判决、裁定有明显错误的。

检察院对当事人的申请应当在3个月内进行审查，作出提出或者不予提出检察建议或者抗诉的决定。当事人不得再次向检察院申请检察建议或者抗诉。

检察院因履行法律监督职责提出检察建议或者抗诉的需要，可以向当事人或者案外人调查核实有关情况。

检察院提出抗诉的案件，接受抗诉的法院应当自收到抗诉书之日起 30 日内作出再审的裁定；有本法第 200 条第一项至第五项规定情形之一的，可以交下一级法院再审，但经该下一级法院再审的除外。

（二十八）督促程序的规定

法院收到债务人提出的书面异议后，经审查，异议成立的，应当裁定终结督促程序，支付令自行失效。

支付令失效的，转入诉讼程序，但申请支付令的一方当事人不同意提起诉讼的除外。

（二十九）执行的规定

1. 和解协议的执行

申请执行人因受欺诈、胁迫与被执行人达成和解协议，或者当事人不履行和解协议的，法院可以根据当事人的申请，恢复对原生效法律文书的执行。

2. 仲裁裁决的执行

对依法设立的仲裁机构的裁决，一方当事人不履行的，对方当事人可以向有管辖权的法院申请执行。受申请的法院应当执行。

被申请人提出证据证明仲裁裁决有下列情形之一的，经法院组成合议庭审查核实，裁定不予执行：

①当事人在合同中没有订有仲裁条款或者事后没有达成书面仲裁协议的；

②裁决的事项不属于仲裁协议的范围或者仲裁机构无权仲裁的；

③仲裁庭的组成或者仲裁的程序违反法定程序的；

④裁决所根据的证据是伪造的；

⑤对方当事人向仲裁机构隐瞒了足以影响公正裁决的证据的；

⑥仲裁员在仲裁该案时有贪污受贿，徇私舞弊，枉法裁决行为的。

法院认定执行该裁决违背社会公共利益的，裁定不予执行。

裁定书应当送达双方当事人和仲裁机构。

仲裁裁决被法院裁定不予执行的，当事人可以根据双方达成的书面仲裁协议重新申请仲裁，也可以向法院起诉。

3. 执行措施

被执行人未按执行通知履行法律文书确定的义务，法院有权向有关单位查询被执行人的存款、债券、股票、基金份额等财产情况。法院有权根据不同情形扣押、冻结、划拨、变价被执行人的财产。法院查询、扣押、冻结、划拨、变价的财产不得超出被执行人应当履行义务的范围。

法院决定扣押、冻结、划拨、变价财产，应当作出裁定，并发出协助执行通知书，有关单位必须办理。

财产被查封、扣押后，执行员应当责令被执行人在指定期间履行法律文书确定的义务。被执行人逾期不履行的，法院应当拍卖被查封、扣押的财产；不适于拍卖或者当事人双方同意不进行拍卖的，法院可以委托有关单位变卖或者自行变卖。国家禁止自由买卖的物品，交有关单位按照国家规定的价格收购。

（三十）送达制度的规定

法院对在中华人民共和国领域内没有住所的当事人送达诉讼文书，可以采用下列方式：

（1）依照受送达人所在国与中华人民共和国缔结或者共同参加的国际条约中规定的方式送达；

（2）通过外交途径送达；

（3）对具有中华人民共和国国籍的受送达人，可以委托中华人民共和国驻受送达人所在国的使领馆代为送达；

（4）向受送达人委托的有权代其接受送达的诉讼代理人送达；

（5）向受送达人在中华人民共和国领域内设立的代表机构或者有权接受送达的分支机构、业务代办人送达；

（6）受送达人所在国的法律允许邮寄送达的，可以邮寄送达，自邮寄之日起满3个月，送达回证没有退回，但根据各种情况足以认定已经送达的，期间届满之日视为送达；

（7）采用传真、电子邮件等能够确认受送达人收悉的方式送达；

（8）不能用上述方式送达的，公告送达，自公告之日起满3个月，即视为送达。

综合实训

一、单项选择题

1. 下列叙述正确的是（　　）。
  A. 当事人就经济纠纷达成的调解，一经签收，均不得反悔
  B. 仲裁协议只能在经济纠纷发生前达成
  C. 仲裁实行一裁终局制
  D. 当事人选择了仲裁或诉讼的解决方式的同时，即排除了调解方式解决经济纠纷

2. 仲裁协议因（　　）而无效。
  A. 仲裁条款所依附的主合同无效　　B. 仲裁条款所依附的主合同终止
  C. 仲裁条款所依附的主合同被撤销　　D. 仲裁协议以口头方式订立

3. 除（　　）外，其余均是三名仲裁员组成仲裁庭的方式。
  A. 双方当事人各选一名，第三名共同选定
  B. 双方当事人各自委托仲裁委员会主任指定一名，第三名共同选定
  C. 三名仲裁员只能委托仲裁委员会主任指定
  D. 双方当事人各选一名，第三名共同委托仲裁委员会主任指定

4. 当事人若要申请撤销仲裁，须向（　　）申请。
  A. 仲裁委员会所在的基层人民法院　　B. 仲裁委员会所在的中级人民法院
  C. 仲裁申请人所在的中级人民法院　　D. 仲裁被申请人所在的中级人民法院

5. 民事诉讼法以（　　）法院管辖为地域管辖原则。
  A. 原告所在地　　B. 被告所在地
  C. 原告选择　　D. 诉讼标的物所在地

二、多项选择题

1. 仲裁的特点有（　　）。
  A. 自愿性　　B. 专业性　　C. 灵活性　　D. 保密性

2. 发生经济纠纷后，当事人可以（　　）解决。

A. 自行协商和解 B. 请第三方居中调解
C. 先仲裁后诉讼 D. 可选择仲裁或诉讼

3. 仲裁原则上（   ）。
A. 开庭审理　　B. 公开审理　　C. 书面审理　　D. 不公开审理

4. （   ）经济纠纷由中级人民法院管辖。
A. 争议标的额大的涉外经济纠纷 B. 普通经济纠纷
C. 专利纠纷 D. 海商案件

5. 根据《民事诉讼法》，适用回避的人员包括（   ）。
A. 勘验人员　　B. 书记员　　C. 律师　　D. 证人

三、案例分析题

1. 甲某原是 A 公司的销售部经理，后来被 B 公司高薪挖走负责市场推销工作。甲某利用其在 A 公司所掌握的商业秘密，将 A 公司的销售和进货渠道几乎全部提供给了 B 公司，使 A 公司损失惨重。A 公司因此将甲某和 B 公司告上法庭，请求甲某和 B 公司承担连带赔偿责任，同时申请不公开审理，以避免商业秘密泄露。在开庭审理时，甲某申请让合议庭成员之一的陪审员乙某回避，理由是乙某与 A 公司的法定代表人丙某是大学同学。

问题：
（1）人民法院能否同意原告不公开审理的要求？
（2）原告提出异议的理由在法律上是否应当予以支持？

2. A 公司与 B 公司就双方签订的买卖合同达成仲裁协议，约定一旦因合同履行发生纠纷，由当地仲裁委员会仲裁。后合同履行中发生争议，A 公司将 B 公司告上法庭。对此 B 公司没有向受诉法院提出异议。开庭审理中，A 公司举出充分证据，B 公司发现自己有可能败诉后，向法院提交了双方达成的仲裁协议。法院审查后认为该仲裁协议无效。

问题：
此事应如何处理？

3. 2016 年 11 月，本田汽车（中国）有限公司以外观侵权为由，向最高人民法院起诉位于河北石家庄的双环汽车有限公司，要求被告停止侵权并赔偿损失 1 亿元人民币。经最高人民法院裁定，此案被一分为二，"整车造型部分是否构成侵权"移交河北省的法院审理，而"前后保险杠是否构成侵权"则移交北京的法院审理。据相关规定，涉案金额 3000 万元以上标的的案件由高级法院审理。"整车造型部分是否构成侵权"部分涉案金额 8000 万元，河北省高级法院把此案下放到石家庄中院审理；"前后保险杠是否构成侵权"部分涉案金额 2000 万元，北京市高院将此案下放到北京市西城区法院审理。

问题：
本案的管辖是哪种形式的管辖？

4. 某金属厂常与外地客户发生业务关系，但总担心发了货拿不到钱，到被告所在地打官司又怕地方保护主义。一次偶然的机会该金属厂听说仲裁不实行地域管辖和级别管辖，可以选择在本地仲裁，而且仲裁和诉讼具有同等法律效力，于是在许多购销合同中写上争议解决方式为仲裁，但没有明确由哪一方仲裁委员会仲裁。不久，广西一客户拒付货款，双方关系恶化，该金属厂遂向自己所在地仲裁委员会申请仲裁。仲裁机构审查后认为该仲裁条款仅有仲裁意思表示，未明确约定仲裁机构，事后双方又达不成补充协议，仲裁条款无效，因此作出不予受理的决定。

问题：
1. 仲裁协议的内容是什么？
2. 为什么金属厂所在地的仲裁机构不受理此案？
3. 金属厂所在地的仲裁机构不受理此案，双方又达成不了协议，那金属厂应怎样解决此纠纷？

汽车法规篇

第十二章　道路交通安全法

【知识目标】

1. 明确制定《道路交通安全法》的意义。
2. 掌握《道路交通安全法》中规定的驾驶人的责任。
3. 了解《道路交通安全法》中规定的道路交通执法监督内容。
4. 结合交通违章、交通事故具体事例，掌握《道路交通安全法》中规定的法律责任。

【技能目标】

熟悉机动车交通事故责任的构成要件和机动车交通事故责任的承担。

【学前案例】

某日清晨，张某开车上班，在路上与另外一辆车发生交通事故。另外一辆车的车主李某认为事故完全是张某的责任，双方争执不下，直至最后交警赶到。由交警分清责任后，双方又对赔偿金额达不成一致，只好再请求交警出面调解。最后双方达成一个口头赔偿协议，由李某赔偿张某900元。但事后，李某认为当时所定口头协议有失公平，不予赔偿。张某就要求交管部门执行调解协议，而交管部门认为该调解协议不具强制执行力，提议张某到法院去起诉。

问题：

李某一方违反事故调解协议，张某到底应该怎样做才好？

第一节　概　述

一、道路交通概况

（一）人类的五种交通方式

道路、水路、航空、铁路、管道是人类的五种交通方式，其中道路运输是五种运输方式当中最重要的、最基础的，也是运量最大的一种运输方式，与我们每个人和社会的经济生活密切相关。

（二）道路交通的含义

道路交通是指人类利用道路运输工具，比如机动车、非机动车，通过一定的线路、道路以及场站等枢纽，安全及时地将人和物进行位移的活动。

（三）道路交通的立法

目前，我国道路交通方面的法律法规主要包括《道路交通安全法》（2011年修订）、《道路交通安全法实施条例》（2017修订）、《公路法》（2017修订）、《公路安全保护条例》（2011年）等。

2021年4月29日第十三届全国人民代表大会常务委员会第二十八次会议通过《中华人民共和国道路交通安全法》的修改。

二、《道路交通安全法》及其实施条例的颁布实施

《道路交通安全法》之所以备受关注，是因为中国是世界上交通事故死亡人数最多的国家之一。尽快出台一部道路交通安全法已成为各界的共识。这部新法的出台，全面体现了以人为本、与民方便的原则。

(二)《道路交通安全法实施条例》颁布实施的时间及其内容结构

与《道路交通安全法》相配套，国务院制定了《道路交通安全法实施条例》（以下简称《条例》），也于2004年5月1日同步施行，2017年10月7日，国务院第687号令对《道路交通安全法实施条例》进行了修改，2021年4月29日第十三届全国人民代表大会常务委员会第二十八次会议通过《中华人民共和国道路交通安全法》的修改。《条例》共分八章一百一十五条，分别为总则、车辆和驾驶人、道路通行条件、道路通行规定、交通事故处理、执法监督、法律责任、附则。

(三)《道路交通安全法》及其实施条例颁布实施的意义

《道路交通安全法》是我国第一部关于道路交通安全管理方面的法律，是我国道路交通安全管理史上的重要里程碑。它的颁布和实施，为道路交通安全管理提供了法律保障，规范了道路交通行为，保护道路交通参与者的合法权益，提高了道路交通管理水平和公民的守法意识，保障了道路交通的有序、安全和畅通，标志着我国道路交通安全管理工作已逐步走向法治化、规范化。

《道路交通安全法》及其实施条例、公安部规章基本构成了我国全面规范道路交通参与人权利义务关系的法律体系。

三、《道路交通安全法实施条例》概述

(一)《道路交通安全法实施条例》主要内容概要

《道路交通安全法实施条例》规定，已注册登记的机动车达到国家规定的强制报废标准的，公安机关交通管理部门应当在报废期满的两个月前通知机动车所有人办理注销登记。机动车所有人应当在报废期满前将机动车交售给机动车回收企业，由机动车回收企业将报废的机动车登记证书、号牌、行驶证交公安机关交通管理部门注销。机动车所有人逾期不办理注销登记的，公安机关交通管理部门应当公告该机动车登记证书、号牌、行驶证作废。

《条例》规定，公安机关交通管理部门对机动车驾驶人道路交通安全违法行为除给予行政处罚外，实行道路交通安全违法行为累积记分制度，记分周期为12个月。机动车驾驶人记分达到12分，拒不参加公安机关交通管理部门通知的学习，也不接受考试的，由公安机关交通管理部门公告其机动车驾驶证停止使用。

《条例》还规定，机动车与机动车、机动车与非机动车在道路上发生未造成人身伤亡的交通事故，当事人对事实及成因无争议的在记录交通事故的时间、地点、对方当事人的姓名和联系方式、机动车牌号、驾驶证号、保险凭证号、碰撞部位，并共同签名后，撤离

现场，自行协商损害赔偿事宜；当事人对交通事故事实及成因有争议的，应当迅速报警。

（二）《道路交通安全法实施条例》的意义与作用

《道路交通安全法实施条例》体现了道路交通安全法保障道路交通有序、安全、畅通的指导思想和依法管理、方便群众的基本原则。在内容上重点对《道路交通安全法》规定要在配套法规中明确的，予以明确规定；对《道路交通安全法》的原则规定予以细化，增强可操作性。

（三）《道路交通安全法实施条例》与《道路交通安全法》配套的含义

《道路交通安全法实施条例》主要从四个方面体现与法律的配套。

（1）《道路交通安全法》对道路交通基本法律制度作了概括性规定的，如车辆登记、检验制度，机动车驾驶人累积记分制度，驾驶证定期审验制度，这些制度的实施需要有具体的配套规定。

（2）授权国务院对《道路交通安全法》道路通行规则、机动车安全技术检验社会化等作具体的配套规定，以便于《道路交通安全法》具体实施。

（3）将《道路交通安全法》有关道路交通事故处理的内容进行细化，增强操作性。

（4）《道路交通安全法》已将行人、乘车人、非机动车、机动车的道路通行违法行为作了授权性处罚规定，实施条例的法律责任部分不再区分具体的违法行为并规定处罚，而是对《道路交通安全法》规定的处罚以及强制措施的实施作了程序性规定。

第二节 驾驶人的责任

根据《道路交通安全法》（2021版）、《道路交通安全法实施条例》（2017版）等法律法规的规定：

（1）依法取得机动车驾驶证及按照驾驶证载明的准驾车型驾驶机动车。机动车驾驶人驾驶机动车，应当依法取得机动车驾驶证。申请机动车驾驶证，应当符合国务院公安部门规定的驾驶许可条件；经考试合格后，由公安机关交通管理部门发给相应类别的机动车驾驶证。持有境外机动车驾驶证的人，符合国务院公安部门规定的驾驶许可条件，经公安机关交通管理部门考核合格的，可以发给中国的机动车驾驶证。

驾驶人应当按照驾驶证载明的准驾车型驾驶机动车；驾驶机动车时，应当随身携带机动车驾驶证。

（2）参加有资质的驾驶培训机构举行的培训。机动车的驾驶培训实行社会化，由交通主管部门对驾驶培训学校、驾驶培训班实行资格管理，其中专门的拖拉机驾驶培训学校、驾驶培训班由农业（农业机械）主管部门实行资格管理。

驾驶培训学校、驾驶培训班应当严格按照国家有关规定，对学员进行道路交通安全法律、法规、驾驶技能的培训，确保培训质量。

任何国家机关以及驾驶培训和考试主管部门不得举办或者参与举办驾驶培训学校、驾驶培训班。

（3）行驶前认真检查机动车的安全技术性能。驾驶人驾驶机动车上道路行驶前，应当对机动车的安全技术性能进行认真检查；不得驾驶安全设施不全或者机件不符合技术标准等具有安全隐患的机动车。

（4）遵守道路交通安全法律、法规的规定，按照操作规范安全驾驶、文明驾驶。饮酒、服用国家管制的精神药品或者麻醉药品，或者患有妨碍安全驾驶机动车的疾病，或者过度疲劳影响安全驾驶的，不得驾驶机动车。

任何人不得强迫、指使、纵容驾驶人违反道路交通安全法律、法规和机动车安全驾驶要求驾驶机动车。

（5）定期参加公安机关交通管理部门依照法律、行政法规的规定实施的审验。

（6）有违反道路交通安全法律、法规的行为要接受公安机关交通管理部门的行政处罚和扣分。公安机关交通管理部门对累积记分达到规定分值的机动车驾驶人，扣留机动车驾驶证，对其进行道路交通安全法律、法规教育，重新考试；考试合格的，发还其机动车驾驶证。

对遵守道路交通安全法律、法规，在一年内无累积记分的机动车驾驶人，可以延长机动车驾驶证的审验期。具体办法由国务院公安部门规定。

第三节　道路交通执法监督

道路交通执法监督主要有以下几个方面：

（1）《道路交通安全法》规定的对公安机关交通管理部门及其交通警察的执法监督规定的内容。《道路交通安全法》执法监督部分共有九条，分别规定了加强交通警察队伍建设，明确执法原则，规范警容风纪，严格执行收费规定，严格执行罚款规定，实行回避制度，行政监察监督、督察监督以及内部层级监督，社会和公民的监督和检举、控告制度，以及不得下达罚款指标和拒绝违法指令等规定。

（2）《道路交通安全法》对加强公安交通警察队伍建设的要求。公安机关交通管理部门应当加强对交通警察的管理，提高交通警察的素质和管理道路交通的水平。

公安机关交通管理部门应当对交通警察进行法制和交通安全管理业务培训、考核。交通警察经考核不合格的，不得上岗执行职务。

（3）公安机关交通管理部门及其交通警察的执法原则。公安机关交通管理部门及其交通警察实施道路交通安全管理，应当依据法定的职权和程序，简化办事手续，做到公正、严格、文明、高效。

（4）《道路交通安全法》对交通警察风纪的要求。交通警察执行职务时，应当按照规定着装，佩戴人民警察标志，持有人民警察证件，保持警容严整，举止端庄，指挥规范。

（5）对照《道路交通安全法》的规定发放牌证收费的规范。依照本法发放牌证等收取工本费，应当严格执行国务院价格主管部门核定的收费标准，并全部上缴国库。

（6）《道路交通安全法》规定，公安机关交通管理部门实施罚款行政处罚应当依法进行，应当贯彻实施罚缴分离制度。公安机关交通管理部门依法实施罚款的行政处罚，应当依照有关法律、行政法规的规定，实施罚款决定与罚款收缴分离；收缴的罚款以及依法没收的违法所得，应当全部上缴国库。

（7）交通警察调查处理道路交通安全违法行为和交通事故实施回避制度。交通警察调查处理道路交通安全违法行为和交通事故，有下列情形之一的，应当回避：

①是本案的当事人或者当事人的近亲属；

② 本人或者其近亲属与本案有利害关系；

③ 与本案当事人有其他关系，可能影响案件的公正处理。

(8)《道路交通安全法》执法监督部分其他的规定。

① 公安机关交通管理部门及其交通警察的行政执法活动，应当接受行政监察机关依法实施的监督。

公安机关督察部门应当对公安机关交通管理部门及其交通警察执行法律、法规和遵守纪律的情况依法进行监督。

上级公安机关交通管理部门应当对下级公安机关交通管理部门的执法活动进行监督。

② 公安机关交通管理部门及其交通警察执行职务，应当自觉接受社会和公民的监督。

任何单位和个人都有权对公安机关交通管理部门及其交通警察不严格执法以及违法违纪行为进行检举、控告。收到检举、控告的机关，应当依据职责及时查处。

③ 任何单位不得给公安机关交通管理部门下达或者变相下达罚款指标；公安机关交通管理部门不得以罚款数额作为考核交通警察的标准。

公安机关交通管理部门及其交通警察对超越法律、法规规定的指令，有权拒绝执行，并同时向上级机关报告。

第四节 交通违章、交通事故及其责任

一、交通违章及其处罚

（一）交通违章的种类

交通违章是指人们违反交通法规，妨碍交通秩序，影响交通安全的行为。从治安管理角度讲，交通违章实际上是违反交通管理的行为，就是指违反道路交通管理，但还不够刑事处罚，依照《治安管理处罚法》和《道路交通管理条例》等交通法规的规定，应当给予交通管理处罚的行为。交通违章按情节轻重分为轻微违章、一般违章和严重违章三大类。

轻微违章，是指违章人的主观过错较小，大多为过失，而且行为对交通安全和畅通的危害较小，一般不至于导致交通事故和交通堵塞的违章。例如，不按规定临时停车、逆向行驶、违反车载或装载规定等，情节轻微，未造成交通堵塞或引发交通事故。

一般违章，是指违章人的主观过错稍大，而且行为导致交通事故和交通堵塞的违章。例如，驾驶员范某，一天携妻子同车出行，途中因家务事发生争吵，进而打起来。由于争吵拉扯，注意力不集中，致使汽车冲向公路左侧，撞倒一棵树，造成交通堵塞。

严重违章，是指违章人的主观过错较大或很大，大多为故意，并且行为导致交通事故和交通堵塞的可能性大或已经导致交通堵塞的违章。

（二）交通违章的处罚方式

根据《中华人民共和国治安管理处罚法》（以下简称《治安管理处罚法》）有关规定和《道路交通安全法》第八十八条，交通违章可能会受到的处罚有警告、罚款、暂扣驾驶证、吊销驾驶证、拘留。

（1）警告。警告是违章处罚中最轻的一种，一般适用于初犯、偶犯者或情节比较轻

微、危害后果极小的违章行为。

（2）罚款。罚款是强制违章人限定在一定期限内交纳一定数额的金钱的行政处罚，是依法对违章人给予的经济制裁，具有强制性质。其罚款金额为 1 元以上 200 元以下。

（3）暂扣驾驶证。暂扣驾驶证是将机动车驾驶员的驾驶证予以暂扣，在一定期限内停止其驾驶机动车车辆的处罚。这种处罚具有强制性，一般比罚款严厉。暂扣驾驶证可以单独使用，也可以与其他处罚合并使用，暂扣最长期限为 12 个月。

（4）吊销驾驶证。吊销驾驶证是将机动车驾驶员的驾驶证予以吊销，取消驾驶资格的一种行政处罚。

（5）拘留。拘留是公安机关依照《治安管理处罚法》规定作出裁决，对违反交通管理的人实施短时间拘禁于一处所限制其人身自由的一种最重的处罚，期限为 1 日以上 15 日以下。

（三）2021 年 4 月 29 日生效的新《中华人民共和国道路交通安全法》对交通违章的有关规定

2021 年 4 月 29 日，第十三届全国人民代表大会常务委员会第二十八次会议决定对《中华人民共和国道路交通安全法》作出第三次修正。

（1）第九十一条为："饮酒后驾驶机动车的，处暂扣六个月机动车驾驶证，并处一千元以上二千元以下罚款。因饮酒后驾驶机动车被处罚，再次饮酒后驾驶机动车的，处十日以下拘留，并处一千元以上二千元以下罚款，吊销机动车驾驶证。

醉酒驾驶机动车的，由公安机关交通管理部门约束至酒醒，吊销机动车驾驶证，依法追究刑事责任；五年内不得重新取得机动车驾驶证。

饮酒后驾驶营运机动车的，处十五日拘留，并处五千元罚款，吊销机动车驾驶证，五年内不得重新取得机动车驾驶证。

醉酒驾驶营运机动车的，由公安机关交通管理部门约束至酒醒，吊销机动车驾驶证，依法追究刑事责任；十年内不得重新取得机动车驾驶证，重新取得机动车驾驶证后，不得驾驶营运机动车。

饮酒后或者醉酒驾驶机动车发生重大交通事故，构成犯罪的，依法追究刑事责任，并由公安机关交通管理部门吊销机动车驾驶证，终生不得重新取得机动车驾驶证。"

（2）第九十六条为："伪造、变造或者使用伪造、变造的机动车登记证书、号牌、行驶证、驾驶证的，由公安机关交通管理部门予以收缴，扣留该机动车，处十五日以下拘留，并处二千元以上五千元以下罚款；构成犯罪的，依法追究刑事责任。

伪造、变造或者使用伪造、变造的检验合格标志、保险标志的，由公安机关交通管理部门予以收缴，扣留该机动车，处十日以下拘留，并处一千元以上三千元以下罚款；构成犯罪的，依法追究刑事责任。

使用其他车辆的机动车登记证书、号牌、行驶证、检验合格标志、保险标志的，由公安机关交通管理部门予以收缴，扣留该机动车，处二千元以上五千元以下罚款。"

当事人提供相应的合法证明或者补办相应手续的，应当及时退还机动车。

二、道路交通事故及其责任

道路交通事故也称公路交通事故、汽车交通事故或机动车交通事故。它是指车辆的驾驶人员、行人、乘车人员以及其他在道路上进行与交通有关活动的人员，因为实施了违反道路交通的法律、法规的行为，过失造成人身伤亡或财产损失的事故。如醉酒后驾车途中撞坏他人汽车，致使他人财产受损，驾驶员受伤，就是发生了交通事故。正因为它发生的频繁以及造成危害的严重性，故被人们形象地称之为"马路杀手"。

（一）交通事故的等级分类及其应对

在道路交通事故中，依据人身伤亡或者财产损失的程度和额度，可以将道路交通事故分为轻微事故、一般事故、重大事故、特大事故四类，具体标准如下。

（1）轻微事故是指一次造成轻伤1~2人，或者财产损失小的事故（机动车辆事故为不足1000元，非机动车辆事故为不足200元）。

（2）一般事故是指一次造成重伤1~2人，或者轻伤3人以上，或者财产损失不足3万元的事故。

（3）重大事故是指一次造成死亡1~2人，或者重伤3人以上10人以下，或者财产损失3万元以上，不足6万元的事故。

（4）特大事故是指一次造成死亡3人以上，或者重伤11人以上，或者死亡1人，同时重伤8人以上，或者死亡2人，同时重伤5人以上，或者财产损失6万元以上的事故。

交通事故的发生随机性很强，绝大部分交通事故在发生前，当事人没有思想准备。一旦事故发生，往往惊惶失措，不知该怎么办。《道路交通事故处理办法》第七条规定："发生交通事故的车辆必须停车，当事人必须保护现场，抢救伤者和财产（必须移动时应当标明位置），并迅速报告公安机关或者执勤的交通警察，听候处理。"这都是必须履行的义务。如果当事人主观认为事故与己无关，擅自驶离现场或者故意逃避责任，驾车逃跑，那么当事人除应对交通事故承担事实责任外，还应承担因情节恶劣或逃跑导致的其他后果的法律责任，对其处罚时也在从重之列。

（二）道路交通事故可能产生的法律责任

构成当事人交通事故责任的条件，一是该当事人必须有违法行为；二是该当事人的交通违章行为与交通事故之间有因果关系。如果当事人无交通违章行为或是有交通违章行为但违章行为与交通事故之间并无因果关系的，则该当事人不负交通事故的责任。

当一起交通事故发生后，当事人面临或者由此产生的法律上的后果有3种：行政法律责任、民事法律责任及刑事法律责任。具体应承担哪种责任，要视道路交通事故的等级及当事人违法行为的性质、程度来确定。

1. 行政责任

按照《治安管理处罚法》《中华人民共和国道路交通管理条例》和《道路交通事故处理办法》的规定，道路交通事故中当事人因违章行为尚不构成刑事处罚的，主要需承担如下行政责任：警告、罚款、拘留、暂扣驾驶证、吊销驾驶证。对交通事故责任人实施处罚的档次如下：

（1）造成特大事故，负次要责任以上或者造成重大事故负同等责任以上的，处10日以上15日以下拘留或者150元以上200元以下罚款，并处吊销机动车驾驶证。

（2）造成重大事故，负次要责任以上或者造成一般事故负主要责任以上的，处10日以下拘留，或者50元以上150元以下罚款，并处吊扣1个月以上6个月以下机动车驾驶证。

（3）造成一般事故，负同等责任以下或者造成轻微事故负主要事故责任的，处50元以下罚款或者警告，并处吊扣1个月以上6个月以下机动车驾驶证。

（4）发生交通事故后，机动车驾驶员有逃逸、破坏或伪造现场、毁灭证据、隐瞒交通事故真相、嫁祸于人或其他恶劣行为的，并处吊销机动车驾驶证。公安机关对交通事故责任者给予处罚，应当制作裁决书，并应当分别递交当事人、被处罚人的工作单位和被处罚的机动车驾驶员现籍车辆管理部门。

当事人如果对处罚不服，可以在接到处罚裁决书后的15日内，向上一级公安机关申请复议。上一级公安机关在接到复议申请书后30日内，应当做出复议决定。当事人对复议决定不服的，可以在接到复议决定书后的15日内，向人民法院提起行政诉讼。

2. 民事责任

我国现行法律对道路交通事故中民事责任承担的规定主要由以下部分组成：一是《民典法》中的基本法律；二是《道路交通安全法》；三是各省、自治区、直辖市制定的地方性法规、规章；四是公安部制定的部门规章、最高人民法院的司法解释及有关部门单独或联合发布的通知（批复）等规范性法律文件。

道路交通事故的损害赔偿的归责原则，各国在立法上不尽相同。从我国现行颁布的《道路交通安全法》规定来看，我国是将机动车与非机动车驾驶人、行人之间发生的道路交通事故损害确定为特殊侵权，适用无过错责任的归责原则。按照该项归责原则的要求，受害人只需证明损害事实存在、损害行为与损害结果有因果关系即可。《道路交通安全法》第七十六条规定：机动车发生交通事故造成人身伤亡、财产损失的，由保险公司在机动车第三者责任强制保险责任限额范围内予以赔偿。不足部分，按照下列方式承担赔偿责任：

（1）机动车之间发生交通事故的，由有过错的一方承担赔偿责任；双方都有过错的，按照各自过错的比例分担责任。

（2）机动车与非机动车驾驶人、行人之间发生交通事故，非机动车驾驶人、行人没有过错的，由机动车一方承担赔偿责任；有证据证明非机动车驾驶人、行人有过错的，根据过错程度适当减轻机动车一方的赔偿责任；机动车一方没有过错的，承担不超过百分之十的赔偿责任。

交通事故的损失是由非机动车驾驶人、行人故意碰撞机动车造成的，机动车一方不承担赔偿责任。

道路交通事故造成的损害包括人身损害和财产损害。损害赔偿的项目包括医疗费、误工费、住院伙食补助费、护理费、残疾人生活补助费、残疾用具费、丧葬费、死亡补偿费、被抚养人生活费、交通费、住宿费和财产直接损失。受害人财产间接损失和精神损失不包括在内。

3. 刑事责任

2011年2月25日中华人民共和国第十一届全国人民代表大会常务委员会第十九次会议通过《中华人民共和国刑法修正案（八）》，自2011年5月1日起施行，新增"危险驾驶罪"，该修正案的第二十二条，将刑法第一百三十三条予以完善：

在《刑法》第一百三十三条后增加一条，作为第一百三十三条之一："在道路上驾驶机动车追逐竞驶，情节恶劣的，或者在道路上醉酒驾驶机动车的，处拘役，并处罚金。

有前款行为，同时构成其他犯罪的，依照处罚较重的规定定罪处罚。"

2021年修改的《中华人民共和国道路交通安全法》自2021年4月29日起施行。根据此法第九十一条规定：饮酒后驾驶机动车的，处暂扣六个月机动车驾驶证，并处一千元以上二千元以下罚款。因饮酒后驾驶机动车被处罚，再次饮酒后驾驶机动车的，处十日以下拘留，并处一千元以上二千元以下罚款，吊销机动车驾驶证。醉酒驾驶机动车的，由公安机关交通管理部门约束至酒醒，吊销机动车驾驶证，依法追究刑事责任；五年内不得重新取得机动车驾驶证。

由于造成交通事故构成交通肇事罪的，应依法追究刑事责任。交通肇事罪是指交通事故肇事者违反交通运输管理法规，因而发生重大事故，致人重伤、死亡或者使公私财产遭受重大损失的，处三年以下有期徒刑或者拘役；交通运输肇事后逃逸或者有其他特别恶劣情节的，处三年以上七年以下有期徒刑；因逃逸致人死亡的，处七年以上有期徒刑。

交通肇事具有下列情形之一的，处三年以下有期徒刑或者拘役：

（1）死亡一人或者重伤三人以上，负事故全部或者主要责任的；

（2）死亡三人以上，负事故同等责任的；

（3）造成公共财产或者他人财产直接损失，负事故全部或者主要责任，无能力赔偿数额在三十万元以上的。

交通肇事致一人以上重伤，负事故全部或者主要责任，并具有下列情形之一的，以交通肇事罪定罪处罚：

（1）酒后、吸食毒品后驾驶机动车辆的；

（2）无驾驶资格驾驶机动车辆的；

（3）明知是安全装置不全或者安全机件失灵的机动车辆而驾驶的；

（4）明知是无牌证或者已报废的机动车辆而驾驶的；

（5）严重超载驾驶的；

（6）为逃避法律追究逃离事故现场的。

"交通运输肇事后逃逸"，是指肇事者造成死亡一人或者重伤三人以上，负事故全部或者主要责任的；酒后、吸食毒品后驾驶机动车辆的，无驾驶资格驾驶机动车辆的，明知是安全装置不全或者安全机件失灵的机动车辆而驾驶的，明知是无牌证或者已报废的机动车辆而驾驶的，严重超载驾驶的。上述情形之一，在发生交通事故后，为逃避法律追究而逃跑的行为。

交通肇事具有下列情形之一的，属于"有其他特别恶劣情节"，处三年以上七年以下有期徒刑：

（1）死亡二人以上或者重伤五人以上，负事故全部或者主要责任的；

（2）死亡六人以上，负事故同等责任的；

（3）造成公共财产或者他人财产直接损失，负事故全部或者主要责任，无能力赔偿数额在六十万元以上的。

"因逃逸致人死亡"，是指行为人在交通肇事后为逃避法律追究而逃跑，致使被害人因得不到救助而死亡的情形。交通肇事后，单位主管人员、机动车辆所有人、承包人或者乘车人指使肇事人逃逸，致使被害人因得不到救助而死亡的，以交通肇事罪的共犯论处。

行为人在交通肇事后为逃避法律追究，将被害人带离事故现场后隐藏或者遗弃，致使被害人无法得到救助而死亡或者严重残疾的，应当以故意杀人罪或者故意伤害罪定罪处罚。

第五节 驾考制度改革、驾照考试新规定

实施10年的《机动车驾驶员培训管理规定（交通部2号令）》（交通部2005年12月15日第29次部务会议通过，自2006年4月1日起施行）在2016年再一次修改，并于2016年4月1日起正式施行。

一、一次性预约连续考试

2015年11月，国务院办公厅转发公安部、交通运输部《关于推进机动车驾驶人培训考试制度改革的意见》，其中关于"一次性预约连续考试"的政策是：优化考试程序。逐步推行场地驾驶技能考试和道路驾驶技能考试一次性预约、连续考试，减少考生往返次数。调整小型汽车夜间考试方式，可在日间采用模拟夜间灯光考试形式进行。道路驾驶技能考试合格后，考生要求当天参加安全文明驾驶常识考试的，应当予以安排。所有科目考试合格并按规定履行必要的手续后，应当在当日向考生发放机动车驾驶证。推行考试过程档案电子化，提高考试工作效率。

《机动车驾驶证申领和使用规定》（2016驾考新规定）关于"一次性预约连续考试"的政策是：车辆管理所应当按照预约的考场和时间安排考试。申请人科目一考试合格后，可以预约科目二或者科目三道路驾驶技能考试。有条件的地方，申请人可以同时预约科目二、科目三道路驾驶技能考试，预约成功后可以连续进行考试。科目二、科目三道路驾驶技能考试均合格后，申请人可以当日参加科目三安全文明驾驶常识考试。

"一次性预约连续考试"将带来以下变化：

（1）考驾照往返次数由4次减至最少2次。在驾考环节，与以前需要进行4次考试不同，此次驾考改革逐步推行场地驾驶和道路驾驶一次性预约连续考试，改革后考生最少只需要往返2次（科目一1次，科目二、科目三两项1次完成）。

（2）科目二、科目三可同时约考，最短当日可拿驾照。

（3）推进互联网交通安全综合服务管理平台，学驾报考更加方便快捷。

为落实"自主约考""一次性预约连续考试"政策，公安机关交通管理部门推进互联网交通安全综合服务管理平台，调整考试工作组织，做到网上报考快捷高效，考试安排方便有序，保障网上预约和网下受理工作顺畅衔接。今后考驾照可采取自选驾校学车、自己预约各科目考试的方式进行，随着"互联网+"驾考行业的兴起，网上学车平台将成为不错的学驾选择。

二、强力推进自主约考

《关于推进机动车驾驶人培训考试制度改革的意见》关于"强力推进自主约考"的政策为：实行自主报考。建立统一的考试预约服务平台，提供互联网、电话、窗口等多种报考方式，考生完成培训后可按规定自主选择考试时间和考试场地，改变完全由驾驶培训机构包办报考的做法，保障考生选择权。公安机关按照报考或约考时间先后顺序，公平合理安排考生考试。考试费在约考确定后收取，提供网上支付、银行代收等多种支付方式，考

生可分科目或一次性全部缴纳考试费。

《关于做好机动车驾驶人培训考试制度改革工作的通知》关于"强力推进自主约考"的政策为：公安机关交通管理部门要加快推进互联网交通安全综合服务管理平台的推广应用工作，公安部确定的28个试点地市，要在2016年3月1日前启用网上自主报考功能，其他地方要在2016年底前全面完成。开展自主报考的地方，公安机关交通管理部门要加强组织推动，加快搭建互联网平台，组建互联网约考服务团队，布建充足的用户注册网点，协调财政、银行等相关部门，提供网上支付、银行代收等多种支付方式，开通12123全国统一服务电话，落实短信实时推送服务。要调整考试工作组织，做到网上报考快捷高效，信息推送及时准确，考试安排方便有序，保障网上预约和网下受理工作顺畅衔接。

《机动车驾驶证申领和使用规定》（2016驾考新规定）关于"强力推进自主约考"的政策为：车辆管理所应当按照预约的考场和时间安排考试。申请人科目一考试合格后，可以预约科目二或者科目三道路驾驶技能考试。有条件的地方，申请人可以同时预约科目二、科目三道路驾驶技能考试，预约成功后可以连续进行考试。科目二、科目三道路驾驶技能考试均合格后，申请人可以当日参加科目三安全文明驾驶常识考试。

"强力推进自主约考"将带来以下变化：

①2016年年底全面开通驾照自主约考平台；

②科目二、科目三可同时约考，连续考试；

③开通12123全国统一服务电话，学驾报考更加方便快捷。

三、便利群众学驾领证

《关于推进机动车驾驶人培训考试制度改革的意见》，出台了一系列便利群众学驾领证措施。

（1）试点小型汽车驾驶人自学直考，2016年4月1日起在天津、包头、长春、南京、宁波、马鞍山、福州、吉安、青岛、安阳、武汉、南宁、成都、黔东南、大理、宝鸡等16个市（州）进行。

（2）学员合法权益受保护，遏制驾照培训考试乱收费。

（3）实施驾驶证异地申领和审验，异地考驾照取消限制。

（4）允许重新申领驾驶证直接考试，驾驶证被吊销或被撤销的除外。

（5）逐步放宽残疾人驾车条件，部分视力问题及肢体残疾人可考驾照。

四、提高重点驾驶人整体素质

《关于推进机动车驾驶人培训考试制度改革的意见》出台了一系列关于推进驾驶人培训考试改革、提高重点驾驶人整体素质的新举措如下：

（1）推行大型客货车专业化、集中式培训，小型汽车驾驶人可加学内容。

（2）理论知识培训与实际操作训练融合，驾驶培训专业化、系统化。

（3）大货车驾驶人职业培训纳入职业教育，驾驶人年龄不得低于20周岁。

五、培养安全文明合格驾驶人

（1）驾驶人培训内容不打折扣。

(2) 严厉打击考驾照学时造假。

(3) 建立健全驾考教学体系。

(4) 深入开展交通安全宣传教育。

综合实训

一、单项选择题

1. 造成交通事故后逃逸的，由公安机关交通管理部门吊销机动车驾驶证，且（　　）不得重新取得机动车驾驶证。

　　A. 一年　　　　　　B. 二年　　　　　　C. 五年　　　　　　D. 终生

2.《中华人民共和国道路交通安全法》规定于哪年实施？（　　）

　　A. 1998 年　　　　B. 2000 年　　　　C. 2003 年　　　　D. 2004 年

3.《道路交通安全法》是我国（　　）关于道路交通安全管理方面的法律。

　　A. 第一部　　　　　B. 第二部　　　　　C. 第三部　　　　　D. 第四部

4. 机动车驾驶人驾驶机动车，应当依法取得（　　）。

　　A. 教师资格证　　　B. 机动车驾驶证　　C. 护照　　　　　　D. 计生证

5. 公安机关交通管理部门对机动车驾驶人的道路交通安全违法行为除给予行政处罚外，实行道路交通安全违法行为累积记分制度，记分周期为（　　）。

　　A. 6 个月　　　　　B. 12 个月　　　　　C. 18 个月　　　　　D. 24 个月

二、多项选择题

1. 交通警察执行职务时，应当（　　）。

　　A. 按照规定着装　　B. 佩戴人民警察标志　C. 保持警容严整　　D. 举止端庄，指挥规范

2. 交通警察调查处理道路交通安全违法行为和交通事故，应当回避的情形是（　　）。

　　A. 本案的当事人　　　　　　B. 本人或者其近亲属与本案有利害关系

　　C. 当事人的近亲属　　　　　D. 与本案当事人有其他关系，可能影响案件的公正处理

3. 对道路交通安全违法行为的处罚种类包括（　　）。

　　A. 警告　　　　　　B. 罚款　　　　　　C. 暂扣或者吊销机动车驾驶证　　D. 拘留

4. 醉酒后驾驶机动车的，由公安机关交通管理部门约束至酒醒，处罚措施有（　　）。

　　A. 15 日以下拘留　　　　　　B. 暂扣 3 个月以上 6 个月以下机动车驾驶证

　　C. 处 500 元以上 2000 元以下罚款　　D. 处 2000 元以上罚款

5. 上道路行驶的机动车按规定应当做的是（　　）。

　　A. 悬挂机动车号牌　　　　　B. 放置检验合格标志

　　C. 放置保险标志　　　　　　D. 随车携带行驶证、驾驶证

三、案例分析题

1. 某日，黄小姐带只宠物狗在路边玩，然后将狗放在道上想让它自由活动一下，但她没想到，这只小狗突然跑到马路上。而此时，赵先生开着一辆车正好经过，因为事出突然，他来不及刹车，就把狗给轧死了。双方交涉时，黄小姐称自己的狗很名贵，要求赵先生赔偿 4000 元。而赵先生只同意赔 400 元。双方协商不成，只好找到交警队去解决问题。

问题：

开车轧死宠物，是否也算交通事故？赵先生是否要赔偿？如果要赔偿，赔偿多少？

2. 严某开车上班时，在一路口，与斜侧方向驶来的刘某的车发生刮蹭事故。双方下车进行协商。没过五分钟，就达成协议，也没有惊动交警各自开自己的车走了。这两人的做法就是"私了"，既节省了彼此的时间，又没有阻碍交通。

问题：

所有的交通事故都可以"私了"吗？"私了"有哪些条件？

3. 车主：潘法火，安徽凤阳人，43 岁；潘炳成，20 岁，安徽凤阳人。

潘法火开一家铝合金加工店，潘炳成在其叔父潘法火家打工。因业务的需要，潘法火买了一辆摩托车，车的钥匙有时放在潘法火家的饮水机上，潘炳成经常趁叔父不在家，偷偷驾驶叔父的摩托车。

2017 年 3 月 13 日下午，潘法火在外吃饭，潘炳成拿了摩托车钥匙，驾驶摩托车在村外撞死一青年。事后证实潘炳成属于无证驾驶，应该负主要民事责任。死者家属要求赔偿人民币 92 388.23 元。在赔偿问题上，潘法火认为自己并无责任，他特别说到摩托车就像菜刀放在家里一样，有人偷出菜刀杀人，自己是没有责任的。平时，潘法火曾训斥潘炳成随便骑摩托车。死者家属则认为潘家叔侄俩都要负责任。因此，各方争执不下，只有等凤阳中级人民法院的判决。

问题：

1. 车主潘法火该对交通事故负责任吗？
2. 法院该如何判决？

第十三章　汽车品牌销售

【知识目标】
1. 掌握汽车品牌销售的概念和《汽车品牌销售管理实施办法》的主要内容。
2. 了解经销和代理的概念，掌握独家代理商与包销商之间的区别。
3. 熟悉汽车销售模式的五种类型。

【技能目标】
1. 掌握汽车品牌销售模式——4S店的主要特点，熟悉汽车品牌销售与特许经销的不同之处。
2. 结合所讲授的内容，学习查阅法律原件，学习分析案例。

【学前案例】

广州本田与经销商共同打造广本品牌

广州本田在选择经销商和设立销售网点的过程中一直本着公开、公平、公正的原则。因为广州本田在发展初期，产量还有限，尚未达到年产 10 万辆。如果销售网点布得太多，经销商的投资回报率会比较差。

广州本田的目标是，每个销售点 3 年内必须能够收回投资。因此为了保证经销网络建一家成功一家，在投资过程中，厂家都要返回一部分投资额给经销商或专卖店，如经销商投资 1000 万元，广州本田根据情况有可能给其返回 200 万～300 万元，从而激励经销商大胆投入。

广州本田选择经销商有几个必要的条件和标准。首先，必须有资金的保障；其次，经销商资产结构应比较紧密和合理；第三，必须有合法的经营场地和场所；最关键的还是要有为用户服务的正确观念和意识，也就是要有先进的服务理念。

选择经销商的过程中，广州本田是在进行调查的基础上，经中日双方企业领导层召开评价会，对其经营能力、资格进行评估后才做出结论的。需要特别说明的一点是，广州本田所提出的资产结构合理，主要是指经销企业应该资产清晰，而且负债率不要太高。广州本田并不排斥国有资产的进入，但如果资产负债率高，则意味着该企业没有资金和能力开展汽车购销业务，必然会影响其业务的发展，这样的申请者广州本田就不会选择。

广州本田把设立销售网的重点放在大中城市和一些经济发达地区等用户群集中的地方。广州本田的建店原则是：客户在哪里，广州本田的网点就设在哪里。对不同的地区，广州本田根据其市场保有量情况，并考虑投资者回报率情况，会提出广州本田的一些合理建议。比如某个店一年销售达到多少台、某个城市的合理销售规模有多大，等等。

广州本田与所有的经销商们都在倾心打造"广州本田"的品牌。从"硬件"上来讲，每家专卖店的店面设计整齐统一，内部的功能室和车间划分都非常严格。每位来访者都会感觉到置身于简洁高雅、井然有序的环境。更有经销商根据自身条件，投资了客户俱乐部、娱乐室、户外运动场等设施，让客户体会到了"家"的感觉。

从"软件"上来讲，广州本田在服务程序上给经销商制定了严格的几乎苛刻的规定。从车辆销售前的97项检查到对来宾、来电详细地登记存档，对客户定期的跟踪、提醒服务，乃至对客户的出迎、相送，都有详细的要求。

不仅如此，经销商们还进一步了解客户的需求，开发系列的个性化服务，比如建立客户会员制度、在价格服务上给会员更大优惠、详细分析每位客户的用车习惯、准确地提醒客户维修保养的时间、免费上门取车送车、免费赠送客户紧急救援卡，等等。我们不能不说，广州本田的客户真正成为服务的中心。

广州本田对经销商的甄选、培训、管理都有严格的规范制度。每位申请者只有在保证履行所有广州本田之规定，才有可能成为经销商。因为只有在厂家、经销商对于经营管理秉持了共识之后，才能结盟成为利益共同体。广州本田强调同经销商建立"鱼水关系"。

广州本田高层每季度举行一次店长会议，商谈内容包括：心得体会、不足、改进要求、销售动向等。广州本田在管理经销商方面采用的是最简单也是最有效的手段——调整配额。广州本田这种"断粮"或"加餐"的方式是最能够触及经销商痛处的。

广州本田每年组织特约销售服务店举行春季、秋季服务周活动，为前来维修保养的顾客提供零部件优惠。广州本田还组织特约销售服务店定期就销售、售后、零部件服务等开展用户满意度调查，针对用户的意见和建议改进特约销售服务店的服务。

问题：

1．广州本田选择经销商的标准和条件是什么？
2．根据市场调查结果，广州本田经销商的利润如何？
3．广州本田和经销商是如何打造"广州本田"这一品牌的？

第一节 汽车销售管理实施办法解读

一、出台《汽车销售管理办法》的背景

汽车业是国民经济重要的战略性、支柱性产业，是稳增长、扩消费的关键领域。2005年商务部等三部门出台《汽车品牌销售管理实施办法》，确立了汽车品牌授权销售体制，要求销售汽车必须获得品牌授权并实行备案管理。这对于提高汽车营销和服务水平，规范汽车市场秩序，推动汽车市场长期、快速发展发挥了积极作用。目前，我国已成为世界上最大的汽车生产国和消费市场，汽车产销量多年蝉联全球第一，汽车在消费中发挥了顶梁柱作用。

但是随着我国经济社会的发展，实行汽车销售品牌授权单一体制已不能适应汽车市场发展的内在需求，垄断性经营问题日益凸显，市场竞争不充分、流通效率不高、零供关系失衡、汽车及零部件价格虚高、服务质量下降等问题越来越突出，《汽车品牌销售管理实施办法》确立的品牌授权销售单一体制影响了汽车市场活力和潜力的释放，亟需进行调整。2017年7月1日起施行《汽车销售管理办法》（以下简称《管理办法》），原《汽车品牌销售管理实施办法》同时废止。

二、出台《管理办法》的意义

出台《管理办法》是加快推进汽车流通领域供给侧结构性改革的重要举措，《管理办法》在多个方面实现了重要突破，促进汽车市场发展进入新的历史阶段，对促进经济社会发展具有重要意义。

（1）有助于汽车流通体系更加规范健康发展。《管理办法》从根本上打破了汽车销售品牌授权单一体制，允许授权销售和非授权销售两种模式并行，为破除品牌垄断、促进市场充分竞争、创新流通模式创造了良好的营商环境。《管理办法》实施后，销售汽车就不再需要汽车品牌商授权，汽车超市、汽车卖场、汽车电商等将会成为新的汽车销售形式。

（2）标志着汽车流通体系真正进入社会化发展阶段。在品牌授权制度下，各个汽车品牌企业构建了以4S店为主体的汽车流通网络，自建自用是其主要特征。为适应汽车市场发展新形势的要求，《管理办法》提出国家鼓励发展共享型、节约型、社会化的汽车销售和售后服务网络，为经销商开展多品牌经营、不同汽车品牌企业共建共享销售网络和售后服务体系提供了法律依据，可以有效地节约社会资源，提高流通效率，提升服务质量。

（3）有助于更好地发挥汽车消费的顶梁柱作用。《管理办法》将成为激发汽车市场活力的一把钥匙。通过打破汽车销售品牌授权单一体制，构建共享型、节约型、社会化汽车流通体系，市场竞争将更加充分，流通效率和质量将明显提升，产品和服务供给将进一步优化。也有助于汽车流通网络向三四线城市和农村地区下沉，能够更好地满足城镇化发展需求，有效地释放这些地区的消费潜力。

同时，《管理办法》重点加强消费者权益的保护，消费者的选择权、知情权将得到更大程度的保护，消费更加透明、便捷、实惠，消费体验得到充分提升，对于促进汽车消费将产生积极的推动作用。

（4）有利于促进汽车流通全链条协同发展。长期以来，我国汽车市场以新车市场为重心，但随着汽车市场加快发展，后市场逐步成为新的增长点，发展潜力巨大。《管理办法》积极推动汽车销售和售后服务分开，有助于促进汽车售后服务的专业化、社会化发展。同时，《管理办法》也明确供应商不得限制配件生产商的销售对象，不得限制经销商、售后服务商转售配件，为促进后市场健康、快速发展提供了重要保障。

三、《管理办法》的改革和突破

一是打破了品牌授权销售单一体制。销售汽车不再以获得品牌授权为前提，实行授权销售与非授权销售并行，开展多样化销售模式，国家鼓励发展共享型、节约型、社会化的汽车流通体系。这对于促进市场竞争、降低流通成本、提升流通效率、激发市场活力具有至关重要的意义。

二是突出加强消费者权益保护。更加注重创造良好的消费环境，把供应商、经销商作为承担售后服务责任的双主体，充分尊重消费者的知情权和选择权，要求经销商明示服务内容和价格，善尽重要事项提醒义务，并要求建立健全消费者投诉制度，使消费者在购买汽车及售后服务中能够明白选择、自由消费、放心消费。

三是促进建立新型的市场主体关系。以问题为导向，针对行业反映的突出问题，着力引导规范汽车供应商与经销商的交易行为，保证交易公平公正，充分发挥零供双方积极性，对零供双方的行为都进行了明确规范，比如，禁止供应商实施单方确定销售目标、搭售商品、限制多品牌经营及转售等行为，也禁止经销商冒用供应商授权开展经营活动。

四是加快转变政府管理方式。取消了总经销商和品牌经销商备案管理制度，强化事中事后监管，采用"双随机"办法对汽车销售及相关服务活动实施日常监督检查。建立企业信用记录，纳入全国统一的信用信息共享交换平台，对供应商、经销商有关违法违规行为录入信用档案并及时向社会公布。同时要求供应商、经销商在全国汽车流通信息管理系统报送基本信息和有关交易信息。

四、《管理办法》主要内容

《管理办法》共六章37条，主要内容包括：

第一章　总则（第一条至第八条）。明确立法宗旨、依据、适用范围、界定汽车等概念含义，提出国家总体政策态度，确定对供应商、经销商的总体经营要求，规定商务主管部门职责，要求加强行业自律。

第二章　销售行为规范（第九条至第十八条）。主要是保障消费者知情权。要求产品合规、价格明示、售后服务政策明示、非授权销售说明、随车凭证交付、配件信息明示等，并明确规定不得限定消费者户籍地、不得强制消费、须建立健全消费者投诉机制等内容。

第三章　销售市场秩序（第十九条至第二十六条）。主要是规范零供关系。规定授权模式下的授权期限、授权解除后的设备回购等内容，要求供应商及时公布停产停销车型、保障售后服务和配件供应、提供业务培训和技术支持、实施公平公正透明的商务政策，明确供应商不得限制配件转售、不得限制经销商自主经营活动、授权模式下不得直接销售等内容。

第四章　监督管理（第二十七条至第三十一条）。明确供应商、经销商基本信息备案、销售信息报送、建立保存用户和业务信息档案、配合嫌疑车辆调查等内容，规定商务主管部门监督检查职责和措施、建立企业信用记录及违法违规行为处理信息公布等内容。

第五章　法律责任（第三十二条至第三十四条）。规定供应商、经销商违反本办法有关条款的查处部门和处罚措施，以及商务主管部门工作人员违法违纪行为处理的相关内容。

第六章　附则（第三十五条至第三十七条）。明确地方实施细则、供应商通过平行进口方式进口汽车按照平行进口相关规定办理、本办法实施时间等内容。

第二节　经销和代理

一、经销

经销是指经销商与供货商达成协议，承担在规定的期限和地域内购销指定商品的义务。

经销是汽车贸易中常见的一种交易方式，通常是供货商通过与经销商签订经销协议，给予经销商在一定时期和指定区域内销售某种商品的权利，由经销商承购商品后自行销售。供货商可以通过订立经销协议与客户建立一种长期稳定的购销关系，利用经销商的销售渠道来推销商品，巩固并不断扩大市场份额，提高其产品销售量。

按经销商权限的不同，经销方式可分为两种：一种是一般经销，亦称定销。在这种方式下，经销商不享有独家专营权，供货商可在同一时间、同一地区内委派几家商号来经销同类商品。在这种经销方式下，经销商与供货商之间的关系同一般买方和卖方之间的关系并无本质区别，所不同的只是确立了相对长期和稳固的购销关系。另一种是独家经销，是指经销商在规定的期限和地域内，对指定的商品享有独家专营权。

在汽车贸易中，经销是供货商为了扩大产品市场保有量的有效方式之一。这是因为在经销方式下，供货商通常要在价格、支付条件等方面给予经销商一定的优惠，这有利于调动经销商的积极性，利用其销售渠道来推销商品，有时还可要求经销商提供售后服务、进行市场调研，这一切都有利于扩大产品销售。当然，不同的经销方式所发挥的作用大小是不同的。这种经销方式也有一些弊病，尤其是独家经销，若经销商经营不力，就会出现"经而不销"的局面，导致商品销售受阻。另一方面，也存在独家经销商利用其垄断地位操纵价格、控制市场的可能性。

二、包销

包销是指供应商通过协议把自己某类商品在某一时期某一地区的经营权单独给予指定的包销人的贸易方式。这种贸易方式的特点可归纳为三定（双方定商品、定地区、定时间）、三自（自行购买、自行销售、自负盈亏）、一专（专营权）。包销贸易方式既带有售定贸易方式的性质，即双方之间是买卖关系；又有不同于售定业务的特点，即包销商享有一定范围的独家专营权。

三、代理

（一）代理的含义和特点

代理是许多企业在从事国际贸易业务中习惯采用的一种贸易方式。在汽车贸易中，有多种多样的代理。例如采购代理、销售代理、运输代理、保险代理、广告代理等。以下主要介绍销售代理。

汽车贸易中的销售代理，是指委托人授权代理人代表其向第三者招揽生意、签订合同和办理与交易有关的各项事宜，由此而产生的权利和义务直接对委托人发生效力。在代理方式下，委托商与代理商之间属于委托代理关系而不是买卖关系，代理商行使代理权旨在取得佣金，而不承担经营风险。

（二）代理的种类

（1）一般代理：一般代理又称佣金代理，指在同一地区同一时期内，委托人可以选定多个客户作为代理商，根据推销商品的实际金额付给佣金，或者根据协议规定的办法和百分比支付佣金。如果委托人另有直接与该地区的买（卖）主达成交易的，则无须向一般代理计付佣金。

（2）总代理：总代理是在特定地区和一定时间内委托人的全权代表。除有权代表委托人签订买卖合同、处理货物等商务活动外，也可以进行一些非商业性的活动，而且还有权指派分代理，并可分享分代理的佣金。

(3) 独家代理：独家代理指在规定地区和时间内独家享有委托商给予的指定商品经营权的代理。只要在指定地区和期限内做成指定商品的生意，无论是由代理商做成，或是由供应商自己与其他商人做成，代理商都享有收取佣金的权利。

四、独家代理商与包销商之间的区别

独家代理商所具有的专营权同包销商所具有的专营权是有区别的。

（1）两者的业务性质不同。独家代理属代销性质，其双方为委托关系，而包销属于售定性质，双方是买卖关系。

（2）专营权的内容不同。独家代理权仅享有代理专营权，委托商仍可向代理地区推销成交，而包销商享有的专营权，则包括专卖权和专买权，委托商不得在包销地区内推销包销商品。

（3）独家代理方式下，代理人一般不以自己的名义与第三者签订合同；而在包销方式下，经销商与第三者之间订立合同。

（4）盈亏负担和经营的目的不同。独家代理不承担盈亏风险，仅为收取佣金；包销商则要承担经营风险、自负盈亏，旨在谋得利润。

第三节　汽车销售渠道

（一）汽车销售渠道的含义

汽车销售渠道是汽车产品从汽车生产企业向最终消费者直接或间接转移汽车所有权所经过的途径，是联系汽车生产者和消费者之间关系的纽带。汽车销售渠道的环节主要包括汽车销售渠道的起点——生产企业、中间商以及终端消费者。

（二）汽车销售渠道的类型

汽车销售渠道主要可以分成以下五种类型。

1. 由汽车生产企业直销型（零层渠道模式）

汽车生产企业不通过任何中间环节，直接将汽车销售给消费者。这是最简单、最直接、最短的销售渠道。其特点是产销直接见面，环节少，有利于降低流通费用，及时了解市场行情，迅速开发与投放满足消费者需求的汽车产品。但这种销售模式需要生产企业自设销售机构，因而不利于专业化分工；难以广泛分销，不利于企业拓展市场。但是，随着电子商务的发展、普及和完善，相信这种模式会被汽车企业作为重要销售渠道之一。

2. 由生产企业转经销商直销型（一层渠道模式）

汽车生产企业先将汽车卖给经销商，再由经销商直接销售给消费者。这是经过一道中间环节的渠道模式。其优点是中间环节少、渠道短，有利于生产企业充分利用经销商的力量，扩大汽车销路，提高经济效益。我国许多专用汽车生产企业、重型车生产企业都采用这种分销方式。

3. 由生产企业经批发商转经销商直销型（二层渠道模式）

汽车生产企业先把汽车批发销售给批发商（或地区分销商），再由其转卖给经销商，最后由经销商将汽车直接销售给消费者。这是经过两道中间环节的渠道模式，也是销售渠道中的传统模式。其缺点是中间环节多，渠道较长。但这有利于生产企业大批量生产，节

省销售费用；也有利于经销商节约进货时间和费用。

4. 由生产企业经总经销转经销商直销型（二层渠道模式）

汽车生产企业先把汽车提供给总经销商（或总代理商），由其销售给经销商，最后由经销商将汽车直接销售给消费者。这也是经过两道中间环节的渠道模式。其特点是中间环节较多，但由于总经销商（或总代理商）不需承担经营风险，易调动其积极性，有利于开拓市场，打开销路。这种分销渠道在我国的大、中型汽车生产企业的市场营销中较常见。

5. 由生产企业经总经销商与批发商后转经销商直销型（三层渠道模式）

汽车生产企业先把汽车提供给总经销商（或总代理商），由其向批发商（或地区分销商）销售汽车，批发商（或地区分销商）再转卖给经销商，最后由经销商将汽车直接销售给消费者。这是经过三道中间环节的渠道模式。其优点是总经销商（或总代理商）为生产企业销售汽车，有利于了解市场环境，打开销路，降低费用，增加效益。缺点是中间环节多，流通时间长。

汽车销售渠道模式如下图所示。

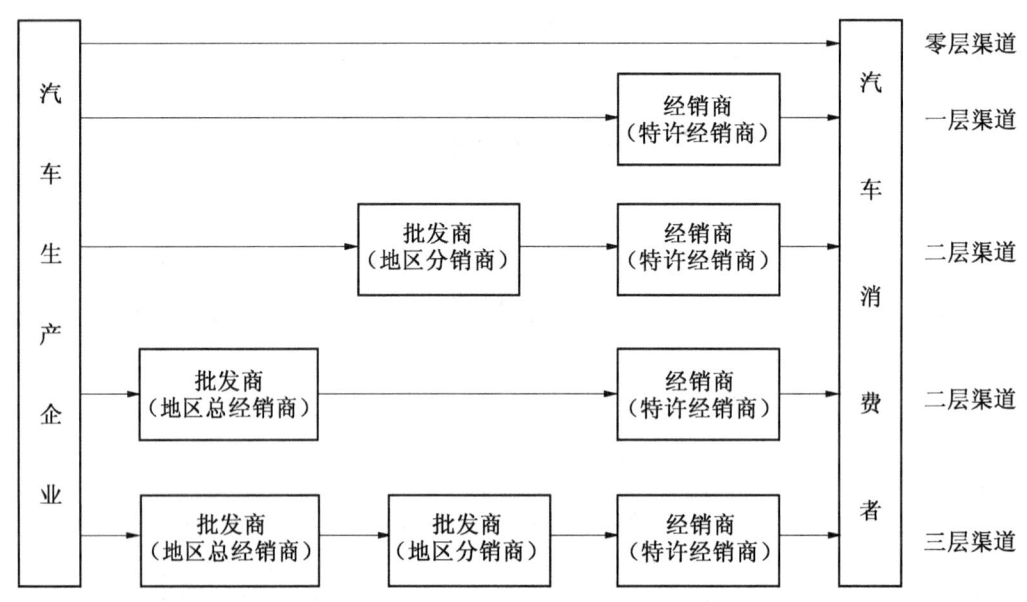

第四节 汽车销售模式——品牌专卖制（4S 店）

一、4S 店概述

4S 店是一种以"四位一体"为核心的汽车特许经营模式，包括整车销售（sale）、零配件供应（sparepart）、售后服务（service）和信息反馈（survey）等。

4S 店是 1998 年以后才逐步由欧洲传入中国的舶来品。由于它与各个厂家之间建立了紧密的产销关系，具有购物环境优美、品牌意识强等优势，一度被国内诸多厂家效仿。4S 店一般采取一个品牌在一个地区分布一个或相对等距离的几个专卖店，按照生产厂家的统一店内外设计要求建造，投资巨大，动辄上千万，甚至几千万，豪华气派。

二、4S 店是汽车市场激烈竞争下的产物

中华人民共和国成立后至 20 世纪 80 年代的汽车销售是由国营的汽车销售公司垄断，到了 90 年代中期，汽车厂商开始建立自己的销售渠道，并逐渐形成以下四种汽车销售模式。

（1）总代理制。销售模式可表述为厂商→总代理→区域代理→下级代理商→最终用户。进口汽车主要采用这种模式，如奔驰、宝马等。

（2）区域代理制。销售模式可表述为厂商→区域总代理→下级代理商→最终用户。这种模式与 IT 渠道的区域代理制基本一致。这是汽车渠道最早采用的模式，目前使用这种模式的厂商已较少。

（3）特许经销制。销售模式可表述为厂商→特许经销商→最终用户。区域代理制实施一段时间后，汽车厂商逐渐发现很难对经销商的经销行为进行规范，市场价格体系混乱，1996 年后，汽车销售模式逐渐向特许经销制转变。目前一汽捷达、神龙富康等采用这种模式。

（4）品牌专卖制。销售模式可表述为厂商→专卖店→最终用户。品牌专卖制是 1998 年兴起的渠道模式。主要以"三位一体"（包括整车销售、零配件供应、售后服务）专卖店和"四位一体"（整车销售、零配件供应、售后服务、信息反馈）专卖店模式。目前广州本田、上海通用是这种模式的代表。

国产汽车主要采用后三种模式，其中特许经销制和品牌专卖制是目前汽车销售的主流模式，二者的区别主要有以下几点：

（1）对经销商的要求不同。特许经销制下，厂商一般只能就经销商的地理位置、销售能力等进行考察，不能对申请特许经销的代理商有过多的软硬件要求，比如店面的大小、装修水平、售后服务方面；而品牌专卖制下，厂商不仅注重专卖店的位置和销售，同时对专卖店的硬件有着严格的规定，有的甚至连装修材料的采购地点都有明确的规定，"四位一体"的专卖店还特别强调售后服务、信息反馈功能。

（2）管理力度不同。厂商对特许经销商的销售管理和培训方面支持较少；而品牌专卖制下，厂商对专卖店有着严格的管理，在店面管理、销售管理、员工培训等方面都有统一的管理措施。

（3）展示的形象不同。特许经销制下，经销商不能打厂商的品牌形象；而品牌专卖制下，专卖店可以打厂商的牌子，注重展示厂商的形象。

（4）经营品牌的数量不同。特许经销商经营汽车的品牌数量不是唯一的，厂商也不能对此进行控制；而品牌专卖店则只能经营单一的汽车品牌。

自 1998 年广本、别克、奥迪率先在我国建立汽车品牌专卖店以来，这种形式得到了制造商的青睐。随后，大大小小的新品牌纷纷建立自己的专卖店。短短 5 年内，品牌专卖店如雨后春笋般遍布于全国各大城市，数量远远超过有形市场。

一般认为，4S 店是汽车市场激烈竞争下的产物。中国汽车市场逐渐成熟，用户的消费心理也逐渐成熟，用户需求多样化，对产品、服务的要求也越来越高，越来越严格，原有的代理销售体制已不能适应市场与用户的需求。4S 店的出现，恰好能满足用户的各种需求，它可以提供装备精良、整洁干净的维修区，现代化的设备和服务管理，高度职业化

的气氛，保养良好的服务设施，充足的零配件供应，迅速及时的跟踪服务体系。通过4S店的服务，用户对品牌产生信赖感，从而扩大汽车的销售量。

我国目前的轿车销售模式不仅普遍采用特许经营模式，而且趋于集整车销售、配件供应、维修服务于一体的4S专营店模式。4S专营店（另加二手置换，即5S专营店）功能齐全、服务优良，具备其他经营模式无可比拟的优势。但该模式因投资巨大、经营品牌单一等原因给经销商带来巨大的经营风险。同时，因为布点数量有限，给消费者带来维修上的不便与维修成本居高不下。所以，汽车销售，到底应采取品牌特许经营模式，还是应采取"汽车超市"的经营模式，应根据顾客需求，灵活处理，4S专营店模式不应该成为我国汽车销售的唯一模式。

综合实训

一、单项选择题

1. 汽车品牌销售和与其配套的配件供应、售后服务网点相距不超过（　　）。
   A. 100公里　　B. 150公里　　C. 200公里　　D. 250公里

2. 国务院商务主管部门、工商行政管理部门可以委托（　　），组织专家委员会对申请设立汽车总销商、品牌经销商的资质条件进行评估。
   A. 汽车行业协会　B. 税务局　　C. 公安局　　D. 审计局

3. （　　）前，同一境外投资者在境内从事汽车品牌销售活动且累计开设店铺超过30家以上的，出资比例不得超过49%。
   A. 2006年　　B. 2007年　　C. 2008年　　D. 2009年

4. 汽车生产企业不通过任何中间环节，直接将汽车销售给消费者，这种销售模式是（　　）。
   A. 零层渠道　B. 一层渠道　　C. 二层渠道　　D. 三层渠道

5. 4S店是一种以（　　）为核心的品牌经营模式。
   A. 三位一体　B. 四位一体　　C. 销售与维修　D. 批发和零售

二、多项选择题

1. 汽车供应商是指为汽车品牌经销商提供汽车资源的企业，包括（　　）。
   A. 汽车生产企业　B. 汽车总经销商　C. 汽车经销商　　D. 汽车代理商

2. 汽车销售渠道中的中间商按其在汽车流通、交易业务过程中所起作用，可分为（　　）。
   A. 总经销商（或总代理商）　　B. 批发商（或地区分销商）
   C. 经销商（或特许经销商）　　D. 汽车城（或零销商）

3. 汽车总经销商应当符合的条件是（　　）。
   A. 具有法人资格　　　　　　B. 获得汽车企业书面授权
   C. 具有汽车营销能力　　　　D. 售后服务有保证

4. 汽车供应商应当根据汽车品牌经销商的服务功能向其提供相应的（　　）业务培训及必要的技术支持。
   A. 营销、宣传　B. 售后服务　　C. 技术服务　　D. 贷款融资

5. 一般汽车经销商需要的条件是（　　）。
   A. 汽车品牌　B. 人力资源　　C. 地理位置　　D. 资金

三、案例分析题

丰田产品的销售和服务工作全由经销商来做，丰田公司在全国共有5000多个经销商（维修站），分别属于33个销售中心。这些经销商都销售汽车、零配件，并负责维修汽车。销售大厅面临大街，大厅内错落有序地停放着各种展车，售票处洽谈区内布置简洁明快，墙上没有任何宣传和广告，绝无豪华浮

夸的装饰，给人一种温馨亲切的感觉。墙上的工作板报将整个服务工作的情况清楚地显示在客户和管理人员的面前。在日本，约80％的客户是通过预约来确定修车时间。

满意的售后服务是最难做到的，丰田的宗旨是"做用户还没想到的"。为此，他们制订了服务要"亲切、切实、快速、合理"四个标准，要求所有的经销商都按丰田的要求和标准去做。经销商（维修站）对每一位客户都制订了用户档案（以牌照号自动编排），在每次修理之后定期和用户联系，以获取各种信息。

丰田公司设有5个零部件中心，负责丰田汽车40万种零部件在国内外的供应。中心在接到订单后1天内可将配件送到国内各地，其供货率在95％以上。虽然丰田汽车零部件品种繁多，但维修站的仓库却小得不可思议。这是因为各个经销商、维修站每天都能订4次货，用不着大量的库存，另外配件的货款支付可在50天内完成，这对资金周转和减少库存都是极有利的。配件价格是全国统一的，价格由厂方和经销商协商确定，这样避免了相互之间的恶性竞争。

丰田公司的零件中心共5个，半径在30公里范围内。除一个物流中心专门负责向全世界100多个国家、地区发送出口零部件外，其他4个都按不同品种进行分工，专门从配套的零件生产厂进货，向维修点和销售点发货。中心管理人员根据用户（主要是零件商、修理厂）提出的要求迅速通知仓库备货、发货，汇总后向零件生产厂家订货。生产厂家在接到零件中心的订货通知后，立即向零件中心发货。所以这些活动每天进行数次，选择最佳的批量以最大限度地减少库存，降低资金占用，做到决不让货单滞留。管理人员为使进货入库作业均衡化，特别编制了进货表和送货表，标明在墙板上。零件的进货与发货都要看墙板上的统计表来进行。每天有数十次专用车进货和发货，进货发货的车都是按预定时间、预定地点（货位）到达或发出，包括装卸货时间，精确度在1个小时之内。仓库的自动化程度很高，无人驾驶的库内货运车到处可见。整个零件中心就像一台自动化程度很高的机器，按照设计好的程序在按部就班、有条不紊地正常运转。

问题：
1. 丰田采取"三位一体"专卖店的方式销售汽车零配件，其优势如何？
2. 丰田公司的零配件"物流中心"的作用是什么？
3. 丰田公司的成功之处还有哪些方面？

第十四章 汽车维修、报废和回收

【知识目标】
1. 掌握机动车维修的分类、质量管理和法律责任。
2. 熟悉报废车辆的含义,掌握汽车报废的标准。

【技能目标】
理解报废汽车回收的意义,区分汽车的拼(组)装和改装。

【学前案例】
王先生是爱车族中的一员,深知"车烂先烂底"的道理。2017年10月王先生买了一台丰田佳美车后,第一件事就是找了一家维修店花了6 000元人民币做了车辆的底盘防锈处理。维修商承诺防锈10年没问题,但是没想到车开了不到5年,王先生就发现车底盘已经锈迹斑斑。发现问题后,王先生大呼上当,立即找到该维修商,维修商经过检查断定是当时没有处理好,同意为王先生重新处理并免费提供1年的汽车美容服务作为赔偿,重新处理完后,王先生松了一口气,庆幸自己当时签订了维修保养合同并一直保留至今,否则到哪说理去。

问题:
汽车维修一定要订立合同吗?

第一节 汽车维修

一、汽车维修前应订立合同

为了最大限度地保护消费者的权益,车主在修车前应该与维修点签订质量约定协议,以保证充分行使消费者的知情权,并且要把修理厂提供的承修单或者委托修理单仔细看一遍,以免其中有对自己不利的条款。不管是车主与修理厂双方订立的协议,还是修理厂提供的承修单或者委托修理单,都属于汽车维修合同。而汽车维修合同属于承揽合同的一种,合同法规规定:"承揽合同是承揽人按照定作人的要求完成工作,交付工作成果,定作人给付报酬的合同。承揽包括加工、修理、定作、测试、检验等工作。"在汽车维修合同里,"定作人"是指托修的用户,"承揽人"是指承修的修理厂,"工作成果"是指修理好的汽车。合同法规规定:"承揽人交付的工作成果不符合质量要求的,定作人可以要求承揽人承担修理、重作、减少报酬、赔偿损失等违约责任。""承揽人应当妥善保管定作人提供的材料以及完成的工作成果,因保管不善造成毁损、灭失的,应当承担损害赔偿责任。"所以,如果修理厂在修理过程中给车辆使用假冒的车辆部件或劣件,都属于违约行为,车主可以要求其进行赔偿。

为了防止以上情况的发生，作为车主，事前要问清车辆的问题和要更换的零件，以及收费多少，做到心中有数。车主应该与修理厂在事先签订的书面维修合同中明确约定修理项目、修理费用、质量要求、竣工时间、验收标准以及其他责任事项，即以合同的形式确定双方的义务和权利，这样发生了纠纷就有调解的依据。车主报修的项目、修理需要的工时和费用都要经双方签字确认；更换配件时车主要仔细辨认生产厂家、厂名、厂址、执行标准等，拒绝"三无"产品和无包装的配件；此外，车主要尽量争取亲眼观看修车过程。当然，车主最好还是到该车的特约维修站进行维修，这样才能更好地保证车的修理质量。

二、《机动车维修管理规定》解读

交通运输部修订的《机动车维修管理规定》（本节中简称《规定》）于 2016 年 4 月 19 日起实施，是机动车维修行业的一部系统性和综合性管理规章，《规定》被称之为机动车维修行业的纲领性文件。

《规定》以维护市场秩序、保障维修需求为根本出发点，注重管理思路的创新、管理方式的改革以及对车主权益的保护，其发布实施将对机动车维修行业发展产生积极而深远的影响。

《规定》对机动车维修的经营范围及经营者义务、监督检查、法律责任等都进行了规范：对维修企业实行分类许可引导专业化经营；鼓励连锁经营和建立救援网络等完善的服务功能；实施质量保证期制度，充分保护车主权益；实施水平考试制度，提高维修技术人员素质；建立质量信誉考核机制，加强动态管理。其具体内容解读如下：

（1）细化了行政许可项目和内容，依据维修车型种类、服务能力和经营项目实行分类许可。按照维修车型种类将机动车维修分为汽车维修经营业务、危险货物运输车辆维修经营业务、摩托车维修经营业务和其他机动车维修经营业务四类。根据经营项目和服务能力，将汽车及其他机动车维修经营业务分为一类维修经营业务、二类维修经营业务和三类维修经营业务，将摩托车维修经营业务分为一类维修经营业务和二类维修经营业务。

《规定》基本沿用了多年来实施的《汽车维修开业条件》和《摩托车维修开业条件》两个标准规定的内容，但强化了设备设施等硬件要求与维修车型的针对性，并更加注重了技术人员素质等软件建设。

（2）结合现有的机动车维修经营业户，通过鼓励其实现网络化经营和品牌经营，引导建立机动车维修久远服务网络，逐步形成机动车维修综合性"医院"和专业化"超市"等布局合理的机动车维修综合服务网络，以满足不同"病号"的要求。

《规定》对机动车维修连锁经营企业给予了特殊的政策：提出申请机动车维修连锁经营服务网点的，可由机动车维修连锁经营企业总部向连锁经营服务网点所在地县级道路运输管理机构提出申请，管理部门只对材料的完整性进行审查，并缩短了审批时限，为发展连锁经营消除了政策壁垒。

（3）建立了维修质量保证期制度，明确了不同车型的维修质量保证期，强调了质量保证期内企业和车主的权利和义务，规范了管理部门对质量纠纷的调解和责任认定。对质量保证期的具体指标，还按照维修车型和维修类别进行了分类规定。

（4）提出了对机动车维修技术人员实施全国统一考试制度，规范机动车维修经营行为。而且还在管理思路、管理政策、监督手段等方面提出了诸多改革措施。

三、《机动车维修管理规定》的特点

（一）没合格证可拒付款

一般的4S店或国家一类汽修厂在维修完成出厂前都要对车辆的维修效果进行检验。但是，一些技术力量不足或人力资源不充裕的廉价修理厂，往往出于成本考虑而"省略"了这一道工序。

通过《规定》的实施，这种现象将有望杜绝。因为《规定》中明确指出，机动车维修竣工质检合格的，检验人员应当签发《机动车维修竣工出厂合格证》；未签发合格证的机动车，不得交付使用，而且车主有权拒绝交费或接车。

（二）修车也有了保质期

《规定》指出，机动车维修将实行竣工出厂质量保证期制度：汽车总成修理质量保证期为车辆行驶20000公里或者100日；二级维护质量保证期为车辆行驶5000公里或者30日；一级维护、小修及专项修理质量保证期为车辆行驶2000公里或者10日。质量保证期中行驶里程和日期指标，以先达到者为准。

在质量保证期和承诺的质量保证期内，因维修质量原因造成机动车无法正常使用，且承修方在3天内不能证明车辆的病症来自非维修原因，机动车维修经营者必须尽快无偿返修。若因同一故障或维修基础上经两次修理仍不能正常使用的，机动车维修经营者应当负责联系其他机动车维修经营者，并承担相应修理费用。

事实上原厂配件在4S店都有保质期，而且保质期时间及公里数额都要比《规定》里列出的高一些，但规模较小的社会修理厂，副厂件保质期参差不齐，《规定》的实施对小修理厂有了很好的约束。而且故障维修厂方负责到底的规定，还明确了厂方举证的原则，对车主也是有利的。

（三）工时、配件须明码标价

《规定》对汽车生产厂商的义务也做了相关约束：机动车生产厂家在新车型投放市场后一个月内，有义务向社会公布其维修技术资料和工时定额。

《规定》中指出："机动车维修经营者应当建立采购配件登记制度，记录购买时期，供应商名称、地址、产品名称及规格型号等，并查验产品合格证等相关证明。应当将原厂配件、副厂配件和修复配件分别标志，明码标价，供用户选择。而对于换下的配件、总成，应当交托修方自行处理。"

（四）违反《规定》将被重罚

《规定》明确指出，机动车维修经营者使用假冒伪劣配件维修机动车，承修已报废的机动车或者擅自改装机动车的，将被处以违法所得2倍以上10倍以下的罚款；没有违法所得或者违法所得不足1万元的，处2万元以上5万元以下的罚款，情节严重的吊销其经营许可；构成犯罪的，依法追究刑事责任。机动车维修经营者签发虚假或者不签发机动车维修竣工出厂合格证的，有违法所得的，没收违法所得，处以违法所得2倍以上10倍以下的罚款；没有违法所得或者违法所得不足3000元的，处以5000元以上2万元以下的罚款；情节严重的吊销其经营许可证；构成犯罪的，依法追究刑事责任。

第二节　汽车报废与回收

一、报废车辆的含义

所谓报废车辆，是指达到国家报废标准，或者虽未达到国家报废标准，但发动机或者底盘严重损坏，经检验不符合国家机动车运行安全技术条件或者国家机动车污染物排放标准的机动车。

汽车的更新报废关系到国计民生，涉及面广、政策性强、协调难度大。如果汽车不能按时报废，将直接影响我国汽车工业的总体规划和发展，阻碍汽车消费及运输市场的正常发育，还会造成环境污染、资源浪费和严重的交通隐患。处理好汽车报废问题的关键是对汽车报废工作进行标准化管理，制定适合我国国情的汽车报废标准并加以贯彻实施。

二、2017 年机动车强制报废新标准

《机动车强制报废标准规定》实行，具体规定了各大类型机动车的强制报废年限：（1）非营运的小、微型汽车，这类车型没有明确的报废年限，直到不能再通过年审就会被强制报废。不过，车辆的里程数达到 60 万公里后，就会被引导报废。当车龄达到 15 年后，年检由一年一检变成半年一检。（2）出租车的报废年限为 8 年。（3）旅游、公路客运车辆报废年限为 15 年。（4）微型载货汽车报废年限为 12 年。（5）重、中、轻型载货汽车报废年限为 15 年。（6）半挂牵引车报废年限为 15 年。

最新发布的《机动车强制报废标准规定》取消了对私家车最高 15 年的强制报废年限的规定，规定中提出"引导报废"的概念。其中，对于小、微型非营运载客汽车而言，行驶 60 万公里之后，将采取引导报废措施。

（一）报废车辆标准

比欧洲排放标准还严格的国六标准，从 2018 年 10 月 1 日起逐渐在全国各地实施。

已经上牌的车辆，不达标的将引导报废或强制报废，具体强制报废规定如下：

（1）经维修和调整仍不符合机动车安全技术国家标准对在用车有关要求的。

（2）经维修和调整或者采用控制技术后，向大气排放污染物或者噪声仍不符合国家标准对在用车要求的。

（3）在检验有效期届满后连续 3 个机动车检验周期内未取得机动车检验合格标志的。

（4）达到一定使用年限和行驶里程的车辆。

（二）不同类型汽车的强制报废年限不同

（1）家用 5 座位轿车以及 7 座位的 SUV，非营运的小、微型汽车无使用年限。但正常行驶里程达到了 60 万公里的，国家将引导报废。超过 15 年后必须每年检验 2 次，检验不通过的，强制报废。

（2）皮卡强制 15 年必须报废，皮卡在美国也许是民用轿车，但在中国法规一律按照货车对待。

（3）出租车使用年限是 8 年。

（4）中型出租客运汽车使用年限是 10 年。

(5) 重、中、轻型载货汽车使用年限是 15 年。

(6) 半挂牵引车使用年限是 15 年。

(7) 微型载货汽车使用年限是 12 年。

（三）提前报废有补贴奖励

补贴标准如下：

(1) 报废重型载货车，每辆补贴 18 000 元。

(2) 报废中型载货车，每辆补贴 13 000 元。

(3) 报废轻型载货车，每辆补贴 9 000 元。

(4) 报废微型载货车，每辆补贴 6 000 元。

(5) 报废大型载客车，每辆补贴 18 000 元。

(6) 报废中型载客车，每辆补贴 11 000 元。

(7) 报废小型载客车（不含轿车），每辆补贴 7 000 元。

(8) 报废微型载客车（不含轿车），每辆补贴 5 000 元。

(9) 报废 1.35 升及以上排量轿车，每辆补贴 18 000 元。

(10) 报废 1 升（不含）至 1.35 升（不含）排量轿车，每辆补贴 10 000 元。

(11) 报废 1 升及以下排量轿车、专项作业车，每辆补贴 6 000 元。

（四）申请报废时不享受补贴的三类车

不同类型的机动车，申请报废的补贴金额也是不同的。值得注意的是，以下这三类车，车主可能得不到一分钱补贴，甚至还会倒贴：①在购买新车时，已经享受了政策补贴的机动车；②在 2016 年 8 月 1 日前有注销登记的机动车；③在 2017 年的《机动车强制报废标准规定》实施前已经达到强制报废标准的机动车，逾期到 2017 年才申请报废的。

为什么会说可能会倒贴呢，因为如果你的车辆还有违章处罚没有处理的，在申请报废时，必须要先处理完违章事宜，只有这样才能申请报废。如果有交通罚款要交的话，说不定会让车主倒贴。值得一提的是，新政策的"延长报废机制"让有些车主欣喜不已，是指对于已经达到强制报废年限的机动车，若在参加年审时还能通过，那车主就能申请延长报废时限，使车辆还可以继续使用。

三、重视汽车更新报废的问题

近年来我国汽车报废工作取得了较好的成绩，但仍然存在着许多问题，一是许多省、市存在着为数众多的自发形成的废旧汽车拆解市场。这些市场大都建在紧临国道的地方，或省（市）、地（县）毗邻地区，经营者多数是当地农民，一些人无视汽车报废标准，违法经营现象严重。由于受地方保护，屡禁不止。二是部分企事业单位特别是中小型企业不能按时办理汽车报废手续，以各种名义将本单位应报废的汽车留作他用，有些单位交纳的报废汽车主要零部件严重缺损，甚至整车私自转移、非法出售。三是车辆管理如上牌、转籍、过户、检测、注销等管理制度不健全，漏洞较多。有些职能部门政策法规观念淡薄，有法不依、执法不严，甚至知法犯法，因此造成了屡见不鲜的报废拼装车等流入市场，有些还造成重大的人员伤亡事故和严重的经济损失。这些问题的存在固然有着多方面的原因，但与汽车报废标准化工作的薄弱有着直接关系。

随着经济全球化的加速以及我国加入 WTO，报废汽车这个特殊的行业也不可避免地要遇到一些新问题。入世后我国汽车关税逐步降低，大量的国外汽车进入中国市场，如果再实施燃油税，购车和养车的费用都会降低，以"公车"消费为主的局面将改变。汽车消费量和拥有量都会大幅度增加，按目前汽车排放标准，空气污染将会更加严重。

因此，必须进一步修订汽车报废标准，强调标准的先进性、动态性和实践性，增加强制性标准中的管理性内容，重点从安全、节能和排污等方面加以严格限制。这样既可以加快旧车更新淘汰的速度，又能够刺激私人汽车消费，促进我国汽车工业技术水平的提高和汽车对外贸易的发展。加强对国外报废汽车标准、拆解利用技术标准及其对汽车生产和消费影响的研究，考察国外汽车回收拆解的政策法规，吸收国外对旧车流通和旧车拆解行业管理的经验，研究制定与世界接轨的汽车报废制度，以促进我国汽车产业的可持续发展。

四、报废汽车的回收

《中华人民共和国报废汽车回收管理办法》于2001年6月16日由国务院颁布实施，2005年4月又颁布《中华人民共和国报废汽车回收管理办法细则》。2005年8月商务部颁布实施《汽车贸易政策》，用一章的内容来阐述汽车报废与报废汽车回收的内容，并提出了报废汽车回收拆解率显著提高、形成良好汽车贸易市场秩序的目标。

（一）制定原因

国内报废汽车回收的问题主要集中在以下几个方面：一是在许多省、市过去自发形成的废旧汽车拆解市场开始死灰复燃，这些市场大都建在紧临国道的地方，或省（市）、地（县）交界地区，经营者多数是当地农民，一些人无视汽车报废标准，违法经营现象严重；二是部分企事业单位和个人出于经济利益的驱动，没有把报废汽车交给正规的汽车拆解厂，而是销售给一些非法的废旧汽车拆解市场；三是各地报废汽车回收拆解行业布局不够合理，一些城市回收拆解能力不足，而一些城市回收拆解能力过剩。

为了加强对报废汽车回收的管理，规范报废汽车回收活动，保护人民生命财产安全，保障道路交通秩序，国务院及其有关部门对报废汽车回收制定了一系列的政策或管理办法，以提高报废汽车的回收率。

（二）主要内容

1. 对已经达到国家报废标准的汽车的处理

对已经达到国家报废标准的汽车，其拥有单位和个人应当及时到公安机关办理机动车报废手续，并将报废汽车交售给取得资格的报废汽车回收企业，再到汽车注册地的公安机关办理注销登记手续。

任何单位和个人不得以任何形式向报废汽车回收企业或单位和个人转让报废汽车，也不得自行拆解报废汽车。

2. 设立报废汽车回收企业需要具备的条件

设立报废汽车回收企业，除要符合有关法律、行政法规规定的设立企业的条件外，在注册资本、拆解场地、拆解设备和消防设施、拆解能力、从业人员、经营行为记录以及环保标准等方面，也要具备相应的条件，《报废汽车回收管理办法》对此作出了具体规定。

3. 从事报废汽车回收业务应当办理的手续

根据《报废汽车回收管理办法》的规定，拟从事报废汽车回收业务的，首先应当向省、自治区、直辖市人民政府经济贸易管理部门提出申请，由受理申请的部门按照《报废汽车回收管理办法》规定的条件进行审核，对符合条件的申请人，发给资格认定书。取得资格认定书的申请人，应当依照废旧金属收购业治安管理办法的规定，向公安机关申领特种行业许可证。申请人持资格认定书和特种行业许可证向工商行政管理部门办理登记手续，领取营业执照后，方可从事报废汽车回收业务。

4. 地方人民政府及其有关部门在报废汽车回收管理工作中担负的职责

《报废汽车回收管理办法》明确规定了地方人民政府及其有关部门在报废汽车回收管理工作中的职责：县级以上地方各级人民政府应当加强对报废汽车回收监督管理工作的领导，并组织各有关部门采取措施，防止、查处有关的违法行为；经济贸易管理部门负责对报废汽车回收活动实施监督管理，并应当对报废汽车回收企业实施经常性的监督检查；公安、工商行政管理等有关部门在各自的职责范围内，对报废汽车回收活动实施有关的监督管理，特别要对报废汽车回收企业的治安状况、经营活动等实施监督。

5. 违反《报废汽车回收管理办法》的处罚

政府及其有关部门应当依照《报废汽车回收管理办法》的规定，认真履行职责，严把审批关、发证关，对报废汽车回收企业严格进行监督检查，并依法严肃处理违反《报废汽车回收管理办法》的行为，做到执法必严，违法必究。

（三）汽车的拼（组）装和改装

1996年，国务院发布了《关于禁止非法拼（组）装汽车、摩托车的通告》的批复。2000年1月1日，中国对外贸易经济合作部颁布实施《关于执行〈关于禁止非法拼（组）装汽车、摩托车的通告〉的实施细则》。该实施细则明确有下列情况之一者，属非法拼（组）装汽车、摩托车行为：

（1）未列入国家机械工业局负责的《全国汽车、民用改装车和摩托车生产企业及产品目录》（下文简称《目录》）的企业利用进口关键件组装生产汽车、摩托车的；

（2）列入《目录》的企业利用进口关键件组装生产汽车、摩托车，但未经国家批准立项的；或虽经国家批准立项但不能提供外经贸部签发的《进口配额证明》或《机电产品进口登记表》以及许可证发证机关签发的《进口许可证》和海关签发的《关税缴纳证明书》《货物进口证明书》的；

（3）虽持有上述证明文件，但生产的产品与批准进口的车型、数量、规格或用途不符的，或不按规定使用上述证明文件的；

（4）生产企业采用国家批准的进口关键总成生产的汽车、摩托车，其关键总成和非关键进口件的总价值超过原进口车型60%，又无整车进口证明和按整车完税证明的。

我国对汽车改装也有严格的限制，除了《道路交通安全法》有规定外，《道路交通安全法实施条例》和《机动车维修管理规定》规定，改变机动车车身颜色、更换发动机和车身或者车架，必须向公安机关交通管理部门申请变更登记。法律法规对改装汽车作出了限制：汽车的型号、发动机型号、车架号不能改，不能破坏车身结构。只有在当地车管所注册登记的机动车，才能改变车身颜色，并办理相关手续。

尽管目前社会上存在一些非法拼（组）装或违法改装汽车的行为，但随着国家一系列汽车产业政策或规定的出台（如2005年8月颁布实施的《汽车贸易政策》、《二手车流通管理办法》和《机动车维修管理规定》），2018年修订的《报废汽车回收管理办法》，这一行为将得到有效遏制。此外，还应出台一系列综合措施进一步进行整治，丰富监督、监控手段，才能使我国汽车市场健康、有序地发展。

综合实训

一、单项选择题

1. 汽车维修经营业务，根据经营基础和服务能力可分为（　　）。
   A. 一类　　　　B. 二类　　　　C. 三类　　　　D. 四类
2. 摩托车维修经营业务，根据经营项目和服务能力可分为（　　）。
   A. 一类　　　　B. 二类　　　　C. 三类　　　　D. 四类
3. 按照《机动车维修管理规定》，汽车二级维护质量保证期为车辆行驶（　　）。
   A. 5000公里　　B. 10000公里　　C. 15000公里　　D. 20000公里
4. 机动车维修质量保证期中行驶里程和日期指标（　　）。
   A. 以先达到者为准　　　　　　B. 以后达到者为准
   C. 同时达到为准　　　　　　　D. 只要一个达到即可
5. 机动车维修质量保证期，从维修（　　）起计算。
   A. 进厂（站）之日　　　　　　B. 竣工出厂之日
   C. 双方协商　　　　　　　　　D. 发生故障之日

二、多项选择题

1. 达到国家报废标准的汽车，其拥有者应当到（　　）办理机动车报废手续。
   A. 废品回收站　　　　　　　　B. 特约维修点
   C. 公安机关　　　　　　　　　D. 报废汽车回收企业
2. 实现报废汽车回收过程实时控制，防止报废汽车及其"五大总成"流入社会，"五大总成"是（　　）。
   A. 发动机和转向器　　　　　　B. 车身和蓄电池
   C. 前后桥和变速器　　　　　　D. 车架
3. 9座（含9座）以下非营运载客汽车（包括轿车、含越野型）报废标准是（　　）。
   A. 使用10年　　　　　　　　　B. 使用15年
   C. 行驶60万公里　　　　　　　D. 行驶50万公里
4. 机动车维修经营者不能有以下行为（　　）
   A. 改变车身颜色　　　　　　　B. 改装机动车
   C. 承修已报废的机动车　　　　D. 利用配件拼装机动车。
5. 在汽车维修合同里，主要有（　　）方面内容。
   A. 定作人　　　B. 承揽人　　　C. 质量保证期　　　D. 工作成果

三、案例分析题

1. 孙先生拥有一辆桑塔纳轿车，2017年3月发生了交通意外，前保险杠严重损坏。他将车送到了特约维修站进行更换，维修站承诺用原厂配件给其更换，更换好后孙先生为此支付了800元人民币。过了一段时间，孙先生和朋友一块喝茶说起此事，因朋友在汽车方面是个专家，帮他一看，发现维修站给更换的保险杠根本不是原厂生产的，而是副厂生产的，原厂生产的保险杠和副厂生产的保险杠成本差400～500元。孙先生找到维修保养站，维修站坚持说给更换的是原厂的，不予退回差价，孙先生一气之下诉诸法院。

问题：

法院应如何判决？

2. 王先生于2016年12月23日在某汽车经销店购得奥拓车一辆，同日在该经销店内的甲保险公司受理点办理了一份机动车保险合同，当时投保险种为车辆损失险、第三者责任险等共5项，保险期限为

2016年12月26日至2017年12月25日。过了一个月后，王先生加入了某赛车俱乐部，为了参加比赛，王先生对自己的车进行了改装，主要改动了车架部分。两个月后，王先生驾车上路，发生重大交通事故，并被判令赔偿被害人12万余元。经检验，事故是由王先生私自改装车辆造成的，主管部门依据《道路交通事故处理办法》作出交通事故责任认定书，认定驾驶员因私自改装车辆，造成事故，负全部责任。事后，王先生依据机动车保险合同向保险公司索赔，保险公司以保险条款上有明确免责事由而拒赔。王先生起诉到法院，被判决败诉。

问题：
王先生为何败诉？

第十五章 其他汽车政策

【知识目标】

1. 掌握中国强制性产品认证的概念、实施意义、认证程序，熟悉车辆产品强制性认证制度和汽车产品强制性认证相关内容。

2. 掌握《汽车贸易政策》颁布实施的意义、主要内容及特点。

【技能目标】

了解汽车金融公司管理办法，二手车流通管理办法，家用汽车产品修理、更换、退货责任规定，缺陷汽车产品召回管理规定的主要内容。

【学前案例】

原告：深圳口岸中旅公司

被告：××客车控股股份有限公司（以下简称××客车）

深圳口岸中旅公司主要业务是负责香港居民来往粤港两地的旅游客运，而豪华大巴是其开展业务最主要的运输工具。

××客车公司，是国内老牌的客车生产企业，产品具有相当知名度，且在2000年成为在深圳股票交易所上市的公司。

为满足不断增长的业务需求，深圳口岸中旅公司斥巨资从××客车公司购买了12台豪华大巴。2003年7月9日，深圳口岸中旅公司与××客车公司签订了购买12台豪华大客车（LCK612H-2）的经济合同，合同总价款为936万元。合同同时规定，客车交付前，××客车公司应按该产品技术标准、质量要求对客车进行全面和细致检测，向深圳口岸中旅公司提供满足合同要求的车辆。

但这批被深圳口岸中旅公司寄予厚望的豪华客车，从刚投入使用就问题百出，购入不到两年就无法正常使用。深圳口岸中旅公司和生产商××客车公司展开了两年的质量纠纷拉锯战。

2003年9月26日，深圳口岸中旅公司在××客车公司维修服务人员的陪同下接收新车。但其中的一辆客车在驶往停车场的途中突然冒出大量浓烟，后经检查是车辆所安装的缓速器不合格所致。看到车辆存在这样的质量问题，深圳口岸中旅公司当即致电××客车公司要求退车，××客车公司也表示对车辆出现的任何问题予以全部整改。

在此后半个多月时间内，这12台豪华大巴在使用过程中不断出现问题，包括仪表台面板开关松动、方向盘固定不牢前后晃动等18处之多。在深圳口岸中旅公司的强烈要求下，××客车公司与深圳口岸中旅公司先后签订了《关于深圳口岸中旅公司LCK612H-2型客车整改落实计划》和《关于深圳中旅公司12台LCK612H-2客车质量保修补充规定》的协议。在协议中，××客车公司承诺对所有问题进行保修。

就在这些整改落实计划开始执行的同时，12台大巴又开始出现减震器断裂、后轮移位等许多新的质量问题，如油箱漏油、转向横拉杆断裂等甚至已开始危及正常的行车安全。2004年5月2日，一辆车牌号为粤B54344的客车转向横拉杆出现故障，而当时该车恰好停在深圳市皇岗口岸管理区出境厅的门口，造成口岸内的出境车辆堵车达一小时之久。而另外一台车在2004年5月8日20时经生产厂家的维修人员检查后，竟在5月9日上午8时，该车的转向横拉杆在东莞某镇脱落，前后仅12小时。

层出不穷的质量问题让深圳口岸中旅公司疲于奔命，尽管××客车在售后服务方面也不可谓不努力，但质量问题并没有得到根本性的改观。

据统计，仅减震器问题，从深圳口岸中旅公司接车到2004年8月，12台大巴因故障更换的减震器就有100条之多。有的减震器在生产厂家更换后还不到15天就又断裂。由于更换过于频繁，深圳口岸中旅公司实在无法承受，最后只得自行购买了一批进口减震器进行了更换。深圳口岸中旅公司的12台豪华大巴一直就是在修修补补、停停开开中"带病"运营。由于车辆质量问题严重，深圳口岸中旅公司不得不经常派出备用车辆接送抛锚车辆上的香港乘客，或者由司机自己掏钱直接雇车以解燃眉之急。

长期得不到彻底解决的质量问题给深圳口岸中旅公司的商业信誉和经济效益造成严重损失；同时让深圳口岸中旅公司感受到质量问题带来的安全隐患的压力。但到了车辆行驶近10万公里的时候，××客车公司以"三包"期限已到为由，对深圳口岸中旅公司提出的彻底解决质量问题的要求不再有明确表示，甚至表示将不再提供维修服务。最终，久拖不决的质量问题使深圳口岸中旅公司以××客车质量低劣为由提出诉讼，自此双方开始对簿公堂，质量纠纷进入司法程序。

问题：

1. 本案例切入点是车辆产品3C认证问题。车辆产品在销售之前是否要进行3C认证？
2. 什么是3C认证？
3. 汽车产品3C认证有哪些内容？

第一节 中国强制性产品认证

一、中国强制性产品认证概述

（一）中国强制性产品认证概念

"中国强制性产品认证"英文名称为"China Compulsory Certification"，英文缩写为"CCC"，也可简称为"3C"认证。

强制性产品认证制度是各国政府为保护广大消费者人身安全、动植物生命安全，保护环境，保护国家安全，依照法律法规实施的一种产品合格评定制度。

（二）中国强制性产品认证实施的原因

长期以来，我国的强制性产品认证制度存在着政出多门、重复评审、重复收费以及认证行为与执法行为不分的问题。尤其突出的是国产品和进口品存在着对内、对外两套认证管理体系。原国家质量技术监督局对国内产品和部分进口商品实施安全认证并强制监督管理，原国家出入境检验检疫局对进口商品实施进口商品安全质量许可制度。这两个制度将一部分进口产品共同列入了强制认证的范畴，因而导致出现了由两个主管部门对同一种进口产品实施两次认证、贴两个标志、执行两种标准与程序的状况。

根据世界协议和国际通行规则，要求我国将两种认证制度统一起来，对强制性产品认证制度实施"四个统一"，即统一目录，统一标准、技术法规和合格评定程序，统一认证标志，统一收费标准，解决政出多门、认证行为与执法行为不分离的问题。

国务院授权国家质量监督检验检疫总局和国家认证认可监督管理委员会（以下简称"认监委"）统一管理和协调全国认证工作，并于 2001 年 12 月 3 日对外发布了强制性产品认证制度。自 2002 年 5 月 1 日起，开始受理第一批列入《强制性产品认证目录》（以下简称《目录》）的 19 大类 132 种产品的认证申请，2003 年 5 月 1 日，对这些产品的认证开始实施执法监督。

（三）强制性产品认证的具体模式

国家质量监督检验检疫总局自 2002 年 5 月 1 日起实施《强制性产品认证》管理规定（已废止），2009 年 7 月 3 日，国家质量监督检验检疫总局公布《强制性产品认证管理规定》。国家规定相关产品必须经过认证，标注认证标志后，方可出厂、销售、进口或者在其他经营活动中使用。车辆产品就是这些相关产品。强制性产品认证应当适用以下单一认证模式或者多项认证模式的组合，具体模式包括：①设计鉴定；②型式试验；③生产现场抽取样品检测或者检查；④市场抽样检测或者检查；⑤企业质量保证能力和产品一致性检查；⑥获证后的跟踪检查。

（四）强制性产品认证的基本程序

新的强制性产品认证的基本程序主要是：①认证申请和受理；②样品试验；③初始工厂审查；④认证结果评价和批准；⑤获得认证后的监督。

二、车辆产品强制性认证制度

（一）意义

新的车辆产品强制性认证制度，是国家强制性产品认证制度的重要组成部分，是国家认监委根据国务院规定和有关文件精神，在征求有关部委意见的基础上，结合我国国情并参考国外车辆产品认证管理的经验建立起来的。

（二）范围

在有关部门和企业的大力支持下，目前我国强制性产品认证制度得到了国内外的广泛认可，国内外主要的汽车、摩托车企业均已申请认证。

（三）特点

新的车辆产品强制性认证制度具有以下四个特点：

（1）符合政府机构改革和市场经济发展的需要，创建公平竞争的市场环境和市场机制，通过认证制度来实现对车辆产品的质量监管和市场准入。

（2）符合国际通行做法，实现了国民待遇原则。目前欧洲、美国、日本对车辆产品的质量管理制度均为认证制度。我国强制性产品认证制度以原国家出入境检验检疫局的进口安全许可制度和原国家质量技术监督局的安全认证制度为基础，对进口车及国产车实现了国民待遇，兑现了我国加入 WTO 的有关承诺。

（3）有明确的法律依据和完善的管理机制，明确了产品的生产企业及合格评定机构应承担的相应法律责任。

（4）严格遵循国际准则，工作程序公正、透明，解决了产品一致性和执法监督问题。

三、汽车产品强制性认证制度内容

（一）汽车产品强制性认证含义

汽车产品强制性认证内容就是国家颁布的汽车产品强制性国家标准，针对不同的车型总共有 51 项。这些强制性国家标准包括《机动车运行安全技术条件》（GB7258—2004）、《道路车辆外廓尺寸、轴荷及质量限值》（GB1589—2004）、《乘用车辆正面碰撞乘员保护》（GB11551—2003）、《汽车和挂车制动系统结构、性能和实验方法》（GB12676—1999）、《乘用车燃料消耗量限值》（GB19578—2004）、《机动车用三角警告牌标准》（GB19151—2003）等国家标准。

我国机动车辆类产品 3C 认证机构为中国质量认证中心。

（二）汽车产品强制性认证具体内容

汽车产品强制性认证具体内容如下表：

序号	认证项目		认证执行标准
1	标记		GB7258—1997
2	尺寸	2.1 外廓尺寸	GB1589—1989、GB7258—1997、GB15084—1994
		2.2 后悬	GB7258—1997
3	侧倾稳定角		GB7258—1997
4	转向装置		GB17675—1999
5	制动装置		GB12676—1999
6	制动软管		GB16897—1997
7	驾驶员前方视野		GB11562—1994
8	后视镜和下视镜		GB15084—1994
			GB7258—1997
9	风窗玻璃除霜装置		GB11556—1994
10	风窗玻璃除雾装置		GB11555—1994
11	风窗玻璃刮水器		GB15085—1994
12	风窗玻璃洗涤器		GB15085—1994
13	照明及信号装置		GB4785—1998
14	前照灯	1.4 光束照射位置及发光强度	GB7258—1997
		14.2 配光性能	GB4599—1994

续表

序号	认证项目		认证执行标准
15	转向信号灯		GB17509—1998
16	位置灯、示廓灯和制动灯		GB5920—1999
17	倒车灯		GB15235—1994
18	雾灯		GB4660—1994、GB11554—1998
19	侧标志灯		GB18099—2000
20	回复反射器		GB11564—1998
21	车速表		GB15082—1999
22	喇叭		GB15742—2001
23	操纵件、指示器和信号装置		GB4094—1999
24	车门锁		GB15086—1994
25	车门铰链		GB15086—1994
26	座椅系统强度		GB15083—1994
27	座椅头枕		GB11550—1995
28	内饰材料		GB8410—1994
29	轮胎	29.1 载重汽车轮胎	GB9744—1997
			GB/T2977—1997
			GB/T6327—1996
			GB/T4501—1998
			GB/T7035—1993
		29.2 轿车轮胎	GB9743—1997、GB/T2978—1997
			GB/T4503—1996、GB/T4502—1998
			GB/T7034—1998、GB/T4504—1998
30	玻璃		GB9656—1996、 GB/T5137.1～3—1996
31	安全带		GB14166—1993、GB8410—1994
			QC244—1997
32	安全带固定点		GB14167—1993
33	燃油系统及排气管		GB7258—1997
34	护轮板		GB7063—1994
35	外部凸出物		GB11566—1995
36	防护装置		GB11567.1～2—2001

续表

序号	认证项目	认证执行标准
37	号牌板	GB15741—1995
38	客车结构	GB13094—1997
39	加速行驶噪声	GB1495—2002
40	无线电骚扰	GB14023—2000
41	转向机构对驾驶员伤害	GB11557—1998
42	正面碰撞乘员保护	GB11551—2003
43	汽车总质量 GVM≤3 500 kg 的轻型汽车排放污染物	GB18352.1/2—2001 GB3847—1999
44	汽车总质量 GVM＞3 500 kg 装用点燃式发动机汽车的排放污染物	GB14762—2002、GB14761.5—1993 GB14761.4—1993、GB14761.3—1993 GB/T3845—1993、GB11340—1989、 GB/T14763—1993
45	汽车总质量 GVM＞3 500 kg 装用压燃式发动机汽车的排放污染物	GB17691—2001 GB3847—1999
46	空调制冷剂	
47	专用汽车检测项目 47.1 质量参数	GB7258—1997
	47.2 上装电气系统	JB8716—1998、JG5099—1998
	47.3 标志	GB190—1990、GB15052—1994
	47.4 罐体容积	
	47.5 导静电装置	GB7258—1997、JT230—1995
	47.6 消防装置检查	GB7258—1997
	47.7 作业噪声	GB16710.1—1996
	47.8 安全防护装置	JB8716—1998、GB12602—1990 JG5099—1998
	47.9 操作系统	JB8716—1998、JG5099—1998
	47.10 整车稳定性	JB8716—1998、JG5099—1998
	47.11 液压系统	JB8716—1998、JG5099—1998
	47.12 吊钩	JB8716—1998
	47.13 钢丝绳	JB8716—1998、JG5099—1998
	47.14 上车制动器	
	47.15 起升、变幅、伸缩、回转机构	JB8716—1998
	47.16 压力表	
	47.17 结构强度	JG5099—1998
	47.18 上车操纵室	JB8716—1998

第二节 汽车贸易政策

一、制定政策的背景

为履行我国加入 WTO 的承诺，促进汽车流通业健康发展，规范汽车市场秩序，保障消费者及交易各方的合法权益，2005 年 8 月，我国商务部在广泛调研及多次听取汽车生产企业、汽车经销商等各方面意见的基础上，会同国务院有关部门制定了《汽车贸易政策》。

国内汽车市场的迅速扩大是此次《汽车贸易政策》出台的最大背景。进入 2002 年，超乎所有人的预料，在没有任何预兆的情况下，国内汽车消费猛然放量增长。2000 年的时候，国产汽车的销量才刚刚突破 200 万辆的关口，但 2003 年就已经达到了 439 万辆。尽管 2002 年和 2003 年国内汽车市场的超常规增长在 2004 年没有能够得以延续，但此时的市场容量已经达到了相当规模，完善汽车流通领域的法规、政策也就成为理所当然。

汽车贸易发展滞后，已不能适应新形势的要求。改革开放以来，我国汽车贸易得到一定的发展，但是，由于长期以来重生产、轻流通，我国汽车贸易体系建设落后于生产发展。尽快出台汽车贸易政策就成为解决现实中的汽车贸易规模化、集约化水平低，竞争力弱，管理方式、经营模式及理念落后，体系不完善，汽车贸易市场经济秩序混乱等问题最合理的诉求。

二、政策的六大内容

《汽车贸易政策》于 2005 年 8 月经商务部颁布实施，内容涉及当前我国汽车流通领域中的几乎所有的大问题，主要包括汽车销售、二手车流通、汽车维修与配件流通、汽车租赁、汽车报废与报废汽车回收、汽车对外贸易六个方面。

三、汽车贸易政策的特点

（一）统一单项政策，六大问题首次联合提出

在《汽车贸易政策》发布之前，关于汽车流通方面出现的诸多问题，国家有关部门也曾针对特定问题出台过专门的政策意见，原国家计委、国家经贸委、国内贸易部、交通部等部门出台的一些政策和规定就涉及二手车交易、汽车报废和汽车租赁等领域，但像整车销售、零配件维修和汽车进出口这些重大方面却始终没有明确的政策规定。即便是已经出台的一些规定也存在着政出多门、管理混乱等问题。而且有些政策和规定在内容上有的已陈旧，加之立法层次较低，这就很难适应向国外开放的汽车贸易形势。

《汽车贸易政策》则将汽车销售、二手车流通、汽车维修与配件流通、汽车租赁、汽车报废与报废汽车回收、汽车对外贸易六个方面的问题首次联合提出，统一了各单项政策。

（二）促进汽车产业发展政策的完善

国家发改委 2004 年 6 月出台的《汽车产业发展政策》对整个汽车产业链给予了关注，《汽车产业发展政策》在引导国内汽车产业发展上已经建立了一个框架，而《汽车贸

易政策》则是这个框架内的重要组成部分。

《汽车贸易政策》将流通方面的所有问题一并提出，将在流通方面更好地落实汽车产业发展政策。

(三) 明确、放开、完善，六大问题各有新意

解读《汽车贸易政策》，该政策涉及汽车流通领域的六个方面：

(1) 在汽车销售方面，和以往不同的是，《汽车贸易政策》中明确提出了实施品牌销售和服务，同时第一次提到汽车供应商和经销商应通过签订书面合同明确双方的权利和义务，建立长期稳定的合作关系。汽车供应商要对经销商提供指导和技术支持，不得要求经销商接受不平等的合作条件，不应随意解除与经销商的合作关系。

一旦明确了汽车供应商和经销商之间的平等关系，经销商就能在现实市场中摆脱目前的弱势地位，最终获益的将是普通消费者。

在美国和日本汽车市场，掌握更多话语权的是经销商，而不是生产厂家。而一旦经销商获得强势地位或者和供应商平等了，在汽车价格方面，消费者肯定会获得更多的实惠。

(2) 在二手车流通方面，《汽车贸易政策》最大的特点就是放开——经营主体的多元化和交易方式的多元化，而这将极大地刺激国内二手车市场。

根据有关部门统计，目前国内二手车交易量不超过新车交易量的1/3，而在美国这一比例却是3∶1。更为重要的是，一旦二手车交易活跃起来，不仅会带动相关鉴定、评估行业的发展，还将刺激新车的销售，带动整个中国汽车产业的发展。

之所以判断二手车市场将会出现迅速发展，是因为《汽车贸易政策》中规定：放开二手车经营，鼓励有条件的汽车品牌经销商等经营主体经营二手车，以及在异地设立分支机构，开展连锁经营，允许二手车所有人直接将车辆出售给买方，简化二手车交易、转移登记手续，提高异地车辆合法性和安全性的查询效率，并将进一步规范二手车交易行为及鉴定评估行为。

(3) 汽车维修与配件流通方面，针对当前我国汽车配件和维修市场存在的假冒伪劣商品泛滥，维修网络不完善，经营秩序混乱，欺诈、坑害消费者问题时有发生的情况，《汽车贸易政策》中在汽车维修与配件流通方面提出，鼓励汽车配件流通和汽车维修业采取特许、连锁经营的方式向规模化、品牌化、网络化方向发展，支持企业进行整合，提高规模效应和专业化服务水平。这似乎意味着传统汽修业将逐步失去市场。

汽车维修采取特许、连锁经营的形式，更多的消费者在修理汽车时会选择专门的4S店，而一些小修、小补，包括保养、换油等则可能更多地选择快修连锁店。

(4) 汽车租赁方面，《汽车贸易政策》首次提到将积极发展汽车租赁，鼓励有条件的汽车租赁企业发展连锁经营，促进网络化、规模化发展，支持汽车供应商以自营、合作、合资等多种方式从事汽车租赁业务，支持汽车租赁企业扩大融资渠道，引导有条件的汽车租赁企业拓展汽车融资租赁业务。

针对汽车租赁的这些规定将有利于汽车销售，特别是对那些投资额比较高的大型车辆意义更大。

(5) 汽车报废与报废汽车回收方面，《汽车贸易政策》进一步完善了老旧汽车报废更新补贴制度，尽管有关部门此前也曾对汽车报废和报废汽车回收给予补贴，但发放情况一直时好时坏，此次又再一次强调，符合有关规定的报废汽车所有人可申请相应的资金补

贴。商务部将会同公安机关建立报废汽车回收管理信息系统，实现报废汽车回收过程实时控制，防止报废汽车及其发动机、前后桥、变速器、转向器、车架这五大总成流向社会。

（6）汽车对外贸易方面，《汽车贸易政策》已经提出了非常明确的政策目标：到2010年，建立起与国际接轨并具有竞争优势的现代汽车贸易体系，拥有一批具有竞争实力的汽车贸易企业，贸易额有较大幅度增长，贸易水平显著提高，对外贸易能力明显增强，实现汽车贸易与汽车工业的协调发展。

（四）政策还需细化、落实

《汽车贸易政策》的目标能否实现，要看《汽车贸易政策》能否落实，而《汽车贸易政策》的落实需要更加细化、具体的规定。

就像《汽车贸易政策》是为《汽车产业发展政策》配套一样，《汽车贸易政策》也需要从汽车品牌销售、二手车流通、汽车维修与配件流通、汽车租赁、汽车报废与报废汽车回收、汽车对外贸易这六个更具体的方面得到配套支持。例如出台汽车品牌销售管理实施办法、二手车流通管理办法等。

第三节 汽车金融公司管理办法

《汽车金融公司管理办法》于2007年12月27日经中国银监会第64次主席会议通过，并于2008年1月24日颁布实施，原《汽车金融公司管理办法》（中国银监会令2003年第4号）同时废止。中国人民银行、中国银行业监督管理委员会决定修订《汽车贷款管理办法》，于2018年1月1日起施行，原2004年8月发布的《汽车贷款管理办法》予以废止。

汽车金融公司是从事汽车消费信贷业务并提供相关汽车金融服务的专业机构，在发达国家有近百年历史。通常，汽车金融公司隶属于较大的汽车工业集团，成为向消费者提供汽车消费服务的重要组成部分。

《汽车金融公司管理办法》主要从汽车金融公司的市场准入条件、业务范围和监督管理及法律责任等方面作出规定，分五章共40条。

一、实施的背景和意义

《汽车金融公司管理办法》的颁布实施是我国履行加入世界贸易组织的有关承诺、规范汽车消费信贷业务管理的重要举措，其对培育和促进汽车融资业务主体的多元化、汽车消费信贷市场的专业化将产生积极和深远的影响。我国加入世贸组织时承诺，允许设立非银行金融机构开展汽车消费信贷业务，这表明，我国已完全开放汽车消费信贷市场，并允许开展汽车消费信贷业务的主体可以是内资、中外合资或外资非银行金融机构。

设立汽车金融公司，是我国履行入WTO承诺的需要，也是培育和促进汽车消费信贷市场公平竞争、健康发展的要求。

我国的汽车消费信贷市场与发达国家相比，起步晚，已经从事汽车消费信贷业务的主要是商业银行和汽车企业集团财务公司，现有的非银行金融机构如信托公司、金融租赁公司及其他财务公司均不具备专业办理汽车消费信贷的条件。近年来，我国个人汽车消费贷款呈猛增态势。但相对于汽车消费市场的发展速度，现有贷款规模远不能满足需要，通过贷款销售出去的汽车占新车销售总额的比例与发达国家相比相距甚远。为履行入世承诺，加强对非银行金融机构开展汽车消费信贷业务的规范管理，有必要在我国金融机构序列中增加一类新的机构——汽车金融公司，专门办理汽车消费信贷业务。开办此类业务，将对完善服务，促进消费，适应汽车流通体系的发展，推动我国全面进入小康社会产生积极影响。

二、主要内容

（一）汽车金融公司的含义

《汽车金融公司管理办法》明确规定，汽车金融公司是为中国境内的汽车购买者及销售者提供贷款的非银行金融企业法人。这其中有三层含义：首先，汽车金融公司是一类非银行金融机构，而不是一般的汽车类企业。第二，汽车金融公司专门从事汽车贷款业务，其业务不同于银行和其他类非银行金融机构。第三，其服务对象确定为中国内地的汽车购买者和销售者。汽车购买者包括自然人和法人及其他组织；汽车销售者是指专门从事汽车销售的经销商，不包括汽车制造商和其他形式的销售者。

（二）汽车金融公司设立的主要条件

按照入WTO承诺要求，汽车金融公司的市场开放对出资设立汽车金融公司的股东身份不作限制，而且对中外方股东一视同仁，充分体现国民待遇原则和参与的广泛性。这将有助于吸引国内外资金，分享我国金融服务开放和汽车消费信贷业务发展所带来的收益。另一方面，由于主要是服务于汽车企业，《汽车金融公司管理办法》中特别规定了主要出资人的内容。按照金融行业监管的要求和审慎性原则，《汽车金融公司管理办法》对设立汽车金融公司提出了必要的资质要求。

（1）出资人应具备的主要条件包括：①出资人应为中国境内外依法设立的企业法人。其中，非金融企业其最近一年的总资产不低于80亿元人民币或等值的自由兑换货币，年营业收入不低于50亿元人民币或等值的自由兑换货币；非银行金融机构其注册资本不低于3亿元人民币或等值的自由兑换货币。②出资人经营业绩良好，最近2年连续盈利。③主要出资人须为汽车企业、非银行金融机构。这里所讲的汽车企业是指以生产、销售汽车整车为最终产品的企业，所讲的主要出资人是指出资数额最多且出资额不低于拟设汽车金融公司全部股本30%的出资人。

需要说明的是，按照入WTO承诺有关要求和我国《商业银行法》的有关规定，这里的企业法人不包括国内外银行机构。

（2）所设立的汽车金融公司应当具备的主要条件包括：①最近一年的总资产不低于80亿元人民币或等值的可自由兑换货币，年营业收入不低于50亿元人民币或等值的可自由兑换货币（合并会计报表口径）；②最近一年年末净资产不低于资产总额的30%（合并会计报表口径）；③经营业绩良好，且最近两个会计年度连续盈利；④入股资金来源真实合法，不得以借贷资金入股，不得以他人委托资金入股；⑤遵守注册所在地法律，近两年无重大违法违规行为；⑥承诺三年内不转让所持有的汽车金融公司股权（中国银监会依法责令转让的除外），并在拟设公司章程中载明；⑦中国银监会规定的其他审慎性条件。

（三）汽车金融公司的业务范围

《汽车金融公司管理办法》规定，经中国银监会批准，汽车金融公司可以从事以下部分或全部的业务：

(1) 接受境外股东及其所在集团在华全资子公司和境内股东 3 个月（含）以上定期存款；

(2) 接受汽车经销商采购车辆贷款保证金和承租人汽车租赁保证金；

(3) 经批准，发行金融债券；

(4) 从事同业拆借；

(5) 向金融机构借款；

(6) 提供购车贷款业务；

(7) 提供汽车经销商采购车辆贷款和营运设备贷款，包括展示厅建设贷款和零配件贷款以及维修设备贷款等；

(8) 提供汽车融资租赁业务（售后回租业务除外）；

(9) 向金融机构出售或回购汽车贷款应收款和汽车融资租赁应收款业务；

(10) 办理租赁汽车残值变卖及处理业务；

(11) 从事与购车融资活动相关的咨询、代理业务；

(12) 经批准，从事与汽车金融业务相关的金融机构股权投资业务；

(13) 经中国银监会批准的其他业务。

(四) 对汽车金融公司加强监管的要求

《汽车金融公司管理办法》在汽车金融公司的市场准入、业务管理与风险控制、高级管理人员任职资格以及处置风险措施等方面都提出了监管要求。

(1) 机构设立的要求。汽车金融公司应按照中国银监会有关银行业金融机构内控指引和风险管理指引的要求，建立健全公司治理和内部控制制度，建立全面有效的风险管理体系。

(2) 业务管理与风险控制的监管要求。其主要包括：对汽车金融公司实行资本总额与风险资产比例控制管理，要求资本充足率不得低于 8%；公司要建立、健全各项业务管理制度与内控制度以及建立定期外部审计制度等。

(3) 对其高管人员实行任职资格核准或备案制度。公司董事长、总经理及副总经理、执行董事和财务总监等的任职资格应报经中国银监会审查核准。

(五) 法律责任细化

《汽车金融公司管理办法》中，规定了未经中国银监会批准，擅自设立汽车金融公司或者非法从事汽车金融业务的，由中国银监会依法予以取缔；构成犯罪的，依法追究刑事责任。

消费者应增强风险防范和自我保护意识，自觉抵制非法设立机构、非法开办汽车贷款业务的行为，自觉抵制擅自降低利率、超范围开展业务等恶性竞争行为。

(六) 获准成立影响力大的汽车金融公司

在中国开业的汽车金融公司主要有：丰田汽车金融（中国）有限公司、上汽通用汽车金融有限责任公司、大众汽车金融公司、福特汽车金融公司、东风标致雪铁龙汽车金融有限公司、沃尔沃汽车金融（中国）有限公司、东风日产汽车金融有限公司、奇瑞徽银金融有限公司、宝马金融（中国）有限公司、广汽汇理汽车金融有限公司。

第四节 相关汽车政策

一、二手车流通管理办法

《二手车流通管理办法》于 2005 年 8 月由商务部、公安部、工商总局、税务总局联合颁布，于 2005 年 10 月 1 日实施。

（一）特点

1. 政策出台的背景

按国际惯例，汽车进入家庭 6～7 年后，就会迎来二手车市场的繁盛期。我国自 2001 年左右开始进入私车消费时代，2004 年二手车交易增幅首次超过新车。从 2006 及 2007 年开始，2001 年左右入市的私车陆续更换，我国将出现二手车市场交易高峰，迫切需要加强二手车流通管理。

之前国内的二手车交易市场存在评估程序透明度低、旧机动车交易缺少品质保障、旧车缺乏售后增值服务等问题。从某种意义上说，正是这些二手车交易市场上存在的"陷阱"，催生了新的二手车流通管理政策。

2. 二手车经营主体多元化

二手车新政最大的变化是打破目前二手车交易必须由二手车交易市场来完成的"垄断"局面，通过进一步降低经营门槛来实现经营主体多元化。除二手车交易市场外，二手车经营公司、二手车拍卖公司都可进行二手车交易，并开具全国统一发票。这不仅意味着上海通用、上海大众等整车厂商的二手车经营公司将结束依靠二手车交易市场来完成交易的时代，同时也意味着民营资本、外国资本都可以进入这一领域。

（二）建立二手车自愿评估制度

《二手车流通管理办法》规定建立二手车自愿申请评估制度，不再强制评估。新办法中对评估分为两种：一种是经营公司中用以核定车价、勘察车辆状况的必需评估，这种评估不出具评估报告，也不具有法律效应；另一种是由第三方专门评估机构进行的评估，出具具有法律效应的评估报告，是否要进行这一评估将由当事人决定。此举可避免在买卖双方都无异议的前提下让消费者多支出一笔"评估费"。

（三）汽车交易信息公开化

《二手车流通管理办法》强调汽车交易信息公开化，出台严格的信息披露标准，保证交易信息的准确性和真实性，并简化交易手续，保证经销商和供应商的平等权。二手车新政突破了原办法的诸多障碍，将使二手车业务变得更加透明和有保障，整个二手车市场格局也将会因此重新"洗牌"。

（四）二手车流通新、旧办法比较

与旧办法相比较，《二手车流通管理办法》从管理控制为主转向开放，适应市场形势的要求。新政出台对二手车市场将形成巨大影响，整个二手车市场格局有望重新建立。

二、家用汽车产品修理、更换、退货责任规定

《家用汽车产品修理、更换、退货责任规定》（俗称"三包"，即包退、包换、包修规

定）于 2012 年 6 月 27 日由国家质量监督检验检疫总局局务会议审议通过，自 2013 年 10 月 1 日起施行。

（一）调整对象

《家用汽车产品修理、更换、退货责任规定》（以下简称《规定》）明确了家用轿车的范围，不仅包括普通乘用车、活顶乘用车、高级乘用车、小型乘用车、敞篷车、仓背乘用车，还包括旅行车、多用途车、越野乘用车及其总成和零部件。

（二）主要内容

1. 有效期或行驶里程

家用汽车产品包修期限不低于 3 年或者行驶里程 60 000 公里，以先到者为准；家用汽车产品三包有效期限不低于 2 年或者行驶里程 50 000 公里，以先到者为准。家用汽车产品包修期和三包有效期自销售者开具购车发票之日起计算。

2. 哪些问题包修

在家用汽车产品包修期内，家用汽车产品出现产品质量问题，消费者凭三包凭证由修理者免费修理（包括工时费和材料费）。

家用汽车产品自销售者开具购车发票之日起 60 日内或者行驶里程 3 000 公里之内（以先到者为准），发动机、变速器的主要零件出现产品质量问题的，消费者可以选择免费更换发动机、变速器。发动机、变速器的主要零件的种类范围由生产者明示在三包凭证上，其种类范围应当符合国家相关标准或规定，具体要求由国家质检总局另行规定。

家用汽车产品的易损耗零部件在其质量保证期内出现产品质量问题的，消费者可以选择免费更换易损耗零部件。易损耗零部件的种类范围及其质量保证期由生产者明示在三包凭证上。生产者明示的易损耗零部件的种类范围应当符合国家相关标准或规定，具体要求由国家质检总局另行规定。

3. 何种情况包退包换

家用汽车产品自销售者开具购车发票之日起 60 日内或者行驶里程 3 000 公里之内（以先到者为准），家用汽车产品出现转向系统失效、制动系统失效、车身开裂或燃油泄漏，消费者选择更换家用汽车产品或退货的，销售者应当负责免费更换或退货。

在家用汽车产品三包有效期内，发生下列情况之一，消费者选择更换或退货的，销售者应当负责更换或退货：

（1）因严重安全性能故障累计进行了 2 次修理，严重安全性能故障仍未排除或者又出现新的严重安全性能故障的。

（2）发动机、变速器累计更换 2 次后，或者发动机、变速器的同一主要零件因其质量问题，累计更换 2 次后，仍不能正常使用的，发动机、变速器与其主要零件更换次数不重复计算。

（3）转向系统、制动系统、悬架系统、前/后桥、车身的同一主要零件因其质量问题，累计更换 2 次后，仍不能正常使用的。

转向系统、制动系统、悬架系统、前/后桥、车身的主要零件由生产者明示在三包凭证上，其种类范围应当符合国家相关标准或规定，具体要求由国家质检总局另行规定。

在家用汽车产品三包有效期内，符合更换条件，销售者无同品牌同型号家用汽车产品，也无不低于原车配置的家用汽车产品向消费者更换的，消费者可以选择退货，销售者应当负责为消费者退货。在家用汽车产品三包有效期内，符合更换条件的，销售者应当自消费者要求换货之日起 15 个工作日内向消费者出具更换家用汽车产品证明。

在家用汽车产品三包有效期内，符合退货条件的，销售者应当自消费者要求退货之日起 15 个工作日内向消费者出具退车证明，并负责为消费者按发票价格一次性退清货款。家用汽车产品更换或退货的，应当按照有关法律法规规定办理车辆登记等相关手续。

4．折旧费计算

按照规定，消费者应当支付因使用家用汽车产品所产生的合理使用补偿，销售者依照本规定应当免费更换、退货的除外。

合理使用补偿费用的计算公式为：$[(车价款(元) \times 行驶里程(km))/1000] \times n$。使用补偿系数 n 由生产者根据家用汽车产品使用时间、使用状况等因素在 0.5%～0.8% 之间确定，并在三包凭证中明示。

5．遗失与更换

消费者遗失家用汽车产品三包凭证的，销售者、生产者应当在接到消费者申请后 10 个工作日内予以补办。消费者向销售者、生产者申请补办三包凭证后，可以依照本规定继续享有相应权利。

按照本规定更换家用汽车产品后，销售者、生产者应当向消费者提供新的三包凭证，家用汽车产品包修期和三包有效期自更换之日起重新计算。

在家用汽车产品包修期和三包有效期内发生家用汽车产品所有权转移的，三包凭证应当随车转移，三包责任不因汽车所有权转移而改变。

三、缺陷汽车产品召回管理条例

（一）概念

缺陷汽车产品召回，是指按照规定程序，由缺陷汽车产品制造商（包括进口商）选择修理、更换、收回等方式消除其缺陷产品可能引起人身伤害、财产损失的过程。缺陷指的是由于设计、制造等方面的原因而在某一批次、型号或类别的汽车产品中普遍存在的具有同一性的危及人身、财产安全的危险。

（二）发布与实施

《缺陷汽车产品召回管理规定》由国家质量监督检验检疫总局、国家发展和改革委员会、商务部、海关总署联合正式发布，于 2004 年 10 月 1 日开始施行。这是我国以缺陷汽车产品为试点首次实施召回制度。2012 年 10 月 10 日，国务院第 219 次常务会通过《缺陷汽车产品召回管理条例》，于 2013 年 1 月 1 日起施行。

（三）调整对象及作用

消费者或车主发现汽车可能存在缺陷，有权向主管部门、有关制造商、销售商、租赁商或者进口商投诉或反映汽车产品存在的缺陷，并可向主管部门提出开展缺陷产品召回的相关调查的建议。同时车主也应当积极配合制造商进行缺陷汽车产品召回。

对于明知有缺陷隐瞒不报的汽车制造商，主管部门除责令其进行召回外，还要向社会公布曝光，并依情节轻重处以相应数额的罚款。

建立和实行缺陷汽车产品召回制度，将对保护消费者的合法权益、督促汽车经营者提高汽车产品质量、促进全社会诚信水平的提高起到积极作用。

（四）主管部门

负责全国缺陷汽车产品召回的组织和管理工作的是国家质量监督检验检疫总局。

从2001年起，国家质量监督检验检疫总局就着手研究召回制度的实施，从肯定其必要性到论证其可行性，最终遵循"借鉴国际、结合国情、积极推进、慎重行事"的原则，完成了法规的订立。

（五）主要内容

1. 国家成立专家委员会负责认定汽车缺陷

《缺陷汽车产品召回管理条例》要求，对于汽车产品缺陷的认定由专门成立的专家委员会负责。

为使缺陷汽车管理制度建立在科学、客观、公正的基础上，国家质检总局将选择具有客观性、公正性的检验机构，组织建立专业配套的专家委员会作为技术支持单位，必要时委托进行有关汽车产品缺陷的调查、技术检测和确认等工作。

《缺陷汽车产品召回管理条例》明确提出，对于有关专家作伪证，检验人员出具虚假检验报告，或捏造散布虚假信息的，取消其相应资格，造成损害的，承担赔偿责任；构成犯罪的，依法追究刑事责任。

2. 国家鼓励汽车制造商主动召回缺陷汽车

主动召回是世界汽车制造商的普遍做法，汽车制造商对缺陷汽车主动实施召回是企业诚信的表现。

缺陷汽车召回不但能够保护消费者的权益，还可以促使汽车制造企业的经营行为更为规范，从而维护正当的竞争和市场秩序。从已实施召回制度多年的欧、美等国家和地区的实际情况看，汽车企业对缺陷产品召回，特别是对有缺陷的汽车产品的主动召回行动，不但不会影响企业在公众中的信誉，反而会提升企业的信誉，给消费者和全社会留下负责守信的美名。这种行动的带动和辐射作用还可以影响到其他行业，带动全社会诚信水平的提高。

《缺陷汽车产品召回管理条例》出台后，对国内生产的汽车和进口汽车一视同仁，国内外汽车享受同等国民待遇。

3. 汽车制造商隐瞒缺陷受处罚

《缺陷汽车产品召回管理条例》为企图隐瞒缺陷的汽车制造商制定了惩处办法，除必须重新召回并通报批评外，还将被处以50万元以上100万元以下罚款。

制造商发生下列三种情况将受到惩处：一是制造商故意隐瞒缺陷的严重性；二是制造商试图利用本规定的缺陷汽车产品主动召回程序，规避主管部门监督；三是由于制造商的过错致使召回缺陷产品未达到预期目的，造成损害再度发生。

制造商拒不执行召回指令的，将被暂停或收回汽车产品强制性认证证书。对境外生产的汽车产品，将停止办理缺陷汽车产品的进口报关手续。在缺陷汽车产品暂停进口公告发布前，已经运往我国尚在途中的，或业已到达我国尚未办结海关手续的缺陷汽车产品，应由进口商按海关有关规定办理退运手续。

4. 消费者不承担召回费用

缺陷汽车产品召回，对消费者是免费的。汽车产品召回是以消除缺陷、避免伤害为目的，一般召回是以更换、修理缺陷部件为主要特征，具体召回活动由制造商组织完成并承担相应费用。因此，召回对消费者是免费的。

同时，企业的召回活动又是在法律的框架下进行的，政府主管部门在整个召回过程中要给予监督和指导。缺陷汽车产品召回制度的建立和实施是一项十分复杂而庞大的系统性工作，涉及政策研究、法规制定、前期技术准备、信息网络建设、实施后的日常运行管理以及宣传、培训等方方面面，需要国家专项财政予以支持。

5. 召回不等于退换

缺陷汽车产品被召回并不等于旧车退还厂家，再换新车。召回所说的缺陷是指由于设计、制造等方面的原因在某一批次、型号或类别的产品中普遍存在的同一缺陷，这种缺陷更多地表现为潜在的隐患。召回是针对群发性的故障，而不是偶然性造成的个案。产品某一方面有缺陷，并不意味着产品整体不好。

广大车主在遇到召回时，要积极配合企业工作，在规定的时间到指定的地点做必要的维修。对缺陷产品实施召回，是一种很正常的商业行为，体现了厂商对顾客负责的态度。消费者应对这样的操作模式正确理解，不必反应过度。

6. 召回彰显公共安全至上

《缺陷汽车产品召回管理条例》的宗旨是加强对缺陷汽车产品召回事项的管理，消除缺陷汽车产品对使用者及公众人身、财产安全造成的危险，维护公共安全、公众利益和社会经济秩序。

维护公共安全，是一个成熟企业的必然选择。尽管召回对于企业而言，意味着巨大的成本付出，然而市场经济也是诚信经济。从已实施召回制度多年的欧、美等国家和地区的实际情况看，汽车企业对缺陷产品召回，特别是企业对有缺陷的汽车产品的主动召回行动，不但不会影响企业在公众中的形象，反而会提升企业的信誉，给消费者和全社会留下诚实守信的印象。

综合实训

一、单项选择题

1. 国家认监委根据国务院赋予的工作职责，于（　　）对列入强制性产品认证目录的产品开始实施执法监督。
   A. 2001年5月1日　　B. 2002年5月1日　　C. 2003年5月1日　　D. 2004年5月1日

2. 在有关部门和企业的大力支持下，在2004年底强制性产品认证制度得到了国内外的广泛认可，有（　　）家国内外汽车、摩托车企业获得了中国强制性产品认证证书。
   A. 26家　　　　　　B. 32家　　　　　　C. 40家　　　　　　D. 无

3. 汽车产品强制性认证内容就是国家颁布的汽车产品强制性国家标准，针对不同的车型总共有（　　）项。
   A. 51项　　　　　　B. 56项　　　　　　C. 60项　　　　　　D. 100项

4. 据了解，目前国内二手车交易量不超过新车交易量的（　　），而在美国这一比例却是3∶1。
   A. 1/10　　　　　　B. 1/5　　　　　　　C. 1/2　　　　　　　D. 1

5. 按国际惯例，汽车进入家庭（　　），就会迎来二手车市场的繁盛期。
   A. 4至5年　　　　　B. 6至7年　　　　　C. 8至9年　　　　　D. 9至10年

二、多项选择题

1. 下列选项中，表示同一种含义的选项有（　　）。

A. 中国强制性产品认证　　　　　　　　B. China Compulsory Certification
C. CCC　　　　　　　　　　　　　　　D. 3C。
2. 新的强制性产品认证的基本程序主要是（　　）。
A. 认证申请和受理　　　　　　　　　　B. 样品试验和初始工厂审查
C. 认证结果评价和批准　　　　　　　　D. 获得认证后的监督
3.《汽车贸易政策》内容涉及了当前我国汽车流通领域中的几乎所有的大问题，包括（　　）几个方面。
A. 汽车销售和二手车流通　　　　　　　B. 汽车对外贸易
C. 汽车报废与报废汽车回收　　　　　　D. 汽车维修与配件流通和汽车租赁
4.《二手车流通管理办法》的特点有（　　）。
A. 出台适逢其时　　　　　　　　　　　B. 二手车经营主体多元化
C. 建立了二手车自愿评估制度　　　　　D. 汽车交易信息公开化
5.《家用汽车产品修理、更换、退货责任规定》中明确汽车产品的三包有效期包括整车三包有效期和损耗件三包有效期。家用汽车主要总成和系统三包期为（　　），以先到为准。
A. 不低于2年　　　　　　　　　　　　B. 不低于3年
C. 不低于4万公里　　　　　　　　　　D. 不低于6万公里

三、案例分析题

1. 2018年10月5日，王某在甲汽车贸易公司买了一辆车，买回去后开了没几天，就发现车载空调的启动有问题，不仅经常启动不起来，而且不制冷。王某找到经销商说要求更换，经销商则称这是厂家问题。王某突然想到，现在中国汽车有召回制度了，既然这车有质量问题，那也可以召回了。

问题：

王某的想法到底对不对？

2. 2018年7月，王某来到出售旧机动车的甲公司，想购买一辆二手轿车自己开。选来选去，最后王某看中了一辆旧的富康车，该车车价为3.1万元。王某想买这辆车，但不知道这车开了几年了，于是就询问甲公司，甲公司声称：此车为2011年7月上牌的私家车，使用期限15年，手续齐全，可在当地过户。

王某听后，觉得没什么问题，随即交纳了3万元车款，余下1000元过户后结清。但当王某办理车辆过户时，车管所的工作人员告知王某：此车为营运出租车，使用期限仅为8年，还剩下1年就到报废期。王某一听，几乎惊呆了，没想到自己买的这个车只能再使用一年。于是，王某也不办过户手续了，马上回到了甲公司，说自己不要这辆车，要求甲公司退款。甲公司说车已售出，概不退款。于是双方为购车一事争执起来。

问题：

王某应如何处理这件事呢？

参考文献

[1] 黄本新,蔡远璐. 经济法与汽车法规[M]. 广州:华南理工大学出版社,2006.3.

[2] 黄本新,蔡远璐. 经济法与汽车法规[M]. 2版. 广州:华南理工大学出版社,2008.10.

[3] 黄本新. 经济法与汽车法规[M]. 3版. 广州:华南理工大学出版社,2011.11.

[4] 黄本新,曾立坚. 经济法与汽车法规[M]. 4版. 广州:华南理工大学出版社,2014.8.

[5] 经济法网 http://www.cel.cn.

[6] 北大法律信息网 http://www.chinalawinfo.com.

[7] 中国财税法网 http://www.cftl.cn.

[8] 北大金融法网 http://www.pkufli.net.

[9] 漆多俊经济与法律研究中心 http://www.qiduojun.com.

[10] 李昌麒经济法网 http://www.lichangqi.net.

[11] 法大民商经济法网 http://www2.ccelaws.com.

[12] 华政经法网 http://www.economiclaws.net.

[13] 法律之星 http://www.law-star.com.

[14] 最高人民法院 http://www.court.gov.cn.

[15] 最高人民检察院 http://www.spp.gov.cn.

[16] 国务院法制办公室 http://www.chinalaw.gov.cn.

[17] 国家工商行政管理总局 http://www.saic.gov.cn.

[18] 中国证监会 http://www.csrc.gov.cn.

[19] 中国银监会 http://www.cbrc.gov.cn.

[20] 财政部 http://www.mof.gov.cn.

[21] 国家税务总局 http://www.chinatax.gov.cn.

[22] 中国法院网 http://www.chinacourt.org.